WESTEND

FLAVIO DEL PONTE

DISSONANZEN

Das abenteuerliche Leben
eines Chirurgen aus Leidenschaft

Deutsch von Rainer Weiss

WESTEND

Mehr über unsere Autoren und Bücher:
www.westendverlag.de

Die Deutsche Nationalbibliothek verzeichnet diese Publikation in
der Deutschen Nationalbibliografie; detaillierte bibliografische Daten
sind im Internet über http://dnb.d-nb.de abrufbar.

Das Werk einschließlich aller seiner Teile ist urheberrechtlich geschützt.
Jede Verwertung ist ohne Zustimmung des Verlags unzulässig. Das gilt
insbesondere für Vervielfältigungen, Übersetzungen, Mikroverfilmungen
und die Einspeicherung und Verarbeitung in elektronischen Systemen.

1. Auflage 2024
ISBN 978-3-86489-453-4
© Westend Verlag GmbH, Waldstr. 12 a, 63263 Neu-Isenburg
Bilder im Inhalt: © Flavio Del Ponte
Umschlaggestaltung: Buchgut Berlin
Satz: Publikations Atelier, Weiterstadt
Druck und Bindung: Friedrich Pustet GmbH & Co. KG, Gutenbergstraße 8,
93051 Regensburg
Printed in Germany

Für Gioconda und Graziella

Es fällt uns nicht leicht, in der Gegenwart zu erkennen, was an Ereignissen und Menschen bedeutsam ist. Sie erhalten erst dann ihre volle Bedeutung, wenn sie, in der Vergangenheit abgelegt, durch Erinnerung, Erzählung oder Beschreibung erhellt werden.

Arthur Schopenhauer

Erinnerungen sind in der Regel keine Erinnerungen an das, was geschehen ist. Sie neigen vielmehr dazu, das Geschehene durch ihre rückwirkende Verarbeitung zu verschleiern.

Massimo Recalcati

Wenn wir unsere Erinnerungen an die verlorenen Jahre, an die Zeiten, die uns gehörten, noch einmal lesen … sind wir erstaunt über den Kontrast zwischen der Trägheit, dem Nebel dieser überlebenden Dokumente und dem unendlichen Wert, der unendlichen Schönheit des wirklichen Lebens, das vergangen ist und das vergeht.

Andrea Emo

Inhalt

Warum gerade jetzt?	13
Dissonanz wechselt zu Konsonanz	17
Angehender Arzt und Chirurg	18
Meine erste Mission in Lambarene	27
Die Rückkehr nach Genf und der Pariser Prolog	38
Die zweite Mission nach Lambarene	48
Meine Rückkehr nach Locarno	55
Der Ruf des Glockenturms	58
In Kambodscha, Vietnam und Laos mit dem Schweizerischen Roten Kreuz (1983–1986)	61
Der Weg der humanitären Allgemeinchirurgie	61
In Kambodscha, das Abenteuer von Kompong Cham	62
Immer noch in Kambodscha, in Takeo und Kampot	80
In Vietnam. Die Strategie der Verführung	95
In Laos, Opfer des Krieges	103
Rumänien entdecken	119
In meinen Träumen der Albtraum dieser Kinder	119
Der Sturz von Ceausescu	121
Die Attraktion für Bukarest	123
Die Magie des Archimandriten	124
Das fast gescheiterte Gipfeltreffen der Frankophonie	127

Mit dem Internationalen Roten Kreuz   131
Kriegschirurgie: meine Abenteuer in Pakistan, Thailand,
Somaliland, Somalia, Kenia, Südsudan, Saudi-Arabien,
Kuwait, Irak, Haiti   131
Ankunft in Peshawar, Pakistan   132
Frauen werden diskriminiert   135
Triage-Übung   136
Die Inspektion von Benazir Bhutto   145
Die Herausforderung der Physiotherapie   146
Die Herausforderung der Traumatologie   148
Die Kugel im Schädel   150
Den Mudschahid versohlen   155
Der legendäre Peshawar-Souk   156
In Quetta, Pakistan   163
Eine Rose in der Hand!   164
Meine Rückkehr von den Khmer   166
Am Horn von Afrika, inmitten des Krieges   169
Ein schwieriger Job in Mogadischu   176
Lokichoggio, das Krankenhaus sieht aus wie ein Zirkus   185
Port-au-Prince, der Gefängnisaufstand   193
Gefangene des Sandes   196
Das IKRK von damals bis heute   200

Die UN-Mission Minurso in der Sahara   203
Die »Grotte« der Schweizer Einheit   208
Das Wunder der blühenden Wüste   214
Das Geheimnis der Monolithen   215
MINURSO – eine Bilanz   217

In den USA – die Überraschung der Traumazentren   221
Das Jahr des Durchbruchs: 50 Jahre alt werden   225
Das Benako-Abenteuer   227

Der Völkermord in Ruanda 231
Der Albtraum dieser »Tru-Trucks« 233
Augen auf Goma 236
Ankunft in Kigali, Ruanda 239
Gesendet an die Botschaft in Kigali 242
Gino Strada, der Visionär 255
Und Dissonanz war's 258

Die humanitäre Herausforderung im Bauch der UNO 259
Auf Wolken zur UNO geflogen 263
Die Trainingseinheit nimmt Gestalt an 266
Die Schweizer Mission in New York 270
Meine »unter dem Tisch« ... 273
Die langsame Bürokratie des Glaspalastes 275
Für eine UN-Skizze 277
Die UN und die schwarze Seite Ruandas 281
Die »Erste Hilfe« für die Blauhelme 284
Die große Feier zum 50-jährigen Bestehen der UNO 293
Nachdem die Party vorbei ist, geht es zurück an die Arbeit.
Die Mission in Rumänien ... 296
... und die gegen Aids 298
Die Bedrohung durch posttraumatischen Stress 299
Neu-Delhi, mein Imbiss mit Kofi Annan 303

Beamter der Humanitären Hilfe der Schweiz und freies Elektron 313
Der Zug zwischen Bern und Genf 314
WHO, mein Jagdgebiet 316
Landminen 317
Das Treffen in Mexiko-Stadt 325
Die Schweiz für den Frieden in Afghanistan 328
NATO-Gesundheitswarnung 334
Das Sagbata-Katastrophenschutzprojekt 338
Master-Abschluss in Katastrophenmedizin 340
Zum Schluss noch mein Appell 344

Zusammenfassend und abschweifend	349
Können Fotos die Welt verändern?	355
Ist noch Zeit für Hoffnung?	359
Dank	361
Quellen	363

Warum gerade jetzt?

Warum habe ich mich entschlossen, dieses Buch zu schreiben, 15 Jahre nachdem ich meinen Beruf als Arzt und überzeugter Verfechter der humanitären Hilfe aufgegeben hatte? Sicherlich weil ich zu lange von Freunden und Bekannten gehört hatte, dass es meine Pflicht sei, eine Spur meiner Erfahrungen aus nicht weniger als 40 Jahren zu hinterlassen, von denen ich so oft erzählt hatte und die immer Neugier, Interesse, aber auch viele Befürchtungen geweckt hatten.

Aber es gibt nicht nur das eine – das Miterleben von Gräueltaten, Fehlern und Schrecken, die Unterschätzung des Bösen, das Versagen, die notwendige Verantwortung zu übernehmen –, sondern auch das andere: eine Botschaft an junge Menschen, die sich der Medizin der humanitären Hilfe verschreiben möchten. Ja, ich fühlte die Pflicht, meine Gedanken an die weiterzugeben, die nach mir kommen werden.

Aber den stärksten Impuls empfing ich am 24. Februar 2022, dem Tag, an dem der Krieg Russlands mit der Ukraine ausbrach. Ich sah die ersten Bilder der Invasion im Fernsehen und sagte mir, dass ich nicht länger schweigen könne. Ich hatte die alles andere als beruhigenden Ereignisse im Donbass bereits seit 2014 verfolgt und kannte persönlich einige Schweizer Kollegen, die sich an der politischen und diplomatischen Front engagierten. Aber zum ersten Mal war ich gezwungen, wie wir alle, nur ein hilfloser und gelähmter Zuschauer eines Krieges zu sein, der mit den Bildern, welche die Technologie des 21. Jahrhunderts ermöglicht, in meine Heimat und mein Leben eingedrungen war. Ein Konflikt, den ich praktisch live erlebt habe.

Ich konnte es nicht glauben, und die jahrealte Karte in meinem Arbeitszimmer, auf der Einsteins Zitat stand – »Krieg kann nicht vermenschlicht werden, er kann nur abgeschafft werden« –, konnte mir nicht mehr genügen, denn allmählich ergriff mich eine große Angst, die unaufhaltsam in mein Unterbewusstsein eindrang. Ich konnte sie nur mit Mühe loswerden, indem ich zu erzählen begann, was ich von einem Krieg zum nächsten erlebt hatte.

Wo war das Motto – »Nie wieder Krieg« –, das die Männer und Frauen aus der Tragödie des Zweiten Weltkriegs herausgeführt und das Paul VI. 1965 von der UN-Tribüne aus mit seinem »Nie wieder Kriege« aufgegriffen hatte? Stattdessen erleben wir heute, wie die Großmächte wieder aufrüsten, wie der Gedanke, dass allein Kriege Konflikte lösen können, wieder Konjunktur hat und wie die Gegensätze, die abgeklungen zu sein schienen, wieder aufleben.

Mit dem 7. Oktober 2023, unmittelbar nach dem grausamen Angriff der Hamas auf ein festlich geschmücktes Jugendcamp, ist der Konflikt im Nahen Osten wieder aufgeflammt. Seit diesem ominösen Tag wurden Tausende von Menschenleben geopfert.

Einsteins Warnung hat jetzt einen prophetischen Widerhall gefunden. Wir haben heute die Pflicht, den Krieg zu unterdrücken, der niemals humanisiert werden kann. Und die erste unverzichtbare Maßnahme ist der Einsatz der humanitären Hilfe als strategische »defensive« Waffe: Wir müssen die Integrität und Universalität der humanitären Hilfe vor denen schützen, die sie instrumentalisieren wollen, während sie weiterhin Krieg führen.

Wie kann ein Netanjahu es wagen, das Recht zu beanspruchen, humanitäre Hilfe zu nutzen, sie zu verdrehen und zu entweihen und sie sogar als Kriegswaffe zu benutzen, statt als Weg zum Frieden? Und das, nachdem er alles versucht hat, um die Autorität der UNO auch auf diesem Gebiet zu diskreditieren?

Und wie kann ein Haniyeh es wagen, das palästinensische Volk als Opfer zu missbrauchen und Waffen mit humanitärer Hilfe zu tauschen, um seinen Krieg zu entfesseln und fortzusetzen?

Diese zwei sehr traurigen Gestalten – die sich eine Macht angeeignet haben, die ihnen nicht demokratisch anvertraut wurde, sondern die sie heimtückisch an sich gerissen haben – behaupten nun nicht nur, im Namen Israels und Palästinas zu sprechen, sondern führen seit sieben Monaten einen Krieg mit dem einzigen Ziel, ein Volk für immer zu vernichten. Sie ignorieren die Rufe nach Frieden, die von den Israelis und Palästinensern selbst kommen.

Können wir trotzdem vorankommen, obschon mit gebremsten Schritten, und versuchen, dem Krieg etwas entgegenzusetzen? Um diese Frage zu beantworten, habe ich beschlossen zu erzählen, wie die Kriege waren, die ich selbst erlebt habe, wie es war, als Arzt dabei zu sein, und was humanitäre Hilfe für mich bedeutet. Gerade jetzt kann ein Blick in die Vergangenheit für unsere Gegenwart hilfreich sein.

Bignasco, im Mai 2024

Kapitel 1
Dissonanz wechselt zu Konsonanz

In der Musik wird der Begriff der Dissonanz ebenso wie der der Konsonanz als eine Beziehung zwischen Klängen definiert. Bei der Dissonanz kann das Nebeneinander oder die Abfolge von Akkorden eine unangenehme Wirkung erzeugen, eine Unsicherheit, die erst durch die Auflösung in andere Akkorde verschwindet, sodass die Dissonanz in Konsonanz übergeht. Diese Umwandlung von Dissonanz in Konsonanz ist für mich ein zyklisches Ereignis, das so außergewöhnlich wie mysteriös ist.

In meinem Leben hat es viele aufeinanderfolgende Dissonanzen gegeben. Sie haben mich immer fasziniert und meine Neugier geweckt – natürlich nicht nur in der Musik. Noch heute sehe ich sie gewissermaßen als Wegweiser zu einem außergewöhnlichen Weg, den ich zurückverfolgen will.

Diese Erzählung muss notwendigerweise an einem bestimmten Punkt meines Lebens beginnen muss, und ich habe beschlossen, den Juni 1972 als das richtige Datum für den Beginn zu wählen. Eine Erzählung, die sich über die dann folgenden 40 Jahre erstrecken soll. Das Leben eines Arztes, eines Chirurgen, der sich von einem neugierigen, phantasievollen und unermüdlichen Schicksal tragen ließ. Eine Reise, die ein Vorher und ein Nachher hat.

In erster Linie will ich aus Pflichtgefühl von meinem Abenteuer berichten. Ich habe mir dies auch auferlegt, um diejenigen einzuladen, die heute versuchen, einen anderen, noch wenig bekannten Weg in der Medizin zu gehen: den Weg der humanitären Medizin. Und vor allem möchte ich von jenem Abenteuer mit der Freude, die das das Erzählen mit sich bringt, berichten.

Gleich zu Beginn möchte ich bekennen, dass ich große Dankbarkeit für das Leben empfinde, das mir geschenkt wurde und das ich tatsächlich unermüdlich wie ein Hase verfolgt habe. Eine ununterbrochene Reihe von Dissonanzen hat dabei immer zu Konsonanzen geführt.

Angehender Arzt und Chirurg

Nach dem Abschluss meines Studiums im Juni 1972 freute ich mich auf ein paar unbeschwerte Ferienwochen in Bignasco, meiner ruhigen Ortschaft im Tessiner Maggiatal, wo ich geboren und aufgewachsen war. Im Herbst sollte ich dann meine chirurgische Ausbildung als Assistenzarzt im Spital La Carità in Locarno beginnen.

Im Familienleben ging in diesem Jahr 1972 alles seinen gewohnten Gang. Im Hotel meiner Eltern war Hochsaison, und drei ihrer Kinder waren in den Ferien zu Hause, gestern noch Studenten, heute schon gewissermaßen mit einem Beruf in den Taschen. Ein Diplom in Medizin für mich, eines in Jura für meine Schwester Carla, ein Diplom als Hotelier für Angelo, während Tiziano, das vierte Kind, zwölf Jahre später den gleichen Weg gehen sollte wie ich. Wir waren alle bereit, jetzt auf eigenen Beinen zu stehen. Unser Vater hatte, von unserer Mutter Angela gedrängt und ermutigt, entschieden, dass wir alle studieren sollten, was ihm nicht möglich gewesen war. Er war stolz auf seine Entscheidung für uns, die bedeutete, dass er unser Studium finanzierte. Und am Tag nach unseren Abschlüssen hatte er zufrieden und mit dem ihm gebührenden Nachdruck gesagt: »Jetzt ist mein Auftrag erledigt. Jetzt müsst ihr alleine klarkommen.«

Vater Carlo, damals in seinen Sechzigern, hatte die Leitung seines Hotels unserem Bruder Angelo überlassen, aber er blieb dennoch weiter aktiv. Er nahm nämlich den Posten als Verwaltungsdirektor des kleinen Krankenhauses in Cevio, drei Kilometer von Bignasco entfernt, an. Eine Strecke, die sein Vater, der in der Verwaltung dieses Krankenhauses tätig war, bereits 50 Jahre zuvor täglich mit dem Fahrrad zurückgelegt hatte.

Eines Nachmittags kehrte er beunruhigt nach Hause zurück: »Der einzige Arzt im Spital hat sich aus dem Staub gemacht. Wir können nichts tun und bewegen uns zudem außerhalb der Legalität. Ich muss sofort einen Arzt finden, der in der Gegend wohnt und das vom Kanton anerkannte Recht hat, seinen Beruf als Mediziner auszuüben.«

Dann jedoch wendete er sich mit einem Anflug von Komplizenschaft an mich: »Aber du, der du ja jetzt Arzt bist, könntest mir helfen und diesen Flüchtling ersetzen, bis ich einen anderen gefunden habe. Ich muss dem Krankenhaus, das voller Patienten ist, einen Arzt besorgen.« Ich spürte ein Frösteln, wehrte ab und erwiderte, dass ich nicht nur keine Erfahrung mit der Leitung eines Krankenhauses hätte, sondern auch noch gar nicht praktizieren dürfte. Aber mein Vater bestand darauf, und so nahm die Sache ihren Lauf.

Das Gesuch um die Zulassung als praktizierender Arzt wurde eilig nach Bellinzona, dem Sitz der Tessiner Regierung, geschickt und die Erlaubnis kam nach ein paar Tagen mit der Post an. In der Zwischenzeit hatte ich, um mir Unterstützung zu besorgen und mir Mut zu machen, einen Freund aus meiner Studienzeit an der Universität Bern gefragt, ob er dieses Abenteuer, das ja eine große Herausforderung war, mit mir teilen wollte. Er stimmte zu und kam schon ein paar Tage danach in unserem Tal an.

In der Tat hatte mein Vater auch einige Vorsichtsmaßnahmen getroffen und es mit seiner Energie geschafft, dass der Chefarzt des Spitals von Locarno, Alberto Pedrazzini, der sich schon früher regelmäßig ein Bild von der Qualität der Medizin in Cevio gemacht hatte, ab jetzt immer wieder und nicht nur aus Höflichkeit zu uns kam.

So arbeitete ich nun den ganzen Juli 1972 als leitender Arzt des Krankenhauses in Cevio. Es war mein erster Einsatz in einer seltsamen, leicht surrealen Situation. Zusammen mit meinem Freund und Kollegen Rolf Neuenschwander und Marco Poncini, einem Medizinstudenten, der ebenfalls im Maggiatal lebte und dort später fast 40 Jahre lang Bezirksarzt war, stürzten wir uns in dieses Abenteuer, zitternd vor Enthusiasmus, aber auch von Ängsten geplagt. Wir waren drei Musketiere ohne Degen. Aber zum Glück ging alles glatt und ... niemand kam ums Leben. Mit der Zeit hatten wir sogar unseren Spaß daran, wie bei dem »Häuschenspiel« in unserer Kindheit, und Marco fand hier sogar seine Frau.

Ein Vorfall erinnerte uns jedoch daran, dass dies kein Spiel war. Wir hatten einen Patienten mit einem mittelschweren Herzinfarkt, der durch die erforderlichen Labortests bestätigt worden war, als Notfall aufgenommen und dann auf der Station betreut und waren bald wirklich überrascht und sehr zufrieden mit dem günstigen klinischen Verlauf. Während der wöchentlichen Visite hielt unser Vorgesetzter, Professor Alberto Pedrazzini, bei der Untersuchung des Falles das Elektrokardiogramm in die Nähe des Spiegels über dem Waschbecken und bat uns, das Bild, das es lieferte, genau zu betrachten. Nachdem wir den Raum verlassen hatten, erklärte uns Pedrazzini wohlwollend lächelnd, was passieren kann, wenn man beim Anlegen der Elektrodenkabel des Kardiogramms durcheinanderkommt: Unser Patient hatte nämlich gar keinen Herzinfarkt, sondern litt an einer leichten Herzerkrankung.

Nachdem sich der Vorhang über die Spitalerfahrung von Cevio gesenkt hatte, begann für mich das herausforderndste Kapitel. Jetzt handelte es sich nicht mehr um eine vorübergehende Vertretung, denn nun war ich im Distriktspital von Locarno, »meiner Stadt«, 24 Kilometer von Bignasco entfernt, als Assistent in der chirurgischen Abteilung angestellt worden.

Ein Krankenhaus ist natürlich ein Ort, an dem Patienten behandelt werden, aber auch ein Ort, an dem das Leben eine Pause einlegt und der Mensch nachdenkt und reflektiert. Und so erging es auch mir. Die Freude am Leben – das Streben nach Wohlbefinden und Glück – scheint für eine gewisse Zeit unterbrochen zu sein. Normalerweise verlässt man das Krankenhaus nach Tagen oder Wochen und hofft, nie wieder zurückzukehren. Für diejenigen, die dort arbeiten, ist das Krankenhaus dagegen ein Arbeitsplatz wie jeder andere, aber eben doch ein besonderer.

In Locarno gab es etwa 80 Betten für die chirurgische Abteilung, zwei Operationssäle und eine Notaufnahme. Robert Schneiter war der neu ernannte – und renommierte – Chefchirurg. Er war erst vor wenigen Monaten aus Genf gekommen und für seine Fähigkeiten in der kolorektalen Chirurgie bekannt. Ich war der Jüngste in seinem fünfköpfigen Assistententeam. Der Gedanke, der schon seit einiger Zeit in mir schlummerte, hatte sich nach meinem Semester 1968 in Wien verfestigt, wo ich den Wunsch, in die Psychiatrie zu gehen, begraben hatte. Nun ging es darum, meine tatsächliche Eignung für diese heikle Spezialisierung zu überprüfen und herauszufinden, ob das Skalpell wirklich etwas für mich war. Bald wurde mir klar, dass man diesen Beruf durch harte Arbeit erlernen kann, wobei man jedoch unbedingt und notwendigerweise diejenigen beobachten muss, die ihn vortrefflich ausüben, um deren Arbeitsweise, auch im Detail, zu studieren. Dass man das Handwerk »stehlen« muss, um es sich zu eigen zu machen. Dazu brauchte man das Wohlwollen und das Entgegenkommen derer, die einem dieses Handwerk beibringen mussten. Ein großer Vorteil für mich war, dass ich jetzt in einem kleinen Team arbeitete und nicht in der übervollen Truppe einer Universitätsklinik.

Ich mochte das Krankenhausleben: Es war abwechslungsreich, mit mal stressigen, mal entspannten Rhythmen. Nach ein paar Monaten hatte ich mich in diese Welt eingearbeitet und fühlte mich wohl. Das Krankenhaus war damals ein Matriarchat, denn das Zepter lag in den Händen von Frauen – genau wie bei uns zu Hause: Die Schlüsselpositionen der Rezeption, der Logistik, aber vor allem der Stationsleitung und des Operationssaals lagen allesamt in den Händen der Nonnen der Cottolengo-Kongregation in Turin. Das ebenfalls meist weibliche Laienpersonal – Krankenschwestern, Pflegehelferinnen, Radiologie- und Labortechniker, aber auch Wäsche-, Hygiene- und Reinigungsdienste – stand unter der Ägide der Schwestern. Unser kleines Krankenhaus wurde von der genannten Ordensgemeinschaft verwaltet und geleitet, was seinerzeit zu einem angenehmen Umfeld für eine strukturierte und effiziente Pflege führte, aber auch so etwas wie »Heiligkeit« fühlen ließ, die das menschliche Leiden anerkannte und einen Blick auch für die kleinsten Bedürfnisse der Patienten hatte. Alles in allem eine angenehme und beruhigende Umgebung für diejenigen, die hier arbeiteten, sowie für die Patienten – und selbst für diejenigen, die bei uns ihre letzte Reise antraten.

Die geschlossene Welt des Operationssaals hatte mich schon immer als ein Ort von Macht und Verzicht, von Freud und Leid fasziniert. Eine eigentümliche Welt, verschlossen und undurchlässig, ja unzugänglich für Uneingeweihte. Die kleine Tür, die den Zugang zu den Operationssälen freigibt, ist ein mir bleibendes Sinnbild für diesen schmalen Durchgang zwischen zwei Welten. Für mich war und ist diese andere Welt geheim, geschützt, bis ins Detail kodifiziert, fast wie ein liturgisches Zeremoniell, das sehr ausgeklügelt ist und andere Gesetze kennt, und in dem zwei Codes gleichberechtigt nebeneinander existieren: der irdische, der materielle, und der des Geistes, der seelische. Außerhalb des Operationssaals, noch immer im Krankenhaus, ist die Welt wieder die, die wir alle kennen, die Welt, in der die materielle Realität kommandiert, während die andere abhebt und in der Luft schwebt.

Es sei daran erinnert, dass der Patient selbst bei einer Operation, die gemeinhin als leicht angesehen wird, von einem mehr oder weniger ausgeprägten Bewusstsein dessen begleitet wird, dass wir alle Menschen, also sterblich sind: Und so erfährt er das gefürchtete »memento mori«. Wer kümmert sich im Operationssaal, in dem die Aufgabe der Risikominderung ganz in den Händen des medizinischen Personals liegt, um die Unruhe, die Angst und die Befürchtungen, die sich mit dem Herannahen des unausweichlichen Moments – wie und wann auch immer – entwickeln? Und wer leitet oder koordiniert dieses vorübergehende Zusammenleben? Nicht die Ärzte, sondern eine Krankenschwester als strenge Oberschwester, aber auch als wachsame Mutter: Schwester Clementina Gianelli, die als Seele der chirurgischen Abteilung ihr eigenes Team hatte, das sowohl die Patienten als auch das Personal beaufsichtigte und in Schach hielt. Immer in Bewegung, zierlich und schnell, war sie überall präsent. Ihr Auftritt glich dem eines sehr guten Dirigenten: Sie dirigierte und beobachtete unermüdlich und voller Elan alle Instrumente. Ihr entging nichts und sie kontrollierte alles, nicht nur die Abfolge der Operationen, sondern auch deren Logistik, hatte ein wachsames Auge auf jeden einzelnen Instrumentalisten wie auf das ganze Orchester, vom Chirurgen bis zur Putzfrau, Letztere eine stets ruhige und bescheidene Person, aber im Operationssaal unverzichtbar.

Zum Thema »Sauberkeit« fällt mir übrigens eine Begebenheit ein. Eines Abends vor gut 30 Jahren war ich in einem Operationssaal in Kandahar, Afghanistan, am Ende eines langen Tages mit mehreren Operationen hintereinander. Da sah ich meinen finnischen Chirurgenkollegen, der mit einem Mopp in der Hand den Boden wischte und sagte: »Alle sind schon weg. Wenn wir morgen früh operieren wollen, sollte ich das besser jetzt tun.« Kein Kommentar, aber Hut ab.

Ich erinnere mich noch gut an Ines Femminis, die alles sah und alles aufhob. Sie kümmerte sich bei uns um die Patienten auf den Rollbetten, die wach waren und nach einer beruhigenden Geste oder einem beruhigenden Wort Ausschau hielten. Eine weitere nützliche und beruhigende Person war der immer aufmerksame Neapolitaner Giuseppe Gallucci, eine angenehme Plaudertasche, ein Typ aus der Commedia dell'Arte, der nicht nur seine Arbeit überaus ernst nahm, sondern auch seine Umgebung mit Witzen unterhielt und auflockerte, wenn es denn mal zu Spannungen gekommen war. Seine Rolle war die des Hofnarren in Shakespeares Stücken.

Der Operationssaal ist mitnichten eine Oase des Friedens. Streitereien, Eifersüchteleien, Missverständnisse und Ungeduld sind in allen Krankenhäusern dieser Welt zu Hause, aber es gibt eine Grenze: Sie wird definiert durch die Schwere der Arbeit und den Stress, den die Unaufhaltsamkeit der Zeit verursacht. Je mehr Patienten man hat, desto weniger Streit und Probleme gibt es. Obwohl, und vielleicht besonders im Operationssaal, die Hierarchie kodifiziert und die Befehlskette klar definiert ist. Es gibt freilich Momente, in denen Redefreiheit für alle herrscht. Das ausgiebige Händewaschen vor dem Anziehen der sterilisierten Schürzen ist zum Beispiel einer der Momente, in denen das Operationsteam »demokratisch« zusammenkommt und alle mit Einseifen und Spülen beschäftigt sind. Und so unterhält man sich, plaudert über dies und jenes und nicht nur über die bevorstehende Operation. Während der Operation hat der Chirurg das Sagen, aber es herrscht meist Schweigen, das nur durch die Nachfrage nach Instrumenten oder eine plötzlich auftretende Komplikation unterbrochen wird. Wenn sich schließlich die Operation dem Ende zuneigt und die Spannung nachlässt, ertönen nach und nach die Stimmen des Chors.

Wir Assistenten waren Teil dieses Chors, wurden geduldet und manchmal sogar angehört, aber wie alle Lehrlinge mussten wir das Handwerk erlernen, also zuhören, sehen und dann langsam zeigen, dass wir etwas gelernt hatten. Eine Aufgabe blieb uns meist erspart: den Angehörigen die schlechten oder unangenehmen Nachrichten aus dem Operationssaal zu überbringen. Das war in der Regel Sache des Chefarztes oder des Stationsleiters. Als unmittelbar Anwesende sahen wir jedoch, wie schwierig diese Aufgabe war und wie oft sie auch schlecht gelöst wurde, auch wenn Schwester Clementina dann auftauchte, um ihren Balsam aufzutragen.

Es kam vor und es kommt wohl auch heute noch vor, dass sich ein Patient an Dialogfetzen oder präzise an Sätze erinnert, die er während einer Operation unter Vollnarkose gehört hat: Schon damals gab es Kopfhörer, die wie Ohropax oder zum Einspielen von Hintergrundmusik bei der Narkoseeinleitung verwendet wurden. Ich habe da eine persönliche Erinnerung: Während einer Laparotomie hatte ich bei der Eröffnung des Bauches übersehen, wie dick das Fett in der Bauchdecke einer Patientin war, was den tiefen Zugang erschwerte und die Sicht auf das Operationsfeld einschränkte. Wochen später, bei einer Nachuntersuchung, erinnerte mich die Patientin exakt daran, was ich damals gesagt hatte ... und ich glaube nicht, dass mich jemand verpfiffen hat.

Wenn die Hürde der Operation hinter einem lag, folgte die Erholungsphase auf der Station. Wieder eine Welt der zwei Geschwindigkeiten: die sogenannte Normal- und dann die Privatstation. In den überfüllten Zimmern der ersten Station herrschte eine Atmosphäre und ein Rhythmus fast wie zu Hause. In der zweiten hingegen wurden die Patienten in einem ruhigeren Ambiente mit Ein- oder Zweibettzimmern betreut. Wir Assistenten kümmerten uns wenig um diese Klassenunterschiede, denn die Pflege war die gleiche. Auf der Privatstation sprach man Italienisch und im Flüsterton. Wäre da nicht die Leiterin der Privatstation, Schwester Maria Grazia Bianchi, mit ihrer sangesfrohen Stimme und ihrer überbordend guten Laune gewesen, hätte die Atmosphäre hier der einer Leichenhalle geglichen. Auf der allgemeinen Station sorgte unser Dialekt für eine lebendige, mundartlich-komödiantische, gewissermaßen malerische Atmosphäre, mit Schwester Enrica auf der Männerstation und Schwester Michelina auf der Frauenstation, die das Personal und die nie zufriedenen Patienten bei Laune halten mussten.

Regelmäßig hatte ich auch Nachtdienst in der Notaufnahme, die im Sommer stark frequentiert wurde, während es in der Nebensaison etwas ruhiger zuging. Wenn nach 22 Uhr keine Patienten mehr warteten, verließ ich das Krankenhaus durch eine Seitentür, immer im weißen Kittel und mit meiner Rufpfeife in der Tasche, aber auch mit dem Schlüssel zur benachbarten Kirche San Francesco, um hier Orgel zu spielen.

Der damalige Pfarrer dieser Kirche, der Jesuit Viktor Trösch, hatte mir gnädigerweise den Schlüssel überlassen, damit ich nachts Orgel üben und mich fit halten konnte. Ja, in jenen Jahren stand das kulturelle Leben in der Region Locarno in voller Blüte. Die Ascona-Musikwochen wurden ins Leben gerufen, in neuen Kunstgalerien kam es zu Ausstellungen und Veranstaltungen und überall in der Region zu Vorträgen und Begegnungen. Ein Schritt außerhalb des Spitals, und schon war man in der Altstadt, wo stets eine festliche Atmosphäre herrschte – durch die Mischung von Einheimischen, Eidgenossen aus der ganzen Schweiz und vielen Touristen aus aller Herren Länder.

Die Welten der Medizin und der Musik verliefen oft parallel. Mein Freund Cornelio Högger, mein Klassenkamerad in Einsiedeln, war inzwischen auch Assistenzarzt für Medizin in meinem Krankenhaus in Locarno und mit seiner Frau Franziska – mit der ich schon während des Studiums zusammengespielt hatte, sie auf der Querflöte und ich auf dem Cembalo – haben wir in Locarno die Freude am gemeinsamen Musizieren wiederentdeckt.

Nach drei Jahren als chirurgischer Assistent hatte ich zwar etwas gelernt, aber in meinem Kopf kreiste schon eine Weile der Wunsch, wieder auf eine Reise zu gehen, und das fast schon rasende Verlangen nach einer Luftveränderung. Wahrscheinlich war es meine Lektüre über das Leben und die Arbeit von Dr. Albert Schweitzer, Arzt, Theologe und Musiker, Friedensnobelpreisträger von 1952, sowie meine Lust auf Abenteuer, das Bedürfnis, etwas anderes und noch nie Dagewesenes kennenzulernen, die mich verführten, den Kontakt zu dem Schweitzer Komitee zu suchen, das sein Krankenhaus in Lambarene (Gabun) unterstützte. So erfuhr ich, dass ein junger Arzt für ein Praktikum in dem im äquatorialen Wald von Gabun gelegenen Krankenhaus gesucht wurde.

Der unerwartete, aber günstige Zeitpunkt war gekommen, um Erfahrungen als Arzt in Afrika zu machen, wenn auch nur als Chirurg in der Ausbildung. Ich sprach darüber mit meinem Chefchirurgen in Locarno, der mich zwar in meinem Vorhaben unterstützte, mich aber auch daran erinnerte, dass ich eine seriöse, zielgerichtete und hochwertige Ausbildung fortsetzen musste. Natürlich wollte ich meinen Weg zur Spezialisierung in allgemeiner Chirurgie fortsetzen, und so kam mir der Vorschlag meines Chefs sehr entgegen, mich für die 3 bis 6 Monate meines afrikanischen Praktikums im Krankenhaus Lambarene gehen zu lassen, ohne meinen Vertrag mit dem Krankenhaus Locarno zu unterbrechen. Nach meiner Rückkehr würde er mich wieder in sein Team aufnehmen. Für mich war das eine wunderbare Nachricht. Ich war sofort dankbar, aber die Bedeutung dieser Geste habe ich erst viel später ermessen.

Meine erste Mission in Lambarene

Nachdem ich das Angebot angenommen hatte – das war 1975 –, fühlte ich mich verpflichtet, mich zur Vorbereitung meiner Reise über die Geschichte dieses Krankenhauses im gabunischen Äquatorialwald zu informieren, das von dem 1965 verstorbenen deutsch-französischen lutherischen Arzt und Missionar Albert Schweitzer gegründet worden war. Die Schweizer Ärzte, die mich vor der Abreise mit Ratschlägen überhäuft hatten, informierten mich weniger über die Arbeitsbedingungen, sondern vor allem über das widrige und für uns Europäer unerträgliche Klima in dieser Gegend sowie über die unzähligen endemischen tropischen Infektionskrankheiten.

Zudem klärte man mich über die sehr spartanischen Lebensbedingungen, persönlichen Sicherheitsvorschriften, Gefahren und darüber auf, wie schwer die Kontakte zur Außenwelt aufrechtzuerhalten waren. All dies beunruhigte mich und hielt meinen Enthusiasmus im Zaum, war aber später eine große Hilfe. Ich erfuhr auch etwas über das geistige Spektrum und die spirituelle Tiefe, die Schweitzers Stiftung und sein Krankenhaus geprägt hatten. Alles war hier vom Christentum inspiriert, aber auch direkt von Schweitzer, dem Philosophen und Denker, der seiner Zeit weit voraus war. Sein »Erbe« blieb auch Jahre nach seinem Tod lebendig.

Ich war 31 Jahre alt und brach zum ersten großen Abenteuer meines Lebens auf. Ich packte für ein fernes Land, nicht wissend, wie lange ich dort bleiben würde. »Immer mit dem Koffer in der Hand« sollte zu einem meiner Leitmotive werden. Und jemand, der mich gut kennt, würde wohl noch »wie ein Kreisel« hinzufügen.

Die Ankunft und der Empfang in diesem Krankenhaus – einem afrikanischen Hüttendorf, beschattet von hohen Bäumen, die sich über den Ogowe-Fluss beugen – wurde wie zu Schweitzers Zeiten vorbereitet. Ein Ritual, das sich bei jedem Neuankömmling wiederholte. Ich kam mit dem Auto aus Libreville und wurde zusammen mit meinem Gepäck ein paar Hundert Meter vom Ogowe-Fluss entfernt abgeladen, wo eine hölzerne Piroge, ein Boot mit einem langen Kiel aus einem einzigen Baum, auf mich wartete. Es war das hier traditionelle Transportmittel. Das Boot glitt lautlos in Richtung des Krankenhauspiers. Imposante Bäume wuchsen entlang des Ufers, und ich hörte Gesang mit Trommeln, ohne jemanden zu sehen. Plötzlich tat sich vor mir eine Lichtung auf und vor mir lag das Krankenhaus, dessen Personal tanzend und singend am Strand versammelt war. Mich erinnerte das an eine Szene, die Joseph Conrad in »Herz der Finsternis« beschreibt. Es war dies ein Erweckungsritual, das mir den Eindruck vermittelte, in eine geheimnisvolle Zeit außerhalb unserer Zeit einzutreten.

Die »Bungalow«-Hütte, die mich empfing, war klein und spartanisch, mit einem winzigen Etwas Strom am Abend. Auch fließendes Wasser, ein absoluter Luxus hier, floss nur tröpfchenweise. Natürlich gab es keine Klimaanlage, nur einen Ventilator, und die Luftfeuchtigkeit konnte bis zu 90 Prozent erreichen, obwohl es tagsüber selten über 30 Grad heiß wurde.

Aber die Kranken waren da, und es waren viele. Bald wurde ich von der Arbeit in Anspruch genommen, die eher von teutonischen als von gabunischen Rhythmen geprägt war. Der deutsche Chefchirurg Holm Habicht, der mit seinen 40 Jahren für sein Alter noch recht jung aussah und der erst wenige Monate zuvor seine Stelle angetreten hatte, musste sich nun um seinen einzigen chirurgischen Assistenten kümmern, einen noch dazu angehenden Chirurgen wie mich, sowie um den Betrieb des Krankenhauses, das sich finanziell in schwierigem Fahrwasser befand. In den Monaten in Lambarene lernte ich eine Menge über chirurgische Techniken, aber vor allem wurde mir bewusst, wie viele unterschiedlichen Operationen es gab, die in diesen so weit entfernten Breitengraden durchgeführt werden mussten.

In Europa war der Trend zur Spezialisierung eine Selbstverständlichkeit, während in Lambarene ein Allgemeinchirurg, wenn er denn überhaupt zur Verfügung stand, die wesentlichen, das heißt die lebensrettenden Operationen zu beherrschen hatte, von der Traumatologie bis zur Verdauungschirurgie, von der urologischen bis zur gynäkologischen und sogar der augenärztlichen Chirurgie.

In meinen drei Jahren als Assistenzarzt in Locarno hatte ich mich ausgiebig mit Verdauungs- und Unfallchirurgie befasst, aber die wenigen Wochen, die ich in der Neurochirurgie und Gynäkologie verbracht hatte, hatten bei Weitem nicht ausgereicht, um die dafür erforderlichen Fähigkeiten zu erwerben. Nun in Lambarene erkannte ich sehr schnell meine Grenzen und so war ich Dr. Habicht dankbar, dass er mir auf dem Gebiet der Traumatologie und der Verdauungschirurgie folgte. Natürlich war der Operationssaal alt und nur rudimentär ausgestattet, aber wir konnten auf die Dienste eines gerade modernisierten Qualitätslabors und auf die Radiologie zählen.

Die eigentliche Herausforderung war jedoch der menschliche und soziale Kontext: ein Krankenhaus mitten im afrikanischen Busch, mit einem Dorf und sogar einem Lager für die Familien der Mitarbeiter und Patienten. Dr. Schweitzers Ruhm zog auch zehn Jahre nach seinem Tod noch Patienten an. Sie kamen aus den entlegensten Regionen des Äquatorialwaldes und täglich gab es Hunderte von Konsultationen zu allen möglichen Krankheiten, die in diesem Teil der Tropen verbreitet waren. In einem weit vom Krankenhaus entfernten Gebiet gab es sogar eine Leprastation, der man den biblisch anmutenden Namen »le village des lepreux« gegeben hatte. Unser Krankenhaus musste sich jedoch an die neuen Zeiten anpassen, es brauchte dringend eine radikale Sanierung und Umstrukturierung sowohl seiner Einrichtungen als auch der Geschäftsführung wie der Betriebsabläufe. Es gab dafür einen ausgearbeiteten Plan und die unumgängliche Suche nach Geldmitteln hatte bereits begonnen, ohne die das Projekt nicht in Angriff genommen werden konnte.

Die Mahlzeiten wurden gemeinsam eingenommen, bei denen stets auch einige sehr alte Krankenschwestern aus Schweitzers Zeiten dabei waren. Sie sprachen mit großem Respekt von ihm und erzählten gerne kleine Geschichten aus seinem Leben und seinem Arbeitsalltag. So schwebte immer noch Schweitzers Geist von Raum zu Raum, aber ich fühlte, dass er doch ein sich auflösender Nebel geworden war, für den niemand mehr einen Namen hatte.

Johanna war die englische Krankenschwester, die auf Psychiatrie spezialisiert war und der Schweitzer die Fälle von Psychosen und Demenz sowie die Verwaltung der »village des lepreux« anvertraut hatte. Sie kümmerte sich auch um eine Gruppe psychisch Kranker mit Methoden, die nur sie beherrschte, natürlich in Abstimmung mit den örtlichen Medizinmännern, zu denen sie sehr gute Beziehungen hatte. Die Medikamente, die sie verwendete, waren, offengesagt, von gestern, aber das Engagement und die Erfahrung von Johanna, die von denjenigen, die sie seit Jahrzehnten kannten, als »Psychologin der Gabuner« bezeichnet wurde, standen außer Frage. Sie hatte ihre Patienten fest in der Hand und diese folgten ihr fügsam. Sie handelte wie ein General und konnte auf außergewöhnliche körperliche und geistige Stärke bauen. Sie verstand es, mit allen zu kommunizieren, und ihre Befehle wurden befolgt. Ja, sie war eine Naturgewalt. Eines Tages fragte sie mich, ob ich mir ihre Leprakranken »ansehen« wolle, um vielleicht Verbesserungen bei den chirurgischen Behandlungen vorzuschlagen, die gelegentlich durchgeführt und dann wieder abgebrochen wurden, weil sie keine nennenswerten Ergebnisse brachten.

Ich war mit dem Thema Lepra nicht vertraut und griff zu den Büchern, die ich bei mir hatte, aber ich fand nur spärliche, bruchstückhafte und sogar widersprüchliche Informationen. Ich war jedoch neugierig und wollte mit eigenen Augen sehen, zu welchen Ergebnissen unterschiedliche Medikationen führten. Ich berührte mit meinen eigenen Händen Füße oder Hände, Arme und vor allem Gesichter, die durch gummiartige, matt glänzende und oft sogar infizierte Wucherungen entstellt waren. Wenn ich von Infektion spreche, spreche ich sofort auch von Geruch. Wie ich seinerzeit erst noch lernen musste, hat jede Infektion ihren eigenen Geruch, wobei wir gewiss nicht von Parfüm sprechen. Die Erfahrung damit erlaubt es dem Arzt, den möglicherweise dominanten infektiösen Keim bei einem blutenden Furunkel, beim Öffnen eines infizierten Unterleibs, einem Husten oder auch nur nach einem Seufzer eines Patienten zu erkennen oder zumindest zu vermuten. Ein Beispiel dazu: Der Atem eines Diphtheriepatienten riecht stark nach süßlichem Apfel. Bei meiner Arbeit mit diesen kranken Menschen lernte ich mit der Zeit, wie Lepra riecht, aber ich erkannte auch, wie sehr die Anwesenheit des Arztes, der direkte Kontakt mit dem Patienten ebenso wichtig sein kann wie Empathie.

Das erste Hindernis, das ich zu überwinden hatte, war die Angst vor Ansteckung. In der medizinischen Fachliteratur wird sie als gering eingestuft, wenn die Diagnose rechtzeitig gestellt wurde und der Patient geheilt werden konnte. Mein natürlicher Mangel an Vorsicht, aber vor allem die Ermutigung durch hoffnungsvolle Patienten ließen mich die Vorsichtsmaßnahmen beiseiteschieben. Ich vereinfachte nun die Taktung und Protokollierung der Desinfektionen, der Ausschabungen und der Verbände. »Ein neuer Besen kehrt gut« heißt es, und das stimmt auch, aber dann nutzt sich auch der neue Besen ab. Ich musste feststellen, dass modernes chirurgisches Agieren an Grenzen gerät. Eine empirische Überprüfung in kurzer Zeit machte mir klar, dass bei jahrelang chronisch erkrankten Leprapatienten keine Operation erforderlich war, sondern eine gezielte konservative Behandlung in Kombination mit angemessenen physiotherapeutischen Maßnahmen. Was die psychologischen Aspekte und den Versuch, ein akzeptables Leben zu führen, betraf, war dies die Aufgabe von Schwester Johanna.

Vor meiner Rückkehr in die Schweiz machte sie mir ein außergewöhnliches und wertvolles Geschenk: Dr. Schweitzers goldene Brille. Er benutzte sie nur zum Lesen und sie ist gut auf dem Foto in Oslo zu erkennen, als er 1952 die Rede bei der Entgegennahme des Friedensnobelpreises hielt.

Ich habe jetzt noch kein einziges Wort über das Klima in der Umgebung dieses Krankenhauses verloren, das den Ogowe-Fluss überblickt, aber von einem unglaublich dichten Tropenwald umgeben ist und von unerbittlichen Regenfällen heimgesucht wird. Damals beeindruckten mich die Temperaturen um die 30 Grad nicht sonderlich, obwohl ich mich zufällig in einer der beiden Regenzeiten befand, die eine klebrige und lästige Feuchtigkeit mit sich brachten, auch weil der Himmel fast immer bedeckt war. Oft begleitete uns das Grau des Himmels den ganzen Tag. Dann aber explodierte eine Farbenpracht bei einem postkartenreifen Sonnenuntergang: Und der Tag endete mit diesem ergreifenden Anblick, wobei die ungeheure Farbenpracht die Härte dessen, was ich erlebte, ein wenig milderte.

Ich glaube nicht, dass irgendjemand dem überwältigenden Ruf des Urwalds widerstehen kann, trotz aller Warnungen und Ängste vor seinen großen und kleinen Gefahren. Es gab die schrecklichen Geschichten von Entführung, Folter und sogar vom Kochen in Kesseln der Pygmäen, der Herren des Waldes. Diese Geschichten erzählte man sich abends am Kamin, aber sie kamen eher an als eine dringliche Herausforderung, sich aufzumachen und herauszufinden, ob an ihnen etwas Wahres dran war oder ob es sich nur um Märchen handelte.

Die größte Gefahr war, sich zu verlaufen. Man brauchte nur ein paar Meter außerhalb des Krankenhauses zu gehen, einen nicht markierten Weg einzuschlagen, und schon verlor man wie von Geisterhand die Orientierung. Deshalb war es sehr riskant, alleine zu gehen, und absolut notwendig, von einem Einheimischen begleitet zu werden, selbst für kurze Strecken. Andererseits galt es als modern, einen Einbaum zu nehmen, sich, wenn möglich, einen Motor zu besorgen und langsam flussaufwärts zu einer abgelegenen Insel zu fahren, ein kleines Feuer zu machen, um ein aus dem Krankenhaus mitgebrachtes Huhn zu grillen – und es dann vielleicht nicht essen zu können, weil überraschend ein Krokodil auftauchte, das gewiss nicht eingeladen war. Oder weil Nilpferde bedrohlich schnaubend auftauchten, die unser erfahrener Führer jedoch sofort entdecken würde. Schon vom Einbaum aus sah man die furchterregenden Silhouetten dieser abgeflachten Nilpferdköpfe, die aus nächster Nähe und ohne Vorwarnung aus dem schlammigen Wasser auftauchen konnten. Der entsprechende Alarm wurde in der Regel durch die Schreie einer der Krankenschwestern ausgelöst, die uns begleiteten und bereits Bescheid wussten. Nach den ersten Wochen eifrigen Entdeckens kostete es mich später allerdings nicht viel, die Einladung auszuschlagen, nachts »zum Spaß« in Booten auf die Jagd nach kleinen Krokodilen zu gehen, wobei man sich mit knorrigen, großen Stöcken bewaffnet hatte. Es wurden nur diese Stöcke verwendet, um die kostbare Haut nicht zu ruinieren, die für den gewinnbringenden Verkauf intakt sein musste.

Auch die Nächte von Lambarene verdienen Erwähnung. Ist der Tropenwald schon tagsüber voller Geräusche, so gehen die der Nacht weit darüber hinaus, nicht nur wegen der Lautstärke, denn es rumpelt, ruft, heult, schreit, zischt und vibriert bedrohlich. Alles zusammen weckt Angst und Unbehagen und kommt leider auch direkt an den Betten der Kranken an, die oft nicht schlafen konnten, weil ihre Fenster nicht durch Glas, sondern nur durch Moskitonetze geschützt waren. Und dieses Konzert da draußen dauerte nicht nur ein paar Stunden, sondern die ganze Nacht. Noch heute höre ich manchmal ein Tonband, das ich damals aufgenommen habe und das die Stimmen der Nacht in Lambarene bewahrt. Ich habe es damals meinen Eltern geschickt und sie haben mit Angst, Bestürzung und einem Gefühl von Verzweiflung reagiert. Ja, diese ungewohnten Klänge komponierten eine Dissonanz, die nie zu einer Konsonanz wurde. Sie erzeugten ausschließlich Erschrecken. Wenn Hitchcock sie gehört hätte, hätte er vielleicht gewusst, wie man sie einsetzen könnte.

Aber die gabunische Nacht verbarg auch ganz andere Wirklichkeiten. Während eines Bereitschaftsdienstes streifte ich nachts herum und es gelang mir, ein paar Geheimnisse zu lüften, wie zum Beispiel dieses, dass Hexendoktoren damit beschäftigt waren, meine bereits operierten Patienten zu heilen. Nach Mitternacht war ich zu einem Patienten in Not auf der postoperativen Station gerufen worden, wo 16 Holzbetten nebeneinander in einem einzigen Raum standen. Dass Familienangehörige die Nacht neben den Betten der Patienten verbrachten, dass sich unter dem Bett neben der Küchenbatterie auch einige Haustiere oder sogar ein Huhn als Nahrungsreserve befanden, war mir schon lange bekannt. Aber alle operierten Patienten mit unbedeckten Wunden vorzufinden, die Verbände entfernt und durch bunte Vogelfedern ersetzt, das war denn doch eine überraschende Entdeckung in der Nacht von

Lambarene. Der Zauberer musste seine Rituale wohl unterbrochen haben, bevor ich eingetroffen war.

Eine nächtliche Missetat von mir, die ich lieber vergessen würde und auf die ich keineswegs stolz bin, möchte ich jedoch etwas detaillierter erzählen. Wahrscheinlich um einen Versuch zu unternehmen, meine Schuld zumindest mildern zu können: nämlich die, einem Hahn mitten in der Nacht den Hals umgedreht zu haben. Dieses »Familienoberhaupt« mit einem beachtlichen Harem im Schlepptau lebte frei in der Umgebung des Krankenhauses und hatte sich auf einem Frangipani-Baum vor meinem Schlafzimmerfenster niedergelassen. Tagsüber streifte er stolz mit seinem Hofstaat über das Krankenhausgelände, ebenso wie die anderen Vierbeiner, die Dr. Schweitzer geduldet hatte, aber bei Einbruch der Dunkelheit kehrte er mit seinen Hühnern zu dem Frangipani-Baum zurück. Hier schien er die Aufgabe zu haben, mit seiner kräftigen heiseren Stimme, die überall zu hören war, pünktlich zu jeder Stunde mit außerordentlich lauten und herzzerreißenden Kantaten die Stunden zu schlagen. Alle meine Versuche, die Gefiederten zu vertreiben, waren gescheitert: Dieser Baum vor meinem Fenster war ihr Zuhause. Eines Nachts konnte ich die Quälerei des Hahns nicht länger ertragen: Ich jagte ihn, bis ich ihn erwischte und ihm den Hals umdrehte. Seltsam: Vor allem an diese meine kriminelle Handlung erinnern sich noch diejenigen, die mich in Lambarene kannten. Und mein Hahn, obwohl richtig zubereitet, blieb für die meisten unverdaulich: Sein Fleisch, hieß es, war zu »unordentlich« ... was immer das bedeuten mochte.

Eines Abends kamen zwei gabunische Männer zu meinem Bungalow und überreichten mir ein kostbares Geschenk, wie sie es nannten: einen kleinen, noch nicht entwöhnten Gorilla, dessen Mutter von Jägern getötet worden war. Im Vertrauen auf mein gutes Herz und meine Fähigkeiten überließen sie ihn mir. Wohlgemerkt, der »Baby«-Gorilla wog nur etwa 15 Kilo, war verängstigt, erschöpft, zumindest sah er so aus, und er stank ziemlich. Ich bat die Krankenschwestern um Rat, und so wurde zunächst ein Bad arrangiert: Waschbecken, Wasser und Shampoo. Unser »Patient«

war tatsächlich völlig entkräftet und fast abwesend. Aber eine Gewohnheit hatte er sich bewahrt: Er musste immer in den Armen von jemandem liegen. Wenn er sich an eine Krankenschwester klammerte, konnte man ihn nicht mehr von ihr wegziehen, denn er klammerte sich mit vier eisernen Händen und unglaublicher Kraft an seine »neue Mutter«.

Der Bananentrick half uns allerdings, einen Arm nach dem anderen zu lösen und das Hindernis zu überwinden, indem wir zumindest die erste, inzwischen erschöpfte, Pflegerin gegen die nächste austauschten. Das Bad, bei dem immer mehr Zuschauer anwesend waren, begann ermutigend, denn der Gorilla war ganz ruhig und an einer ihm unbekannten Substanz interessiert: dem weißen Seifenschaum. Plötzlich, als wäre er gerade eben aufgewacht, ergriff ihn, ganz mit Schaum bedeckt, eine unbändige Wut. Er spritzte aus der Wanne, wobei er Wasser und Schaum nach allen Seiten verteilte und von einer Waschbeckenwand zur anderen sprang. Im Handumdrehen war mein Badezimmer mit Schaum bedeckt, Wände und Decke inklusive. Das Täuschungsmanöver mit der Banane funktionierte erneut und Ruhe kehrte ein, allerdings nicht meine: Eine große Fliese war mir auf den Kopf gefallen.

Am Morgen danach tauchten zwei uniformierte Polizisten an meiner Tür auf und fragten mich, ob ich einen Gorilla im Haus hätte. Süffisant und fast entschuldigend fügten sie hinzu, dass das Gesetz die Jagd und den illegalen Besitz von Gorillas verbiete. Ich müsse das Tier abgeben und außerdem eine Strafe von 100 Dollar zahlen. Ich erklärte, wie ich zu dem Gorilla gekommen war, und wir verhandelten: Ich zahlte 20 und übergab erleichtert das Baby.

Aber damit war es mit den Tieren noch nicht vorbei. Denn die Geschichte wiederholte sich kurz darauf. Jemand klopft und überreicht mir ein Geschenk, diesmal in einem Pappkarton. Die großen Augen eines Dik-Dik, also einer Zwergantilope, schauen mich flehend an. Es sind dies die zartesten und zahmsten Tiere, die man sich vorstellen kann, und es ist kein Zufall, dass Disney sie längst in seinen Filmen etabliert hat. Auch der Grund für das Geschenk war immer derselbe: Die Mutter war leider ums Leben gekommen. Auch dieses Mal bat ich die Krankenschwestern um Rat, in denen immer mütterliche Gefühle schlummerten. Und die Mobilisierung begann: Flaschennahrung zu bestimmten Zeiten, spezielle Pflege mit organisierten Schichten. Die Wiege, diesmal war es ein Pappkarton, landete unter meinem Bett und in der Nacht folgten leise, gedämpfte Schreie. In den Tagen danach kam es zu einem hartnäckigen Durchfall, der mit einem Antidiarrhoikum schnell geheilt werden konnte. Aber dann kam es zu einer irreduziblen Verstopfung, die das arme Tier nach einigen Tagen in den Tod trieb, dem ein stundenlanges, immer schwächer werdendes Stöhnen vorausging. In diesem Moment schwor ich mir, in Erinnerung an Dr. Schweitzer nie wieder »lebende« Geschenke anzunehmen. Und mir wurde klar, dass Tiermedizin nichts für mich war.

Gleichwohl verdanke ich dem Ruhm von Dr. Schweitzer die Begegnung mit einer gabunischen Persönlichkeit, einem politischen Aushängeschild, dem ehemaligen Minister und Botschafter Fanguinoveny, der ein Bewunderer Schweitzers gewesen war. So wie Schweitzer sich aus humanitären Gründen auf das Abenteuer Afrika eingelassen hatte, war Fanguinoveny, ein angesehener Bürger von Lambarene, nach Europa aufgebrochen, um das Abenteuer seines Lebens zu beginnen, das ebenfalls von humanitärem Geist und festen christlichen Grundsätzen geprägt war. Ich lernte ihn in Lambarene kennen und war begeistert von der Direktheit, mit der er sprach, wie ein Stammeshäuptling, der Befehle gibt und Gehorsam verlangt. Er fand Gefallen an mir, da er annahm, dass ich die gleichen Werte wie Schweitzer vertrat. So lud er mich zu sich nach Libreville ein, um mir seine Familie vorzustellen, seine Schweizer Frau, die er in Lausanne kennengelernt hatte, und die Mutter ihrer, ich glaube, sechs Kinder. Ich war mehrmals bei ihm zu Gast, und auf meine Fragen, die darauf abzielten, mehr über die Machtverhältnisse in seinem Gabun und die interne Dynamik dieser Macht zu erfahren, antwortete er immer mit entwaffnender Offenheit.

Einmal gab er mir sogar eine praktische Demonstration. Er hatte einige Minister zu sich nach Hause gerufen, mit denen er ein brisantes Thema besprechen musste. Ich war anwesend, aber als ich merkte, dass die Diskussion lauter wurde, bat ich, gehen zu können. Er wehrte ab und sagte, es wäre gut, wenn ein Arzt aus Lambarene zuhören und Bescheid wissen würde. Er entließ die Minister hastig und erklärte mir die Gründe für sein energisches Eingreifen. Das war eine meisterhafte Lektion, die mir eine weitere Gewissheit bescherte: Auch Politik war nichts für mich und ich würde gut daran tun, mich von ihr fernzuhalten.

Gegen Ende meines Vertrags in Lambarene änderte sich die Atmosphäre im Krankenhaus. Dr. Habicht teilte mir mit, dass die wirtschaftliche Situation schon seit einiger Zeit bedenklich war. Der Zeitpunkt rückte näher, an dem die, wenn auch geringen, Gehälter der Mitarbeiter nicht mehr bezahlt werden konnten. Aber das eigentliche Problem war etwas anderes: Habicht hatte alle Hebel in Bewegung gesetzt, sogar einen Brief an den Papst geschrieben, um die notwendigen Mittel aufzutreiben und die bereits beschlossenen Arbeiten zur Modernisierung in Angriff zu nehmen. Das war die Forderung gewesen, die er als Voraussetzung für die Annahme des Postens als Chefarzt im Krankenhaus des berühmten Dr. Schweitzer gestellt hatte. Ich glaube, dass er angesichts der ausbleibenden Resonanz immer mehr seinen Mut verlor und sich nicht mehr in der Lage fühlte, seine Mission fortzusetzen. Selbst die gabunische Regierung, die das Projekt ebenfalls gefördert und unterstützt hatte, zögerte nun. Das Management gab auf und das Krankenhaus musste vorübergehend geschlossen werden.

Zusammen mit allen anderen packte auch ich meine Koffer. Nach sieben Jahren kehrte ich für einen weiteren Lebensabschnitt zurück in meine Heimat und fand dort ein Krankenhaus vor, das sich verändert hatte.

Die Rückkehr nach Genf und der Pariser Prolog

Als ich 1979 aus Lambarene zurückgekehrt war, teilte mir mein ehemaliger Chefarzt, Dr. Schneiter, mit, dass er mir eine Assistentenstelle in der Chirurgie am Universitätskrankenhaus von Genf besorgt hatte, wo er selbst tätig war, bevor er nach Locarno kam. Dort würde ich meine Ausbildung fortsetzen. Etwas Besseres konnte ich mir nicht vorstellen. Und es gab noch ein Sahnehäubchen drauf: Die Stelle in Genf würde erst am Ende des Jahres frei werden und in der Zwischenzeit könnte ich zwei kurze Praktika in Paris absolvieren, einen Monat im Krankenhaus Saint Antoine in der Bastille, wo ich mich mit Verdauungschirurgie befassen würde, und einen Monat in der chirurgischen Klinik Lannelongue am Rande der Ville Lumière, wo ich mich mit Thoraxchirurgie befassen würde.

Leben und arbeiten in Paris? War das miteinander vereinbar? Da ich als Student mehrmals diese Stadt besucht hatte, war sie mir nicht fremd, die Thoraxchirurgie allerdings war für mich ein noch zu entschlüsselndes Rätsel und die Mäander der Verdauungschirurgie mussten noch erforscht werden. Es fiel mir nicht schwer, die großen Attraktionen von Paris zu vernachlässigen, um mich dem Vergnügen hinzugeben, die Techniken der Thoraxchirurgie zu lernen, was mir später von Nutzen sein sollte.

Sowohl Saint Antoine wie Lannelongue waren renommierte Universitätsstandorte, die von allen führenden europäischen Chirurgen sehr geschätzt wurden. Lannelongue hatte seinen Rang mit dem Jahr 2000 erreicht, was Saint Antoine schon Ende des letzten Jahrhunderts gelungen war. Saint Antoine war eine Luxusklinik mit Star-Wars-Design und lila Uniformen für alle, die hier arbeiteten. Lannelongue dagegen war ein großes und historisches öffentliches Krankenhaus, dessen Korridore und Räume an ein altes Kloster erinnerten. In beiden Krankenhäusern zählten die Ausstattung, die Technologie der Operationssäle genauso viel wie die Qualitäten eines professionellen empathischen Personals – aber um daraus ein effektives Zentrum des Wissens und exzellenter Techniken zu machen, braucht man brillante Menschen an den Schalthebeln. Und genau das war in beiden Krankenhäusern der Fall.

Diese ersten vier Wochen vergingen so schnell wie ein Feuerwerk. Ich kam zurück in die Schweiz – nach Genf – und es war, als hätte ich nie die Stadt gewechselt: die gleiche Sprache und Stimmung sowie die gleiche Arbeitsorganisation. Und sogar der dortige Chefarzt Claude Rudler war ein Pariser »Patron«, der seine Karriere in Genf beenden sollte.

Rudler war ein legendäres Mitglied einer aussterbenden Generation, der letzte »Chirurgenchef«. Nachdem er sich 1957 in Genf niedergelassen hatte, hatte sein Wirken innerhalb von zwanzig Jahren zu einem unglaublichen Qualitätssprung in der Genfer Chirurgie geführt. Als singuläre Persönlichkeit, die Raffinesse und extreme Strenge miteinander verband, herrschte er unangefochten, aber von vielen gefürchtet. Ein wahrer »Grand Patron« vergangener Zeiten. Einige Monate lang war ich ein faszinierter Zeuge des Endes einer Herrschaft und einer Art, Chirurgie zu betreiben, die in die Jahre gekommen war. Der Nachfolger Adrien Rohner, der nach einem erbitterten Kampf zwischen drei Bewerbern ernannt wurde, unter denen sich auch mein Chefchirurg aus Locarno befand, war ebenfalls ein kultivierter Charakter, ein erfahrener Chirurg sowie ein guter Diplomat. Er fand von Anfang an Gefallen an mir, begleitete meine Ausbildung aus nächster Nähe und erklärte sich sogar bereit, meine Doktorarbeit zu betreuen.

Ich habe mich oft und immer dankbar gefragt, wie es zu dieser günstigen Konstellation gekommen ist. Vielleicht lag es daran, dass ich aus dem Tessin stammte und seine Mutter aus einer illustren italienischen Familie stammte oder dass ich mit ihm die gleichen kulturellen Interessen wie Musik und vor allem Kunst teilte. Oder vielleicht lag es an meinem überschäumenden Tessiner Charakter, der mich von meinen Kollegen unterschied, die fast alle französischsprachig waren. Meine Wesensart gefiel Rohner wohl so sehr, dass er mich oft als Assistenten für seine Operationen mitnahm und ich mir so schnell die besten Techniken aneignen konnte. Rohner vertraute mir jedenfalls von Mal zu Mal mehr und bald schon wählte er mich als Assistenten für seine Privatstation aus, wo ich nun auch erste Kenntnisse auf dem Gebiet der Leitung und Verwaltung einer chirurgischen Station erwerben durfte. Dass es in diesem Geschäftsbereich durchaus zu großen Frustrationen selbst für einen etablierten Chirurgen kommen kann, wurde mir auch rasch klar.

Einige Eigenschaften Rohners haben immer wieder meine Neugierde angestachelt, wie zum Beispiel sein gentlemanhaftes, kultiviertes, diskretes, aber stets wachsames Auftreten, das bei seinen wichtigen Entscheidungen allen Mitarbeitern zeigte, wie strategisch er vorging. Manchen galt er als rätselhaft, geheimnisvoll und undurchsichtig, doch selbst wenn er auf Sicht navigierte, hatte er immer eine klare Vorstellung davon, was er wollte. Allerdings musste man die Signale, die er sendete, rechtzeitig erkennen.

Es kam natürlich vor, dass ich bei den Gesprächen, die er mit meinen in sein Büro gerufenen Kollegen führte, anwesend war. Wenn das Gespräch mit einem Lob für die geleistete Arbeit begann, spitzte ich je nach Ausmaß des Kompliments die Ohren, denn ich wusste schon, dass dies das Signal für eine bevorstehende Sanktion war. Und es konnte auch das Zeichen für eine Entlassung sein, was die unglückliche Person erst bemerkte, wenn das Gespräch vorbei war.

Schließlich war es an der Zeit, das Fach zu wechseln: von der Bauchchirurgie zur Orthopädie und Traumatologie für weitere sechs Monate. In Locarno, einem Zentrum der Traumatologie, praktizierte Dr. Giao Nguyen Quang sie mit Strenge und Präzision, aber er machte sich auch die Mühe, sie den Neulingen beizubringen: Mit ihm ging ich meine ersten Wege in dieser Disziplin, die einen herausragenden Platz im Lehrplan der allgemeinen Chirurgie einnimmt.

Danach zog es mich nach Genf, wo Orthopädie und Traumatologie das Aushängeschild der Universitätsklinik und fest in den Händen der Professoren Taillard und Vasey waren. Die in Locarno gelegten Grundlagen ermöglichten mir, schnell voranzukommen.

Zudem war das Umfeld anregend und es gab viele Gelegenheiten, zu üben und zu zeigen, was man konnte. Indem ich mich an Professor Willy Taillard erinnere, möchte ich etwas Ungewöhnliches anfügen, woran ich persönlich beteiligt war.

Im Operationssaal war ein neues System eingeführt worden, um das Infektionsrisiko bei Trauma-Operationen zu minimieren, die das Einsetzen einer Prothese – häufig einer Hüfte – oder eine komplexe Osteosynthese erforderten. In einem der Operationssäle wurde eine Art Iglu installiert, in dem jedes Mitglied des Operationsteams wie ein Astronaut gekleidet war, mit einem Helm und einem geschlossenen Atmungssystem mit großen Schläuchen, die Luft transportierten, sowie Mikrofonen, um die Kommunikation zwischen den Personen am Tisch, die alle an der Operation beteiligt waren, zu ermöglichen. Bei dem zu operierenden Patienten befand sich nur der Körper im Inneren des Iglus, während der Kopf draußen blieb, damit der Anästhesist die Vitalparameter besser kontrollieren konnte.

An diesem Morgen war ich mit der ersten Operation an der Reihe: Eine achtzigjährige Patientin mit einer mehrfachen Fraktur und Verrenkung des Oberschenkelhalses benötigte eine Schädelprothese mit Osteosynthese. Ich hatte sie bereits in ihrem Einschlafraum besucht und konnte jetzt nur kurz Hallo sagen, als sie auf dem Operationstisch für die Narkose bereit war. Gleichzeitig warf ich einen letzten Blick auf die Röntgenbilder, die auf dem Negatoskop lagen, bevor ich mich wie ein Astronaut anzog und das Iglu betrat. Die Operation verlief reibungslos, aber kurz danach kam der für den gesamten Operationsblock zuständige Anästhesist mit verkniffenem Gesicht auf mich zu und sagte: »Wir haben es geschafft! Sie haben die Privatpatientin von Professor Taillard operiert, die genau die gleiche Fraktur hat wie Ihre Patientin und deren Operation nach Ihrer angesetzt war ...« Gleiches Alter, gleiche Fraktur im linken Bein, und sogar die Röntgenbilder waren fast identisch. Verzweifelt sagte mir der Anästhesist, dass er die Patientenverwechslung zu spät entdeckt habe und dass er seinen Beruf an den Nagel hängen könne, wenn sein Missgeschick entdeckt würde.

Was sollten wir tun? Wir einigten uns sofort auf die einzig mögliche Lösung, die den Fall lösen konnte: Er würde Professor Taillard meine Patientin operieren lassen, ohne ihn über den Austausch zu informieren, wobei er offensichtlich zum Himmel betete, dass Taillard die Auswechslung nicht bemerken würde. Was ihm auch gelang, vielleicht auch dank dieses verdammten Iglu-Systems, das die Zeit des Kontakts zwischen dem Professor und seiner Patientin verkürzte, deren Kopf bereits durch eine Kappe fast ganz verdeckt war.

Nun kam es »nur« noch darauf an, dass der postoperative Verlauf der beiden Patienten einwandfrei war, und das war er zum Glück auch. Die Tage des Iglus waren jedoch gezählt, denn diese Operationen dauerten in der Tat viel länger als üblich und gestalteten sich als eine Aufgabe, die durch übermäßigen körperlichen und geistigen Stress noch erheblich erschwert wurde. Ja, sie waren kaum auszuhalten. Ich erinnere mich übrigens noch gut an eine Operation, bei der die Instrumententechnikerin in Panik und unter Tränen in ihrem Taucheranzug steckte, weil sie die Fragen nach Instrumenten des Chirurgen nicht korrekt verstehen konnte.

Gegen Ende meiner Zeit in der Orthopädie und Traumatologie war ich auch als Assistent auf einer besonders schwierigen Station tätig: die der bereits operierten, fast immer älteren Patienten mit unheilbaren post-operativen Infektionen. Da konnte die Chirurgie nicht mehr helfen – es handelte sich praktisch um Fälle für die Palliativmedizin. Das Hauptproblem hier war der freie Bettenplatz, den es eigentlich nie gab. Die operierten und unheilbaren Patienten brauchten weiterhin Pflege, aber viel wichtiger war die Therapie gegen den Schmerz, den körperlichen Schmerz und den »moralischen« Schmerz, also den Schmerz der Seele und des Geistes. Das Allheilmittel für körperliche Schmerzen war zweifellos Morphium – und alle seine Derivate. Deren Einsatz war jedoch von Fall zu Fall unterschiedlich zu handhaben und musste vor allem gut durchdacht sein. Die Dosierung wurde unter Berücksichtigung verschiedener Faktoren wie der Schmerzintensität, der Lebenserwartung und der Entwicklung der biologischen Parameter gewählt. Andererseits waren es der Bewusstseinszustand und die Vigilanz der stationären Patienten, die uns sagten, welche Sedierung am besten geeignet war.

Ein Fall, an den ich mich gut erinnere, hat mich gelehrt, immer ein sehr wachsames Auge auf die Dosierung zu haben. Es ging um eine Patientin, die mehrere schlimme Operationen hinter sich hatte, praktisch im Sterben lag und seit Wochen im Koma war. Sie wurde nur noch über die Infusion ernährt. Seit Tagen zeigte sie Anzeichen von Unruhe mit ständig wiederkehrenden Muskelkrämpfen, die sich nachts verschlimmerten. Die Sedierungstherapie war nicht mehr ausreichend und ich beschloss, die Dosis des Nachtmorphins in der Infusion zu erhöhen. Als ich am nächsten Morgen zur Station eilte, kamen mir einige Krankenschwestern entgegen und baten mich an das Bett der Patientin. Sie saß auf dem Bett und bat in klarem Französisch eindringlich darum, dass ihr jemand etwas zu essen bringen solle, weil sie Hunger habe. Unglaublicherweise war die Patientin aus dem Koma aufgewacht – aber starb noch am selben Tag. Dieser Fall hinterließ in mir offene Fragen, die mich noch lange beschäftigten.

Der letzte Schritt führte mich in die Kinderchirurgie. Ich war hocherfreut, mich in jenem Umfeld wiederzufinden, das ich bereits als Student in Bern kennengelernt hatte, der Universitätskinderklinik, die Professor Ettore Rossi aus Locarno mit großem Geschick und Erfolg leitete.

In Genf war die Kinderchirurgie fest in der Hand von Antoine Cuendet und seinem kleinen Team, das neben dem Chef aus einem Abteilungsleiter und drei Assistenten bestand. Es war eine eingeschworene und fröhliche Gruppe. Ich studierte ganz genau die präzise und behutsame Fingerfertigkeit bei den häufigsten Operationen – wie Leistenbrüche, Darmverschlüsse, Beschneidungen –, wobei die anspruchsvollsten Eingriffe Professor Cuendet alleine anvertraut wurden. Dabei erinnere ich mich an die Hasenscharte, bei der die Operationsschritte akribisch am Tisch vorbereitet werden mussten, damit dann mit einem Bleistift sowohl die notwendigen Schnitte als auch die zu setzenden Stiche auf die Haut und die Schleimhäute gezeichnet werden konnten. Nur präzise Vorsichtsmaßnahmen konnten schließlich nach wochenlanger Behandlung zu dem gewünschten Ergebnis führen. Ich war fasziniert von Cuendets großen Händen und seinem filigranen Spiel der Finger, die sich langsam und ohne jede Spannung bewegten.

Ein Vorfall prägte meine letzten Wochen in dieser Abteilung. Ich hatte an einem Samstag Bereitschaftsdienst als Notfallhelfer gemeinsam mit dem Leiter der Abteilung, da der Professor im Urlaub war. Da tauchte ein ausländisches Diplomatenpaar mit einem neugeborenen Baby auf, das keine drei Kilo wog. Es hatte einen eingeklemmten Leistenbruch und musste dringend operiert werden.

Die Eltern fragten sofort nach dem Chefarzt und ich musste ihnen sagen, dass er im Ausland und daher nicht verfügbar war. Ich rief sofort den Leiter der Abteilung an, der mir mitteilte, dass er einen dringenden Termin habe und ich es alleine schaffen müsse. Das musste ich nun den Eltern mitteilen, die verwirrt und verzweifelt wirkten. Dann rief ich die diensthabende Anästhesistin, Frau Professor Gemperle, an, die ich in diesen Räumen schon Wunder hatte wirken sehen und die eine außergewöhnliche Begabung für die Anästhesie auch jüngster Patienten hatte. Das machte mir Mut und die Eltern stimmten zu, dass ich ihr Kind operieren sollte. Sie sprachen ausführlich mit Frau Professor Gemperle, und zu meinem Glück erfuhr ich erst nach der Operation, was sie von den Eltern gehört hatte. Das Baby war ihr drittes Kind, ein Sohn, und das einzige, das noch lebte. Sie hatten sie angefleht, alles zu tun, um das Kind zu retten. Ohne diese Details zu kennen, war ich schon ganz aufgeregt und stand mit Kittel, Maske und Handschuhen am Operationstisch bereit, mit einem Wattebausch an der Pinze, um den kleinen faltigen Bauch dieses hilflosen Wesens zu desinfizieren, das auf einem makellosen weißen Tuch lag. Beim Anblick dieses mickrigen kleinen Körpers auf dem endlosen Operationstisch wurde ich von einem leichten, aber allmählich wachsenden und unaufhaltsamen Zittern erfasst. Dabei beobachtete ich die Anästhesistin, die dabei war, den Kleinen zu intubieren, und stellte fest, dass auch ihre Hände zu zittern begannen. Nun, genau in diesen Sekunden hörte mein Zittern ganz plötzlich auf: Wenn selbst die berühmte und erfahrene Anästhesistin in Panik geraten war ... Mit einem Mal war ich wieder ruhig und die Operation verlief reibungslos und ohne Probleme. Ein paar Tage später kamen die Eltern, um ihren Sohn abzuholen, und brachten ihn geheilt nach Hause.

Dies war für mich eine Lektion – und eine Warnung für die Zukunft. Bekanntlich muss ja der chirurgische Eingriff ohne Furcht oder Angst, kalt, emotionslos und mit absoluter Distanz ausgeführt werden. Aber der Chirurg ist kein Roboter, auch wenn heute eine Maschine Chirurg sein kann, sondern ein Mensch, der, vielleicht ungewollt, auch von Emotionen lebt. Da Emotionen und die Macht der Gefühle uns manchmal vollständig zu besitzen scheinen und damit auch unsere Entscheidungen bestimmen, habe ich mich oft gefragt, welche Form der Kontrolle die bestmögliche ist. Allerdings ziehe ich es vor, mich hier nicht auf die Debatte über das Verhältnis zwischen Freiheit, Wille und freiem Willen einzulassen, und überlasse die den Philosophen. Ich hoffe nur, dass Emotionen, die absolut wichtige Quellen des Lebens sind, als solche erkannt und akzeptiert werden, aber nicht, um sie zu neutralisieren oder abzulehnen, sondern vielmehr, um sie mit unserem täglichen Leben in Einklang zu bringen, auch wenn nicht alles, was wir tun, auf Freiwilligkeit beruht. Eine mühsame Aufgabe, die niemals endet.

Meine dreijährige Ausbildung am Genfer Uniklinikum ließ mir nicht viel Zeit, um die Stadt Calvins zu erleben, auch nicht die von Rousseau oder Voltaire, und schon gar nicht »Genève Internationale«. Stattdessen kehrte ich in meine Vergangenheit als Gymnasiast am Collegio Papio in Ascona zurück, denn mein Französischlehrer, der Benediktinerpater Amedeo Grab, war in diesen Tagen zum Koadjutor-Bischof der Diözese Freiburg, Lausanne und Genf ernannt worden, die ihren Sitz in Genf hatte, nur einen Steinwurf von meiner Wohnung in der »Vieille Ville« entfernt. Mit Pater Amedeo verband mich eine tiefe Freundschaft und ich verdankte es ihm, dass ich als Schüler ins Gymnasium des Klosters Einsiedeln aufgenommen wurde, nachdem das Internat Papio im April 1960 abgebrannt war.

Als katholischer Bischof in Genf, dem Zentrum des Protestantismus, hatte er kein leichtes Leben. Aber er verfügte über ein ausgeprägtes diplomatisches Geschick, um Dialoge zu führen und gute Kontakte mit Gläubigen – und Ungläubigen – zu knüpfen. Ich besuchte ihn gelegentlich abends und unsere Diskussionen waren immer lebhaft. Er erinnerte sich auch gerne an seine Jahre am Collegio Papio und sehr detailliert an die kurzen Vertretungen in kleinen Pfarreien in abgelegenen Talgemeinden. Wir beide verschmähten ein gutes Glas Wein nicht und auch nicht ein Stück Käse aus dem Vallemaggia, den ich ihm gerne mitbrachte und den er sehr schätzte. Das ist der Käse, sagte er, der mit der Rinde gegessen werden sollte ... und er demonstrierte es mir.

Später traf ich ihn als Bischof von Chur, der von Johannes Paul II. als Nachfolger von Bischof Haas berufen worden war, und dann in den Jahren seines Ruhestands in Roveredo im Kanton Graubünden. Er freute sich, wenn ich ihn besuchte, wir gingen zum Mittagessen aus und im Sommer lud ich ihn ein, ein paar Tage in unserem Haus in Bignasco zu verbringen, das er gut kannte. Ich war sein Taxifahrer zwischen Chur und der Wallfahrtskirche von Ré im Val Vigezzo, wo er im Sommer gerne ein paar Wochen verbrachte. Nachdem er sich von seinen Ämtern verabschiedet hatte, war er wieder der Benediktinermönch, den ich gekannt hatte. Die Welt seiner Kirche hatte ihn schon vergessen. Pater Amedeo beeindruckte jeden durch sein außergewöhnliches Gedächtnis und eine beeindruckende geistige Kraft. Er starb unerwartet am 19. Mai 2019.

In den Erinnerungen an ihn, die mir von Zeit zu Zeit in den Sinn kommen, erklingt seine unverwechselbare Baritonstimme mit einer Klangfarbe, die in einen gregorianischen Gesang mündete, der zu verzaubern wusste.

In Genf öffnete sich unerwartet ein weiterer Vorhang und ich wurde in das alte bürgerliche Milieu der Stadt gestoßen. Mein Bruder Angelo, der in Thailand lebt, hatte in Hongkong eine Genferin aus der High Society kennengelernt und ihr erzählt, dass er einen Bruder habe, der als Assistenzarzt in ihrer Stadt tätig sei. Ich hätte, so Angelo, eine Einladung zu einem Treffen mit ihr zu erwarten. Tatsächlich erreichte mich auch eine Karte mit goldenen Buchstaben und dem Hinweis, dass ein Fahrer mich zu Hause abholen würde.

Ich war überrascht, neugierig und amüsiert. Madame de Loes de Cramer war die Witwe eines berühmten Schweizer Bankiers, ehemaliger Direktor der Nationalbank, und lebte in einer prächtigen Residenz mit Park am Stadtrand von Genf in Chêne-Bougeries am linken Ufer des Sees. Sie war sehr engagiert in der Genfer Politik, gab Empfänge, war eine umworbene Mäzenin und pflegte Freundschaften mit einflussreichen Leuten. Intellektuelle, Künstler und Aristokraten aus ganz Europa bevölkerten ihren Salon. Mich empfing sie in ihrer Bibliothek, bot mir Tee an und unterzog mich in einem dreistündigen Gespräch einer sorgfältigen Prüfung. Dieses »Examen« erinnerte mich an das, was die ältere Frau de Meuron unter den Arkaden von Bern zu sagen pflegte, gehüllt in einen schwarzen Umhang und ausgestattet mit einer alten Trompete für Gehörlose. Selbst von Fremden wurde sie gegrüßt, die sie dann umgehend fragte: »Arbeiten Sie oder sind Sie jemand?«

Nun, offenbar hatte ich die Prüfung bestanden, denn ein paar Tage später erhielt ich einen Anruf von Madame de Loes, die mir mitteilte, dass sie mich mit einem Abendessen in Genf willkommen heißen wolle. Zudem fragte sie mich, wen sie einladen solle, und fügte hinzu, dass sie mir jeden Wunsch erfüllen könne. Ich hatte wirklich den Eindruck, dass die Einladung fast schon ein Befehl war, dem ich zu gehorchen hatte. Zudem reagierte sie auf mein leichtes Zögern damit, dass nun doch sie ihre Gäste auswählen würde.

Dieses Abendessen mit einem Dutzend Gästen war für mich eine Reise in eine Welt, die nicht die meine war und an der ich nie hätte teilhaben wollen: die der Macht und der Politik. Meine Mutter hatte recht, als sie mir schon als Kind oft sagte: Du willst ja immer »hinter dem Bild sein«. Ein in meinem Teil der Welt gebräuchlicher Ausdruck für eine Person, die sich nicht nach vorne traut, schüchtern, mutlos und ohne klare Ziele ist, während das »Bild«

den Erfolg im Leben symbolisiert. Meine Mutter fügte hinzu: »Sieh dir deine Schwester an, wie sie immer kämpft und für sich selbst einsteht!« Sie hatte zu einem Teil recht: Ja, ich war an dem Gemälde interessiert und fasziniert, aber es genügte mir, es unbemerkt zu betrachten.

Die zweite Mission nach Lambarene

Im Jahr 1982 wurde ich wieder überrascht. Völlig unerwartet bot man mir eine neue Mission in Lambarene für mindestens drei Monate an. Ich sollte einen Schweizer Chirurgen vertreten, der seinen Einsatz aufgrund einer Verletzung unterbrechen musste.

Dort hatte sich das Krankenhaus inzwischen völlig verändert. Die alten wohlriechenden Bungalows aus mit bestimmten Lösungsmitteln imprägniertem Holz waren verschwunden, der alte Operationsblock in der Nähe des Flusses war abgerissen und ein neuer, strahlend weißer auf dem Hügel errichtet worden. Es gab nun auch neue Krankenstationen und zahlreiche Hilfsgebäude für logistische und technische Aufgaben. Sogar die Wohnhäuser für die Ausländer und die einheimischen Angestellten waren nun kleine Bungalows im Stile eines Touristendorfs. Den alten Kern von Dr. Albert Schweitzer hatten sie jedoch beibehalten. Die Bäume, meist Casuarinas und schlanke Palmen, die das Krankenhaus überragten und großzügig beschatteten, hatten sich imposant entwickelt.

Interessanterweise war der Geist von Albert Schweitzer immer noch spürbar und in den Erzählungen all derer zu hören, die dem »grand docteur« gedient und mit ihm gearbeitet hatten. Auch die Kulisse der üppigen, dichten und magischen Natur dieses Ortes war, wie sie immer war, und umrahmte weiterhin unerschrocken die ständige Aufgeregtheit aller Männer, Frauen und Kinder.

Das Krankenhaus präsentierte sich nicht nur in einem verjüngten und erneuerten Gewand, sondern auch die Gestaltung der vielen Einrichtungen hatte sich den fortschreitenden Veränderungen einer rein ländlichen Bevölkerung angepasst, die trotz der noch überschaubaren, aber doch unaufhaltsamen Abwanderung in die Hauptstadt noch immer im Wald lebte.

Der Chefarzt, Dr. Ueli Bühler, ein echter Bündner, fast so alt wie ich, begrüßte mich mit einer Freude, die auch auf eine gewisse Erleichterung schließen ließ. Er war ein paar Monate zuvor mit zwei kleinen Söhnen und seiner Frau Agathe angekommen. In ihrem Haus wurde ich bald zum regulären Besucher der Familie.

Die Atmosphäre im Krankenhaus hatte sich jedoch verändert. Sie war lebendiger, offener und auch fröhlicher. Während die Einheimischen von Natur aus sehr viel und gut miteinander kommunizierten, waren sie dagegen misstrauisch gegenüber Ausländern, sogar gegenüber Anwohnern einer anderen Provinz. Mit der Zeit änderte sich jedoch das Klima zwischen den verschiedenen Gruppen, die kulturellen Unterschiede lösten sich auf und wurden zunächst zu einem »Studienobjekt«, damit man sich besser kennenlernen konnte, und später zu einer Gelegenheit, Verhalten zu ändern und einen besseren Umgang miteinander zu praktizieren. Das Zeitalter der Mobiltelefone war noch nicht angebrochen, aber nichts entging dem Tamtam des Waldes, das jedes kleine neue Ereignis aufzeichnete und verbreitete. Geschichten über Pygmäen, Kannibalismus und magische Rituale wurden immer noch fantasievoll ausgeschmückt und genährt ...

In den sieben Jahren, die ich in Krankenhäusern der Schweiz und Frankreichs verbracht hatte, hatte meine Erfahrung als Chirurg einige Fortschritte gemacht, auch wenn sie in einigen Bereichen noch unzureichend war oder ganz fehlte. Zum Beispiel in der Urologie und der gynäkologischen Chirurgie. Da ich hier nur eine theoretische Grundlage hatte, war dies nun eine gute Gelegenheit für mich, das Sprichwort von Schwester Clementina aus Locarno, »Praxis ist mehr wert als Grammatik«, zu beherzigen. Mit ihm setzte ich ganz auf den Einfallsreichtum, den die Praxis erforderte, wenn die Grammatik nicht weiterwusste.

Auch in der Chirurgie können Erfindungsreichtum und Phantasie, die von kontingenten Bedürfnissen getragen werden, frei von

Dogmen und Zwängen wie »das macht man, das macht man nicht, das hat man so noch nie gemacht«, zu neuen Lösungen führen – wenn sie kritisch, ehrlich und bescheiden angewandt werden. Man kommt dann nicht umhin, andere Techniken einzusetzen, die leider noch nicht auf Universitätsebene vermittelt wurden und das unverzichtbare grüne Licht der wissenschaftlichen Forschung erhalten hatten. So kam ich in die Welt der experimentellen Chirurgie und gewöhnte mich im Laufe der Jahre daran, mit neuen und oft sogar unbequemen Ideen zu leben.

Die häufigsten Fälle, die wir in der Urologie antrafen, betrafen Stenosen oder Harnröhrenverschlüsse aufgrund wiederholter Infektionen mit tropischen Parasiten. Für diese Fälle, die zu einem dramatischen Harnverhalt in der Blase führten, mussten wir eine spezielle Sprechstunde einrichten. In der Praxis dann war die Einführung eines Katheters von außen der erste unerlässliche Schritt, um eine durch zu viel Urin geschwollene Blase zu entleeren. Dies war nur mit dem Einsatz einer Metallkanüle möglich, die eine verengte Harnröhre wieder öffnete. Die manuelle Fähigkeit, ein starres Instrument einzuführen und eine Perforation der Harnröhre zu vermeiden, konnte man nur durch wiederholtes Üben erwerben. Schlug dieser erste Schritt fehl, musste man zur Blasenspiegelung mit dem wohl am häufigsten von Urologen verwendeten Instrument übergehen, dem internen Auge, mit dem man von der Harnröhre bis in die Blase vordringen und dann unter direkter Beobachtung Kontrollen durchführen kann. Manchmal, in besonders schwierigen und heiklen Fällen, musste die Bauchhöhle geöffnet werden.

In der Geburtshilfe waren natürliche Geburten sehr häufig, aber es kam auch zu Kaiserschnitten, wobei wir die Risiken im Voraus streng abwägten. Nach der Geburt musste ich die Plazenta direkt ins Krematorium bringen lassen, wo sie unter Augenkontrolle verbrannt wurde. Dies, um andere Verwendungen zu verhindern: In der Stammestradition dieser Gegend galt sie als kostbar und wurde zur Herstellung heilender Substanzen bei magischen Ritualen gebraucht.

Eine weitere Erkrankung mit dramatischen Folgen für das restliche Leben der jungen Mütter waren vesikovaginale Fisteln, eine Komplikation nach der Geburt, die in Afrika immer noch sehr häufig auftritt. Ich wusste anfangs noch nicht, dass hier eine sorgfältig durchgeführte, schrittweise Operationstechnik notwendig war, um eine funktionelle Anatomie wiederherzustellen und den Patientinnen ein normales Leben und ihre Würde zurückzugeben. Sehr bald musste auch ich mich dieser chirurgischen Erfahrung stellen.

Einmal im Monat war es möglich, in der Hauptstadt Libreville ein Wochenende zu verbringen. Mit einem Geländewagen dauerte die Fahrt gute drei Stunden, auf der einzigen Piste durch den dichtesten und dunkelsten Urwald, den man sich vorstellen kann. Wir machten nur an einer Stelle eine Pause, da andere Stopps absolut unratsam waren, nicht weil es Wölfe gab, sondern andere Tiere und auch andere Gefahren, die wir nicht genau kannten. Nur einmal hielten wir aufgrund eines gemeinsamen dringenden physiologischen Bedürfnisses für wenige Minuten an einer Lichtung an und machten uns unverletzt und erleichtert wieder auf den Weg.

Doch gleich danach brach zwischen uns Passagieren ein unkontrollierbares Gelächter aus – wir blickten uns alle an und sahen auf unseren Gesichtern, Händen und Unterarmen fein gezeichnete lila Kreise von etwa einem Zentimeter Durchmesser. Ja, wir hatten auf unseren Gesichtern leopardenartige Flecken. Das Lachen verschwand fast umgehend und ließ uns verwirrt und nachdenklich zurück. Wieder zurück in Lambarene waren es unsere gabunischen Kollegen, die sich darüber lustig machten, uns so zu sehen, und uns vorhielten, ihre Warnungen nicht respektiert zu haben. Wir waren nicht von Moskitos gestochen worden, sondern von winzigen, für das bloße Auge kaum sichtbaren Insekten, die, so die Kollegen, zwar keine Krankheiten übertrügen, deren Stiche aber ein starkes gerinnungshemmendes Mittel enthielten.

Wir mussten mit diesen Flecken eine ganze Woche lang leben, bevor sie verschwanden. Aber es gab natürlich Schlimmeres, nämlich die Angriffe der Tsetsefliege, die die Schlafkrankheit übertragen kann. Dass es sich dabei um eine chronische und unheilbare Krankheit handelte, konnten wir an den vielen Patienten sehen, die nun lebenslang chronisch krank im Krankenhaus lagen.

Eine weitere Rückfahrt von der Hauptstadt nach Lambarene brachte die Gabuner zum Lachen. Man musste die Waldpiste gut kennen, aber unser Fahrer war an diesem Nachmittag verhindert und konnte das Steuer nicht übernehmen. Wir mussten Libreville spätestens um 15 Uhr für die Rückfahrt verlassen, um vor Einbruch der Dunkelheit in Lambarene zu sein. Die Fahrt dauerte deutlich länger als sonst, endlich jedoch sahen wir etwas Licht. In der Ferne tauchten weitere auf und schließlich die einer großen Stadt: Wir waren nach einer Rundfahrt wieder in Libreville. Auch dieses Mal wurden wir bei unserer Rückkehr mit Applaus und viel Gelächter begrüßt.

Alle vierzehn Tage hatten wir eine besondere Gelegenheit, den Regenwald aus nächster Nähe zu erleben: Wir besuchten die Baustelle eines französischen Unternehmens, das mitten im Urwald Straßen baute. Um dorthin zu gelangen, war ein einstündiger Flug in einem kleinen einmotorigen Flugzeug erforderlich, das auf einer Minipiste in einem undurchdringlichen Wald landen konnte. Der Flug aus Libreville – zweimal im Monat – brachte den französischen Arbeitern angefordertes Material mit, aber auch eine Menge Vorräte zum Essen und Trinken – und bot zugleich die Gelegenheit einer Arztvisite für alle, die das wollten.

Nach diesen Untersuchungen folgte ein großzügiges Bankett, bei dem auch ausgezeichneter französischer Wein serviert wurde. Die fröhliche Gesellschaft genoss alles, serviert an einem Tisch im Schatten majestätischer Bäume, wahrhaftiger Giganten des Urwalds. Zwischen den Trinksprüchen und dem Klirren der Gläser war die Stimmung immer heiterer geworden. Nach dem Kaffee begann ich meinen Piloten zu mustern, der munter weitertrank. Ich dachte mir, dass er vor der Abreise ein Nickerchen brauchen würde. Doch da erholte er sich plötzlich und sagte: »*Allons toubib, on y va.*« Ich versuchte, etwas Zeit zu gewinnen, aber es war nutzlos. Ich bestand darauf, dass die Wetterbedingungen nicht die besten waren, aber er hörte mir nicht einmal zu, und so musste ich ihm folgen.

Um die Wahrheit zu sagen, war auch ich nicht ganz nüchtern, aber sein Alkoholpegel war mit der Fähigkeit, ein Flugzeug zu fliegen, unvereinbar. Und so wurde der Rückflug zum Albtraum. Schon wenige Minuten nach dem Abflug wurde der Pilot hektisch: Er hatte vergessen, den Höhenmesser beim Start einzustellen, und so ging der Flug nur »auf Sicht«, knapp über dem Wald. Er verfluchte das Gewitter, das den Himmel mit grellen Blitzen und trockenem Donner überzog, und wiederholte immer wieder: »Schauen Sie auf der Seite nach unten und sagen Sie mir, wenn Sie die Baumkronen sehen.« Um ihm zu gehorchen, musste ich im peitschenden Regen das Plastikfenster öffnen, indem ich es mit dem Ellbogen aufstieß, um durch einen Spalt nach unten zu schauen. Das war meine einzige Tiefflugerfahrung im tropischen Wald von Gabun, an die ich mich erinnern kann. Damals ahnte ich noch nicht, dass mich noch viele weitere atemberaubende Flüge in Afrika erwarten würden, bei denen weitaus andere Gefahren drohten als Blitze und Donnerschläge.

Meine Mission in Lambarene neigte sich dem Ende zu. Während eines zehntägigen Urlaubs reiste ich nach Kamerun, um den Tessiner Arzt Giuseppe Maggi zu treffen, der seit Jahrzehnten hier lebte. Er hatte das Land von Norden nach Süden durchquert und dabei geholfen, mehrere heruntergekommene Krankenhäuser aufzubauen, die er dann gut führen konnte. Sobald er eine Nichtregierungsorganisation oder einen Verein fand, der deren Betrieb bestmöglich gewährleisten konnte, setzte er seine Reise fort, immer in Richtung Norden. An der Grenze zum Tschad gelang es ihm wieder, ein Krankenhaus von Grund auf zu erneuern. Es war das in Mada, das heute noch in Betrieb ist und das Maggis letzte Station sein sollte. Angesichts der Notfälle in dieser sehr belebten Gegend am Tschadsee, wo sich die Routen aus der nahen Wüste kreuzten, wollte Maggi dort auch einen chirurgischen Dienst einrichten und suchte also einen Chirurgen. Ich dachte darüber nach, stellte fest, dass das Krankenhaus noch lange nur unzureichend funkionsfähig sein würde, und fragte mich, ob ich mich in eine solche Situation mit so vielen Unbekannten stürzen konnte.

Maggi wartete auf mich in Kousseri, einer kleinen Stadt an der Grenze zwischen Kamerun und dem Tschad. In den wenigen Tagen, die ich in seiner Gesellschaft verbrachte, erzählte er mir von dem Kamerun, das er in seinem Herzen trug, so wie die Einheimischen ihn in ihren Herzen trugen. Es steht in keinem Geschichtsbuch, wie sehr sein soziales Engagement, gepaart mit dem humanitären medizinischen Einsatz, sowie seine persönliche Haltung dazu beigetragen haben, den chronischen Konflikt zwischen dem muslimischen Norden und dem christlichen Süden in Kamerun im Laufe der Jahre zu entschärfen. Seine moralische Autorität war allen bekannt und wurde von allen anerkannt, auch von den Behörden, die er für seine Sache gewinnen konnte. Sie orientierte sich an den Grundprinzipien des Roten Kreuzes, nämlich an der Respektierung von Gleichheit und Toleranz, die ein friedliches Zusammenleben zwischen Menschen verschiedener religiöser und auch politischer Überzeugungen gewährleisten konnten.

In Lambarene waren wir alle immer wieder zu nächtlichen Partys eingeladen, die einen wichtigen Anlass hatten: Es waren Jahrestage, aber auch Totenwachen, und es gehörte zum guten Ton, dabei zu sein. Es gab keinen »Kessel«, in dem der weiße Mann gekocht wurde, aber die Atmosphäre erinnerte an die uralten Geschichten. Um ein großes Freudenfeuer versammelten sich alle mit großen Krügen, die mit »vin de palme« gefüllt waren und sehr schnell geleert wurden. In die Krüge wurden auch Kräuter und andere natürliche Essenzen geschüttet, und während die Gesänge und Klagelieder erklangen, ging der Tanz die ganze Nacht hindurch in einem kontinuierlichen Crescendo weiter. Die Augen der Anwesenden leuchteten immer heller und jeder verspürte einen unbändigen Drang zu tanzen. Die Frauen waren dabei die wildesten. Ich erkannte diejenigen, die im Krankenhaus beschäftigt waren, und staunte ungläubig, als ich sah, wie eine Krankenschwester, die eine schwere Herzschwäche hatte, unermüdlich tanzte. Vor dieser Nacht hatte sie sicher zusätzliche Medikamente zu denen genommen, die sie normalerweise für ihr Herz nahm. Vielleicht etwas Iboga, eine starke psychedelische Droge, die aus dem Tabernentha-Iboga-Strauch gewonnen und in diesen Breitengraden oft bei Stammeszeremonien verwendet wird. Neben Halluzinationen erzeugt sie auch Zustände der Entrückung und kann in hohen Dosen sogar eine Synkope und einen Herzstillstand verursachen.

Es gab aber auch andere Einladungen von Krankenhausmitarbeitern zum Abendessen, zu denen wir als Gäste willkommen waren. Sie wohnten in Behausungen am Rande des Äquatorialwaldes. Ein Merkmal dieser Abende, das ich nicht mochte, waren die endlosen Aperitifs, die dem Essen vorausgingen, begleitet von Musik in höchster Lautstärke. Die Stimmung wurde durch traditionelle lokale Getränke belebt. Angezogen von Gerüchen, die gastronomische Neuheiten anzukündigen schienen, hatte ich mich an einem dieser Abende dem großen Tisch genähert, auf dem inzwischen mehrere abgedeckte Töpfe standen: ein Buffet im gabunischen Stil, das einige Überraschungen bereithielt. Endlich wurden die Deckel der Töpfe abgehoben. Und was sah ich? Aus einem Topf ragte aus einer dicken grauen Brühe eine Hand heraus, die mir wie die eines Kindes vorkam. Nach dem ersten Schreck erkannte ich, dass es sich um einen Affenarm handelte, der mit einer Hand und gefalteten Fingern endete, die genau wie die eines Menschen aussahen. Im Topf war ein Affenragout, das vermutlich köstlich schmeckte, aber mein Hunger war verflogen.

Meine Rückkehr nach Locarno

Meine Rückkehr nach Locarno 1979 war bereits geplant, aber da ich die für meine Spezialisierung erforderlichen sechs Jahre bereits absolviert hatte, beschloss mein Chefarzt, mich als Leiter der chirurgischen Abteilung einzusetzen. Ich kehrte also zu meiner Familie nach Bignasco zurück, um wieder in »meinem« Krankenhaus in Locarno arbeiten zu können.

Aber was war mein beruflicher Hintergrund zu diesem Zeitpunkt? Ich kannte die chirurgischen Techniken, die ich gelernt hatte, und ich wusste, wie man mit der nötigen Sorgfalt und Präzision operiert, um die erwarteten Ergebnisse zu erzielen. Wäre ich ein Koch gewesen, hätte ich gesagt, dass meine Speisekarte die wichtigsten und beliebtesten Gerichte enthielt, die ich nun richtig zubereiten konnte. Um ein Sternekoch zu werden, hätte ich allerdings immer noch hart arbeiten müssen, doch hatte ich das Gefühl, dass das nicht mein Ziel war.

Natürlich hatten sich das Tempo und die Aufgaben nach sechs Jahren als Assistent verändert, und so war es Zeit für mich, die Ärmel hochzukrempeln, auch weil mein Chefarzt erwartete, dass ich mich für die jungen Kollegen engagierte, die in Locarno betreut und ausgebildet werden mussten. Ich hatte meine Zeit so gut wie möglich zu planen, da die festen Arbeitszeiten aus meiner Assistentenzeit weggefallen waren. Ich musste praktisch ständig verfügbar sein – außer an bestimmten Wochenenden. Ich wiederum durfte abwesend sein, wenn der Chefarzt für den Bereitschaftsdienst zuständig war.

Weil ich es so gewohnt war, vermischte ich die Welt der Arbeit nicht mit meinem Privatleben. Mir war klar geworden, dass die beiden Welten überhaupt nicht vermischt werden, sondern getrennt voneinander »leben« sollten. Jeden Tag sah ich, wie absolut notwendig es war, die Probleme der Arbeit an ihrem Platz zu lassen und mich völlig separat um mein Privatleben zu kümmern. Um Harmonie zwischen den beiden Welten zu erreichen, mussten sie voneinander getrennt werden. Wenn der Alltag oder ein Notfall zu einem Ungleichgewicht zwischen Privatleben und Arbeit führten, bemühte ich mich darum, sofort wieder eine ausgeglichene Situation herzustellen. Ich fühlte, dass ich über genügend Vorstellungskraft und innere Ressourcen verfügte, um die beiden Sphären unter Kontrolle zu halten.

Zunächst schien es mir, dass das Leben in Bignasco, eine halbe Autostunde vom Krankenhaus entfernt, ein Privileg war, das ich nicht aufgeben wollte. Bis zu dem Tag, an dem ich gegen acht Uhr morgens einen Anruf der Oberschwester Clementina erhielt, der sich so anhörte: »Aber wo sind Sie, Doktor? Der Anästhesist hat Ihren Patienten schon in den Schlaf geschickt!« Nun, der Chirurg hatte auch noch geschlafen ... in seinem Haus in Bignasco.

An der Tür des Operationssaals wartete Schwester Clementina bereits mit einem Kaffee in der Hand auf mich. Sie sorgte dafür, dass alle Ärzte ihre Tassen getrunken hatten, bevor sie in den Operationssaal eilten. Ich erinnere mich noch gut an diesen Espresso, den ich in einem winzigen Raum neben den beiden Operationssälen trank. Und was den Kaffee betrifft, möchte ich hier gestehen: Für mich war das Koffein am Morgen, bevor ich mit den Operationen begann, unerlässlich für den Rhythmus, um meinen Zeitplan einzuhalten. Wenn es geschah, dass ich meinen Kaffee nicht zu mir nehmen konnte, verlängerte sich die Zeit, die ich für einen Eingriff brauchte, um mindestens 30 Prozent.

Nach diesem Anruf begann ich mit der Suche nach einem Haus in der Nähe des Krankenhauses, auch wenn ich diese Entscheidung nur widerwillig traf. In den nächsten zwei Jahren wechselte ich mehrmals das Haus und genoss das Vergnügen, nur wenige Kilometer vom Krankenhaus entfernt zu wohnen, wobei ich meist nur die Nacht dort verbrachte.

In Bignasco hatten meine Eltern inzwischen das Hotel verlassen und wohnten in ihrem neuen Haus, das von einem wunderschönen Garten umgeben war. An diesen Ort kehrte ich regelmäßig zurück, mit dem Vergnügen, meine sorglose Jugend und meine verträumte Kindheit wiederzuentdecken. Aber vor allem war dieses Haus ein Zufluchtsort. Nur dort fühlte ich mich wirklich zu Hause. Von den vier Kindern war ich das einzige, welches das Nest nicht verlassen hatte, und meine Eltern hatten nichts dagegen, dass ich oft dorthin zurückkehrte. Meine Welt lag in den Bergen, war ein Ort der Wälder, der Wanderungen und auch der Musik, des Lesens und aller möglichen Besonderheiten, unterbrochen und markiert vom Stundenschlag des Glockenturms, der nur ein paar Schritte entfernt war und den ich zu jeder Tages- und Nachtzeit schlagen hören konnte. Auch auf Tour in der Umgebung weiter oben in den Bergen erkannte ich den Stundenschlag meines Campanile wie auch das Glockenspiel.

Der Ruf des Glockenturms

Ich vermisste den Ruf des Glockenturms, wo immer ich auch war, oft weit weg in einem fremden Land, und besonders, wenn es die Stimme des Muezzins war, die ihn ersetzen wollte.

Ich schweife ganz bewusst ab und kehre zum Klang dieser fünf Glocken von Bignasco zurück, in der Tonart E-Dur, wie sie heute noch in mir klingt. Sie hatten eines Morgens Mitte November 1944 zur Beerdigung meines Großvaters Angelo »da morto« geläutet und am selben Nachmittag zu meiner Taufe, einer Feier im Flüsterton. Für meine Totenglocke habe ich keine Eile.

Ich erkenne auch den Klang der Glocken der Nachbardörfer: die sechs Glocken von Cavergno in D-Dur, die der Wind aus dem Bavona-Tal den Kirchturm hinaufträgt, die drei (in As, B und C) von Brontallo, die sich an den Berg im Nordosten lehnen, ein wenig verstimmt sind und die der zerzauste Wind aus dem Lavizzara-Tal auf seinem Weg verstreut. Wenn eine seltene Südbrise ein Gewitter im Tal ankündigt, erklingt auch das Glockenspiel der fünf Glocken von Cevio (in E-Dur) langsam und mühsam, als ob es uralt wäre und aus unterirdischen Tiefen käme.

Bei der Weihnachtsnovene brachte das Glockenspiel der verschiedenen Glockentürme in der ersten Nacht die Luft zum Zischen und kündigte uns die Ankunft des Jesuskindes an.

Es war eine unserer Traditionen, allen Familien im Dorf ein Weihnachtsgeschenk zu machen: In den Tagen vor dem Fest gingen wir drei Brüder nach der Schule von Haus zu Haus und überbrachten Festwünsche mit einem Panettone und einer Flasche Wein.

Wir wurden heiter und wohlwollend erwartet und empfangen und betraten neugierig die Häuser unserer Schulkameraden. Häuser, die alt und aus Stein waren, kalt, mit wenig bewegtem Licht aus einfachen

Glühbirnen und brennenden Kaminen. Häuser, die von einsamen alten Männern, aber auch von Familien mit viel Nachwuchs bewohnt wurden. Meistens waren es die Häuser armer Leute, und wir, die wir im Hotel eine Zentralheizung hatten, sahen, wie privilegiert wir waren.

Das stündliche Läuten in der Nacht (gestern wie heute) war nie dasselbe, es variierte je nach Wind, hatte aber immer eine beruhigende Botschaft sowie einen Hauch von Melancholie. Den Ruf des Glockenspiels höre ich auch heute noch am Ende meiner Reise und er zeigt mir, dass ich noch sanfter und dankbarer zu sein habe. Dankbarkeit. Es scheint mir zu sagen: Du bist endlich angekommen, du bist von hier aufgebrochen und kehrst nun zurück, so wie du von hier erneut aufbrechen wirst.

In der Zwischenzeit ist es immer der morgendliche Wecker, der mich um 7.30 Uhr mit Musik für einen neuen Tag aufweckt.

Eine Überlegung – die sich an dem Hören der Glockenschläge festmacht – möchte ich hier anschneiden, nicht im Sinne der Physiologie des Hörvorgangs, sondern der Verarbeitung von Gehörtem im Hirn des Menschen.

Wie Stimme, Gesang oder Musik durch unsere Ohren im Gehirn landen, was also mit diesen eintreffenden Hörimpulsen und deren Verarbeitung im Hirn geschieht, habe ich einen Neurowissenschaftler gefragt. Die moderne Forschung erklärt uns heute, wohin und mit welcher Intensität die Hörimpulse – in verschiedene Sektionen des Hirns – weiterverteilt werden. Sie erreichen so Bereiche unseres Gehirns, zum Beispiel diejenigen, die den Gefühlen gewidmet sind, oder andere, die für die Verarbeitung von Gedanken zuständig sind und in Zusammenhang stehen mit den Mechanismen des Gedächtnisses.

Das alles deutet darauf hin, dass unser Hörprozess in seiner Verarbeitung durchaus ein wenig gesteuert werden kann, weil wir irgendwie wählen können, was wir hören wollen – und wie ...

Und wenn wir aus einem Konzert kommen und »voll aufgeladen« sind, aus einer Kirche mit Musik oder aus einem Wald mit Vogelgezwitscher, ob wir nun benommen, erfreut oder verstört sind, haben wir uns auf etwas eingelassen, was vorher nicht da war.

In der »Carità di Locarno« lief nun alles weitgehend reibungslos, aber meine ersten Erfahrungen in Afrika hatten in mir eine Unruhe und das Gefühl hinterlassen, etwas noch nicht »erledigt« zu haben, und zudem das Bedürfnis zu erforschen, was außerhalb unserer Breitengrade im Bereich der Chirurgie zu finden war.

Ich war schon kontaminiert, auch wenn ich noch nicht wusste, wovon. Irgendwie hatte ich das Gefühl, dass die Welt mein Krankenhaus war, mein wahrer Operationssaal.

Ich hätte den bereits eingeschlagenen Weg konsequent einschlagen können – eine Karriere als Chirurg in der Schweiz – und die Zukunft wäre gut ausgeschildert gewesen.

Und doch spürte ich in mir den »Ruf des Waldes«, den Wunsch zu reisen, andere Kulturen mit neuen Herausforderungen kennenzulernen, auch wenn ich mich keineswegs bereit fühlte, ohne Leitplanke ins Abenteuer zu springen. Durchdrungen von der humanistischen Kultur und beeinflusst von der christlichen Botschaft, meinen prägenden Bioschichten, dachte ich über eine Annäherung an das Rote Kreuz nach, dessen Prinzipien mir als Wegweiser für einen zuverlässigen Weg vorkamen.

Kapitel 2
In Kambodscha, Vietnam und Laos mit dem Schweizerischen Roten Kreuz (1983–1986)

Der Weg der humanitären Allgemeinchirurgie

Das Schweizerische Rote Kreuz hatte ein humanitäres und entwicklungspolitisches Hilfsprojekt für das Land initiiert, das damals République Populaire du Kampuchea hieß und sich nach dem von Pol Pots Roten Khmer zwischen 1975 und 1979 verübten Völkermord in Kambodscha nur schwer erholen konnte. Das Projekt umfasste die Entsendung eines chirurgischen Teams, bestehend aus einem Chirurgen, einem Anästhesisten und einer Krankenschwester, in das Krankenhaus in Kompong Cham, der Hauptstadt der gleichnamigen Provinz – 135 Kilometer östlich der Hauptstadt Phnom Penh. Die Aufgabe des schweizerischen Ärzteteams bestand darin, die Leitung des einzigen Krankenhauses der Provinz zu übernehmen, einschließlich der Ausbildung des lokalen Personals.

Das Land war für Westler, also für Bürger aus Ländern, die als »kapitalistisch« galten, gesperrt. Insgesamt waren etwa 80 Beamte verschiedener internationaler Organisationen in Kambodscha anwesend, aber sie mussten sich in Phnom Penh aufhalten und durften nicht reisen. Die Regierung hatte mit dem Schutz der vietnamesischen Regierung eine Ausnahme für zwei Abteilungen des Roten Kreuzes gewährt, die der Schweiz und Schwedens. Deren Mitglieder konnten dank der Neutralität der beiden Länder frei reisen, wenn sie die Zentralbehörde in Phnom Penh informiert hatten. Die kommunistischen Länder hatten dagegen ihre Botschaften geöffnet, allen voran Moskau, nicht aber Peking, das in Kambodscha-Angelegenheiten auf der Seite des westlichen Lagers stand.

Das Schweizerische Rote Kreuz hatte sowohl in Vietnam als auch in Laos bereits sporadisch vorsichtige humanitäre und entwicklungspolitische Projekte auf den Weg gebracht.

In Kambodscha, das Abenteuer von Kompong Cham

Der Zugang zur République Populaire du Kampuchea war mühsam und verschlungen: Das Einreisevisum musste zunächst in New Dehli, also in Indien, beantragt und persönlich abgeholt werden. Dann musste man mit Air France von Paris nach Ho Chi Minh Ville, ehemals Saigon, in Vietnam fliegen, wo eine Zwischenlandung vorgeschrieben war, um dann nach Phnom Penh in Kambodscha mit einem Air-Vietnam-Flug weiterzureisen.

Bei unserer Ankunft in Phnom Penh, einer immer noch wie betäubten und verängstigten Hauptstadt, wurden wir nach der Zeremonie am Flughafen vom Generalsekretär des Nationalen Roten Kreuzes, My Samedy, sowie von kostümierten kambodschanischen Frauen mit Lächeln und Verbeugungen begrüßt. Sie begleiteten uns zum Samaki Hotel, dem ehemaligen Royal Hotel und historischen Schauplatz jüngster tragischer Ereignisse, das jetzt kein Hotel mehr war, sondern Hauptsitz der wichtigsten internationalen humanitären Organisationen und des Internationalen Komitees vom Roten Kreuz (IKRK). Es handelte sich um ein imposantes altes Gebäude im Kolonialstil aus der Zeit Indochinas mit deutlich französischem Einfluss, das sich neben einem alten Schwimmbad befand, dessen Wasser manche Leute noch als blutrot in Erinnerung hatten. Daran grenzte ein großer Park mit zahlreichen Hütten, die als Unterkünfte für westliche Emigranten dienten. Wir wurden wie Familienmitglieder von der Delegation des Internationalen Roten Kreuzes empfangen, die für die Dauer der Mission unser Rückgrat bilden sollte.

Bereits am Tag danach wurden wir offiziell im Hauptquartier des kambodschanischen Roten Kreuzes empfangen und den verschiedenen Regierungsstellen vorgestellt, mit denen ich später zu tun haben würde, insbesondere dem Gesundheitsministerium. Wir bekamen sofort einen Vorgeschmack auf die unbändige Vorliebe der Kambodschaner für Bankette und offizielle Empfänge, die als alte Rituale aus den Tagen des französischen Protektorats beibehalten worden waren. Eine aussagekräftige Beschreibung davon findet man übrigens im *Liebhaber*, dem berühmten Roman von Marguerite Duras, oder auch in dem Film *Un barrage contre le Pacifique*, der ebenfalls auf einer Prosa der Duras basiert und von dem großen kambodschanischen Regisseur Rithy Panh in Szene gesetzt wurde.

Das eigentliche Briefing – das uns die Realität des Landes auch mit praktischen Ratschlägen näherbrachte, die in erster Linie unsere physische Sicherheit betrafen, aber auch zur Vorsicht bei allen Kontakten riet – wurde uns von besagter Delegation des Internationalen Roten Kreuzes gegeben, die über aktuelle Daten und respektable nationale und internationale Verbindungen verfügte.

Das Land lebte noch immer mit angehaltenem Atem aufgrund einer verworrenen und nur scheinbar stabilisierten politischen Situation. Anwesend, aber im Hintergrund, waren die Vietnamesen, die graue Eminenz der neuen Macht. Unsichtbar, zumindest für unsere Augen, war die Präsenz der überlebenden Roten Khmer, die nie besiegt worden waren und sich mit sporadischen Angriffen gegen die neue regierende Junta bemerkbar machten.

Jede Autofahrt im Land war folglich riskant: Die Hauptstraßen wurden noch immer nachts vermint und am Morgen wurde die Entminung vom Militär durchgeführt. Auf unserer ersten Fahrt brauchten wir fast zwei Stunden, um Kompong Cham, den Ort unseres Einsatzes, in einem weißen Volkswagen mit einer auffälligen Rotkreuzflagge zu erreichen. Wir alle spürten deutlich eine gewisse Anspannung, obwohl unsere Reise bei der Behörde, die uns grünes Licht gegeben hatte, ordnungsgemäß angemeldet worden war.

Kompong Cham war die »Stadt der Stille«, in der über zwei Millionen arme Menschen lebten, schweigsam, scheu, ängstlich, in einer Stadt, die noch immer nicht wirklich frei atmete. Es gab nur zwei Orte hier, an denen sich das Leben manifestierte: die Märkte und der Hafen am Fluss. Wobei »Hafen« nicht das richtige Wort ist, denn es waren nur ein paar Hundert Meter am steilen und schlammigen Ufer des Mekong, wo unzählige Boote jeder erdenklichen Form und Größe an klapprigen Stegen lagen. Von Einfamilien-Pirogen über Dutzende von Flößen bis hin zu den sehr langsamen Kähnen mit keuchenden und müden Motoren, die den Hauptteil des öffentlichen Verkehrs auf dem Mekong ausmachten.

Hier herrschte ununterbrochenes Kribbeln von Hunderten von Menschen in ständiger Bewegung, ein Trubel, der sogar das Geräusch der wenigen Bootsmotoren und verbeulten Motorräder überdeckte. Autos waren in der Stadt eine Seltenheit, wobei die lärmenden Motorräder jetzt das alte Klingeln der Fahrräder überdeckten, die den Krieg überlebt hatten. In der Monsunzeit verlassen die Menschen, oft barfuß und schweigend, den Fluss und gehen ihrer Arbeit in Richtung der auf Stelzen gebauten Häuser nach – es ist dann fast ein Drittel des Landes überschwemmt und bleibt es für Wochen.

Vom ersten Tag an faszinierte mich das traditionelle kambodschanische Haus auf Stelzen. Während der Regenzeit zieht sich die ganze Familie dorthin zurück und lebt im ersten Stock, mehrere Meter über dem Boden, der ganz aus Holz und immer trocken ist. Sie gelangen über eine Außentreppe hinauf und die Höhe ermöglicht eine hervorragende Luftzirkulation, die einzige Quelle der Frische in diesem kochenden Land. Die landwirtschaftlichen Maschinen und Tiere befinden sich im Erdgeschoss, das offen bleibt, aber oft gibt es auch einen Zwischenboden aus Bambus, damit die Tiere, vor allem Schweine und Hühner, unter einem Dach bleiben können. In der Trockenzeit hingegen ist das Erdgeschoss der kühlste Ort und alle schlafen dort. Das kambodschanische Haus, das zwischen Himmel und Erde schwebt, erweckt durch die Schwingungen und die Vibrationen des Holzes, die von jeder Person beim Gehen erzeugt werden, den Eindruck, dass man sich auf einem Boot befindet.

Sofort und während unseres gesamten Aufenthalts dort wurden wir als Ausländer mit Respekt begrüßt. Wenn wir auf Französisch nach Informationen fragten, wurden wir oft nicht verstanden, aber man half uns trotzdem. Wie oft hatte ich den Wunsch, mich in einem fremden Land in der Landessprache verständigen zu können, aber ich musste ihn beiseiteschieben. Am Ende griff ich auf eine Kompromisslösung zurück, indem ich die üblichen Begrüßungsformeln lernte und dazu ein paar Sätze, um direkt mit den Patienten kommunizieren zu können, wie zum Beispiel mit »Sie werden keine Schmerzen haben« oder leider auch »Wir müssen Ihr Bein amputieren«.

Aber der Kontakt mit Patienten ist nie ein Sprachproblem: Überall auf der Welt, wo es keine gemeinsame gesprochene Sprache gibt, gibt es immer die des Körpers, die wir Europäer ganz natürlich und unbewusst verwenden, ohne sie zu kennen oder gelernt zu haben. Wir sind uns weder ihrer Ausdruckskraft noch ihrer Fähigkeit bewusst, das auszudrücken, was wir, abgeschirmt durch unser Ego, über uns selbst ignorieren und wohl auch nicht mitteilen möchten.

Die Jahre des Terrors unter der Diktatur von Pol Pot und seiner Roten Khmer waren Teil einer jüngeren Vergangenheit, die kein Überlebender in Kambodscha vergessen hatte. Im Gegenteil: Die Angst vor einer Rückkehr der Roten Khmer, die mit Unterstützung der USA und Chinas an der Grenze zu Thailand reorganisiert und sogar bewaffnet wurden, war sogar in Kompong Cham spürbar – wie ein giftiges Gas. Bei großer Armut herrschte überall eine Atmosphäre des Unbehagens und des Misstrauens, sogar in den eigenen vier Wänden.

Die Ankunft des ersten medizinischen Teams des Schweizerischen Roten Kreuzes (SRK) im Krankenhaus von Kompong Chan war ein absolutes Novum, ein Zeichen, dass sich der Wind drehen würde. Und es war ein Wind, der diesen ersten drei Schweizer Ausländern, freie Bürger eines kapitalistischen Landes, zu verdanken war. Es gab aber noch ein anderes ausländisches Team im Lande: acht Sowjets.

Es handelte sich dabei um ein Team von Ingenieuren einer Gummifabrik, die von der Sowjetunion als technische Experten entsandt worden waren, wie sie sagten, und die in einer großen Gummifabrik arbeiteten, die von einer riesigen Hevea-Plantage, dem Baum, aus dem Kautschuk gewonnen wird, umgeben und versteckt war.

Diese acht Russen, »Fremdkörper« wie wir drei, lernten wir bei der ersten offiziellen Veranstaltung kennen, zu der wir eingeladen waren. In einem Raum mit Hunderten von leeren Stühlen saßen wir in der ersten nummerierten Reihe von dreißig Stühlen. Ich saß auf Platz 16 und zu meiner Rechten saßen meine beiden »Kameraden«, während zu meiner Linken, auf Platz 15, der Leiter der sowjetischen Delegation saß, daneben seine sieben Kollegen und seine Frau, die mit strahlendem Lächeln ihre Goldzähne zur Schau stellte. Vor uns auf der erhöhten Bühne saßen die drei Gouverneure der Stadt und der Provinz sowie weitere Persönlichkeiten.

Es war ein feierliches Fest mit Reden nur in Khmer, also auf Kambodschanisch, durchsetzt mit musikalischen Momenten und gefolgt von einem Bankett mit köstlichen Leckereien und zahlreichen Trinksprüchen, nach denen jedes Mal auf Kommando ein undefinierbares bernsteinfarbenes alkoholisches Gesöff getrunken wurde. Unvermeidlich war die Hymne auf die ewige Freundschaft zwischen den Völkern, zuerst zwischen Kambodschanern und Russen, später zwischen Kambodschanern und Schweizern, in einem mir unheimlichen Crescendo. Das Bankett endete immer in einem chaotischen Durcheinander, denn der Alkohol hatte alle Spannungen, die es vorher gab, aufgelöst.

Nach einer gewissen Zeit wurden die erst misstrauischen Sowjets und Schweizer miteinander vertraut und trotz des verkümmerten Englischs der Russen mussten wir erkennen, dass wir in der gleichen »Suppe« saßen: Wir taten unser Bestes, um in dieser uns unbekannten und verschlafenen Stadt, in einem geheimnisvollen und noch unentdeckten Land Hilfe zu leisten.

Eine ganz spezifische Rolle im Krankenhaus zu haben, war sehr wichtig für uns. Hand in Hand zu arbeiten, um Verwundete und Kranke zu versorgen, Leben zu retten und Kranke zu pflegen, menschliches Leid mit den eigenen Händen zu berühren, aktiviert den Samaritergeist, der jedem Menschen und allen Kulturen innewohnt und immer und überall eine sehr besondere Solidarität hervorruft. Leider muss man aber auch sagen, dass diese Regungen von Mitgefühl und großzügiger Hilfsbereitschaft mit der Zeit verblassen und manchmal sogar verschwinden können.

Solange dieser wohltuende und gnadenvolle Zustand anhält, ist der Mensch präsent und offen. In dieser Zeit des Miteinanders unterhalten wir uns, lernen uns kennen und sehen das Gute, machen Pläne für die Zukunft, vertrauen uns und suchen nach Lösungen für Probleme.

Das Krankenhaus empfing uns jedenfalls mit offenen Armen, und alle Angestellten, vom Direktor bis zu den Bahrenträgern, taten alles und versuchten sogar das Unmögliche, um uns die Arbeit zu erleichtern und uns zu helfen ... ihnen zu helfen. Die grundlegende Infrastruktur war vorhanden, die Logistik auch, ebenso wie die zahlreichen Mitarbeiter mit lächerlichen Gehältern, aber einer starken Lernbereitschaft. Medikamente? Wenig und weit entfernt. Technische Ausrüstung? Oft veraltet und defekt. Also arbeiteten wir hart daran, den Operationssaal wieder zum Laufen zu bringen. Mit Hilfe des Internationalen Komitees vom Roten Kreuz, das uns ermöglichte, die fehlende Technik schnell zu beschaffen, konnten wir ihn in kürzester Zeit wieder in Betrieb nehmen.

Schon bald verbrachte ich dort mehr und mehr Zeit. Die Nachricht, dass der chirurgische Dienst seine reguläre Tätigkeit wieder aufgenommen hatte, hatte sich schnell verbreitet, vielleicht sogar zu sehr. Meine in der Schweiz gesammelten Kenntnisse der allgemeinen Chirurgie waren jedoch bescheidener als das, was von einem Chirurgen in Kambodscha verlangt wurde. Und schon bald musste ich Entscheidungen treffen, was wir tun konnten und was nicht, indem ich ein Triage-System einführte, das heißt Patienten triagierte, wo es möglich war.

In der Schweiz werden nur die wesentlichen lebensrettenden Operationen, vor allem in der Unfallchirurgie, von Allgemeinchirurgen durchgeführt, während Notfalleingriffe in der Neurochirurgie, Kinderchirurgie, Gefäßchirurgie, Urologie, Augenheilkunde, Gynäkologie und anderen Bereichen in die Hände der jeweiligen Spezialisten gelegt werden. Doch Anfang der 1980er Jahre wurden in Kambodscha nur wenige dieser Fachrichtungen praktiziert.

Kein Krankenhaus war in den Jahren des Völkermordes unversehrt geblieben. Nur das Calmette-Krankenhaus in der Hauptstadt mit dem angeschlossenen Pasteur-Labor war noch in Betrieb, aber seine Kräfte waren mehr als ausgelastet. Zusammen mit dem Team des Schwedischen Roten Kreuzes, das im Krankenhaus in der Provinz Kompong Som arbeitete, galten wir als Vorreiter einer Ära, die von den Kambodschanern offensichtlich herbeigesehnt wurde: die Ankunft der europäischen Medizin des 21. Jahrhunderts. So war es ein erster zaghafter Schritt des neuen Premierministers Hun Sen, um das Land wieder für den Westen zu öffnen, im Gesundheitswesen und über zwei neutrale Rot-Kreuz-Zweigstellen initiativ zu werden. Der nächste Schritt, der jedoch von ganz anderer Größenordnung war und an das erinnerte, was wir hier vorhatten, kam 1992 mit der Ankunft des Zürcher Kinderarztes und Cellisten Beat Richner. Er, bekannt als Beatocello, baute mit eigenen Mitteln erfolgreich das Kinderkrankenhaus Kantha Bopha in Phnom Penh auf und errichtete in den folgenden zwanzig Jahren vier weitere im ganzen Land. Sie sind auch heute noch das Rückgrat der Kinderheilkunde in Kambodscha.

Sein Credo war: Es gibt nur eine Medizin – und das ist die Qualitätsmedizin. Er wollte, dass sie allen seinen Patienten, den Kindern in Kambodscha, zur Verfügung stand. Er hatte sich dafür genau dieses Land ausgesucht, aber er wusste auch, dass der Export dieser Medizin eine Verpflichtung zur Schulung und Ausbildung sowie eine kontinuierliche finanzielle Unterstützung beinhaltete, um sie nachhaltig zu machen. Das verfolgte er bis zum Ende seines Lebens, das 2018 endete.

Die Arbeit von Beat Richner fügt sich ein in eine ununterbrochene Reihe ähnlicher Initiativen und Interventionen, die in der Geschichte der humanitären Medizin von Persönlichkeiten wie

Henry Dunant, Gino Strada, Giuseppe Maggi, Alberto Cairo und so vielen anderen, deren Namen wir nicht kennen, geprägt worden sind. Jeder hatte seine eigene Methode, die von Zeitgenossen oft kritisiert wurde, aber alle waren Pioniere, mutige und hartnäckige Verfechter der Prinzipien humanitärer Hilfe. Zu ihnen gehört auch Edmond Kaiser, der Gründer von »Terre des Hommes«.

Doch zurück zur Arbeit im Operationsaal: Das eigentliche Problem für uns, die wir keine Klimaanlage und keine funktionierende Belüftung hatten, war die überhöhte Temperatur – und dazu die massive Feuchtigkeit. Obwohl wir nur sterile Kittel trugen (abgesehen von Handschuhen, Masken und Kopfbedeckungen), fühlten wir uns wie in einer Zwangssauna. Bei Operationen, die länger als eine Stunde dauerten, mussten immer wieder die Kittel auf dem Rücken geöffnet werden, und die Pfleger fächelten uns mit Kartons Luft zu. Auf der Waage konnte man feststellen, dass man nach einer einstündigen Operation bis zu drei Liter Flüssigkeit verloren hatte. Der Monat April war bekannt für das schwüle und unerträgliche Klima – selbst für die Kambodschaner – und man musste Tag und Nacht ohne Unterbrechung trinken, um nicht auszutrocknen. Bei Tisch haben wir in diesen Wochen sehr wenig gegessen, praktisch nur Obst und gekochten Reis. Sogar nachts nahm jeder von uns vier oder fünf Flaschen Wasser mit auf sein Zimmer, die wir bis zum Morgen leerten.

Den Komfort der Unterkunft während der Einsätze habe ich immer als wesentlich angesehen und im Laufe der Jahre mehr und mehr zu schätzen gewusst. Wenn man nach stundenlanger intensiver Arbeit im Krankenhaus, ob tagsüber oder nachts, an einen gemütlichen Ort zurückkehrt, an dem man schnell wieder zu Kräften kommt, weil man gesund essen und sich ausruhen kann, hält dieser »Komfort« das körperliche und geistige Gleichgewicht aufrecht. Darauf konnte ich nicht verzichten.

Dieser Gesundheitsaspekt erinnert an einen anderen: den über die Beziehung zwischen Emotionen und Gefühlen. Abgesehen von der

Tatsache, dass Emotionen unweigerlich in die Sphäre der Gefühle überschwappen, müssen alle diese rasch analysiert und dann kanalisiert werden. Zu intensive Emotionen entladen die Batterien oder brennen sie sogar aus. Wenn hier Grenzen überschritten werden, treten mentale Gleichgewichtsprobleme auf und wir kommen in den Bereich posttraumatischer Belastungsstörungen. Mir persönlich ist es immer wieder gelungen, heftige Emotionen in Schach zu halten, die sich im Laufe von Wochen angestaut hatten. Das »An-der-Leine-Halten« von Emotionen und das Schaffen eines Abstands zu ihnen, damit ich sie besser kontrollieren konnte, haben für eine gewisse Ordnung im reißenden Fluss der Gedanken gesorgt – und mich nicht überwältigt.

Ich musste allerdings feststellen, dass die Widerstandskraft mit den Wochen abnahm. Nach den ersten drei vertraglich festgelegten Monaten spürte und wusste ich, dass es an der Zeit war, meine Batterien wieder aufzuladen. Ich hatte einen Fall von Burn-out bei einem Kollegen in Afrika im Kopf, was mir eine Warnung gewesen war. Nachdem der Kollege in seiner Arbeit als Kriegschirurg keinen Sinn sah, beschloss er eines Tages, statt des Skalpells zum Gewehr zu greifen und das Krankenhaus zu verlassen, um mit einer Rebellengruppe zu kämpfen.

Ein wirksames und natürliches Mittel, um nach Tagen anstrengender Arbeit wieder zu Kräften zu kommen, war die Möglichkeit, für ein paar Tage den Stecker zu ziehen und eine Luftveränderung vorzunehmen: Die dafür beste Lösung war, auf eine »Expedition« in genau das Land zu gehen, in dem wir gerade lebten, viel Schönes und Staunenswertes zu entdecken und zu genießen. Aber das Wichtigste war, dass wir gehen und wandern konnten, uns von dem Leben in der Natur angezogen fühlten und gleichzeitig die Einheimischen wirklich kennenlernten, ohne Etiketten von Macht und sozialer Klasse: als Gleichberechtigte. Wenn die Bedingungen im Lande diese Fluchten nicht zuließen, gab es immer noch die Möglichkeit, für ein paar Tage in ein benachbartes, ruhigeres Land zu fahren, um dort Kraft zu schöpfen. In unserem Fall war dies das benachbarte Thailand. Und in meinem Fall gab es auch das Privileg, dort fast ein Zuhause zu finden – bei meinem Bruder Angelo, der, wie ich schon sagte, in Thailand lebte.

Die Arbeit in Kompong Cham brachte uns natürlich täglich in Kontakt mit den Einheimischen, wurde aber von den Behörden kontrolliert. Wir spürten das sehr genau, auch wenn die Überwachung immer von einem Lächeln begleitet war, es immer nur positive und zustimmende Antworten auf unsere Anfragen gab, auch wenn ein Nein durchaus angemessen gewesen wäre. Das Arzt-Patient-Verhältnis blieb jedoch stets unangetastet.

In einem kleinen Haus neben unserer Residenz lebte ein technischer Mitarbeiter des Krankenhauses mit seiner Familie. Peou Sarin Wichet, ein gebildeter Mann mit fabelhaften Manieren, der von der französischen Kultur und Sprache begeistert war, korrekt Französisch sprach und der deshalb in unserer Nähe platziert worden war, um uns bei praktischen Angelegenheiten rund um das Haus zu helfen, aber auch um ein »offenes Auge« auf uns zu haben.

Nach ein paar Wochen war unser Verhältnis zu ihm recht eng geworden, sodass wir ihm sogar unbequeme Fragen stellen konnten und Antworten erhielten, mit denen wir die Denkweise der Kambodschaner besser verstanden. Ausgesprochene Freundschaftsbande zwischen unserem Team und seiner Familie ließen uns immer wissen, wo wir uns befanden. Und ich erinnere mich heute noch daran, wie er mir bei meiner Verabschiedung vor meiner endgültigen Abreise aus Kompong Cham sagte: »Denken Sie daran, dass, wenn Sie eines Tages nach Kambodscha zurückkehren wollen, meine Familie und ich Sie für den Rest Ihres Lebens mit Freude willkommen heißen werden.« Bis heute bin ich immer noch in Kontakt mit ihm und jedes Mal erneuert er seine Einladung.

Jedenfalls trieb mich das Bedürfnis zu erfahren, wie die Menschen waren und wie sie lebten, hin und wieder zu einem kleinen Spaziergang oder einer Fahrradtour durch die Stadt. Und so fragte ich die Köchin, wo ich zum Haareschneiden hingehen könnte. Sie sagte mir, dass es eigentlich keine Friseure für Männer oder Frauen gäbe: Haarschnitte und Haarpflege fänden zu Hause statt. An einer bestimmten Kreuzung in der Nähe des Busbahnhofs gäbe es aber doch einige Friseure, die Rasuren und Haarschnitte anböten. Ich fand die Kreuzung im Schatten eines dichten Hains von Bananenbäumen mit ein paar Hütten drumherum, aber wo sollte hier ein Friseursalon sein? Als ich noch näher kam, sah ich unter den Bananenbäumen ein paar alte Friseurstühle, die auf einen Kunden warteten, und neben ihnen den Friseur. Ich suchte mir einen Stuhl aus, einen altmodischen mit der klassischen Kopfstütze, und saß im Nu in ihm. Ich erblickte meinen Kopf in einem von oben herabhängenden Spiegeldreieck, das mit Schnüren befestigt war und so in der Luft hing. Nun war ich also im Friseursalon und der Schnitt, der von geschickten Händen ausgeführt wurde, übertraf alle Erwartungen. Es folgte eine Reinigung der Ohren und der Nase mit den entsprechenden Werkzeugen, dann waren die Augenbrauen dran und schließlich wieder die Ohren. Danach schabte eine rasiermesserscharfe Klinge über meine Stirn und – ein Moment der Panik und der totalen Versteifung meinerseits – fuhr schnell über die Haut des gespannten oberen Lids des einen Auges und dann des anderen. »*Voilà Monsieur, c'est fait.*« Der Barbier konnte etwas Französisch und sagte, dass ich heute nicht bezahlen müsse. Stattdessen bat er mich um einen Gefallen: Ich solle bald wieder zum Haareschneiden erscheinen. Ich stimmte zu und sagte zu mir: aber ohne »Peeling«!

Zwei Wochen später saß ich wieder im gleichen Stuhl und die Dienste des Barbiers kosteten umgerechnet 30 Schweizer Rappen. Erneut wünschte er sich, dass ich bald erneut zu ihm käme, er könne mich dann auch wieder rasieren.

Unsere Köchin im Krankenhaus nahm mich zur Seite und erklärte mir, wie es zu der Dynamik des Geschehens mit dem Friseur gekommen sei. Sie habe gerüchteweise erfahren, dass der gute Mann überall von den Besuchen des ausländischen Chirurgen erzählt habe, was ihm, so die Köchin, bald reichlich Kundschaft bescheren würde. Der Barbier war also durch und durch ein Profi.

In Kompong Cham wohnten wir wie vornehme Herren in einer schönen Villa in der Nähe des Krankenhauses, die von der Provinzregierung zur Verfügung gestellt wurde, ebenso wie eine Köchin, ein Hausmädchen und ein Hausmeister.

Das Haus war aus Stein, geräumig für die drei Katzen, die wir waren, und gut belüftet mit einem Garten im französischen Stil und einem mit Wasser gefüllten barockartigen Brunnen. Eines Tages brachte uns die Köchin fünf auf dem Markt gekaufte Entenküken, die fröhlich in diesem Brunnen planschten. Scherzhaft sagte ich ihr, dass sie eines Tages vielleicht unseren armen Tisch bereichern würden – worauf sie mich mit einem verwirrten Gesicht ansah. Unsere Entenküken brachten mit ihrem Gezwitscher Leben in den Garten, das in wenigen Wochen zu unverwechselbarem Entengeschnatter wurde.

Ein paar Monate danach hatten wir Gäste zum Abendessen und die Köchin war mit leeren Händen vom Markt zurückgekehrt. Was tun? Ich sagte ihr, dass die Zeit für eine gebackene Ente gekommen sei, und bat sie, den Gästen nichts über die Herkunft der beiden Vögel zu erzählen, die serviert werden sollten. Nachdem sich die Gäste verabschiedet hatten, beglückwünschten unsere Krankenschwestern die Köchin. Doch in ihnen war ein Verdacht aufgetaucht, den sie auch formulierten. Ich konnte nicht anders und musste den Verdacht bestätigen, worauf sie fast eine Woche lang nicht mehr mit mir sprachen.

Die Köchin gab sich durchweg viel Mühe, um uns mit der lokalen Küche vertraut zu machen, aber auf dem Markt war das Angebot dürftig. Fleisch konnte man erst gar nicht bekommen und man musste sich mit Fleischkonserven begnügen. Gelegentlich konnte man Hühner und Eier kaufen, aber selbst Gemüse war knapp, während Obst im Überfluss vorhanden war und je nach Saison variierte. Ich erinnere mich jedenfalls, in Kompong Cham die süßesten Mangos meines Lebens gegessen zu haben. Brot war unbekannt oder eine schöne Erinnerung an die französische Zeit, wurde aber sehr gut durch Reis ersetzt. Dennoch war die Sehnsucht nach Brot und Käse groß.

Die Wochenenden, die wir in der Hauptstadt verbrachten, zwei im Monat und immer auf Einladung unserer Freunde und Kollegen vom Internationalen Roten Kreuz, waren gute Gelegenheiten, um unserem Verlangen, neue Lebensmittel zu entdecken und zu genießen, nachzugeben.

Die Reise von Kompong Cham nach Phnom Penh musste jedoch sorgfältig vorbereitet werden: Es gab bürokratische Probleme wie die Beschaffung von Passierscheinen und auch die Mitteilung, zu welchem genauen Zeitpunkt die Reise auf nicht immer verminten Straßen angetreten werden durfte. Und so kam es, dass wir stets in einem geschützten Konvoi reisten. An einem Samstag wurde das erste Fahrzeug des Konvois, das zehn Minuten vor uns losgefahren war, von einer Panzerabwehrmine in die Luft gesprengt, wobei es auch Tote gab. War die Strecke denn vermint worden?, fragten wir uns und verzichteten an diesem Tag lieber auf die Reise.

Ein anderes Mal passierte mir auf der gleichen Strecke etwas, an das ich mich mit einem Lächeln erinnere: Ich saß neben dem Fahrer unseres Volkswagen-Busses mit der Rotkreuzflagge auf dem Dach, der bis zum Rand mit Fahrgästen vollgestopft war. Ich war gefragt worden, ob ich eine Mitfahrgelegenheit in die Hauptstadt wahrnehmen wollte, und hatte zugesagt. Einige Kilometer außerhalb von Kompong Cham wurden wir von zwei Soldaten in vietnamesischen Offiziersuniformen angehalten, die mit Gewehren bewaffnet waren. Sie sprachen mit dem Fahrer und verlangten, mitgenommen zu werden. Ich mischte mich ein und sagte, dass es uns leidtäte, aber sie könnten ja selbst sehen, dass wir keinen Platz mehr hätten. Darauf ging einer der beiden leise um das Fahrzeug herum, stellte sich vor mein offenes Fenster, richtete den Lauf des Gewehrs auf mich und begleitete seine Geste mit ein paar trockenen Worten, die auf eine klare Frage hinausliefen: ja oder nein? Ich willigte ein, wir setzten unsere Reise fort und kamen wenig glorreich in Phnom Penh an – mit den beiden bewaffneten Vietnamesen auf dem Dach unseres Fahrzeugs. Ich brauchte einige Zeit, um das Geschehene zu verdauen, aber entscheidend war für mich, dass diese Vietnamesen schließlich auch zwei arme Kerle waren: Einer trug neben seinem Gewehr einen Stock mit zwei daran gebundenen lebenden Hühnern. Ich hatte mich weise dem Gesetz des Stärkeren gebeugt, dem des Krieges, und es war gut so.

Die Wochenenden in der Hauptstadt dienten der Erholung und Entspannung. Arbeitsbesuche in Ministerien, in erster Linie im Gesundheitsministerium, aber auch beim kambodschanischen Roten Kreuz waren eine angenehme Abwechslung. Mit der Präsidentin Phlech Phiroun, einer reizenden und sanftmütigen älteren Dame, die ich später sogar in die Schweiz einladen konnte, und dem Generalsekretär My Samedy, einem streitbaren, temperamentvollen Kollegen, den ich Jahre später noch einmal in Paris traf, waren die ohnehin schon engen Beziehungen weitergewachsen. Diese Entwicklung der Beziehungen in einem Land, das politisch noch immer unter vietnamesischer Vormundschaft stand, war keineswegs selbstverständlich.

Ich glaube nicht, dass die Probleme des Roten Kreuzes in einem Land, das einen Völkermord überstehen und sich politisch durchschlagen musste, einer Erklärung bedürfen. Sie waren seinerzeit immens, und mit wenig Hilfsarbeit auskommen zu müssen, ist, wenn die Kassen leer sind, einfach entmutigend. Dennoch macht man weiter und vertraut auf den guten Willen und die Großzügigkeit der Rotkreuz-Schwestern in den reichen Ländern, welche die humanitären Grundsätze achten.

Der Gesundheitsminister, ein junger Kinderarzt, noch keine 50 Jahre alt und begeistert von der französischen Kultur – er hatte auch in Frankreich Medizin studiert –, war ein geschickter Verhandlungsführer und ein geistreicher Gesprächspartner. Da er sich in der Öffentlichkeit zurückhaltend äußerte, vertraute er mir die Gründe seines Verhaltens und überzeugende Erklärungen unter vier Augen an. Das erleichterte mir die Wahrnehmung komplexer Realitäten und die Entscheidungen für die Unterstützung laufender Projekte, für die selbst ein bescheidener finanzieller Beitrag ausreichte, dessen Gewicht der Minister abzuwiegen hatte.

Eines Sonntagabends, auf dem Rückweg von Phnom Penh nach Kompong Cham, erwartete uns eine Überraschung: Es dämmerte bereits, aber wir konnten unser Haus nicht mehr finden. Die Straße war noch da, aber das Haus war verschwunden, weil es, wie wir bald feststellen mussten, zur Hälfte von Erdhaufen verdeckt war. Der Garten war während unserer Abwesenheit systematisch nach Gold durchsucht worden und die ominösen Goldsucher hatten unzählige tiefe Löcher gegraben, um einen berühmten Schatz zu finden, der angeblich genau in unserem Garten versteckt war. Am nächsten Tag füllten Krankenhausmitarbeiter die etwa ein Dutzend Löcher auf und der Garten war wieder der, den wir kannten. Goldfieber und die Macht des Hörensagens, oder was war das? Natürlich erfuhren wir nie, ob etwas gefunden worden war.

Mit dem Auftreten einer echten Malariaepidemie, die normalerweise saisonal auftritt, aber plötzlich mit einer noch nie da gewesenen Resistenz gegen die üblichen Malariamittel einherging, änderte sich der Kurs unserer chirurgischen Aktivitäten. Die täglichen Bulletins, die wir aus der ganzen Provinz sowie den Nachbarprovinzen erhielten, machten uns nicht nur auf die Zahl der gemeldeten Fälle aufmerksam, sondern auch auf eine abnorme Häufigkeit der damit verbundenen zerebralen Malaria, deren Sterblichkeitsrate sehr hoch ist. Innerhalb weniger Tage hatten wir im Krankenhaus keine freien Betten mehr, sodass provisorische Stationen eingerichtet werden mussten, um die vielen Patienten behandeln zu können, die täglich eintrafen. Die Leitung des Krankenhauses geriet bald in den Strudel erheblicher Überlastung, die Reserven an speziellen Medikamenten gingen zur Neige und die für Schwerkranke im Koma oder Halbkoma unerlässlichen Infusionen waren fast aufgebraucht. Daraufhin setzte ich mich mit dem Internationalen Roten Kreuz und dem Gesundheitsministerium in Phnom Penh in Verbindung und veranlasste eine dringende Anfrage nach lebenswichtigen Gütern. Mit jedem Tag wurde die Liste der Todesfälle länger und länger, das Krankenhaus konnte keine Patienten mehr aufnehmen und auch das Personal war an seinen Grenzen angekommen.

Die Verwaltung einer Epidemie stand nicht in unserer Stellenbeschreibung, aber wir hatten keine Wahl: Es musste eine funktionierende, wenn auch vorübergehende Struktur geschaffen und ein Alarmplan entwickelt werden. Also stellten wir eine Task Force zusammen und machten uns an die Arbeit. Wir benötigten sofort eine Einrichtung für die Aufnahme von etwa 200 Patienten, von denen ein Dutzend bereits auf dem Weg ins Koma war. Auf der Suche nach einem dafür geeigneten Ort entdeckten wir in einem großen Garten eine Pagode mit einigen angebauten Gebäuden, die durch offene Gänge miteinander verbunden waren. Die Pagode war ersichtlich unbewohnt. Auf mein Nachfragen sagte man mir, dass nach der Vertreibung der Bonzen zu Beginn des großen Mordens niemand mehr diesen Ort betreten hatte.

Wir sahen uns die Pagode an und mir war klar, dass sie die – unverhoffte – Lösung für unser Problem war. Dann ging alles ganz schnell: Betten, Vorräte und Moskitonetze trafen vor Ort ein und innerhalb von 24 Stunden hatten wir ein Malaria-Lazarett eingerichtet, in dem wir alle unterbringen konnten, die eine stationäre Behandlung benötigten. Es folgte eine unglaubliche Mobilisierung der Bevölkerung und des Personals, fast jeder half uns und wir konnten sofort die ersten Kranken aufnehmen und behandeln. Auch die lokalen Behörden unterstützten uns und die Verstärkung mit Medikamenten und Infusionen kam schneller als erwartet. Ich erinnere mich noch gut an die Dutzenden von Betten, die in den langen, gut belüfteten Korridoren aufgereiht waren, jedes Bett mit einem eigenen Stativ für die Infusion. Die Atmosphäre war für die vielen Menschen, die sich hier tummelten, fast fröhlich zu nennen. Die tägliche Statistik verbesserte sich: Wir waren stolz darauf, dass wir die Zahl der Todesfälle durch zerebrale Malaria verringern konnten. Das Abenteuer Pagodenkrankenhaus dauerte etwa zwei Wochen. Es war ein Test, eine Übung und eine wichtige Lektion für alle.

Nachdem wir in unserem Krankenhaus zur Normalität zurückgekehrt waren, erwarteten uns leider ganz andere Ereignisse. Eines Morgens, während ich im Operationssaal mit einem Kaiserschnitt beschäftigt war, wurde ich vom Direktor angesprochen, der plötzlich am Operationstisch vor mir stand, was noch nie vorgekommen war. Er bat mich, ihm sofort zu folgen. Als ich in sein Gesicht blickte, war mir klar, dass ich ihm folgen musste. Wir gingen zum Eingang, wo ich in einem Lieferwagen mit offener Schiebetür sieben Leichen sah, wie Müllsäcke gestapelt, noch warm, angezogen, aber von Schüssen aus nächster Nähe durchlöchert: Es waren die noch warmen Leichen unserer Kollegen der russischen Delegation ... Der Schock für uns Schweizer und die herbeigeeilten Kambodschaner war gewaltig, ich fühlte mich wie gelähmt. Das ganze Krankenhaus erstarrte, geriet gewissermaßen in einen Zustand der Katatonie.

Ich führte die Operation durch, die ich unterbrochen hatte, und verbrachte den Rest des Vormittags damit, die Leichen zu entkleiden, zu waschen, wieder anzukleiden und in sieben Särge zu legen, die ich hatte besorgen lassen und die am Eingang des Krankenhauses standen. Ich war schockiert, als ich die Gesichter von Menschen wiedererkannte, mit denen ich mich noch wenige Tage zuvor unterhalten hatte, als wir zusammen am Tisch saßen. Bei den toten Russen fehlte nur eine Person, die Dame mit den Goldzähnen.

Es folgten nach dem Eintreffen der Polizei und verschiedener lokaler Behörden Tage des Chaos und ungeheurer Verwirrung, aber was uns am meisten verblüffte, war der Befehl, der von oben kam und sich so anhörte: Das alles ist nicht geschehen. Tatsächlich wurde das schreckliche Ereignis weder in der Presse noch im Fernsehen erwähnt.

Ich informierte jedoch sofort das Internationale Komitee vom Roten Kreuz sowie die Gesundheits- und politischen Behörden in Phnom Penh. Die Leitung unseres Krankenhauses jedoch übergab uns inoffiziell eine Rekonstruktion der Fakten, welche die »politische Matrix« des Verbrechens bestätigten, ohne weiter ins Detail zu gehen.

Wir beschlossen unter uns, keine Stellung dazu zu nehmen. Aber intern waren wir zu einem klaren Schluss gekommen: Es gab böses Blut zwischen der Zentralregierung und den Provinzbehörden und entsprechend Machtkämpfe. Und wir waren Zeugen von etwas außerordentlich Ernstem geworden. Hatten wir Ärger verursacht? Die Antwort kam unerwartet nach einer Woche.

Eines sehr frühen Morgens vor Sonnenaufgang klopfte es an meine Tür: Der Gouverneur, hieß es, würde uns dringend erwarten.

Nach ein paar Minuten fand ich mich zusammen mit der Krankenschwester Diana Buletti in der Festhalle wieder und auf der Bühne saß das Gouverneurs-Trio mit seinem Hofstaat. Diesmal war es nicht die Zeit für Glückwünsche, Gesang und Musik, vielmehr brach ein drohender Zorn in der Khmer-Sprache aus – mit sich steigernder Lautstärke und begleitet von bedrohlichen Gesten. Offensichtlich galt der Zorn einzig und allein uns. Ich spürte ein Unbehagen und eine Beklemmung in mir aufsteigen, was sich im Laufe der Minuten, die sehr lang ausfielen, immer mehr verstärkte. Dann wurde es plötzlich unwirklich und bedrohlich still, und nach einer gewissen Zeit sagte man uns, dass wir nach Hause gehen könnten.

Draußen dämmerte es bereits. Der Direktor des Krankenhauses kam auf uns zu und teilte uns mit, dass wir »soeben verurteilt« und zu »unerwünschten Personen« erklärt worden seien. Er müsse uns anweisen, das Land innerhalb von 48 Stunden zu verlassen. Als wir um eine Klarstellung baten, antwortete er lakonisch, dass wir als »kapitalistische Spione« schuldig gesprochen worden seien.

Wir packten schnell unsere Koffer und reisten noch am selben Tag nach Phnom Penh. Ich informierte sofort das Internationale Rote Kreuz und das Schweizerische Rote Kreuz in Bern, die sich umgehend dieser sehr seltsamen Angelegenheit annahmen. Von der Regierung Hun Sen erhielt das Rote Kreuz in Bern die Bestätigung, dass die Entscheidung, uns auszuweisen, auf Provinzebene in Kompong Cham getroffen worden und bereits eine interne Untersuchung im Gange war, um die Geschehnisse aufzuarbeiten. Das Intermezzo des Schweizerischen Roten Kreuzes in dieser Stadt war jedoch erst einmal zu Ende und wir bestiegen das Flugzeug nach Hause. Fassungslos, ungläubig, aber auch erleichtert. Es hätte ja ganz anders enden können.

Was uns betrifft: Wir hatten uns nichts vorzuwerfen. Wir waren mit einer außergewöhnlichen und in der Tat nicht alltäglichen humanitären Mission unterwegs gewesen, die erfolgreich und zufriedenstellend durchgeführt worden war. Aber die bittere Pille am Ende wollte und konnte ich nicht schlucken.

Der Austausch von Kommuniqués und diplomatischen Stellungnahmen in dieser Angelegenheit zwischen dem Schweizerischen Roten Kreuz und der République populaire du Kampuchea erfolgte zügig und zeitnah. Die Regierung in Phnom Penh sprach von einem Missverständnis zwischen der Provinz- und der Zentralverwaltung, das auch auf technische Kommunikationsschwierigkeiten (!) zurückzuführen sei, die zu der unglücklichen Situation (!!) geführt hätten. Die kambodschanische Republik erneuerte daraufhin ihr volles Vertrauen in das Schweizerische Rote Kreuz und bat es, sein Programm doch fortzusetzen. An diesem Punkt wurde ich meinerseits angesprochen, aber ich bat das Schweizerische Rote Kreuz, den Vorschlag nur unter einer Bedingung zu akzeptieren, nämlich dass das Programm nicht in dieser, sondern in einer anderen Provinz fortgesetzt werden sollte. Das Porzellan von Kompong Cham war definitiv von den Gouverneuren zerschlagen worden und es war völlig unmöglich, Vertrauen wiederherzustellen. Das Schweizerische Rote Kreuz akzeptierte meinen Vorschlag und fragte mich, ob ich bereit wäre, diesmal als Leiter der Mission wieder anzufangen. Ich sagte zu und zwei Monate später war ich mit einem neuen Schweizer Team im Krankenhaus in der Provinz Takeo.

Immer noch in Kambodscha, in Takeo und Kampot

Dieser neue Aufbruch brachte einige Fragen mit sich, die beantwortet werden mussten. Der Rückblick auf die Ereignisse in Kompong Cham hatte mir die Notwendigkeit vor Augen geführt, menschliche Beziehungen aufzubauen, die offen auch für Kritik, aber immer von gegenseitigem Vertrauen geprägt sind. Dann kann man konsequenterweise zu einer fruchtbaren Zusammenarbeit gelangen.

Ich hatte den neuen Vertrag zwischen dem Schweizerischen Roten Kreuz und der Provinz Takeo selbst überprüfen können und eine Klausel hinzugefügt, die mir aufgrund früherer Erfahrungen nahegelegt worden war: Zusätzlich zu unserem Einsatzplan, der natürlich unsere Verantwortung für die Qualität der geleisteten Pflege betonte, sollte ein detaillierter Paragraph zur Ausbildung des lokalen Personals entsprechend ihrer jeweiligen Zuständigkeiten hinzugefügt werden, und zwar nicht nur für die Chirurgie und die Traumatologie, sondern auch für die Innere Medizin und die Pädiatrie. Dieser Ansatz wurde akzeptiert, und zwar so, dass das Team des Schweizerischen Roten Kreuzes sich auch für die von mir geforderten Spezialisten aussprach und – das war mir sehr wichtig – sich verpflichtete, dass die Krankenhausleitung das auszubildende Personal auswählte und uns zur Verfügung stellte. Das war die Herausforderung, die uns nun erwartete.

Das Krankenhaus von Takeo, das in der gleichnamigen Provinz auf halbem Weg zwischen der Hauptstadt Phnom Penh und dem Kampot-Meer im Süden lag, versorgte eine Bevölkerung von rund 700 000 Menschen. Takeo war im Vergleich zu Kompong Cham eine ruhige Gemeinde, umgeben von Sümpfen und Reisfeldern, so weit das Auge reichte, sowie endlosen Feldern mit Lotosblüten. Wir wussten, dass auch die Provinz Takeo die Wirren des Bürgerkriegs erfahren hatte, aber relativ unbeschadet davongekommen war. Hier waren vor allem Minenverletzungen und ihre traumatischen Folgen zu behandeln, die an diese dunklen Zeiten erinnerten. Das alltägliche Leben schien von Friede und Freude bestimmt zu sein.

Das Krankenhaus bestand aus mehreren gemauerten Gebäuden mit einem einzigen Erdgeschoss, wobei die Abteilungen typisch für ein kambodschanisches Krankenhaus verteilt waren: Chirurgie und Operationsabteilung, Medizin, Pädiatrie, Labor, Radiologie und verschiedene Hilfs- und Logistikdienste. Uns wurde ein Wohnhaus etwas außerhalb der Stadt angeboten, ein vierstöckiges Betongebäude am Rande eines kleinen Sees und im Schatten einiger hoher Bäume. Es diente auch als Residenz, in der Gäste der Zentralregierung auf der Durchreise empfangen wurden – und wir sollten jetzt das oberste Stockwerk, das Dachgeschoss, bewohnen, das am besten belüftet war.

Die Möblierung der Zimmer war bescheiden und ganz auf das Wesentliche reduziert, und die weißen Wände waren frisch verputzt. Alles war luftig, geräumig, und durch die Holztüren – die erkennbar neu waren – ging es zu den Schlafzimmern und Bädern. Die Bleibe schien uns angenehm zu sein, auch wenn wir davon ausgingen, dass wir sorgfältig und diskret überwacht werden würden. Wie erwartet, wurden uns ein alter Koch, diesmal vietnamesisch und, wie ich hinzufügen sollte, auch mit Stern ausgezeichnet, ein Zimmermädchen und natürlich der unverzichtbare Sicherheitsdienst mit abwechselnden Wachsoldaten zur Verfügung gestellt.

Ganz selten gab es auch andere Besucher des Hauses, wir hatten demnach unsere Ruhe – und dennoch quälte uns ein Element psychologischer Gewalt. Jeden Morgen um 6 Uhr ertönte nach einem lästigen Geräusch, als würde mit Kreide auf eine Tafel geschrieben, aus einem nahegelegenen Lautsprecher die Nationalhymne in ohrenbetäubender Lautstärke, gefolgt von einem undeutlichen Knistern und schließlich einer Kaskade von Gesängen, die wir für patriotische Lieder hielten. Dieser »Weckdienst« dauerte gut 15 Minuten. Die Verhandlungen mit der Stadtverwaltung, um diese morgendliche Tortur zum Schweigen zu bringen, zogen sich über einige Wochen hin, und das nicht ohne etliche angespannte Momente, nachdem ein unterirdischer Abschnitt des Stromkabels, das zu dem lästigen Lautsprecher führte, entdeckt worden war ...

Dagegen stellten wir bei der Leitung und den Mitarbeitern des Krankenhauses fest, dass die Dinge gut liefen: Deutlich offener als in Kompong Cham war unser Gegenüber in Takeo sehr wohl bereit, ein gutes Tempo an den Tag zu legen. Auch die Jungen und Mädchen, die für die Ausbildung ausgewählt wurden, brachten mit ihrer gesprächsbereiten Präsenz eine ganz eigene Spontaneität und

Fröhlichkeit mit, nachdem die Angst der ersten Tage verschwunden war.

Die Planung der Personalschulung war eine Priorität für die Programme, die das Rote Kreuz in den nächsten drei Jahren entwickeln wollte, und wir diskutierten darüber zunächst mit Dr. Samedy und dann mit dem Gesundheitsminister in Phnom Penh. Unsere Ziele stimmten mit denen der Gesundheitsbehörden überein. Sie waren ehrgeizig und sollten kontinuierlich verfolgt werden, sagte ich mir. Die Anfänge waren zweifellos ermutigend, aber vielleicht würden wir im Laufe der Zeit Abstriche machen und Anpassungen vornehmen müssen, dessen war ich mir mehr als sicher. Unvorhergesehene Ereignisse, die Lernfähigkeit des auszubildenden Personals, das Tempo der Operationen nahmen nicht wenig Zeit meiner Lehrtätigkeit in Anspruch, zumindest was die Chirurgie betraf – das musste ich berücksichtigen. Wir ließen uns aber nicht beirren, stürzten uns in dieses Abenteuer und verteilten die Aufgaben. Ich war dafür verantwortlich, zwei junge Ärzte, die sich für die Chirurgie interessierten, angemessen auszubilden.

Von Anfang an wehte ein guter Wind in unserem Abenteuer, und der notwendige Enthusiasmus war auf beiden Seiten vorhanden. Wir nahmen unseren Austausch als echten, dauerhaften und konstruktiven Dialog wahr, der für einen guten und erfolgreichen Betrieb jedes Krankenhauses unerlässlich ist. Dahinter steckte auch die Hand des Staates und der Politik, und ich war derjenige, der ein wachsames Auge auf alle Vorgänge hatte.

Meine Aufgabe war es, dieses Land hier für die humanitären Werte zu gewinnen, die wir überzeugt vertraten und an die auch unsere kambodschanischen Kollegen in Takeo glaubten. Es war dies gewiss kein Neokolonialismus, wir brachten Qualitätsmedizin, die sie kennen und praktizieren wollten. Das war das Ziel, das nur mit echtem Vertrauen zueinander erreicht werden konnte. Wir standen hier ausschließlich für die Werte und Prinzipien des Roten Kreuzes und die Notwendigkeit, die Genfer Konventionen zu respektieren, die auch von Kambodscha geteilt worden waren.

Ein Bereich der Chirurgie, der absolut prioritär reformiert werden musste, war das Management von Notfällen, insbesondere im Bereich der Traumatologie, und ich machte mich sofort an die Arbeit. Es fehlten zwei Schlüsselfaktoren: Pünktlichkeit und Koordination. Wir überprüften den Zeitplan Schritt für Schritt anhand der Fallgeschichte: vom Eintreffen des Verletzten bis zum Eintritt in den Operationssaal für die Operation. Eine Ankunft von vier Verletzten erforderte dafür mindestens drei Stunden Vorbereitung, während es wünschenswert und auch möglich war, alles in einer Stunde zu erledigen. Das Bereitschaftssystem musste geändert werden, dann mussten die Labor- und Radiologiedienste sowie die Operationsabteilung in Betrieb genommen werden. Die neuen Abläufe wurden studiert, immer wieder neu justiert und dann schrittweise umgesetzt. Und sie funktionierten. Das schien uns ein ermutigender erster Schritt nach vorn zu sein.

Doch leider gab uns ein Vorfall nur wenige Monate später schwer zu denken. An einem Wochenende, an dem wir nach Phnom Penh fahren wollten, hatte uns ein kleines Problem daran gehindert, Takeo zu verlassen. Ein Mitarbeiter wusste, nachdem die Ankunft gleich mehrerer Verletzter den Notfallalarm ausgelöst hatte, dass das Schweizer Team noch nicht abgereist war – und so wurden wir dringlich um Hilfe gebeten. Meine Überraschung war groß, als ich sah, dass unser neues Alarmsystem gar nicht aktiviert worden war, sondern dass man das alte vorgezogen hatte. Entsprechend war der Umgang mit dem Notfall katastrophal ausgefallen.

Am nächsten Tag versuchte ich das zu verstehen. Ich fragte meine kambodschanischen Kollegen: »Aber warum haben Sie nicht den neuen Alarmplan verwendet, den Sie lernen wollten und der auch in Betrieb genommen wurde?« Nach einigem Zögern antworteten sie, dass sie nicht wirklich an diesen neuen Plan glaubten, obwohl er diskutiert und dann etabliert worden war. Sie hatten ihn befolgt, gelernt und sogar angewendet, aber nur, um uns zu gefallen.

Für mich und meine Kollegen war das in der Tat eine bittere Pille, aber auch ein elektrisierender Schock, der uns zu weiteren Überlegungen und Kursänderungen zwang. War meine »Verführungstechnik« zu weit gegangen und hatte ich mich von so viel Zustimmung blenden lassen? Dann musste der Plan von Grund auf überarbeitet werden, wobei wir jeden Schritt und jeden Parameter sowie die Bremsen zur Umsetzung des Plans durchgingen, um die Realität besser kennenzulernen, »ihre« Realität natürlich – und nicht unsere.

In diesen Tagen wurde mir klar, dass es notwendig war, noch intensiver Hand in Hand mit den Kambodschanern und ihren Frauen zu arbeiten, auch mehr Zeit mit den Kranken zu verbringen und ihnen auf ihrem Weg der Genesung zu helfen. Dadurch lernten wir uns sogar noch besser kennen, schätzten die Fortschritte des anderen und knüpften auch neue Freundschaften. Die sich aber auch ganz anders entwickeln konnten, was es möglichst zu vermeiden galt. Aber wie sollte das dauerhaft gelingen? Die Grenze, die nicht überschritten werden durfte, war dünn und zerbrechlich, gerade weil die Freiheit des Einzelnen ein Gut ist, ein Menschenrecht, das überall unantastbar ist.

Der Fall ereignete sich etwa ein Jahr später. Ein Internist, der zu unserer Gruppe gehörte, hatte sich in eine berühmte Sängerin, die sogar außerhalb der Provinz Takeo bekannt war, verliebt, die neben ihrer Nachtigallenstimme auch ein Puppengesicht und eine geschmeidige, stets in Seide gehüllte Figur hatte. Irgendwann wurde es ernst, als die Sängerin von Heirat zu sprechen begann. Wir aber wussten, dass unser verliebter Kollege bereits verheiratet und auch Vater von vier oder fünf Kindern war, wobei er der »Verlobten«, so sagte er uns später, diese Information vorenthalten hatte. Eines Morgens, während wir auf einer unserer Terrassen frühstückten, sahen wir eine »Prozession« von etwa zwanzig Personen, die sich unserem Haus näherten. Plötzlich sprang unser Kollege auf: Er hatte seine Verlobte an der Hand ihrer Großmutter erkannt, welche die Anführerin der Menschen war, die allesamt mit Bündeln und Taschen beladen waren. Es war die gesamte Familie seiner Braut, die sich auf den Weg zu uns gemacht hatte, um mit unserem Kollegen zum Flughafen zu fahren und nach Deutschland zu fliegen.

Später konnte er uns erklären, was geschehen war. Er hatte eigentlich »nur« gesagt, dass er seine schöne kambodschanische Freundin irgendwann heiraten und mit ihr nach Europa gehen würde. Die Mobilisierung ihrer ganzen Familie war nun auf einen prophetischen Traum ihrer Großmutter zurückzuführen, in dem sie »gehört« hatte, dass alle eingeladen waren, mit dem Bräutigam auszuwandern. Ein Traum, der ein Befehl für die ganze Familie wurde! Nach einer angespannten und schwierigen Diskussion war die Prozession dann wieder umgedreht ...

Wie in Kompong Cham reisten wir ein- oder zweimal im Monat nach Phnom Penh, um dort das Wochenende zu verbringen. Die Reise galt als sicher und frei von unangenehmen Ereignissen. Nur Mitglieder des Schweizerischen und Schwedischen Roten Kreuzes durften innerhalb des Landes reisen. Allerdings mussten die Anmeldungen immer im Voraus erfolgen, und die Genehmigung der Termine seitens der verschiedenen Regierungsstellen erforderte Geduld und Beharrlichkeit.

In Phnom Penh fand ich nun auch Zeit, das Viertel des Königspalastes zu erkunden, die ehemalige Residenz des berühmten Prinzen und Königs Norodom Sihanouk, die große Pagode in der Nähe und das Museum der schönen Künste. Alle Gebäude hatten unter den Verwüstungen des Krieges gelitten und sahen recht lädiert aus. Aber sie standen, auch wenn sie traurig aussahen und verlassen wirkten. Die Vegetation der königlichen Gärten, die einst dem Diktat des französischen Stils gehorcht hatten, war nun wieder frei und üppig, und wo es Schatten gab, duftete es herrlich.

Aber auch außerhalb der königlichen Parks und Gärten sowie auf dem Second-Hand-Markt entdeckten wir Erinnerungen an die vergangenen Tage von König Sihanouk.

Wie überall auf der Welt sind die Stände der Händler oft mit Vorhängen bedeckt, die bis zum Boden reichen, und der Raum unter dem Tisch dient auch als Lager und Aufbewahrungsort für Waren, abgeschirmt von den Augen der Kunden. Nun, und unter einem dieser Tische tauchte wie von Zauberhand ein großer Teil des königlichen Tafelservices von König Sihanouk aus Sèvres-Porzellan auf, verziert mit den bunten Wappen und der Vergoldung an den Rändern. Mehr als hundert Teile, alle zum Verkauf und zu einem verhandelbaren Preis, en bloc oder einzeln. Wir verneigten uns alle und nahmen zum Bedauern des Händlers Abstand.

Als ich meinen Spaziergang durch die ehemaligen königlichen Gärten von Phnom Penh fortsetzte, kam ich in den Museumsbereich mit den klassischen Gebäuden im Khmer-Stil, die mit ihrer dunkelroten Farbe einen starken Kontrast zum Grün der umliegenden Vegetation boten. Es war allerdings keine Menschenseele zu sehen.

Ohne es zu wissen, befand ich mich am Eingang des Nationalen Kunstmuseums. Ich trat durch die offenen Türen ein und schaute mich um. Ich erwartete nicht, dort Kunstwerke hängen oder stehen zu sehen, wie es bei den Khmer-Statuen zu anderen Zeiten sicher der Fall war. Aber die düstere Atmosphäre und das Spiel des Lichts in einer sich kaum bewegenden Staubwolke hatten eine gewisse Wirkung. Dann kam ein junger Mann lautlos aus dem Nichts und ich erschrak. Ich entschuldigte mich sofort für mein Eindringen und fragte, ob es möglich sei, den Ort zu besichtigen. Er lächelte und nahm mich mit auf eine kurze Tour. Er war schüchtern, aber er sprach sehr gut Französisch: Er hatte, wie er sagte, an der Akademie studiert, die man jetzt geschlossen hatte. Mit einigen ehemaligen Studenten durfte er in einem Dachgeschoss des großen Museums wohnen, aber sie hatten nichts zum Leben und blieben abhängig von ihren Familien. Er zeigte mir einige Bilder, die er vor dem Aufkommen von Pol Pot gemalt hatte – und alle waren streng vom Naturalismus inspiriert – sowie auch Bilder seiner Malerfreunde. Ich war berührt von so viel Würde in der Armut, die ich hier vermutete, und von der Sanftheit unseres Gesprächs.

Ich fragte, was sie bräuchten. Nach kurzem Zögern sagten mir die ehemaligen Studenten, dass sie weitermalen könnten, wenn sie Pinsel und Farben hätten, sie hätten ja noch die alten Leinwände. Bald danach erhielten sie Pinsel und Farben, zusammen mit einigen Ratschlägen von mir: Sie sollten auf die in ihnen schlummernden Inspirationen hören und sich in aller Ruhe wieder an die

Arbeit machen. Mit der Zeit konnte ich erkennen, wie begabt einige von ihnen wirklich waren, und als Experiment ließ ich sie William Turners »Die letzte Fahrt der Téméraire« und eines der Pantheon-Gemälde von Hubert Robert in ähnlichen Größen wie die Originale kopieren und gab ihnen als Vorlage ein Paris-Match-Exemplar mit Fotos der beiden Gemälde im A5-Format. Das Ergebnis war verblüffend: Es bestätigte nicht nur ihre bemerkenswerten Imitationsfähigkeiten, sondern auch ihre Fähigkeit, ein kopiertes Gemälde einzufangen und ihm Seele einzuhauchen.

In Takeo hingegen konzentrierten wir uns trotz des unglücklichen Falls in der Notaufnahme – oder vielleicht dank der »gelernten Lektionen« – darauf, die Ziele der von uns vorgeschlagenen Ausbildung zu reduzieren und zu versuchen, das, was die Kambodschaner wollten, besser zu verstehen. Der Zeitrahmen für das Schweizerische Rote Kreuz war auf drei Jahre festgelegt, zu kurz für ein wirklich nachhaltiges Programm.

Durch ein unglückliches Ereignis wurde mein Ausbildungsprogramm leider stark beeinträchtigt. Einer der beiden chirurgischen Auszubildenden war eines Morgens nicht zur Operation erschienen: Später erfuhren wir, dass er von seiner Frau wegen ehelicher Untreue erschossen worden war. Bei der Beerdigung, an der alle Beschäftigten des Krankenhauses – unter Schock – teilnahmen, waren wir Zeugen, wie der Tote auf einer reich verzierten Stupa verbrannte. Ein »memento mori« zum Andenken. Es war ein sonniger Morgen mit blendendem Licht: Die Flammen, die den Körper verzehrten, waren kaum zu sehen, aber man konnte sie an der sich kaum bewegenden Luft über der Bahre erahnen. Der Effekt eines Lagerfeuers fehlte völlig, denn die Szene war überladen mit Licht, und trotz dieses Hauchs von Rauch, der sich sofort zerstreute, fehlte dem Feuer die Flamme, die Seele.

Nach dann doch fünf Monaten war es an der Zeit, in die Schweiz zurückzukehren, um wieder zu Kräften zu kommen. Ein zweiwöchiger Urlaub wartete auf mich. Ich freute mich auf die Heimreise, weil ich keinen Patienten mit einem ungelösten Problem zurückließ, mit Ausnahme eines jungen Mannes, der operiert worden war und bei dem es keine Hoffnung auf Rettung gab. Er war Monate, bevor er zu uns kam, mehrmals in den Unterleib geschossen worden, hatte bereits einige Operationen hinter sich, die jedes Mal mit Darmresektionen einhergingen, weil die Bauchinfektion und die Gewebsnekrose nicht aufzuhalten waren. Er war in einem erbärmlichen Zustand bei uns eingeliefert worden, mit einer chronischen Bauchfellentzündung, die offen und stinkend war. Ich unterzog ihn einer explorativen Laparotomie. Das bisschen Darm, das er noch hatte, schwamm in einem See aus Eiter. Nachdem ich die Bauchhöhle gewaschen und gereinigt hatte, stellte ich bei der Revision dessen, was als Darm übriggeblieben war, fest, dass nicht genug übrig war, um einen Verdauungsschlauch zu rekonstruieren: In einer halb leeren Bauchhöhle hing von oben ein sechs Zentimeter langer abgeschnittener Sack, der das war, was vom Magen selbst übriggeblieben war, während im Unterbauch vom gesamten Dickdarm nur noch ein dreißig Zentimeter langer Rest des Rectus sigmoideus auszumachen war. Der Rest des Dickdarms, das heißt vier Fünftel des gesamten Dickdarms, und der gesamte Dünndarm waren verschwunden. Der Zwölffingerdarm, dessen Säfte aus der Leber und der Bauchspeicheldrüse unglücklicherweise ins Leere liefen, war noch vorhanden!

Ich wandte die Technik der offenen Bauchbehandlung an, die in der Bauchchirurgie in Kriegszeiten häufig angewandt wird. Wir gaben dem Patienten die notwendigen Antibiotika über die Vene, um zumindest die Infektion zu stoppen. Der junge Mann, kaum 20 Jahre alt, war guten Mutes und wollte sich erholen. So sehr, dass ich bei späteren Inspektionen, bei denen der offene Bauch nur mit einer dünnen Baumwolltuchkompresse bedeckt war, die man anheben konnte, um einen Blick in die Bauchhöhle zu werfen, sah, dass sich die Infektion sichtlich zurückbildete.

Ich wollte mich noch einmal von dem Patienten verabschieden, bevor ich in die Schweiz abreiste, und konnte es nicht glauben, als die Krankenschwester mir sagte, dass der Patient hungrig war und wieder zu essen begonnen hatte. Sie wollte es mir beweisen: Sie gab ihm eine Banane zu essen, während ich in die Höhle des leeren Bauches blickte: Dieser kleine Lappen, diese Magenklappe, die offen hing, und ein Schauer von Bananenstücken kam in klaren, energiegeladenen Stößen herunter und fiel ins Leere.

Ich war ebenso beunruhigt wie fasziniert. Der Junge wollte wirklich gesund werden und wir hatten die Bauchinfektion im Griff. Sein Körper reagierte sehr gut und seine Laune war wieder sonnig, er lächelte und war hoffnungsvoll. Aber es gab keinen Ausweg. Leider keinen. Als ich ihm sagte, dass ich für vierzehn Tage abreisen würde, war er weder erfreut noch beruhigt. Eher verärgert fügte er hinzu, dass ich ihn nicht im Stich lassen könne. Spontan fiel mir die bedauernswerte Lüge ein, dass ich bei meiner Rückkehr, wenn alles gut ginge, versuchen könnte, die Kontinuität seines Darms wiederherzustellen. »Wenn du versprichst wiederzukommen, lasse ich dich gehen und warte auf dich.« Das waren seine Worte, obwohl ich leider wusste, dass er am Ende seiner Kräfte war und keine Reserven mehr hatte. Mit viel Trauer im Inneren und einem verkümmerten Lächeln im Äußeren nahm ich Abschied.

Nach zwei Wochen kehrte ich zurück und ging direkt ins Krankenhaus, noch in Reisekleidung. Ich wollte etwas über das Ende meines Patienten erfahren. Die Krankenschwester sagte mir: »Kommen Sie schnell zu ihm, er lebt noch und wartet auf Sie.«

Ich wusste, dass er es war, aber ich erkannte ihn nicht: ein Skelett mit zwei sich bewegenden Augen in den Höhlen und einer schwachen Stimme, die mir zuflüsterte: »Endlich bist du wieder da, ich habe so lange auf dich gewartet. Ich glaube, es ist schon spät.« Gleich darauf, als er den Stoff meiner Hose berührte, sagte er: »Was für eine schöne Hose du hast.« »Willst du sie haben?« »Ja, danke, aber dann auch das Hemd, das du trägst.« »Morgen früh bringe ich dir die Hose und auch das Hemd.« Er schaute mich nicht mehr mit einem Lächeln an, denn seine weißen Zähne konnten von den getrockneten Lippen nicht mehr verdeckt werden, und als ich den Gaze-Schleier über dem leeren Krater, der sein Bauch war, anhob, sah ich nur noch die Lendenwirbelsäule, die nun der einzige Bewohner dieser Bauchhöhle war. Alles war vollkommen sauber, wie poliert und geruchlos.

Am nächsten Tag brachte ich die Kleidung ins Krankenhaus und seine Mutter nahm sie entgegen und sagte mir, dass sie damit nun ihren Sohn anziehen würde: Er war in der Nacht zuvor gestorben.

Ich musste mich abwenden, um zu gehen und zu weinen, um einen befreienden Schrei loszulassen, in dem all meine Hilflosigkeit, Anspannung und Wut langsam dahinschmolzen, um einer resignierten Akzeptanz Platz zu machen – als würde ich mein Ego in einem unbestimmten Terrain aufgeben. Wieder einmal war es nicht der Tod, der zu mir sprach und mich forderte, sondern das Leben, das eines anderen Wesens, das mich bat, es halten und bewahren zu können. An dieses Leben, das sich nun außerhalb der Dimension von Raum und Zeit befand, war ich in gewisser Weise gebunden und hatte es auf seinem letzten Weg noch begleitet, ohne dass ich sein Dahinscheiden auch nur um Haaresbreite hätte ändern können. Ich wusste: Im Laufe meines Lebens, mit meinem gewählten Beruf, werde ich mich immer wieder in dieser Situation befinden. Es wird Momente des Leidens und starke und ganz unterschiedliche Emotionen geben, aber immer, wenn ich daraus hervorkomme, wird es ein Gefühl der Niederlage geben, aber auch der Annahme jener Momente und unendliche Dankbarkeit für diejenigen, die wiederum uns dieses Leben geschenkt haben.

Jede Rückkehr aus dem Urlaub wurde bei mir von dem Wunsch nach etwas Neuem begleitet, nach Veränderungen, die ich vornehmen wollte. Eine davon war, nicht nur das Krankenhaus selbst in Ordnung zu bringen, sondern das wilde und verlassene Gelände, auf das alle Gebäude blickten. Mir schwebte ein Ort vor, an dem Besucher und Patienten willkommen waren und sich ungestört aufhalten konnten. Jetzt war es einfach ein Durchgangsort, an dem die Menschen von der Medizin zum Labor, von der Sprechstunde zur Radiologie gingen. Staubiger Boden, keine Papierkörbe, keine Bänke zum Ausruhen.

Aus diesem zertrampelten und traurigen Ort wollte ich mit meinem Team einen Garten machen, auch um das Krankenhaus sauberer und schöner präsentieren zu können. Wir setzten uns zusammen, um eine neue »Topographie« für den geplanten Garten zu entwerfen, mit kiesbedeckten, von Hecken begrenzten Wegen. Eine Gruppe von Palmen oder Bananenbäumen könnte auch einen schönen Platz finden. Wir dachten auch an eine dezente Beschilderung, um die verschiedenen Bereiche zu kennzeichnen. Der Aufwand war bescheiden und machbar, unsere Arbeit kostenlos. Nachdem wir schon üppig bepflanzt hatten und der Garten unseren Vorstellungen näherkam, wurden wir allerdings mit einer schwierigen Frage konfrontiert: Wie konnten wir sicherstellen, dass die Leute nur auf den markierten Wegen gingen und die Grünflächen respektierten? Ich dachte zunächst, dass niedrige, aber dichte Hecken, die die Einfahrten säumten, helfen würden, aber jeder ging, wo immer er wollte, nach dem Prinzip, dass man am besten auf dem direkten Weg von A nach B kommt. Ich kam sogar auf die Idee, die Hecken durch dornige Sträucher oder, besser noch, durch stachelige Kakteen zu ersetzen – doch auch sie wurden zertrampelt. Schließlich gaben wir das Projekt auf gingen wieder frei über den Krankenhausplatz, wie wir es immer getan hatten: Patienten und Personal.

Aber meine »Bastelei« mit Kakteen hatte ein Nachspiel, so unerwartet wie seltsam. Auf dem Blumenmarkt hatte ich schon von weitem einen außergewöhnlich großen Kaktus gesehen, dessen Preis lächerlich war. Davon beeindruckt sagte ich mir, dass so etwas Dekoratives in meinem kahlen Zimmer in der Residenz noch fehlte, und so kaufte ich den Kaktus. Der Transport war nicht einfach: sowohl wegen des Gewichts als auch wegen der Stacheln, aber in der Zimmerecke sah er großartig aus und reichte fast bis zur Decke. Doch es gab noch eine Überraschung. Eines Nachts wachte ich plötzlich auf, dachte erst, es sei noch eine andere Person im Raum, zunächst mit dem Eindruck einer anderen Präsenz als meiner eigenen, aber bald darauf überfiel mich ein leichtes und wie parfümiertes Gefühl des Wohlbefindens. Ich atmete mehrmals tief ein, genoss die feine Luft und schlief wieder ein, glücklich und entspannt wie selten. Am Morgen wachte ich auf und das Gefühl des Wohlbefindens und der nächtlichen Freude hielt an: eine einzige riesige duftende Blume war gesprossen, hatte sich an der Seite meines Kaktus befreit. Sie war weiß, die dominante Farbe des Zimmers, und trug ihre ganze Essenz in sich: ihre Schönheit, ihren Duft, ihre Zerbrechlichkeit. Am selben Abend fand ich meine Blume verändert vor – sie hing jetzt erschlafft an den Stacheln des Kaktus. Ich ging ins Internet, um diese unglaubliche Kreatur zu identifizieren: Es war der San-Pedro-Kaktus, der in Mexiko Peyote genannt wird, in Mittelamerika beheimatet ist und beträchtliche Dosen von Meskalin enthält, einer halluzinogenen Substanz, die den Psychonauten gut bekannt ist.

Nach einigen Wochen konnten wir endlich ein Wochenende am Meer verbringen, nämlich in der Stadt Kampot, eine Autostunde südlich von Takeo, die schon zu französischen Zeiten ein berühmter Urlaubsort war und heute halb verlassen ist. Die Bucht von Kampot mit ihrem smaragdgrünen Meer zu erreichen, nachdem wir monatelang im flachen, nur von Reisfeldern geprägten Hinterland unterwegs waren, war ein himmlischer Anblick. Der schönste Strand, der von Kep, lag etwas außerhalb der Stadt, war aber von den Einheimischen verlassen, weil er als Unglücksbringer galt und von ruchlosen Geistern bewohnt wurde. Verlassen war der Traumstrand, ebenso wie die alten, halb zerstörten französischen Villen, die ihn überblicken. Verlassen und verfallen, waren sie von üppiger Vegetation überwuchert worden wie der Bayon-Tempel in Angkor Wat. Es war sehr heiß. Im Schatten der hohen Laubbäume, die Kühle versprachen, erkundeten wir diese Ruinen der alten Villen. Die Luft war süß und die Atmosphäre geheimnisvoll mit einer kirchenähnlichen Stille. Der Ruf des Unterwassers war zwar sehr nah, aber er war verklungen. In den Ruinen einer Villa, die kein Dach mehr hatte und jetzt im Schatten riesiger Bäume lag, kamen wir zu einem viereckigen Brunnen mit Wasser, der knapp zwei mal zwei Meter groß war: Wir konnten den Boden nicht sehen, aber das klare Wasser an der Oberfläche erschien zum Boden hin grün und violett. Es war kühl und fühlte sich sehr angenehm an, als ob es geölt wäre: eine Einladung zu einem rituellen, initiatorischen Bad. Zuerst musste ich nachsehen, ob sich nicht schon einige Bewohner im Wasser befanden, die die Ankunft von Eindringlingen nicht begrüßen würden. Nicht ich habe das überprüft, aber der Aufstieg des mutigsten unserer Gruppe aus einer Tiefe von vielleicht drei Metern gab dem Rest von uns den Mut, es ihm gleichzutun. Ich behalte das Gefühl dieses erfrischenden und reinigenden Tauchgangs als wertvolle Erinnerung.

Takeos Mission ging ohne weitere Erschütterungen oder Beeinträchtigungen weiter. Nach und nach konnte die Fortbildung auf Aspekte der öffentlichen Gesundheit ausgeweitet werden, wobei der Schwerpunkt stärker auf Präventivmaßnahmen und Pädiatrie lag. Das Schweizerische Rote Kreuz betraute mich überraschenderweise mit der Durchführung von zwei Projekten, eines in Vietnam und eines in Laos, die nur schleppend vorankamen. Als ich mich in Phnom Penh mit dem zuständigen Minister für auswärtige Angelegenheiten verabschiedete, sagte ich mir, dass ich diesen Mann schon gesehen hatte, aber wo? Die Antwort kam direkt von ihm mit dem Abschiedsgruß: »*Alors cher Docteur, avez-vous fait quelque progrès en pagayant avec votre pirogue sur le lac de Takeo?*«

Am Flughafen wurde ich an meinen ersten Abschied zwei Jahre zuvor aus Kambodscha erinnert, daran, dass ich als »persona non grata« ausgewiesen worden war und man mir mitteilte, dass auf dem abgehenden Flug kein Sitzplatz auf meinen Namen gebucht war. Nach längerem Tauziehen, um wenigstens einen Platz auf diesem Flug zu bekommen, den ich keineswegs verpassen durfte, wurde mir unerwartet ein Platz auf einem Sonderflug nach Saigon angeboten. Auf meine beharrliche Frage, warum ich einen »Sonderflug« erhielte, sagte man mir, es sei ein Militärflug. Nehmen Sie ihn an oder lassen Sie es. Ich nahm an und man trieb mich zur Eile: Ich war der letzte Passagier, und nur aufgrund meines Berufs und meiner Verbindungen hatte ich diese Gunst erhalten. Ich wurde zur Gangway begleitet, während das Gepäck in aller Ruhe auf dem Seeweg folgen würde.

Beim ersten Blick ins Innere des Flugzeugs sah ich nur einen runden Tisch mit einem Arrangement aus grellen Blumen, das den ganzen Tisch einnahm. In einem Kreis um den Tisch und auf französischen Sesseln saßen einige Militärs in Uniform und zwei Personen in Zivil. Ich hatte einen Platz auf einer Bank neben einem Soldaten eingenommen, mein Sicherheitsgurt war angelegt, die Heckklappe geschlossen und – los ging's! Nachdem ich mich beruhigt hatte, wurde ich neugierig. Ich hatte einen der beiden Zivilisten bereits irgendwo gesehen, vielleicht nur in einer Zeitung oder im Fernsehen. Mein fragender Blick fand ein leichtes höfliches Nicken bei meinen »Verdächtigen«. Für mich sahen sie alle vietnamesisch aus, und der Soldat an meiner Seite konnte sich nicht verkneifen, mir stolz zu erzählen, dass ich mit dem Premierminister und der obersten Führungsriege der vietnamesischen Armee flog. Ich war mehr als nur einen Moment in Panik – worauf hatte ich mich da eingelassen? Es war ein sehr »formeller« Flug, die stolzen hohen Offiziere behielten alle ihre Kopfbedeckung auf und schwiegen gemeinsam.

Ich war nach der Landung recht sicher, dass ich vietnamesischen Boden lange nicht mehr betreten würde. Aber wieder einmal war das ein Irrtum. Einige Monate später würde ich wieder dort landen.

In Vietnam. Die Strategie der Verführung

Das Schweizerische Rote Kreuz war von der Provinz An Giang im äußersten Süden Vietnams, direkt an der Grenze zu den Provinzen Takeo und Kampot in Kambodscha – und ich fragte mich sofort, ob dies nur ein Zufall war –, um Ratschläge für ein künftiges öffentliches Gesundheitszentrum in einer fruchtbaren Mekong-Delta-Region gebeten worden, die damals von etwa zwei Millionen Menschen bewohnt wurde. Es handelte sich um ein Kooperations- und

Entwicklungsprojekt mit einer humanitären Motivation, die durch den Verweis auf den jüngsten Krieg von 1960 bis 1975 bekräftigt wurde. Das Briefing beim Roten Kreuz in Bern lieferte mir die wesentlichen Informationen und ich wurde gebeten, vor Ort zu prüfen, ob die Voraussetzungen für eine wirklich ernsthafte Präsenz unsererseits gegeben waren. Ich hätte mir gerne Ratschläge von Leuten geholt, die bereits persönliche Erfahrungen mit Verhandlungen mit Vietnam hatten, aber das war leider nicht möglich.

Ich nahm mir Zeit, die Kultur und Geschichte des Landes zu studieren, angefangen mit dem jüngsten Krieg, der gerade zu Ende gegangen war und den ich als Student verfolgt hatte, beeindruckt und durchaus emotional involviert von den Bewegungen für Freiheit und Frieden, die aus den USA in unseren Teil der Welt geschwappt waren. Jetzt wollte ich verstehen, in welchem sozialen und institutionellen Kontext ich mich bewegen sollte, um die Machbarkeit des Projekts prüfen zu können: des Baus eines öffentlichen Gesundheitszentrums oder einer »Poliklinik«, wie es hieß, durch unser Rotes Kreuz.

Die eben hinter mir liegende Erfahrung in Kambodscha hatte mich vorsichtig, ja sogar ein wenig misstrauisch gegenüber dem Land und der vietnamesischen Kultur gemacht. Ich wollte mir die Erfahrungen in Kambodscha zunutze machen und mich mit meinem eigenen Stil zeigen, der offen für den Dialog ist und darauf abzielt, Bande gegenseitigen Respekts und Vertrauens zu knüpfen. Ich war zunächst etwas zurückhaltend, aber das humanitäre Mandat und das Prestige der Aufgabe, zusammen mit dem unbestrittenen Ruf meines Heimatlandes, gaben mir den Mut für ein neues Abenteuer.

Meine vietnamesischen Kontakte, die Partner in dem Projekt, welches das Schweizerische Rote Kreuz auf den Weg bringen wollte, wussten freilich genau, was sie erreichen wollten und mithilfe welcher Verführungskünste sie es erreichen würden.

Den üblichen Gepflogenheiten folgend, gab es zunächst formelle Kontakte mit der politischen Behörde in der ehemaligen Hauptstadt Südvietnams, Saigon, heute Ho-Chi-Minh-Stadt, dann mit Behörden auf Provinzebene in Long Xuyen. Mir war sofort klar, dass der institutionelle Partner für das Projekt allein das vietnamesische Rote Kreuz sein konnte, und bald erhielt ich vom Generalsekretär der Provinz, einem leidenschaftlichen Intellektuellen, einem alten Professor im Ruhestand, eine Art Erklärung seiner Prinzipien, nach denen ich mich zu richten hätte. Tatsächlich war diese Erklärung beseelt vom enthusiastischen und bedingungslosen Glauben an die Grundsätze der humanitären Hilfe. Der Professor trug das Büchlein »Eine Erinnerung an Solferino« von Henry Dunant immer in seiner Tasche und ließ keine Gelegenheit aus, daraus wortwörtlich und mit Nachdruck zu zitieren. Der Grund für seinen Enthusiasmus und Kampfgeist war, so wie ich es verstanden habe, der, dass er nach Genf zu den Feierlichkeiten zum 100-jährigen Bestehen des Internationalen Roten Kreuzes eingeladen war, wo man ihm eine Tapferkeitsmedaille überreicht hatte. Mit ähnlich unermüdlichem Eifer erzählte er mir von den Heldentaten seiner Landsleute im Krieg gegen die Amerikaner und pries die Vereinbarungen zur Gründung des Roten Kreuzes in Genf. Seine Haltung faszinierte mich auf ganz besondere Weise: Hinter seinen Worten verbargen sich Fakten: Das vietnamesische Rote Kreuz war eine perfekt organisierte Gruppe, die als Kollektiv funktionierte, mit strengen Regeln, aber getrieben vom Geist einer Prätorianergarde. Ich war buchstäblich verzaubert, mit eigenen Augen zu sehen, wie schnell Hunderte von Freiwilligen des Roten Kreuzes für Solidaritätsaktionen im Dienste eines präzisen Ziels, eines öffentlichen Nutzens, wie wir es nennen würden, und einer humanitären Sache innerhalb eines sorgfältig berechneten Zeitrahmens mobilisiert werden konnten.

Ich sah, wie der Einzelne bei der Verfolgung klarer Ziele der Entscheidung des Kollektivs folgte, dabei auch seine persönliche Freiheit aufhob, sein individuelles Wesen zurückstellte und seinen Willen einer höheren Sache unterordnete. Wie Vietnam die Amerikaner in die Knie zwingen konnte, verstand ich jeden Tag ein bisschen besser. Ob man in unserem Land einen solchen Enthusiasmus und eine solche Stärke, basierend auf den Grundsätzen des

Roten Kreuzes, entwickeln könnte? Ich glaube nicht. Nicht einmal, wenn die USA, Russland oder China uns überfielen.

Man hatte mich hier also mit offenen Armen empfangen und die Verführungsstrategie mir gegenüber vorbereitet. Das Ziel war einzig und allein, meine volle Zustimmung zur Durchführung des vom Schweizerischen Roten Kreuz finanzierten Projekts zu erhalten und mich gleichzeitig von der Qualität und Güte des Projekts zu überzeugen.

Das Programm meines Besuchs, der etwas mehr als eine Woche dauern sollte, stand von Anfang an bis ins Detail fest: Ich sollte so viel wie möglich über die Region des Mekong-Deltas und ihrer Geschichte erfahren und dann die Lebensbedingungen der dortigen Bewohner beurteilen, um letzten Endes zu dem Schluss zu kommen, dass wir unsere Hilfe anbieten mussten. Den so fleißigen wie armen Reisbauern musste zwingend geholfen werden. Natürlich war das Projekt für eine große, zentralisierte Gesundheitsklinik bereits in vollem Gange ...

Führungen, Empfänge, Picknicks wechselten sich mit Vorträgen und Diskussionen vor Ort ab, und das alles in einer gekonnten und ausgewogenen Mischung aus »Arbeit und Vergnügen«. Allerdings war ich auch genervt von dieser unendlichen Abfolge von Komplimenten über mich und die Schweiz. Abends, nach einem übervollen Tag, brachte man mich in eine Art »Volksheim«, wo mein Schlaf von einem Wachmann überwacht wurde, der ohne Unterbrechung vor meinem Zimmer stand. Ich fühlte mich belagert, sodass ich das Bedürfnis hatte, ein wenig Freiheit zu atmen. Eines Abends nahm ich sie mir: Ich kletterte über den Balkon meines Zimmers im ersten Stock nach unten und spazierte in die Nacht hinaus in eine verschlafene Stadt. Während meine Wache den Schlaf der Gerechten schlief.

Die Meister der »vietnamesischen Verführung« hatten noch eine weitere Spielkarte im Ärmel, als nämlich durchgesickert war, dass der Schweizer Arzt unverheiratet war. Mit einem gewissen Vergnügen bemerkte ich, dass jetzt noch andere Menschen in der Gruppe auftauchten, die mich begleitete: weibliche Personen, die, wie ich registrierte, zu ihrem Charme und ihrer Schönheit auch großes Wissen und Kunstfertigkeit in der Konversation an den Tag legten.

Ich will hier diesen Punkt nicht weiter vertiefen, aber wieder einmal fühlte ich mich an die Lektüre des »Liebhabers« von Marguerite Duras erinnert – ich erwähnte den Roman und seine von ihm evozierte Atmosphäre bereits ... Freilich kann ich hinzufügen, dass ich damals und auch später noch Briefe mit Heiratsanträgen erhielt, sogar von Menschen, denen ich nie begegnet war.

Im Laufe der Tage konnte ich aber erkennen, dass die Gastfreundschaft und Aufmerksamkeit, die ich von Anfang an erfahren hatte, nicht nur guten protokolarischen Regeln entsprachen, sondern auch dem Bedürfnis der Vietnamesen folgten, uns besser zu verstehen. Auf ihrer Seite spürte ich eine wachsende Neugier darauf, wie ich ihr Bürgersein, ihre Lebensweise sah, um nicht zu sagen: beurteilte.

Der letzte Tag nun war für das Abschlusstreffen mit dem lang erwarteten grünen Licht für das Projekt reserviert, danach war das Abschlussbankett der Mission angesetzt. Ich war gespannt zu sehen, wie weit die Strategie unserer Gastgeber gehen würde, und im Laufe des Vormittags deutete ich mehrfach an, dass ich Erklärungen erwartete, wenn ich Zweifel an der Durchführbarkeit des Projekts äußerte. Das leicht süffisante Lächeln, das ich daraufhin bemerkte, konnte ich nur schwer einordnen. Jedenfalls vergingen die Stunden und die Debatte wurde immer intensiver. Ich hatte einen gewissen Spielraum für die Finanzierung des Projekts, aber da ich ahnte, dass die vietnamesischen Erwartungen weit darüber hinausgingen, wollte ich einige Pflöcke einschlagen.

Zehn Personen saßen in einem geschlossenen Raum um einen Tisch, der Ventilator lief, und es gab heißen und kalten Tee. Die Mittagspause schien vergessen worden zu sein und die Gespräche wurden immer intensiver. Ich verspürte einen kleinen Hungerschmerz. Seit mehr als sechs Stunden waren wir ohne auch nur eine kurze Pause hier. Als ich den Sitzungsleiter sagen hörte, dass die Tagung erst dann unterbrochen werden könnte, wenn eine Entscheidung getroffen würde, erwachte ich aus der Halbschlafstarre eines sinkenden Blutzuckerspiegels. Ich machte das mit ein paar Tassen Eistee wieder wett. Wir debattierten weiter, wobei ich eindeutig das Gefühl hatte, diskret, aber ununterbrochen beobachtet zu werden. Es war schon später Nachmittag, als sich eine Stimme hören ließ, die alle daran erinnerte, dass ein besonderes Abendessen mit einheimischen Schalentieren auf uns wartete ... sobald wir denn fertig werden würden. Ich war am Ende meiner Kräfte und fühlte mich auch irgendwie erpresst, aber andererseits war mir bewusst, dass das Projekt angenommen und auf den Weg gebracht werden konnte – das hatte ich im Laufe der Woche hier herausgefunden. Das Budget hatte ohnehin das »Okay« aus Bern, aber es konnte nicht so ansteigen, wie die Vietnamesen es gerne gehabt hätten.

Meine Bedingungen waren klar. Das Schweizerische Rote Kreuz würde das Projekt nur dann umsetzen und unterstützen, wenn es als Co-Partner an der Realisierung beteiligt würde. Bei diesem großen Projekt ging es schließlich um die Planung, den Bau und vor allem auch um die spätere Inbetriebnahme einer Poliklinik in Long Xuyen, also um eine wichtige Einrichtung des öffentlichen Gesundheitswesens, die erste und einzige ihrer Art in der gesamten Provinz.

So stand es dann auch im Vertrag, der an diesem Abend vor den gegrillten Meeresbewohnern, den Jubiläumsreden, der Musik, den Tänzen und sogar dem traditionellen Austausch von Geschenken ausgearbeitet und unterzeichnet wurde.

Dass es im Laufe der Bauarbeiten zu Änderungswünschen an den Plänen kommen würde, mit entsprechenden Forderungen nach finanzieller Entschädigung durch das Rote Kreuz, hatten wir berücksichtigt. Und Bern versuchte, die »expansionistischen« Wünsche der Vietnamesen zu mäßigen – es wurde klar kommuniziert, dass keine weiteren Mittel zur Verfügung standen. Die Arbeit ging weiter, wie wir aus den Unterlagen ersehen konnten, die uns mit knappen Berichten zugesandt wurden. Das »Finale« war eine Überraschung und wurde mit einer Einladung angekündigt, bei der Eröffnung der Poliklinik als Ehrengast dabei zu sein. Die Fotos der Fassade wie des Innenraums der neuen Poliklinik entsprachen nicht dem Entwurf und erinnerten eher an ein Vier-Sterne-Hotel! Eine schnelle Überprüfung bestätigte unseren Verdacht und wurde später durch die Erklärung der Vietnamesen selbst bestätigt: Finanzierungsschwierigkeiten bei der Inbetriebnahme der Poliklinik hatten sie veranlasst, ihre Struktur zu ändern, indem sie die Aufnahme zahlender Kunden anboten. Das Ergebnis war eine hybride und anomale Struktur, ein öffentliches Gesundheitszentrum mit der Möglichkeit, Begleitpersonen zu beherbergen. War die Klinik so etwas wie ein Hotel mit angeschlossener Arztpraxis geworden?

Die Banalität des Satzes »Es gibt immer etwas zu lernen« wurde für mich in Vietnam durch den Zusatz »fröhlich mit Bewegung« ergänzt. Bei meinen zahlreichen geschäftlichen Kontakten hatte ich es hier mit Gesprächspartnern zu tun, die immer sehr vorsichtig und kontrolliert sprachen, beweglicher als wir mit ihrer Art zu denken, aber immer mit Wohlwollen – und auch Stolz – unterwegs.

Dabei muss man beachten, dass es stets zwei Lager gibt, die man voneinander getrennt betrachten soll: das öffentliche und das private. Diese für die Vietnamesen so ausgeprägte Trennung hat mich geprägt. Der öffentliche Sektor, der Ausdruck der Stärke und des Zusammenhalts der Gemeinschaft ist, hat sehr strenge, unflexible Regeln und ist das »Rückgrat« der Politik. Der private Sektor ist auch völlig privat und bleibt de facto geschützt und für Außenstehende unzugänglich. Auch ich habe mich mit dieser klaren Trennung zwischen »öffentlich« und »privat« abfinden müssen. Die Öffentlichkeit hat, wie gesagt, ihre eigenen »Regeln«, die sich von denen in der privaten Sphäre unterscheiden – hier sind die ethischen Prinzipien wie Gerechtigkeit und Menschlichkeit in allen ihren Seinsweisen für alle Sterblichen gleich.

Ein wichtiges Beispiel, das ich aus meiner Erfahrung in Vietnam mitnehme, betrifft die Bewertung des Konzepts der »Nicht-Wahrheit«. Ich hatte den stellvertretenden Minister für Entwicklung in Anwesenheit einiger seiner Mitarbeiter getroffen. In der Hand hatte ich den Beweis für eine »Unwahrheit«, die er benutzte, um die Verwendung von Geldern zu verschleiern, worüber ich mit ihm sprechen musste, um dadurch entstandene Probleme zu lösen. Ich begann, die Angelegenheit vorsichtig anzupacken, aber sobald er merkte, worauf ich hinauswollte, versteckte er sich hinter einer anderen »Unwahrheit«. Wir kamen zu dem Punkt, dass er log, aber wusste, dass ich wusste, dass er log. Ganz und gar nicht verärgert, sondern unerschrocken erklärte er mir, dass Lügen in der Diplomatie als eine Tugend angesehen werden sollte, eine »politische Tugend«, die oft sogar unverzichtbar sei. Machiavellismus war also nicht nur eine Erfindung der italienischen Renaissance.

Es war immer wieder dasselbe: Am Ende eines Einsatzes in einem Land versuchte ich immer, Bilanz zu ziehen, um mir zu verdeutlichen, was ich gelernt hatte, und welches neue Wissen ich mir zu eigen machen wollte, um es in mein zukünftiges »Gepäck« zu packen. Das Schreiben meines Missionsberichts – der obligatorisch war und eine Frist hatte – war eine hervorragende Gelegenheit und ein hervorragender Anreiz, um zu reflektieren und das Erlebte prägnant zusammenzufassen. Meine Erfahrungen in Vietnam hatten mir vor allem den energischen Willen, den Fleiß, den Stolz sowie die Widerstandskraft dieses Volkes gezeigt, und die 40 Jahre Krieg waren Beweis genug dafür. Ich hatte gesehen, wie die Stärke des Kollektivs die des Individuums übertraf. Aber wie lässt sich diese freiwillige Unterordnung des Einzelnen unter das Kollektiv erklären? Einigkeit macht stark, heißt es, und das ist auch gut so. Aber ist es nicht immer der Mensch als Individuum, der sich Wohlbefinden und Glück wünscht und danach strebt? Vereinfacht gesagt ist es wohl so, dass in Vietnam der Glaube weit verbreitet ist, dass die »Stärke des Kollektivs« den Wohlstand bringt und nicht der Staat und seine Institutionen. »Vielleicht«? Diese gewisse Leichtigkeit beim Übergang von der privaten Sphäre in die öffentliche und zurück, die ohne viel Aufhebens und fast spielerisch die jeweiligen Regeln akzeptiert, sagte mir, dass mir noch etwas entging.

In Laos, Opfer des Krieges

Langsam kam ich der Gefühlswelt der Kambodschaner und dann der Vietnamesen so nah, wie es mir möglich war.

Mehr als zwei Jahre lang war ich durch diese Länder gereist und als Arzt hatte ich recht leicht ihr Vertrauen gewinnen können. Mit der Ausübung meines Berufs war die Kommunikation interessanter und ungezügelter geworden, sie war frei von der Kontrolle und dem wachsamen Auge der Politik, dieser großen »Einmischerin« selbst in Bereiche, die sie nicht betreffen.

Die Erfahrung von Laos fehlte mir, dem dritten Land, das zusammen mit Kambodscha und Vietnam von 1887 bis 1954 Französisch-Indochina gebildet hatte und dessen Ende die französische Niederlage bei Dien Bien-Phu markiert hatte. Nachdem ich mich mit der jüngsten Geschichte der ständigen Kriege und Guerillakriege in den Ländern des Golfs von Bengalen befasst hatte, war in mir die Überzeugung gewachsen, dass die wahren Kriegstreiber in den letzten 50 Jahren die USA, Russland und China waren und nicht die Machthaber der ehemaligen Kolonien.

Laos war aus verschiedenen Gründen, die Historiker nach den Ereignissen und Untaten zu entschlüsseln versucht haben, fast trotzig nicht als Akteur, sondern als Mitläufer und Opfer in den Krieg im benachbarten Vietnam geraten. Traurige Berühmtheit erlangte die Intensität der amerikanischen Luftangriffe auf ein friedliches Königreich, das nie einen Krieg wollte. Selbst die wiederholten Bombardierungen der Ebene der Tonkrüge, die damals noch nicht offiziell zum Weltkulturerbe gehörte, wurden bald als »Kollateralschaden« betrachtet – ein berüchtigter Begriff, der auch heute noch verwendet wird. Man bedenke, dass zwischen 1964 und 1973 über zwei Millionen Tonnen Bomben auf Laos abgeworfen wurden, von denen einige bis heute noch nicht explodiert sind. Die Luftangriffe hatten damals über 12 000 Menschen den Tod gebracht.

Das Schweizerische Rote Kreuz hatte gegen Ende der 1980er Jahre noch ein letztes Projekt in Laos zu prüfen, wobei es darum ging, ob die Hilfe für den Krankenhaussektor in Luang Prabang, der alten Hauptstadt des laotischen Königreichs, weiter möglich war. Die Lektüre der Unterlagen und Berichte der Kollegen, die vor mir in Laos waren, führten mich in eine geheimnisvolle und faszinierende Welt. Ohne lang zu überlegen, nahm ich den Auftrag für die mögliche Reaktivierung des Projekts an, das noch nicht richtig in Gang gekommen war.

Während ich bereits in das vorbereitende Studium für meine erste Reise nach Laos vertieft war, und zwar noch in Thailand bei meinem Bruder Angelo, lernte ich Prinzessin Linda na Champassak kennen, die dem Königshaus von Laos angehörte und mit ihrer Familie nach Bangkok emigriert war. Sie erwies sich als eine gute, gesprächige und witzige Frau und ich konnte ihr zahlreiche Fragen über ihr Land und die Ereignisse der jüngeren Geschichte von Laos stellen. Ich bereitete mich leidenschaftlich auf die neue Mission in der alten Hauptstadt Luang Prabang vor, zu der auch ein erster obligatorischer Stopp in der neuen Hauptstadt Vientiane gehörte. Ich tauchte ein in die Geschichte dieses Landes, das in den 1980er Jahren für den Tourismus und für Ausländer geschlossen war.

Und für meine Reise nach Vientiane konnte ich keine bessere Ratgeberin haben als eine Prinzessin – deren Vater König von Laos war. Sie rüstete mich mit tausend Hinweisen und guten Adressen aus, die mir nützlich sein konnten.

In den letzten drei Jahren war ich den Mekong in Vietnam vom Delta, dem berühmten »Entenschnabel«, flussaufwärts gereist und hatte seinen Lauf in Kambodscha verfolgt, wo der riesige Tonle-Sap-See sein Wasser in ihn ergießt – und bald sollte ich nun in Vientiane sein stilles und entspannendes Fließen hören.

Trotz der vielen Berichte über das, was ich bei meiner Ankunft in Laos zu erwarten hatte, überfiel mich bei der Ankunft in Vientiane eine plötzliche, mich überraschende Gewissheit: Ja, dieses Land wird mir gefallen. Ein Gefühl von Sanftmut und Unempfindlichkeit gegenüber jedwedem Schmerz wehte mich an – in einer Stärke, die mir vollkommen fremd war.

Nun war ich also in Vientiane, das nicht wie eine Hauptstadt wirkte, sondern wie ein verschlafenes Dorf am Mekong. Das kleine Hotel, in dem ich abstieg, sah aus wie eine Puppenstube und ich war der einzige Gast in dieser Nacht. Am Morgen würde ich vom Laotischen Roten Kreuz im Hotel begrüßt werden, aber an diesem Abend lauschte ich Gesängen in einer Sprache, die ich noch nie zuvor gehört hatte. In meinen Ohren kam eine Botschaft an, die sich so anhörte: Jetzt sind Sie bei uns, Sie sind einer von uns, und wir haben Ihnen so viel zu erzählen.

Das Hotelpersonal kümmerte sich intensiv um mich und sprach ausgiebig mit mir, obwohl ich offensichtlich nichts verstehen konnte: Aber es zählten das Lächeln, die Blicke und die Gesten. Und alles war Eleganz und wie eine Einladung zum Loslassen, um sich schlicht von allem Unbehagen zu lösen. Wirkte die Hauptstadt am Nachmittag schläfrig, wurde sie nachts lebendig, aber mit Haltung, einem ganz eigenen Stil. Die Laoten, so fand ich in den folgenden Tagen heraus, lieben es, zu feiern und Spaß zu haben, und zwar ausnahmslos mit Musik und Tanz. In fröhlichen Familienzusammenkünften oder in kleinen Gruppen bei immer angenehmer Lautstärke.

Ich dachte, die kambodschanische Erfahrung – in den Augen des Ausländers ist die Ähnlichkeit zwischen beiden ethnischen Gruppen offensichtlich – nutzen zu können, um gute Kontakte zu knüpfen, aber das ging so nicht: Auch hier musste ein völlig anderer Ansatz gefunden werden. Es war hier besser, Begriffe wie Aufopferung, Arbeit, Engagement nicht zu verwenden, sondern eine spielerische und unbeschwerte Strategie zu wählen, die Freude am Leben und Wohlbefinden mit sich bringt, das durch die Arbeit genährt und sich mit der Zeit einstellen wird – zumal es ohnehin nichts zu befürchten gibt.

Wie erwartet kam es rasch zum ersten offiziellen Kontakt mit dem örtlichen Roten Kreuz, dem Ministerium für Zusammenarbeit und dem Gesundheitsministerium. Obwohl sich das Projekt des Schweizerischen Roten Kreuzes, das ich eventuell fortsetzen sollte, in Luang Prabang befand, waren die Kontakte in der Hauptstadt notwendig, was ich nach ein paar Tagen gut verstand.

Bei Tageslicht empfand ich Vientiane als angenehme, friedliche und kaum belebte Stadt. Nur sehr wenige Autos, vielleicht ein Dutzend Motorräder, Fahrräder und Menschen, die zu Fuß unterwegs waren, dominierten die Szene. Die privaten Gebäude waren ausschließlich aus Holz und einstöckig, dagegen hatten die öffentlichen Gebäude des Staates maximal drei bis fünf Stockwerke.

Alle Häuser waren von einem parkähnlichen Garten umgeben, in dem sie wie versteckt und fast schüchtern vor einem Schauspiel üppiger Natur standen. Die zahllosen Zinnen der Pagoden ragten zwischen den Baumkronen hervor und lieferten sich einen Schönheitswettbewerb. Im Gegensatz zu den Pagoden in Bangkok, die vergoldet und protzig waren, trugen die Pagoden in Vientiane, und noch mehr die in Luang Prabang, ihr Alter mit Anstand und Bescheidenheit und schienen sogar stolz darauf zu sein.

Bei den weiteren offiziellen Kontakten stellte ich fest, dass das Interesse an dem Projekt von Luang Prabang in der Hauptstadt Vientiane gering war. Bei Besuchen historischer und architektonisch eindrucksvoller Stätten der Hauptstadt erfuhr ich, dass das Hauptkrankenhaus in einem sehr schlechten Zustand war und Hilfe benötigte. Da das Thema nicht auf meiner Agenda stand, informierte ich das Schweizerische Rote Kreuz und bat es, sich der Sache anzunehmen. Was auch geschah – aber am Ende gab es dafür kein »grünes Licht«.

Für meine Beweglichkeit in Vientiane bot mir ein Schweizer Kollege – der im Auftrag einer UN-Agentur in Vientiane lebte – ein Fahrrad an, mit dem ich mich in der Stadt fortbewegen konnte. Nur einmal wurde ich für meine Fahrradnutzung kritisiert – nachdem ich anlässlich einer Einladung des französischen Botschafters zu einem Empfang in seine Residenz geradelt war. Als ich beim Empfangspavillon ankam, stellte ich mich hinter zwei dunklen Limousinen mit Diplomatenkennzeichen an, und überall wuselten Bedienstete herum. Die Ankunft eines schwarzen Fahrrads sorgte für einen Moment der Verwirrung bei den Mitarbeitern, bis sie ein Signal erhielten: Zwei Lakaien, die meinen Lenker festhielten, halfen mir vom Rad und begleiteten mich dann die wenigen Stufen zum Eingang hinauf, wo der Zeremonienmeister amüsiert auf mich wartete. Am nächsten Tag erzählte mir mein Landsmann, der Besitzer des Fahrrads, dass ich zum Gegenstand von Klatsch und Tratsch in der Stadt geworden war. Offenbar flüsterte man sich zu, dass der Neuankömmling aus der Schweiz die Gepflogenheiten des diplomatischen Corps wohl nicht besonders schätzte. Lappalien ...

Der französische Botschafter, ein feiner Literat, der sich sehr gut in der Geschichte von Indochina auskannte, wollte mich dann noch einmal unter vier Augen sehen. Er wollte dabei nicht auf das Thema Fahrrad zurückkommen, worüber er nur lächeln konnte, sondern er bot mir an, mir einen Überblick über die damalige politische Lage zu geben. Sein detailliertes Briefing war hilfreich für die Fortsetzung meiner Arbeit. In diesem Austausch von Fragen und Antworten zeigte sich die gemeinsame Freude an einem anregenden Gespräch auf Französisch. Nicht ganz uneigennützig allerdings, denn der Botschafter fragte mich am Ende, ob das Schweizerische Rote Kreuz nicht einen Beitrag zu Französischkursen in laotischen Schulen leisten wolle. Ich antwortete ihm, dass das Schweizerische Rote Kreuz weder in der Lage noch willens sei, den Platz von Unicef einzunehmen, beglückwünschte ihn aber gleichzeitig wegen seines persönlichen Interesses an einer guten Sache: der Förderung der französischen Sprache in Laos, einem alten Protektorat.

Ganz zufällig kam es auch zu einem interessanten Kontakt mit der US-Botschaft. Als ich wieder einmal mit dem Fahrrad unterwegs war, hörte ich eine piepsige Frauenstimme meinen Namen rufen: Die Stimme gehörte einer amerikanischen Kollegin, die ich in Genf kennengelernt hatte und die jetzt als Beraterin in ihrer Botschaft in Vientiane arbeitete. Wir freuten uns beide über dieses unerwartete Zusammentreffen, tauschten Neuigkeiten aus und schließlich fragte sie mich, ob ich immer noch der ausgezeichnete Koch von damals sei, der vielleicht gerne ein Abendessen mit einem rein italienischen Menü für die Botschaft ausrichten wolle. Ich lehnte die Einladung unter dem Vorwand ab, dass die Zutaten, die ich benötigte, in Vientiane sicher nicht erhältlich seien. Womit ich natürlich recht hatte.

Ein paar Monate später kam ich auf dem Weg nach Luang Prabang wieder durch Vientiane und begegnete erneut der Amerikanerin. Stolz erzählte sie mir, dass sie die italienischen Produkte, die ich brauchte, in Bangkok bestellen konnte, sodass ich nun nicht mehr ausweichen konnte.

So verbrachte ich einen ganzen Nachmittag in der Küche der amerikanischen Botschaft und wurde dann an den Tisch des Hausherrn geladen, der einen Empfang für amerikanische Senatoren gab. Sie waren gerade im Rahmen eines Projekts zur Suche und Zerstörung von nicht explodierten Kampfmitteln, den UXO, unterwegs. UXO steht für »unexploded ordonances«: Von 1964 bis 1973 waren die USA für den Abwurf von über 2 260 000 Tonnen Sprengstoff auf Vietnam verantwortlich gewesen, von denen gut 30 Prozent nicht explodiert waren. Die daraus resultierenden Gefahren waren eine latente Gefahr für viele Länder der Region, und gerade in Laos erinnerte man sich mit großer Trauer an die Bombardierungen aus jener Zeit, die auch laotisches Gebiet getroffen hatte – und die berüchtigten »Kollateralschäden« anrichteten.

Das rein italienische Abendessen war ein Erfolg, und so fehlte es nicht an Anerkennung für den Schweizer Koch, der vom Botschafter ein überraschendes Angebot erhielt: als Chef de Cuisine der Botschaft zu bleiben und sofort in den Dienst zu treten. Auch für den Koch war das Abendessen interessant und lehrreich, bei dem die humanitären Absichten der Amerikaner zur Sprache kamen, obschon vermutlich die große Senatsdelegation nicht nur edle Absichten mit ihrem Besuch in Laos verband.

Aus meiner Lektüre und den verschiedenen Briefings in Bangkok hatte ich mir Luang Prabang als eine träge, nicht hektische und geheimnisvolle Stadt vorgestellt. Vor Ort wurde ich von einer märchenhaften Atmosphäre umhüllt, die durch ein pastellfarbenes

Licht noch verstärkt wurde, das sich im Laufe von Stunden immer wieder veränderte. Am Nachmittag erkannte ich so eine Straße nicht, auf der ich am Morgen noch gefahren war. Ein Hügel folgte dem anderen, und der Mekong floss tief unten wie eine mäandernde Schlange. Auch dessen Farbe war immer wieder anders: türkis bis milchkaffeefarben oder anthrazit mit silbernen Reflexen. Auf den Hügeln sah man die Silhouetten zahlloser Pagoden, immerhin 32 buddhistische Tempel in einer Stadt mit 40 000 Einwohnern, deren bescheidene Behausungen vom Grün der Bäume umarmt wurden und so kaum sichtbar waren.

Ich verzichte auf den Versuch, die Atmosphäre noch detaillierter wiederzugeben, die jeden Besucher dieser alten Hauptstadt umfängt, einer Stadt, die nicht verlassen ist, sondern kraftvoll lebt. Ich erinnere mich, dass ich schon am Tag meiner Ankunft zum Tak Bat gebracht wurde, einem Ritual der buddhistischen Mönche, die jeden Tag im Morgengrauen in einer Prozession durch die Hauptstraßen gehen und den für diesen Tag gekochten Reis aus den Händen der Gläubigen entgegennehmen. Die Opfergabe wird mit anmutigen Gesten in glänzende Metallkörbe oder -behälter gelegt. Eine wunderbare Geste, die meiner Meinung nach die respektvolle und freiwillige Unterwerfung des Menschen unter die Macht der spirituellen Kräfte symbolisiert.

Ich atmete täglich die Süße der frischen Morgenluft ein, bewunderte die zarten Pastellfarben ringsum und lauschte den ruhigen Stimmen, die weder Eile noch Stress kennen. Der Nebel der Nacht verflog schnell bei Sonnenaufgang. Aber das Lichtspiel war in ständiger Bewegung, erneut tauchte Nebel auf und verschwand wieder, ich wusste, dass die Temperaturen später steigen und die verschiedenen Szenen sich mit der Schläfrigkeit des Mittagsstaubs verändern würden. Der Wechsel der Lichter setzte sich fort: Die Stadt verkleidete sich, versteckte sich, wie bei einem unbeschwerten Kinderspiel. Die Nebel des Nachmittags lösten sich in einem Wimpernschlag auf und das Feuerwerk der Sonnenuntergänge wurde jetzt von den Schatten und dann von der Dunkelheit des Abends und der Nacht verdeckt, geheimnisvoll und bedrohlich.

In den ersten Tagen hatten mich diese schnellen und aufeinanderfolgenden Eindrücke im Laufe des Tages buchstäblich orientierungslos und benommen gemacht, aber dann gewöhnte ich mich daran, dass ich mich von ihnen leiten ließ. Doch bei Einbruch der Dunkelheit zog ich mich nach einem ereignisreichen Arbeitstag in die Sicherheit meines kleinen Hotels auf meinem kleinen Hügel zurück.

Die Begrüßung durch die Vertreter des Roten Kreuzes und der Stadtregierung gehörte zu dem Klischee, das mir inzwischen vertraut war und das ich wegen der ausgefeilten Höflichkeiten und der Fülle an rituellen Gesten zu schätzen wusste. Der Empfang, den mir das Oberhaupt des Wat May Tempels, der Sangharat, der spirituelle Patriarch der 14 000 buddhistischen Mönche in Laos, gab und dem ich private Briefe aus der Schweiz und Thailand überbrachte, war jedoch besonders. Das Zeremoniell bei dieser Übergabe veränderte sich rasch und wir begegneten uns sogleich vertraulich. Als wäre ich einer seiner Mitbrüder, versprach er mir nicht nur jede Hilfe, die für den Erfolg meiner Mission im Bereich der Gesundheit nützlich sein konnte, sondern schlug auch vor, mich mit dem sozialen und religiösen Kontext seines Landes vertraut zu machen. Dafür wollte er mich persönlich begleiten.

Ich wurde in seiner wunderschönen Pagode willkommen geheißen und den Mönchen vorgestellt, die sich mir sofort neugierig näherten und mich mit Fragen löcherten. Ich hatte Glück, dass die jungen Männer ein wenig Englisch konnten. Mit den älteren, fast schon vergeistigt zu nennenden Mönchen war die Kommunikation nicht weniger interessant, aber sie benutzten andere Kommunikationsmittel als Worte, die ich nur erahnen konnte: Ich war der Analphabet. Der Besuch in der Pagode endete mit der stolzen Präsentation eines alten Parade-Mercedes. Er stand neben dem Haupttempel wie in einer offenen Seitenkapelle unter einem Dach, das von farbigen und vergoldeten Säulen gestützt wurde. Er war ein Denkmal alten Glanzes, ein schöner Wagen, der den Sangharat bei seinen Besuchen, die wir als pastoral bezeichnen würden, in vergangenen Zeiten durch die Straßen gefahren hatte.

Die Fahrt in die Umgebung von Luang Prabang in Begleitung des ehrwürdigen Mönchs unternahmen wir jedoch mit einem Pick-up. Ich erfuhr, wie tiefgreifend der Respekt und die Bewunderung für die Natur die kulturellen und religiösen Traditionen des Landes prägen. »Natur« hat eine starke und besondere Bedeutung – sie schenkt dem Menschen ihre regenerative und lebensspendende Kraft. Dieses Wissen stammt auch aus einer jahrhundertealten Tradition der Pflanzenheilkunde, die mit Essenzen von Kräutern, Blumen, Wurzeln und mehr arbeitet. Jeder Behandlung wird auch eine magische Energie zugeschrieben, die der Therapeut »befreien« kann.

Ein Besuch mit dem Sangharat bei einem alten Mönch, der krank war und an einem Gelenkleiden litt, das ihn am Gehen hinderte, und der als Anachoret in einem Wald lebte, hinterließ bei mir seltsame Gefühle. Wir waren mit dem Gedanken zu ihm gekommen, dass ich als Arzt in der Lage sein könnte, ihm mit einem Mittel unserer Medizin zu helfen, doch sofort erfasste mich das Lächeln voller Glückseligkeit, die sein Gesicht und sein dürrer Körper ausstrahlten, wie ein Hauch reiner Luft, der mich meine ursprüngliche Absicht, ihm zu Hilfe zu kommen, vergessen ließ. Ich erkannte, dass schließlich er der Arzt und ich der Patient war. Und er gab mir ein »Viatikum« mit, ein getrocknetes und parfümiertes Stück Benzoeharz, dem man desinfizierende Kräfte nachsagt. Wenn man das Harz reibt, verströmt es einen Duft, der intensiver als Vanille ist und sogar berauschend wirkt.

Anders als in Kambodscha hatte das soziale Gefüge, das von der buddhistischen Kultur durchdrungen war, alle politischen Veränderungen der Zeit sorglos, mit Gleichmut hingenommen und sie eher als eine vorübergehende Modeerscheinung empfunden. Politische Glaubensbekenntnisse hatten offenbar an der Vorrangstellung des religiösen Glaubens nicht rütteln können. Dies war zumindest meine anfängliche Wahrnehmung, die später durch die vielen Begegnungen in meiner Zeit in Laos noch verstärkt wurde.

Natürlich stand weiterhin das Ziel meines Aufenthaltes hier im Zentrum meiner Gedanken: das Krankenhaus der Stadt zum Mittelpunkt der öffentlichen Gesundheit für die gesamte Provinz zu machen. Mir war klar, dass für die Verwirklichung dieses umfassenden Projekts ein direkter Kontakt mit den Menschen notwendig war, die für die öffentliche Gesundheit Verantwortung zu übernehmen hatten. Nur wenn ich diesen Weg beschritt, konnte ich sicher sein, dass jeder neue humanitäre Projektvorschlag des Schweizerischen Roten Kreuzes angenommen würde. Die unerwartete Hilfe des Sangharat, der mich immer wieder – auch auf Exkursionen außerhalb der Hauptstadt – begleitete, versetzte mich in eine privilegierte Position vor der Gesundheitsbehörde. Als Arzt und Vertreter des Roten Kreuzes hatte ich zusätzlich den Segen der religiösen Autorität des Landes.

Das Krankenhaus in Luang Prabang erinnerte an ein französisches Kloster aus dem 19. Jahrhundert, mit Kreuzgang und weitläufigen Gärten. Es war sehr groß, aber verschlafen und wirkte ziemlich verlassen. Die chirurgische Station, um die ich mich kümmern sollte, hatte nur wenige Patienten und ein Personal, das auftauchte und dann wieder verschwand. Die Betriebsstruktur war mir ein Rätsel.

Meinen Unterlagen entnahm ich, dass einige Kubaner in Luang Prabang als medizinische Mitarbeiter anwesend waren, aber ich wusste nicht, wie ihr Auftrag definiert war, abgesehen von der vermutlichen Geste der ideologischen Solidarität zwischen den beiden Ländern. Bei einem Arbeitstreffen mit dem laotischen Personal fragte ich, ob ein Kontakt meinerseits zu den Kubanern willkommen wäre, damit ich die Situation besser einschätzen und so auch beurteilen könnte, welche Bedürfnisse das Krankenhaus hatte. Es ging mir dabei nicht so sehr um die Notfallphase, sondern eher um die gewöhnliche Patt-Situation, die mich derzeit bedrückte. Die Antwort kam am nächsten Tag und war positiv, begleitet von dem Hinweis, dass die Kontakte der Laoten mit den Kubanern aus sprachlichen Gründen schwierig seien.

Ich musste mit Vorsicht vorgehen. Ich besuchte das Dutzend kubanischer Entwicklungshelfer in ihrer Residenz und frischte mein Spanisch auf, das ich während eines Einsatzes in Marokko gelernt hatte, und stellte mich vor. Nachdem die Kubaner ihr anfängliches Misstrauen überwunden hatten, erklärten sie, dass sie in Laos bisher nichts erreichen konnten. Der Grund für diese Situation war auch hier die Sprachproblematik, aber nicht nur die. Wieder einmal musste ich ein gegenseitiges Vertrauensverhältnis aufbauen, und es dauerte einige Tage, bis ich das geschafft hatte. Zu dem kubanischen Team gehörten ein Chirurg und ein Kinderarzt, aber größtenteils waren es Allgemeinmediziner und spezialisierte Krankenschwestern mit guten praktischen Erfahrungen, auch in der Präventivmedizin. Ich konnte sehr wohl erkennen, dass Fidel Castro seine Mediziner ordentlich gefördert hatte.

Ich erarbeitete nun einen Plan für die Verteilung der Aufgaben, den sie akzeptieren könnten und der auch von ihren laotischen Kollegen begrüßt werden würde. Mir war klar, dass man zur Umsetzung mit dem Dialog beginnen musste, dann brauchte man praktische Schulungen und zusätzliche Anstrengungen, um sich gegenseitig besser zu verstehen. Es war ein vorausschauender, aber vielleicht zu ehrgeiziger Plan. Seine Vorstellung bei der Krankenhausleitung stieß jedenfalls auf den Widerstand der Kubaner, die befürchteten, mit den Vorschlägen könnte »die Würde der Laoten verletzt werden«. Sie seien ja hierhergekommen, um bei der Ausführung der von ihren laotischen Kollegen gestellten Aufgaben mitzuhelfen. Auf der anderen Seite akzeptierten sie, dass ich die Vorhaben aus meinem Blickwinkel so erklären musste, damit sie akzeptiert würden. Mein Plan zielte hauptsächlich darauf ab, Lücken in der personellen Besetzung der verschiedenen Dienste zu schließen, wobei die Bedürfnisse der Patienten und die begrenzten verfügbaren Ressourcen berücksichtigt wurden. Der gute Wille der Krankenhausleitung war durchaus vorhanden, mir zu folgen, aber ich war mir sehr wohl bewusst, dass die materielle Hilfe des Schweizerischen Roten Kreuzes zur Verbesserung der chirurgischen Abteilung sowie der anderen technischen Dienste der eigentliche Anreiz für die Leitung war, den Plan durchzusetzen. Ich glaube nicht, dass ich, wäre ich länger in Luang Prabang geblieben, das Schicksal dieses Plans wesentlich hätte ändern können. Aber ich konnte versichern, dass ich zurückkehren würde, um die erzielten Fortschritte zu überprüfen.

Die Arbeitstage begannen im Morgengrauen, aber gegen Sonnenuntergang, der sich stets heranzuschleichen schien, kehrte ich gerne in mein kleines Hotel zurück. Hier wurde ich wunderbar umsorgt und konnte mich gut entspannen. Anfangs hatte ich Probleme, mich an die lokale Küche zu gewöhnen. Obwohl ich an die kambodschanische und thailändische Küche gewöhnt war, entpuppte sich die Küche von Luang Prabang für mich als »Feuerküche«. Alles, was ich in den Mund nahm, brannte sofort, außer dem Grundnahrungsmittel, dem berühmten »Klebreis«, der in kleinen geflochtenen Körben mit Deckel serviert und mit den Fingern gegessen wird. Man formt zuerst kleine Bällchen daraus und tunkt sie dann in verschiedene Soßen, eine schärfer als die andere. Für mich fand ich einen Kompromiss, indem ich meine Bällchen nur ganz leicht eintauchte, um dann mit der Zeit die Dauer des Kontakts und allmählich auch den Reisanteil und damit das anschließende Verbrennen zu reduzieren. Aber das funktionierte nicht immer, und schließlich schlug man mir den Verzehr einer kleinen Wurst vor, die – so versicherten sie mir – das einzige Lebensmittel sei, das ohne die höllischen Gewürze gekocht werde. Ich probierte sie und fand sie köstlich. Sie hatte eine grauweiße Farbe wie unsere Kalbswürste, aber einen fast perligen Schimmer. Der Geschmack, den ich noch nie zuvor probiert hatte, war raffiniert und zart am Gaumen. Ich ernährte mich eine ganze Woche lang von dieser Delikatesse und Reis, bis ich eines Tages schelmisch gefragt wurde, ob ich wüsste, was das Proteinelement der kleinen Würste sei: Es handelte sich um den gesamten Darm eines Karpfens, eines in Südostasien beliebten Fisches, der mit kleingehackten Zwiebeln vermischt und dann gekocht wurde. Was ich da zu mir genommen hatte, war also eine Art »Cipollata alla laotiana« gewesen. Umgehend eilte ich jedoch zurück zum Regime von Reis und Früchten.

Wie ich versprochen hatte, kehrte ich nach einer längeren Zeit zurück, um eine Bestandsaufnahme des Projektverlaufs zu machen, dieses Mal in Begleitung des Schweizer Botschafters in Bangkok, Armin Kamer, und seiner Frau. Die Übereinstimmung unserer Ansichten in Fragen der Entwicklung und Zusammenarbeit hatte zu starken Synergien geführt, die ich voll ausschöpfen musste. Ich würde sogar sagen, dass es zwischen uns eine Komplizenschaft gab, ähnlich wie bei Collodis Katze und Fuchs, die auf gemeinsame Aktionen für eine gute Sache ausgerichtet war. Er in seiner Rolle als politischer Vertreter der Schweiz, als Botschafter unseres Landes in Thailand, der zudem für Laos und Kambodscha zuständig war, während ich als Gesandter des Roten Kreuzes in Laos und Kambodscha die humanitäre Botschaft im Gepäck hatte. Von Laos kannte unser Botschafter zwar Vientiane, aber nicht die alte Hauptstadt Luang Prabang, die er besuchen wollte. Da ich ihn in unser laufendes Krankenhausprojekt einbeziehen wollte, machten wir uns gemeinsam auf den Weg in diese Stadt. Wir waren gern gesehene Gäste in »meinem« Hotel wie auch bei den Behörden, die sich durch den Besuch des Schweizer Botschafters geehrt fühlten. Er konnte nur ein Vorbote für weitere gute Nachrichten sein, die dann auch tatsächlich folgten.

Während ich verschiedene Kontakte aktivierte, bestätigte er mit seiner Anwesenheit vor Ort die Genehmigung von Projekten der humanitären Hilfe und Entwicklungszusammenarbeit im Namen der Schweiz. Sein laotischer Amtskollege nutzte die Gelegenheit, die guten Beziehungen der Länder durch ununterbrochene gesellschaftliche Ereignisse – Bankette, Tänze, kulturelle Besuche und vieles mehr – zu vertiefen.

Hinter dem erfahrenen Diplomaten mit äußerst kontrollierten Umgangsformen verbarg sich ein neugieriger Kulturmensch mit einem ausgeprägten Interesse an aktuellen sozialen und anthropologischen Realitäten. Die jüngste Geschichte Indochinas kannte er wohl sehr gut. Aber um seine Kenntnisse zu erweitern, reichte sein kurzer offizieller Besuch natürlich nicht.

Allerdings gab es eine verborgene Realität des Landes, die ihn faszinierte: das Thema Opium. Er wollte wissen, in welchem Verhältnis die kursierenden Gerüchte zu den tatsächlichen Gegebenheiten standen. Ich erzählte ihm, was ich wusste, nämlich dass es die Mohnfelder gab, von denen ich einige an steilen Hängen gesehen hatte, die schön waren und angenehm dufteten, aber von dem »Rest« hatte ich keine Ahnung. Ich fügte hinzu, dass ich mich auch nie damit hatte beschäftigen wollen. Ich wusste, dass Opium im 20. Jahrhundert jahrzehntelang eine Geißel war, und zwar nicht nur in Südostasien, und auch als furchterregende geopolitische Waffe eingesetzt wurde. In Laos, so hörte ich, wurde Opium immer noch in speziellen »Räucherhäuschen« geraucht, in denen sich praktisch nur ältere Menschen trafen. Dieses Thema interessierte meinen Freund, der mich direkt fragte, ob wir uns ein solches Häuschen ansehen könnten. Ich bejahte, und schon beschloss er, mit mir einen Übernachtungsbesuch zu machen. So organisierte ich zwei vertrauenswürdige Motorradfahrer, die uns gegen Mitternacht zu einer dieser Räucherkammern bringen sollten. Natürlich durfte niemand etwas erfahren, am wenigsten seine Frau.

Gegen Mitternacht warteten die beiden Motorradfahrer ein paar Schritte vor dem Hotel auf uns und in gut zehn Minuten erreichten wir den ländlichen Außenbezirk, der in eine stille Nacht gehüllt war. Die beiden Motorradfahrer wiesen auf eine Holzhütte, der wir uns ängstlich zu Fuß näherten. Verstohlen blickten wir jetzt durch die halb geöffnete Tür hinein. Drinnen, im schummrigen Licht, lagen nur Menschen und schwiegen. Ja, sie rauchten und schwiegen. Was das Opium und die langen Pfeifen mit ihnen machten, blieb unserer Phantasie überlassen. Beeindruckt von dieser geheimnisvollen Szene ließen wir uns bald wieder zurückfahren.

Das Abenteuer in der Opiumhöhle hatte keine weiteren Auswirkungen, bis auf ein Detail: Meinem Botschafterfreund erklärte ich die Vorzüge einer Motorradnutzung in einer großen Stadt für eine schnelle, wenn auch gefährliche Fortbewegung. Ich war es gewohnt, in Bangkok regelmäßig Motorradtaxis zu benutzen, wenn ich in Eile war. Eines Tages, immer noch in Bangkok, lieferte ich ihm einen überzeugenden Beweis dafür, indem ich in Guinnessbook-Rekordzeit aus den Vororten in der Botschaft ankam. Wochen später zeigte seine Gemahlin bei einem Empfang in der Botschaft mit dem Zeigefinger auf mich: »Doktor, Sie sind es, der mit Ihrem Motorradtaxi-Ratschlag meinen Mann immer wieder auf dumme Gedanken bringt!«

Kapitel 3
Rumänien entdecken

In meinen Träumen der Albtraum dieser Kinder

Ich fühlte mich durch meine Erfahrungen in Indochina verjüngt, zumal ich von der Unabhängigkeit und dem Handlungsspielraum, den mir das Schweizerische Rote Kreuz gegeben hatte, angenehm überrascht worden war. Und so begrüßte ich den neuen Vorschlag, mich auf ein weiteres Abenteuer mit Projekten in Rumänien einzulassen. Ich konnte wieder eine unbekannte Welt betreten, nämlich die Osteuropas, die ich nur von einer Bekanntschaft im Vorbeigehen und von Reisen als Student kannte. Damals, 1967, hatte ich ein Semester in Wien studiert und war von dort aus nach Polen, Ungarn und weiter bis nach Moskau und St. Petersburg gereist.

Drei Projekte, für die ich verantwortlich sein sollte, konzentrierten sich auf humanitäre Hilfe und Entwicklungszusammenarbeit im Bezirk Brasov in Siebenbürgen. Der Ausgangspunkt war Brasov, die kulturelle Hauptstadt, auf Deutsch Kronstadt und auf Ungarisch Brassó, was auf eine historische, aber immer noch aktuelle Präsenz ethnischer Minderheiten hinwies. Die Stadt war von den Karpaten umgeben und besaß ausgedehnte Waldgebiete, die zu dieser Zeit noch unberührt waren. Brasov war eine verschlafene, postkartenreife mittelalterliche Stadt mit vielen Gebäuden, die offenbar jüngst renoviert worden waren. Sie war der Ausgangspunkt für Besuche von Projekten in kleinen Nachbarstädten, die ebenfalls Subventionen aus der Schweiz erhielten. Ich bewegte mich von der Dunkelheit der Wälder zu plötzlichen Lichtungen, die den Blick auf die Natur und alte Burgmauern freigaben.

An den Besuch einer Einrichtung, in der Kinder »betreut« wurden, die als »Waisen und behinderte Kinder, die nicht mehr genesungsfähig waren« galten, erinnere ich mich genau. (Im kommunistischen Regime von Ceausescu, das damals in Rumänien herrschte, gab es auch die Kategorie »teilweise genesungsfähig«.) Dieser Besuch weckte in mir enorme Emotionen, Gefühle, die ich so noch nie erlebt hatte.

Meine Informationen über diese Einrichtung waren präzise und detailliert genug, um vorab schon alarmiert zu sein. In meinen Unterlagen war von Unterernährung, Hunger, Misshandlung, Gewalt und Missbrauch die Rede, die dort an der Tagesordnung waren.

Bei meinem Besuch wurde ich in einer Umgebung empfangen, die ich bereits erwartet hatte. Schon am Eingang der Einrichtung prahlten die Direktorin und ihre Mitarbeiter, alle mit weißen, gestärkten Mützen auf den Köpfen, mit den Vorzügen des Instituts, das allerdings dringenden Finanzbedarf hätte. Nach einer ersten Führung fragten sie mich einstudiert und frech, ob ich nicht die »armen, unverbesserlichen Waisenkinder« treffen wolle. Als ich hörte, wie sich eine Metalltür geräuschvoll hinter mir schloss, wurde mir klar, dass dieses Treffen leider schon begonnen hatte.

Ich fand mich in einen großen Raum mit dunkelgrün lackierten Wänden eingesperrt. Wenig Licht drang durch die länglichen Schlitze in der Decke und eine schwere Luft, heiß und feucht, sowie ein nicht identifizierbarer Geruch nahmen mir fast den Atem. Ich hatte das Gefühl, gejagt zu werden, und mehr als zwanzig Augenpaare sahen mich starr und erstaunt an. In den Gesichtern dieser elenden Kerle konnte ich nur einen tierischen Blick erkennen, keinen menschlichen Ausdruck, an dem ich mich festhalten konnte.

Sie standen alle zusammen und klammerten sich aneinander, in einer Ecke des Raumes gegenüber derjenigen, in der ich mich befand. Für mich glichen sie dem Körper eines gefangenen und gefesselten Tiers, lebendig noch, aber unfähig, noch einen Ton von sich zu geben. Ich fühlte mich, als stünde ich einer riesigen Krake mit mehreren Augen gegenüber, die auf mich gerichtet waren. Dann, zunächst unmerklich, bewegten sich alle langsam und kamen näher, streckten ihre Hände aus und berührten mich mehr und mehr, schwankten fast wie im Tanz. Sie umhüllten mich, schlossen mich sanft in ihren Kreis ein, fast so, als wollten sie mich absorbieren. Nachdem ich nahe an eine Störung meines Bewusstseins geraten war, lösten sich meine Angst, meine Muskelsteifheit und meine Atemnot plötzlich auf. Sie waren nicht mehr da. Als hätte ich den Rubikon überquert, fühlte ich mich an der Seite dieser Ausgestoßenen, ja war einer von ihnen geworden. Wie sie fühlte und atmete ich, und alles war verändert – als hätte ich mich von mir selbst gelöst.

Ich kann nicht sagen, wie lange dieser veränderte Bewusstseinszustand anhielt, aber es dauerte einige Zeit, bis ich wieder im Besitz meiner Fähigkeiten war. Für diesen »Transit«, in dem ich gefangen blieb und über den ich Jahre danach mit Psychotherapeuten und Psychologen diskutierte, habe ich bis heute noch keine überzeugende Erklärung gefunden.

Der Sturz von Ceausescu

Am 25. Dezember 1989 wurde Nicolae Ceausescu zusammen mit seiner Frau Elena nach einem Scheinprozess ermordet. Damit endete nach 25 Jahren ein kommunistisches diktatorisches Regime mit gewaltsamen Zusammenstößen in Timisoara und Bukarest. In jenen Tagen hielt das Land, aber auch der Rest der Welt, den Atem an, als im Fernsehen Bilder eines Krieges mit Panzern, Soldaten, Toten und Verwundeten zu sehen waren.

Eine internationale humanitäre Reaktion war dringend erforderlich und wurde sofort eingeleitet. Auch das Schweizerische Rote Kreuz erklärte sich schnell bereit, ein Expertenteam zu entsenden, um die Lage vor Ort zu beurteilen und zu entscheiden, was unter Berücksichtigung der Entwicklung der Ereignisse zu tun sei. Ich wurde wieder zum Dienst gerufen und kam Anfang Januar in einem Bukarest an, das ich nicht mehr wiedererkannte. Alles – Straßen und Häuser – war schwarz, bedeckt von Ruß, sah sehr ramponiert aus, und ein diffuser Brandgeruch lag in der Luft.

Ich gehörte zu der äußerst heterogenen Truppe von Hilfskräften aller Couleur, Experten und Vertretern internationaler staatlicher und nichtstaatlicher Organisationen sowie Journalisten und Geschäftsleuten: Alle waren wir in einem einzigen Hotel versammelt, das auch als Presse- und Informationsbüro fungierte und unter anderem die Sicherheitsvorschriften überwachte. Dieses Hotel war die einzige Anlaufstelle für die neue nationale Behörde und wurde sogar als Bank genutzt, da für kleine Ausgaben die lokale Währung beschafft werden musste.

Es herrschte das in solchen Situationen unvermeidliche Chaos, das aber auch produktiv sein konnte: Jeder kam, so gut es ging, zurecht, nutzte seine persönlichen Kontakte, um genaue und überprüfbare Informationen zu erhalten. Die Kommunikationsmittel funktionierten natürlich nicht, was die Aufgabe nicht leichter machte.

Es waren Tage hektischer, aber äußerst lehrreicher Aktivitäten. Dabei ging es in erster Linie darum, wie man sich in einer so extremen und sich ständig verändernden Situation verhält, um seine Ziele zu erreichen. Gleichzeitig musste man das eigene Land über die aktuelle Lage in Rumänien auf dem Laufenden halten und die unmittelbaren humanitären Bedürfnisse antizipieren.

Jeder tat sein Bestes, um mit Hilfe persönlicher Kontakte gute Ergebnisse zu erzielen. In meinem Fall konnte ich Vertreter des rumänischen Roten Kreuzes ausfindig machen, die ich bereits von früheren Einsätzen kannte und über die ich einen direkten Draht zu den Krankenhäusern fand, an die schnell – quantitative wie qualitative – Hilfe geschickt werden sollte.

Meine Mission in dieser Krise war eher von kurzer Dauer, aber die Tage waren so ausgefüllt, dass mir kaum valide Erinnerungen geblieben sind. Bruchstücke davon habe ich im Gedächtnis – wie bei der Fernsehwerbung, deren Produkt verschwindet, nachdem es eben noch gepriesen wurde.

Die Attraktion für Bukarest

1995, fünf Jahre später, hatte ich eine weitere Gelegenheit, in das Land zurückzukehren, das mich wegen seiner Geschichte und Kultur anzog und das ich gerne länger besucht hätte, um mehr über seine Geheimnisse zu erfahren – mit natürlich mehr Zeit und Aufmerksamkeit. Jetzt musste ich mich um ein Kontingent rumänischer Blauhelme kümmern, die im Auftrag des UN-Sekretariats nach Angola ausreisten, um dort als Friedenswächter zu agieren. Doch auch dies war nur ein Akt weniger Tage, die ich in aller Eile in Bukarest zu erledigen hatte, aber erneut war mein Interesse an Rumänien aufgeflammt.

Mein Wunsch, dieses Land besser kennenzulernen, wurde dann aber durch den Frankophoniegipfel im September 2006 erfüllt. Von der Humanitären Hilfe des Bundes erhielt ich die Aufgabe, die medizinische und gesundheitliche Versorgung – einschließlich der Notfallversorgung – für ein Treffen zu koordinieren, bei dem sich Staats- und Regierungschefs in den von Ceausescu erbauten Palast der tausend Superlative angesagt hatten. Eine sorgfältige Vorbereitung war notwendig, für die ich mir Zeit nehmen musste und durfte. Dieses Gipfeltreffen ermöglichte es mir, mich ausgiebig mit dem rumänischen Krankenhaussystem und der Organisation der Notfallmaßnahmen zu befassen. Schon bald gelang es mir, nicht nur als nützlicher Berater für die technische Unterstützung angesehen zu werden, sondern auch als Freund, dem man vertrauen konnte.

Da ein Wochenende bevorstand, an dem der Krankenhausbetrieb eingeschränkt war und auch meine Erste-Hilfe-Kurse ausfielen, machte mir der Krankenhausdirektor einen verlockenden Vorschlag, den ich unbedingt annehmen musste: Er hatte einen Onkel, einen etablierten Kardiologen, der jetzt Archimandrit, also Abt in einem Kloster im rumänischen Moldau war, der mich gerne empfangen und mir das sogenannte »Tal der Klöster« zeigen würde. Die drei- oder vierstündige Reise dorthin und die Überquerung der Karpaten würde ich alleine antreten müssen, aber in einem nagelneuen Fahrzeug, einem Luxus-Krankenwagen, den die niederländische Königin dem neuen, von der Diktatur befreiten Rumänien geschenkt hatte. Die Limousine war in makellosem Weiß lackiert und hatte das Emblem des Roten Kreuzes auf jeder Seite. Ich würde damit sicherlich nicht unbemerkt bleiben, und tatsächlich, als ich durch die Dörfer fuhr, winkten und lächelten die Leute, fasziniert von diesem ungewöhnlichen Fahrzeug.

Ich fuhr vorsichtig und zunehmend vorsichtiger in Richtung der Karpatenwälder, immer die Warnung in den Ohren, dass selbst ein kurzer Aufenthalt in dieser Gegend gefährlich sein könnte und vermieden werden sollte. Genau diese Wälder waren einst für Ceausescus Bärenjagden reserviert und mit den Jahren hatte die Zahl der tierischen Sohlengänger deutlich zugenommen. Bei der Abfahrt ins Tal im Dämmerlicht – und ohne Straßenschilder – überfielen mich bei jeder Kurve Ängste, obwohl ich zuvor die Route bis zu meinem Ziel studiert hatte. Da ich kein Telefon bei mir hatte, musste ich mich genau auf die Skizze verlassen, die ich mir angefertigt hatte, denn es war Nacht geworden. Und auf der Fahrt durchs Tal der Klöster gab es nicht die geringste Straßenbeleuchtung.

Die Magie des Archimandriten

Dennoch erreichte ich das Haus des Archimandriten – es lag außerhalb des Klosters am Rande des Waldes. Unter einem schrägen, gewölbten Dach war ein schwaches Licht zu sehen, wie in einem Märchen von Hans Christian Andersen. Eine Tür öffnete sich, und vor mir stand ein älterer Mönch in einer schwarzen Soutane, mit einem imposanten weißen Bart, langem, im Nacken zusammengebundenem Haar und einem auffälligen Kreuz auf der Brust. Wir begannen uns auf Französisch zu unterhalten, was ihm sichtlich Vergnügen bereitete. Dann bat er mich, da es beißend kalt war, ins Haus.

Drinnen war es angenehm warm und dunkel trotz einiger flackender Kerzen. Mein Blick auf einen runden, mit antikem Porzellan und mehreren Kristallgläsern gedeckten Tisch wurde von einer Entschuldigung des Mönchs begleitet, dass ich wegen der Fastenzeit jetzt an einem »armen Tisch« Platz nehmen musste. Er bezog sich dabei auf das Fehlen von Fleisch, aber dafür gab es eine Menge Speisen, die von einem alten und schweigsamen buckligen Dienstmädchen auf den Tisch gestellt wurden: Produkte des Landes, der Flüsse und der Wälder – Käse, Fisch und Schalentiere, aber auch Steinpilze und eingelegte Beeren. Und zu jedem Gericht gab es einen anderen Wein, begleitet von Erklärungen in feinem Französisch über die Herkunft und die Verarbeitung ihrer Reben, sowie einen kleinen Vortrag über die Bienen des Klosters, die einen einzigartigen Honig produzierten. Ich spürte ein großes Glücksgefühl in mir aufsteigen, das sich noch verstärkte, als der »Tanz« der Weine immer lebhafter wurde. Ich erinnere mich, dass ich meiner Neugier freien Lauf ließ und auf alle Fragen äußerst präzise Antworten erhielt.

Ja, in solchen Situationen kann man das Gefühl für die vergehende Zeit verlieren. Es war nun bald Mitternacht. Fast väterlich sagte mir mein Archimandrit, dass ich mich gewiss zur wohlverdienten Ruhe begeben wollte, fügte aber hinzu, dass er in der Kirche einer für sein Kloster wichtigen Zeremonie vorstehen müsse: der Weihe von vier neuen Mönchen. Er würde mir natürlich einen warmen Mantel leihen, falls ich der Zeremonie beiwohnen wolle, da die Kirche nicht geheizt sei. Ich nickte zustimmend und bekam sogleich eine lange schwarze Soutane gebracht, in die ein weicher Pelzmantel gestopft war, den man mir anzog. Überraschenderweise reichte man mir auch die schwarze zylindrische Kopfbedeckung der orthodoxen Mönche, das Kamilavkion.

Wir gingen zur Klosterkirche und bald darauf betrat ich in einer traumhaften Atmosphäre, welche die nächsten drei Stunden anhielt, das Gotteshaus, wo ich in einem vergoldeten roten Samtsessel neben der Ikonostase Platz nehmen durfte – unter dem Blick von Hunderten von Dorfbewohnern im Halbdunkel. Allerdings zog plötzlich ein deftiger Stallgeruch in meine Nase.

Die Zeremonie begann langsam mit den Hymnen der Monodie der orthodoxen Liturgie, die mich rasch verzauberte. Da hörte ich (es waren ganze zwei Stunden verstrichen!) meinen Namen aus dem Gesang eines Diakons heraus, der sich meinem Samtsessel näherte. Während er sang, flüsterte eine Person hinter mir auf Französisch in mein Ohr, dass der Archimandrit mir für meine Anwesenheit dankte und mich einlud, ihn in einer Prozession zur Agape in der angrenzenden Empfangshalle zu begleiten. Es muss inzwischen drei Uhr nachts gewesen sein. Gehorsam wie ein Automat verließ ich als Teil der Prozession neben dem Archimandriten, noch in liturgischen Gewändern, die Kirche – vorbei an den fragenden Blicken der Gläubigen, wissend, dass mich niemand erkennen würde.

Auch der nächste Tag – ein Sonntag – war voller Überraschungen. Der Archimandrit führte mich im Laufschritt durch seine Residenz und die anderen Klöster im Tal und auch durch eines der Nonnenklöster. Hier überfiel mich das Gefühl, voll und ganz im Mittelalter zu sein. Mir imponierten die perfekt gepflegten Räume und Gärten, während die Kirche mit ihren bröckelnden Skulpturen und abblätternden Gemälden eine Restaurierung verdient hätte. Die Äbtissin, eine eindrucksvolle Frau mit einem kalten, mürrischen Blick, war unsere Führerin. Die Begegnung mit einer der Nonnen im Kreuzgang ließ mich frösteln. Die Äbtissin hatte ihr ein Zeichen gegeben, näher zu kommen. Danach musste sich die Nonne hinknien, auf den Knien den Raum zwischen ihr und der Äbtissin durchqueren, ihren Fuß küssen und dann ein paar kurze Worte sprechen, ohne in das Gesicht der Äbtissin schauen zu dürfen.

Der Archimandrit hatte es eilig: Er musste zum Kloster von Suceava, einem Juwel aus dem 16. Jahrhundert, wo ein Treffen aller Erzbischöfe Rumäniens stattfand, um über den Zustand der rumänischen Kirche nach dem kürzlichen Sturz Ceausescus zu debattieren. Mein neuer Freund erklärte mir die heikle Situation: Der kürzlich verstorbene Diktator hatte die Kirche fast immer respektiert und sie auch für seine eigenen Zwecke benutzt. Die Entscheidungen der neuen Machthaber konnten im schlimmsten Fall das Ende der rumänischen Kirche bedeuten.

Die Erzbischöfe hatten auch einen Visionär zu ihrem Treffen einberufen, um dessen Rat zu erhalten – einen Mönch, der seit Jahrzehnten als Einsiedler im Wald lebte. Nachdem ich auf dem Weg zum Essen zufällig in dieses Conciliabulum hineingeraten war, schien es mir gewiss, dass die Worte des Einsiedlers den Ausschlag für die am Ende unanfechtbaren Entscheidungen der Geistlichen geben würden.

Aber noch etwas hat mich durchaus amüsiert: Der Einsiedler hatte den Ruf, als Seher das Leben und die Sünden jeder Person zu kennen, die er traf, sodass unter den anwesenden Tischgästen eine gewisse Nervosität auszumachen war. Ich meine mich zu erinnern, dass sie alle einig waren, die Gespräche mit dem Seher nicht öffentlich zu machen, sondern sie »privat« und absolut vertraulich zu behandeln.

Ich hatte das Privileg, meinen Freund bei seiner Begegnung mit dem Einsiedler zu begleiten, denn ich wollte ihn wenigstens sehen: Der Seher war klein und hager, hatte eine weiße Mähne, die in alle Richtungen abstand, und zwei sehr bewegliche Augen mit Pupillen wie Stecknadeln.

Natürlich konnte ich weder erkennen noch feststellen, was es mit der »Wahrheit« der Prophezeiungen dieses Mannes auf sich hatte – aber das Urteil über mich war beruhigend. Ich hatte, so der Archimandrit, hinsichtlich meiner Vergangenheit wie auch mit Blick auf Zukünftiges ausschließlich »gute Karten«.

Das fast gescheiterte Gipfeltreffen der Frankophonie

Das 11. Gipfeltreffen der Frankophonie, an dem rund 50 Delegationen von Staaten und Regierungen teilnahmen, die durch die französische Sprache verbunden sind, fand am 28. und 29. September 2006 in Bukarest statt – und ich war als Mitglied der Schweizer Delegation unter der Leitung von Bundespräsident Moritz Leuenberger dabei. Meine Aufgabe war es, jedes mögliche Ereignis, das eine medizinische Notfallintervention erfordert, einschließlich eines terroristischen Akts mit Toten und Verletzten, irgendwie vorauszusehen und die gebrauchten Vorbereitungen zu treffen. Ich hatte mich dafür ausführlich und soweit gut vorbereitet.

Die teilnehmenden Delegationen wurden von Staats- und Regierungschefs oder zumindest von Ministern angeführt. Jacques Chirac für Frankreich, Omar Bongo für Gabun, der ehemalige senegalesische Präsident Abdou Diouf als amtierender Präsident der Frankophonie, Premierminister Stephen Harper für Kanada und so weiter. Ich musste in diesen beiden Tagen gottlob nicht eine Erklärung nach der anderen anhören, sondern konnte, ja musste in Bewegung bleiben, um an den verschiedenen medizinischen Stationen präsent zu sein. Alles verlief ohne Zwischenfälle und die Anwesenheit eines Arztes war nur bei einigen wenigen Routinesituationen erforderlich.

Am Ende des Kongresses wurde ich jedoch als Mitglied der Schweizer Delegation für die letzte geschlossene Sitzung einberufen, die den Text der Abschlusserklärung ratifizieren sollte. Sie war auf eine halbe Stunde anberaumt worden, dauerte aber über zwei Stunden. Präsident Moritz Leuenberger war bereits abgereist und andere Delegierte mit ihm. Botschafter Ulrich Lehner, der Leuenberger vertrat, hatte mich gebeten, ihn zu begleiten, was ich mit großem Interesse bejahte. Ich hatte während des Kongresses bereits einen alten Bekannten getroffen, meinen Kollegen Bernard Kouchner, der zu Jacques Chiracs Team gehörte, und wir hatten uns an alte Aktionen in Afrika erinnert. Ich stellte mir die Sitzung jetzt als goldene Gelegenheit vor, Persönlichkeiten, die auf dem politischen Schachbrett agierten, aus der Nähe zu sehen und kennenzulernen.

Stattdessen ließ mich diese Zusammenkunft enttäuscht und desillusioniert zurück. Das Treffen nur der Delegationsleiter mit je einem Begleiter, das eine einvernehmliche Ratifizierung zum Ziel hatte, entwickelte sich zu einem Streit mit eskalierenden Tönen und führte sogar zu Beleidigungen, die ich mir nie hätte vorstellen können. Der Stein des Anstoßes waren die unversöhnlichen Positionen von Frankreich und Kanada hinsichtlich der Situation in den besetzten Gebieten Palästinas.

Das Hauptthema des Gipfels war dem Bereich der Bildung und der verfügbaren neuen Technologien gewidmet gewesen. Jedes Land konnte seine diesbezüglichen Prioritäten zum Ausdruck bringen, und am Ende der Konferenz sollte eine Abschlusserklärung stehen, in der auch die wichtigsten – und zahlreichen – Krisenherde genannt werden sollten: Libanon, Elfenbeinküste, Kongo, Haiti, Mauretanien, Togo, Zentralafrikanische Republik, Tschad, Darfur, Burundi, Komoren und Kamerun. Aber man fand keine Formulierung für den Staat Palästina, die alle zufriedenstellte. Im Gegenteil, ein Streit zwischen Frankreich und Kanada, bei dem sich andere Länder auf die eine oder andere Seite schlugen, führte zu einer Verhärtung der Positionen, sodass der Gipfel in einem Flop zu enden drohte. Es bedurfte der Erfahrung, des diplomatischen Geschicks und der Geduld von Abdou Diouf, um die aufgewühlten Gemüter zu beruhigen. Gerade die für den letzten Absatz zu Palästina gewählte Formel missfiel den Ländern, die eine Erklärung wollten, die nicht nur nationalen Interessen diente, sondern die Menschenrechte und das humanitäre Völkerrecht im Fokus hatte, um an einem gerechten, dauerhaften und umfassenden Frieden im Nahen Osten arbeiten zu können.

In der geschlossenen Sitzung war das Spektakel nicht nur ungehörig und erbärmlich, sondern auf diesem Niveau unvorstellbar. Für mich persönlich war das eine Enttäuschung, und nicht die erste. Ich musste aufwachen. Dass offizielle Abkommen und feierliche Erklärungen nach internationalen Konferenzen das Produkt eines meist zermürbenden Hin und Her und immer von Kompromissen geprägt sind, wusste ich nur zu gut. Und wenn man den Wert solcher Dokumente beurteilen will, kann man schnell zu dem Sprichwort vom Glas kommen: Ist es denn halb voll oder halb leer? Man kann das »Glas Wasser« auch durch »Karaffe Wein« ersetzen. Es geht dann nicht mehr um halb voll oder halb leer, sondern um die Qualität der Flüssigkeit – und auch nicht um »in vino veritas«. Es geht um die Dignität, die Würde des Weins, dem alle Aufmerksamkeit zu gelten hat.

Und die Frage wäre dann: Wer eigentlich hält die Karaffe in der Hand und schenkt den Wein aus? Und: Hat der die Macht, der die Wahrheit in seiner Hand hat?

Kapitel 4
Mit dem Internationalen Roten Kreuz

Kriegschirurgie: meine Abenteuer in Pakistan, Thailand, Somaliland, Somalia, Kenia, Südsudan, Saudi-Arabien, Kuwait, Irak, Haiti

Nach drei Jahren, die ich in Kambodscha, Laos und Vietnam verbracht hatte, war der Wechsel zum Internationalen Komitee vom Roten Kreuz (IKRK) eine natürliche Weiterentwicklung des Weges, den ich nun eingeschlagen hatte. Ich sollte mit einem für mich neuen Bereich der Chirurgie konfrontiert werden: der Kriegstraumatologie. In meiner Ausbildung in allgemeiner Chirurgie hatte ich mich ausgiebig mit der klassischen Traumatologie befasst und sie sogar praktiziert und so wusste ich, dass sich die Chirurgie bei Verletzungen durch Schusswaffen, Klingenwaffen, Explosionen, einschließlich Minen, und mehr von der klassischen Chirurgie unterscheidet, aber mein Wissen war nur allgemein und unzureichend.

Der beschleunigte Ausbildungskurs, den das IKRK mir anbot, deckte die wesentlichen Themen meines zukünftigen Auslandseinsatzes ab, aber die chirurgischen Techniken, die dort zum Einsatz kämen, würde ich schließlich vor Ort erlernen, angeleitet von Kollegen, die schon länger da waren. Das forderte mich schon stark heraus, denn eine aktualisierte und anerkannte Lehrmeinung für chirurgische Praktiken im zivilen Bereich, die auf den Konfliktbereich übertragen werden konnte, existierte nicht und musste erst »erfunden« werden. Es fehlte zudem an einer entsprechenden Gesetzgebung. Natürlich waren die Prinzipien der Kriegschirurgie, die auf die Konflikte des letzten Jahrhunderts zurückgingen, und die wissenschaftlichen Veröffentlichungen, die während des Vietnamkriegs erschienen waren, bereits bekannt, aber die Fortschritte dieser Chirurgie hatten in den letzten Jahrzehnten dort stattgefunden, wo die sogenannte »Kriegs«-Traumatologie praktiziert wurde und sich bald zu dem als Bestand ausweiten würde, was man meiner Meinung nach dann einfach »humanitäre Medizin« nennen sollte.

Das IKRK-Krankenhaus in Peshawar war prädestiniert dafür, nicht nur eine Ausbildungsstelle für angehende Chirurgen zu werden, sondern auch ein Ort, an dem die neuen Techniken aus der zivilen Chirurgie eine Anwendung auch in der Kriegschirurgie finden konnten. Hier kamen nun öfter Fragen auf, welche Änderungen in den Operationsprotokollen – im Sinne vor allem von Vereinfachungen – man vornehmen und wagen wollte. Das Thema war heikel und spannend zugleich. Das empirische Vorgehen würde uns bald zeigen, ob wir auf eine gute Spur gerieten.

Ich werde später auf das Thema zurückkommen und erklären, warum sich die Kriegschirurgie wesentlich von der »zivilen« Chirurgie unterscheidet. Ich selbst habe im Laufe der Zeit erkannt, dass die Nichtanwendung und Nichtbeachtung der alten und bewährten Parameter der Kriegschirurgie nur magere Ergebnisse bringt: Patienten, die überleben, aber nicht genesen, leiden unnötig für den Rest ihres Lebens. Damals war die Wirksamkeit der neuen Techniken jedoch noch nicht erprobt worden. Und es ging nicht nur um chirurgische Techniken, sondern auch um die zahllosen Wegbegleiter des medizinischen Fortschritts, angefangen bei der Pharmakotherapie.

Ankunft in Peshawar, Pakistan

Meine Kontakte mit dem IKRK im Vorfeld meiner ersten Mission in Peshawar, der Stadt am östlichen Ausgang des Khyber-Passes, nahe der Grenze zu Afghanistan, beeindruckten mich durch die perfekte Organisation der Schnellbriefings, aber auch durch die gesamte Unterstützungslogistik, die uns zugesichert wurde. Mir war klar, dass ich Teil einer »Miliz« sein würde, die den Grundsätzen des Roten Kreuzes dient. Das war in etwa so, als würde man in einen religiösen Orden eintreten, wo bewährte Regeln gelten und Gehorsam erwartet wird.

Das IKRK-Kriegskrankenhaus in Peshawar, das 1981 neu errichtet und wie von Zauberhand aus dem Nichts eröffnet wurde, stellte insofern ein Novum dar, als das IKRK zum ersten Mal selbst der alleinige Betreiber eines Kriegskrankenhauses war, das personell, technisch und logistisch auf hohem Niveau stand und alle Kosten übernahm, um eine hochwertige Versorgung zu gewährleisten. Ziel war es, Kriegsopfer medizinisch und chirurgisch zu versorgen, und zwar aus Sicherheits- und logistischen Gründen nicht auf dem Boden des andauernden Konflikts im benachbarten Afghanistan, sondern auf pakistanischem Gebiet. Natürlich unter strikter Einhaltung der Grundsätze des Roten Kreuzes und des humanitären Rechts, entsprechend der Genfer Konventionen von 1949 und der drei Zusatzprotokolle. Es ist mir persönlich auch wichtig, immer an die sieben »Rotkreuz-Grundsätze« zu erinnern: Menschlichkeit, Unparteilichkeit und Neutralität, gefolgt von Unabhängigkeit, Freiwilligkeit, Einheit und Universalität.

Mit diesem Pilotprojekt – teuer, aber mutig und ehrgeizig – behandelte das Krankenhaus in Peshawar die in Afghanistan Verwundeten auf neutralem pakistanischen Territorium, und der kontinuierlicher Zustrom von Patienten bestätigte die Entscheidung der Genfer Führung. Das Beispiel von Peshawar machte Schule und wurde bald auch in Ländern nachgeahmt, in denen die Notwendigkeit einer Kriegschirurgie nicht als unbedingt zwingend erachtet wurde, aber als sinnvoll erschien.

Bis Ende der 1990er Jahre stieg die Zahl der vom IKRK in Asien und Afrika betriebenen Krankenhäuser auf 13. Das Krankenhaus in Peshawar, das 1993 geschlossen wurde, blieb zwölf Jahre lang ein Leuchtturm der internationalen Kriegschirurgie. Das wussten auch die Sanitätsdienste der verschiedenen nationalen Armeen, wie die der

USA, von Neuseeland und Japan, die für ihr medizinisches Personal, das von den einzelnen nationalen Zweigstellen des Roten Kreuzes für Auslandseinsätze angeheuert wurde, das Krankenhaus in Peshawar – und andere, die es an anderen Brennpunkten gab – für die Ausbildung und die praktischen Erfahrungen ihrer medizinischen und pflegerischen Kader, einschließlich der Chirurgen, »nutzten«.

Ich denke, hier stellt sich die Frage, wie ein IKRK-Kriegskrankenhaus in der Grenzregion Afghanistans ausgesehen haben könnte, vor allem weil man heute gewiss direkt an Kriegsfilme denkt, die von Konflikten des 20. Jahrhunderts inspiriert waren, wie Robert Altmans »Mash« von 1970. Nun, davon war unser Spital weit entfernt: Das erste vom IKRK eröffnete Krankenhaus war ein großes, nicht mehr genutztes Postamt, das voll und ganz umgewandelt und gut ausgestattet wurde. Nach einigen Monaten, als man mangels Platzes keine neuen Patienten mehr aufnehmen konnte, fand man einen zweiten Standort in einem gemieteten Herrenhaus im Wohnviertel von Peshawar. Die Bettenkapazität lag bei über 200, auch dank der Zelte, die bei großem Andrang im Garten aufgestellt werden konnten.

Hier nun begann ich meine Arbeit. Am ersten Morgen, als ich mit einigen Kollegen mit dem Fahrrad vorfuhr, überraschte mich das gesamte medizinische Personal auf der Terrasse am Eingang der »Krankenhausvilla«. Etwa vierzig Personen standen aufgereiht und in Uniform da, etwa vierzig Personen, hinter ihnen pakistanische und IKRK-Flaggen auf einem Mast. Die folgende »Zeremonie« bestand aus einem Händedruck und den obligatorischen Begrüßungsformeln nach englischer Tradition, die sich hier eingebürgert hatte. Ich staunte nicht schlecht, als ich am nächsten Tag immer noch dieselbe Truppe vorfand, und brauchte ein paar Tage, um meinen täglichen Arbeitsplan wegen der verlorenen gut dreißig Minuten zu korrigieren und ihn auf weniger Zeit für das unausweichliche Hissen der Flaggen zu reduzieren.

Das Innere der weitläufigen und angenehm belüfteten Krankenhausvilla wurde mit einfachen, aber gezielten Maßnahmen so verändert, dass es wirklich wie ein Krankenhaus aussah und so auch funktionierte. Das Wohnzimmer der Villa wurde in einen Operationssaal verwandelt, in dem an zwei Tischen gleichzeitig operiert werden konnte. Zu den rund siebzig Mitarbeitern des medizinischen Personals gesellten sich etwa fünfzig Techniker, zusätzlich zu den hundert hospitalisierten Patienten.

Im Großen und Ganzen waren alle Beschäftigten fleißig und aufmerksam – und nie laut. Der Respekt vor menschlichem Leid lud alle dazu ein, sich in Stille zu üben und auf jeden Lärm zu verzichten.

Frauen werden diskriminiert

Im Laufe der Wochen erfuhr ich immer mehr über das Verhalten der einheimischen Mitarbeiter, das sich sehr von unserem unterschied. Vor allem eine Sache konnte ich nur schwer verdauen und nicht akzeptieren: die Diskriminierung von Frauen. Ein ebenso sensibles wie brennendes Thema. Ich hörte beispielsweise von familiären Situationen erfahrener Krankenschwestern, die zu Hause einem dominierenden Machismo unterworfen waren, obwohl sie alles, was auf ihren Familien lastete, zu tragen hatten.

Als ich mit Geschichten über besonders schmerzhafte und erschütternde Situationen konfrontiert wurde, war mir sogleich klar, dass das, was außerhalb des Krankenhauses geschah, uns prinzipiell nichts anging und ich mich hüten musste, irgendwelche Kommentare abzugeben. Das hielt uns aber nicht davon ab, uns zu fragen, wie wir bei der Arbeit im Krankenhaus jeder Diskriminierung so weit wie möglich begegnen könnten. Die Arbeitsverträge hatten bereits einige eklatante Ungleichheiten abgeschwächt, aber es ging auch darum, einige symbolische Änderungen vorzunehmen, um einen Anschein von Gleichheit zwischen den Geschlechtern zu schaffen. Bald gab es eine erste »Forderung« hinsichtlich der Art und Weise, wie wir uns bei der morgendlichen Begrüßung verhielten. Warum sollte man nicht ein System einführen, bei dem sich jeder und jede begrüßen kann? Bisher war es üblich, dass sich nur Männer die Hand gaben und sich umarmten. Wir beschlossen einvernehmlich, dies erst einmal nur innerhalb der chirurgischen Station zu versuchen, damit sich Männer und Frauen morgens frei und spontan und vor allem »gleichberechtigt« begrüßen können, unabhängig von Geschlecht, Ethnie und Religion.

Am ersten Morgen, als die neue Regelung an den Start ging, herrschte große Aufregung. Es war wie eine Party, eine fröhliche Party. Und nach ein paar Tagen baten auch die anderen Abteilungen darum, dieses Privileg auf sie auszuweiten. Alles gut also? Bei Weitem nicht. Wie naiv und ahnungslos ich doch gewesen war ... Ein paar Tage später nämlich gab es die ersten Beschwerden, dass Frauen bei den morgendlichen Umarmungen betatscht würden. Es kam zu einem sofortigen Rückzieher, und das Thema Gleichberechtigung am Arbeitsplatz wurde, was die Begrüßung am Morgen betraf, ad acta gelegt.

Triage-Übung

In einem Kriegskrankenhaus nimmt die »Triage«, das heißt das Sortieren der Patienten am Eingang, einen besonderen und wichtigen Platz ein. Anders als in einem zivilen Krankenhaus kommen die Patienten hier nicht einzeln mit einem Krankenwagen an, sondern kollektiv und mit Fahrzeugen aller Art, die »frisch Verwundete« bringen, die nach einem Angriff oder einem Feuergefecht abgeholt wurden oder die von diversen Sammelstellen kommen und deren Verletzungen Tage, Wochen oder Monate zurückliegen können.

Zunächst wird zwischen der Notfalltriage und der Triage mit verzögertem Eintritt unterschieden. Bei Ersterer hat das Kriterium der »verfügbaren Zeit« im Operationssaal Vorrang, während für beide gilt, dass so viele Leben wie möglich gerettet werden und Patienten in der kürzest möglichen Zeit operiert werden können.

Ich will hier festhalten, dass die Triage zu den dramatischsten Ereignissen gehört, mit denen der Verantwortliche konfrontiert wird, denn es geht darum zu entscheiden, wer überleben kann und wer in den Tod begleitet wird.

Die zu befolgenden Verfahren waren klar und einfach. Nach unserem Protokoll wurden die angekommenen Patienten nach drei Kategorien sortiert:

1. Gruppe: Verwundete, die möglichst rasch operiert werden mussten, weil sie sonst sterben würden. Im Schnellverfahren wurden sie im Prä-Operationsraum monitoriert.

2. Gruppe: Verwundete, die innerhalb der nächsten Tage operiert werden mussten. Sie wurden dafür regelrecht vorbereitet.

3. Gruppe: Schwer Verwundete mit ganz geringen bis keinen Überlebenschancen. Sie wurden in einem abgelegenen Zelt untergebracht und palliativ gepflegt.

Die Person, die sich bereit erklärte, die Triage zu übernehmen, musste nicht unbedingt ein Arzt sein, sondern konnte auch eine Krankenschwester mit Nerven aus Stahl und viel Erfahrung im Rücken sein. Sie musste sorgfältig ausgewählt werden, aber danach hatte man ihre Entscheidungen zu respektieren.

Für das Krankenhaus in Peshawar war die zweite Triage häufiger, bei der im Durchschnitt ein Dutzend Patienten eintrafen, deren Verletzungen bereits durch wiederholte chirurgische Behandlungen an anderer Stelle mit wenig Erfolg nur teilweise stabilisiert worden waren. Die Zahl der Verwundeten, die mit oder ohne Ankündigung mit dem Lastwagen ankamen, konnte bis zu dreißig betragen. Verwundete aus dem benachbarten Afghanistan wurden nicht immer angekündigt und das Krankenhaus wandte in der Regel hier auch das Notfallverfahren an.

Ich möchte an dieser Stelle auf einige Details zur Traumatologie und Kriegschirurgie zu sprechen kommen, und zwar gleich mit der wichtigsten Frage. Sie lautet: Warum sind die üblichen chirurgischen Techniken der Traumatologie und Orthopädie in der Kriegschirurgie in der Regel nicht anwendbar? Die Antwort ist einfach. Weil sie generell nicht funktionieren und nicht zur Heilung führen. Schuss- und Explosionsverletzungen verursachen deutlich schwerwiegendere Gewebe- und Knochenschäden als Autounfälle und Stürze, mit denen es die heutige Traumatologie im Wesentlichen zu tun hat. Metallfragmente und andere Fremdkörper, wie Holz, Erde oder Kunststoffe unterschiedlicher Größe, dringen hier in den Körper ein, werden in dessen Tiefe geschleudert und verteilen sich dort. Die Schockwelle der Geschosse – mit einer thermischen und mechanischen Wirkung, mit Temperaturen, die 500 Grad übersteigen können, und mit einer Geschwindigkeit von mehr als 800 Metern pro Sekunde – zerreißt und verbrennt das Gewebe auch in dem Teil des Körpers, der weit von der Flugbahn der Geschosse oder Schrapnelle entfernt ist. Und als ob das noch nicht genug wäre, gelten alle Wunden aus Kriegswaffen als kontaminiert, auch wenn die Infektion noch nicht manifest und sichtbar ist.

Der eigentliche Heilungsprozess kann erst beginnen, wenn die infektiöse Phase dank Antibiotika unter Kontrolle gebracht worden ist. Danach kommt es zu den spezifischen Eingriffen der Kriegschirurgie, die bekanntlich mit dem »Débridement« beginnen, dank dessen Fremdkörper in den Wunden entfernt werden sowie alles nekrotische, verbrannte, zerquetschte und nicht mehr wiederherstellbare Gewebe.

Und in jedem Fall ist die erste notwendige Handlung immer noch die älteste in der Geschichte der menschlichen Medizin: das Waschen von Wunden. Ein durch eine Landmine verstümmeltes Bein sieht, wenn der Unglückliche es geschafft hat, tagelang ohne angemessene medizinische Versorgung zu überleben – der klassische Fall bei unseren Patienten in Peshawar –, wie ein unförmiger Haufen verbrannten und teilweise verkohlten Fleisches aus, auf dem bereits übelriechender Schorf eitert – ein schrecklicher Anblick.

Es werden sofort Flüssigkeiten benötigt, von einfachem Wasser bis hin zu Kochsalz- und Desinfektionslösungen, aber vor allem braucht es Scheuerbürsten, zunächst solche mit Metallborsten und dann nach und nach mit feineren Borsten. Der Patient befindet sich in Narkose und kann nicht angeben, wo sich noch lebendes Fleisch befindet. Genau das ist jedoch die Aufgabe der Hand, die wäscht, säubert, bürstet und nach und nach die nekrotischen Teile entfernt, wobei sie natürlich äußerst vorsichtig vorzugehen hat.

Wenn das Waschen und Reinigen der Wunden vorbei ist, beginnt das eigentliche »Débridement«: die akribische Arbeit, um – zusätzlich zu den Fremdkörpern – alle devitalisierten und nun unwiederbringlichen Gewebe zu erkennen und zu entfernen. Sie sind in der Tat »tot«, weil kein Blut mehr durch sie strömt, das sie ernährt.

Diese chirurgische Entfernungsphase wird mit dem Skalpell und klassischen chirurgischen Instrumenten durchgeführt, erfordert jedoch Wissen und Erfahrung, um präzise eingreifen zu können – wie beispielsweise die Fähigkeit, in einem partiell verletzten Muskel zu erkennen, welche Fasern jetzt nekrotisch sind und welche sich trotz der Verletzung eventuell noch regenerieren können.

Nach der »radikalen Reinigung« ist es der Körper des Patienten, der reagiert. Sowie die infektiöse Phase unter Kontrolle ist, beginnt der eigentliche Regenerations- und Heilungsprozess, vor allem dank bestimmter Verbände. Es wird ein nicht faserndes, atmungsaktives und saugfähiges Material verwendet, das mit angemessenem Druck auf die offenen Wunden gelegt wird, in der Regel vier bis sieben Tage. In dieser Zeit wird die Flüssigkeit, die aus der offenen Wunde austritt, von den Baumwollverbänden aufgesaugt, die nach vier bis sieben Tagen gewechselt werden.

Nach etwa einer Woche wird, wiederum unter Narkose, der Zustand der Infektion überprüft. Man muss feststellen, ob sie noch vorhanden und der Weg zur Heilung frei ist. Wenn nicht, wird der absorbierende Verband erneuert. Erst wenn die Infektion ganz unter Kontrolle ist, können wir zur Phase der Rekonstruktion und des Wundverschlusses übergehen. Die Fälle, die wir zu behandeln hatten, betrafen zunächst den Bewegungsapparat, dann den Verdauungs- oder Bauchraum, die rekonstruktive Hautchirurgie und seltener den Bereich der Neurochirurgie, Urologie, Lungen- und Gefäßchirurgie.

Eine beträchtliche Anzahl von erst kürzlich Verwundeten, die gerade noch rechtzeitig aus Afghanistan zu uns transportiert werden konnten, setzte den Notfallplan in Gang, unsere Triage, wobei die rekonstruktive Chirurgie vorerst auf Eis gelegt wurde. Alle verfügbaren Kräfte wurden hier für die Neuankömmlinge eingesetzt, von denen einige noch in Lebensgefahr schwebten, weil ihre Blutungen weiter sichelten.

Immer wieder erlebten wir Überraschungen, wenn wir die Wunden der Neuankömmlinge untersuchten und sofort sahen, welche »Heilversuche« man bereits durchgeführt hatte. Gemüsepulver, Kamelkot, eingeweichte Früchte, zerquetschte Vögel, Innereien und vieles mehr waren in die Wunden gelegt worden, die man schließlich fest verbunden hatte. Nachdem ich alles entfernt hatte, musste ich feststellen, dass die Wände der Wunden oft wie gereinigt und geheilt aussahen, vor allem dann, wenn es von kleinen gefräßigen Würmern wimmelte, die bei der Reinigung der Wunde sehr nützlich waren. In diesen Fällen sahen die Voraussetzungen für eine Rekonstruktion gut aus und die akute Infektionsphase lag meist hinter uns. Ein beruhigendes Zeichen war es zu sehen, wie sich im Inneren der Wunden Granulationsgewebe bildete, ein weiteres Wunder der Natur: diese zarte rosa Farbe, die wie ein weicher Teppich neben den kahlen Knochen her langsam anwuchs und alle Gewebe bedeckte.

Es kam allerdings auch vor, dass ich etwas davon entfernen musste, wenn es im Weg war und die Wiederaufbauphase behinderte. Was für eine Kraft lag in dieser Natur von Millionen von Zellen, die sich zu einem lebenden Gewebe organisierten! Stets war ich fasziniert von den unaufhaltsamen Fortschritten dieses sich regenerierfähigen Gewebes.

Bevor die Verwundeten in den Operationssaal kamen, mussten sie gereinigt werden. Sie mussten sogar geduscht werden, während sie noch auf den Bahren lagen, und dann aus hygienischen Gründen mit sauberen Tüchern bedeckt werden. Das war eine durchaus anspruchsvolle Aufgabe für das gesamte Personal, vor allem in besonderen Situationen wie dem Rasieren der Kopfhaut eines Mudschaheddin, der in den Monaten des Krieges kaum Seife oder Shampoo gesehen hatte. Eine mögliche neurochirurgische Operation erforderte einen komplett rasierten Kopf. Für weibliche Patienten hatten wir Ad-hoc-Regeln für die Aufnahme. Beim Inspizieren der Wunden von Frauen und Mädchen wurde die Anwesenheit eines Mannes nicht geduldet und musste von weiblichem Personal durchgeführt werden. Die Ärzte durften Patientinnen nur im Operationssaal untersuchen, wenn sie narkotisiert waren. Außerhalb des Operationssaals durfte der Zustand einer Wunde nur durch Abtasten unter der Kleidung überprüft werden.

Für jede Operation ist bekanntlich die Zustimmung des Patienten erforderlich, natürlich ganz besonders, wenn amputiert werden soll. Einigen Patienten, die bereits auf dem Operationstisch lagen, musste man nach dem Abnehmen der Verbände das Bein oder den Arm zeigen, das bzw. der bereits fast amputiert war und nur noch durch ein paar Hautfetzen zusammengehalten wurde, um endlich die Zustimmung zur Operation zu erhalten. Es kam aber auch vor, dass der Patient – in exakt dem gleichen Fall – die Amputation immer noch ablehnte und so zurück in den Warteraum gebracht wurde. Bei einigen Patienten musste diese Prozedur mehrmals wiederholt werden, bis sie einverstanden waren. Eine der Erklärungen für dieses Verhalten war, dass sich Muslime mit intaktem Körper am Tor zum Jenseits zu präsentieren hatten.

In den Tagen nach dem Eintreffen einer großen Zahl von Verletzten konnte der Operationsrhythmus eng werden und wir stießen an die Grenzen unserer Kräfte. Zwei Operationsteams arbeiteten rund um die Uhr ohne Unterbrechung. Wir kamen mit etlichen Tassen und Bechern Kaffee aus, doch nach 12 oder 14 Stunden Non-Stop-Operationen war auch ich am Ende. Grenzen: Ich hatte nicht mehr die Kraft, um ein Instrument zu heben oder eine orthopädische Klemme zu schließen.

Es gab freilich noch extremere Situationen. Der Anblick von Blut, allen möglichen Körpersäften und von Fäkalien war mir natürlich nicht gleichgültig, aber ich hatte mich im Lauf der Jahre daran gewöhnt. Das Blut selbst – der Träger des Lebens – betrachtete ich mit Wohlwollen, wobei ich es natürlich vorzog, sein langsames Fließen in den Venen zu sehen oder sein Strudeln in den Arterien zu erahnen. Die großen offenen Wunden mit ihrem zerrissenen Gewebe trieben mich sofort an die Arbeit, die vor mir lag: Jetzt war sicherlich keine Zeit, um innezuhalten und über die Torheit der Gewalt des Menschen gegen den Menschen nachzudenken. Es war aber auch keine Zeit, um sich von Gefühlen der Verurteilung oder des Mitleids überwältigen zu lassen.

Ich gebe zu, dass es für mich persönlich eine völlig unerträgliche Situation gab und immer geben wird: der Anblick eines Gewirrs von weißlichen Würmern, Ascariden, die sich wie ein dichtes Gewirr von hungrigen kleinen Schlangen in der Bauchhöhle bewegen, weil der Darm perforiert ist. Mehr als einmal wurde ich bei der Öffnung eines akuten Abdomens, wenn ich sie vor mir sah, von einem unkontrollierbaren Würgereiz ergriffen und musste den Operationstisch verlassen, um einen Assistenten mit der Fortsetzung der Operation zu beauftragen. Ich muss hier noch ein erschreckendes Detail über diese Würmer hinzufügen: Es kommt vor, dass man sie bei Patienten sieht, die dem Tod nahe sind, wenn nämlich die Ascariden den Körper des Sterbenden verlassen, indem sie sowohl aus der Nase als auch aus dem Rektum kommen – ekelhafte Boten des Todes.

Ich will hier noch von einem mich überraschenden Fall berichten, zu dem es nach einer langen und zermürbenden Schicht gekommen war. Wir, mein Team und ich, zogen uns im Kleiderraum um und nahmen ein Mittel zu uns, um möglichst bald – zu Hause dann – einen erholsamen Schlaf zu finden. Eine Dormicum-Tablette ließ einen nicht nur gut einschlafen, sondern auch den Stress, die übermäßige Müdigkeit sowie die zu vielen Kaffees vergessen.

Noch während wir in der Umkleide waren, kam eine OP-Schwester herein und fragte uns, warum wir uns umziehen. Ich antwortete ihr, dass wir nach unserer Schicht nun gleich nach Hause gingen, worauf sie sagte: »Aber wissen Sie denn nicht? Das Team, das Sie ablösen sollte, ist noch nicht aus dem Wochenende zurück. Sie müssen mit den Operationen weitermachen.« Es war aber nicht nur schon nach Mitternacht, sondern auch das Dormicum war inzwischen in meinem Magen geschmolzen. Jetzt kam zur Erschöpfung auch noch Panik hinzu. Für mich und mein Gedächtnis fiel der Vorhang, und ich »wachte auf« und kam erst am folgenden Nachmittag irgendwie wieder zur Besinnung, als ich die chirurgische Station besuchte.

Angesichts eines Patienten, der mit Laparotomie und anschließender Darmresektion operiert worden war und an den ich mich nicht als meinen Patienten erinnerte, wandte ich mich an die Oberschwester und sagte ihr, dass es sich um einen Patienten meines Chirurgenkollegen handeln musste. Darauf folgte eine Diskussion, die in einem Streit zu enden drohte, bis mir die Schwester den handgeschriebenen Bericht unter die Nase hielt, den ich noch in der Nacht nach der Operation geschrieben hatte: Der Patient war meiner und von mir operiert worden! So stand es da – in meiner Handschrift. Wir setzten unsere Visite fort und ich erkannte keinen der Patienten, die in der Nacht zuvor operiert worden waren. In den nächsten vier Tagen wuchs in mir die Angst: Was wäre, wenn ich einen Fehler gemacht und zum Beispiel ein Stück Darm in der entgegengesetzten Richtung genäht hätte, was zu einer Katastrophe für den Patienten führen könnte … Die schicksalhaften ersten Tage vergingen, und die Darmpassage nahm wieder ihren normalen Lauf, ebenso normalisierte sich der Zustand der anderen Patienten, die in der Nacht zuvor operiert worden waren. Doch nachdem die Angst verschwunden war, machte sich ein Gefühl der Niedergeschlagenheit breit: Wo blieb die Kunst der Chirurgie? Alles nur eine Abfolge von erlerntem »Handwerk«, das »ohne mich« auskam? Um die Sache mit mir selbst abzuschließen, betrachtete ich den ganzen Fall als eine liebevolle Warnung an meinen Stolz und meinen Eigendünkel.

Das vom IKRK rekrutierte Krankenhauspersonal – Expats, Chirurgen, Anästhesisten, Krankenschwestern und Krankenpfleger – bestand zu 90 Prozent aus Afghanen und Pakistanern, deren Gehälter deutlich über den vor Ort üblichen lagen. Das machte die Beschäftigung beim IKRK für alle medizinischen Fachkräfte zu einer echten Attraktion. Bei meiner Ankunft, ein Jahr nach der Eröffnung dieses Krankenhauses, hatte ich übrigens entdeckt, dass ein Krankenpfleger, der bei uns als – sehr guter – Anästhesist arbeitete, Pilot des Überschallflugzeugs Mirage gewesen war, während ein junger afghanischer Arzt, der gerade seine Ausbildung abgeschlossen hatte und bei uns als chirurgischer Assistent tätig war, bereits über ein bemerkenswertes Maß an Erfahrung und manueller Geschicklichkeit verfügte.

Das IKRK beschäftigte auch Personal, das nicht in der Medizin, sondern in anderen Bereichen und oft auf Universitätsniveau ausgebildet war: wie fast alle afghanischen Flüchtlinge, die der Krieg zur Flucht gezwungen hatte.

Unter ihnen befanden sich auch einige Krankenschwestern: Sie erwiesen sich als unentbehrlich auf den Frauen- und Kinderstationen angesichts der traditionellen Trennung der Geschlechter. Sie wurden allerdings bald rasch mit anderen Aufgaben betraut und zeigten Fähigkeiten, mit denen sie den Männern überlegen waren. Oft waren es Mütter, die mit Hingabe und beispielhaftem Einsatz arbeiteten, um ihre Familien zu unterstützen. Ich weiß, dass sie nicht nur stolz darauf waren, eine gut bezahlte Arbeit zu haben, sondern auch darauf, dass sie vom IKRK in ihrer Würde und mit ihren Rechten als Frauen gesellschaftlich anerkannt wurden, was in Afghanistan niemand zu dieser Zeit anerkannt hätte. Hin und wieder erfuhr ich von vielen Familientragödien und opferreichen Lebensgeschichten, die allein dem Krieg geschuldet waren.

Die Verwaltung und Leitung des Krankenhauses war der Delegation des IKRK von Peshawar anvertraut worden, was ehrlich gesagt ein Segen war, sodass wir medizinische Mitarbeiter nicht auch noch mit administrativen und politischen Angelegenheiten belasten mussten. Wir konnten uns so auf die Pflege unserer verwundeten Patienten konzentrieren. Natürlich waren die Kontakte zwischen der Delegation und dem Krankenhaus für einen reibungslosen Betrieb grundlegend wichtig, und so war es auch möglich, eine auf Humanität angelegte Politik mit den Aufgaben der Medizin zu verknüpfen: eine Win-Win-Situation, von der alle profitierten.

Die Inspektion von Benazir Bhutto

Eine Prüfung, die es zu meistern galt, stellte sich vor Weihnachten im Dezember 1987. Der Leiter der Delegation, André Collomb, teilte mir mit, dass eine Inspektion durch die Regierung von Benazir Bhutto bevorstünde, deren Ziel es wohl sei, den Sonderstatus des IKRK-Krankenhauses (gemäß der Genfer Konvention) zu bestätigen … oder nicht. Ich versprach, mein Bestes zu tun, und wir bereiteten uns auf den Empfang des Sondergesandten vor, einer britischen Journalistin und Anwältin, die, wie es hieß, mit Bhutto befreundet war.

Das Krankenhaus hatten wir wie für ein Festessen vorbereitet, jede Ecke gereinigt und alle Fenster geputzt sowie den Rundgang sorgfältig und bis ins Detail organisiert, sodass es zur Inspektion kommen konnte.

Nach der Begrüßung in englischer Sprache führte ich die Inspektorin erst einmal zu den großen Krankenhauszimmern und dem Operationssaal. Ihre britische, so höfliche wie distanzierte Art verwandelte sich rasch von Raum zu Raum und ihr Ton wurde sensibler und emotionaler. Und so ging der Smalltalk mit der Dame allmählich in einen von Aufmerksamkeit geprägten Dialog über.

Das Finale des Besuchs, das in der Intensivstation geplant war, fand statt vor einer Reihe von Betten mit Patienten, die mit weißen Laken bedeckt waren. Die Oberschwester hob sie mit festem Griff nacheinander hoch, während ich die operierten Wunden erklärte und die – von Fall zu Fall unterschiedlichen – Heilungschancen erläuterte. Die Inspektorin zeigte sich einen Moment lang verwirrt und bekam sofort einen Stuhl angeboten. Kurz danach hatte sie sich erholt und ließ uns sichtlich berührt wissen, dass das Ende ihres Besuchs gekommen sei. Einige Tage später traf ein Brief der pakistanischen Regierung ein, in dem der besondere Status des Krankenhauses mit Nachdruck anerkannt und die Rolle und die Arbeit des IKRK gelobt wurden.

Die Herausforderung der Physiotherapie

Das Krankenhaus in Peshawar war das erste seiner Art für das IKRK, und das Management der Klinik hatte engen Kontakt mit der medizinischen Abteilung in Genf zu halten. Sie hatte das letzte Wort bei allen Anträgen, die ihr vorgelegt werden mussten, ob sie nun technischer Art waren oder sich auf die Kriegschirurgie bezogen. Zu unserem Glück wurde die medizinische Abteilung in Genf zu dem Zeitpunkt, als das Konzept der medizinischen Versorgung im Rahmen der humanitären Hilfe verfeinert wurde, von Rémi Russbach geleitet. Als Arzt hatte er eine klare Vorstellung von zukünftigen Aufgaben und schreckte vor neuen Herausforderungen nicht zurück. Er war es, der die medizinische Abteilung unter dem Druck der Konflikte, die sich damals in der Welt häuften, erfolgreich umstrukturierte. Inzwischen gab es ein Dutzend Krankenhäuser, die ausschließlich vom IKRK betrieben wurden.

Uns Ärzten vor Ort, ob Generalisten oder Spezialisten, fehlte es gewiss nicht an guten Ideen, was besser gemacht werden könnte und welche technischen wie logistischen Hilfen unserer Meinung nach wirklich benötigt würden. Natürlich kamen unsere Anfragen aus Peshawar nicht immer in Genf an, aber wir erhielten in der Regel vernünftige Antworten und grosso modo wurden früher oder später Kompromisse erreicht.

Mit einer Ausnahme, die später zu einem »Fall« wurde: Das Tempo unserer Chirurgie führte auch zu einem erheblichen Anstieg der Amputationen. Die postoperative Betreuung sollte unseres Erachtens mit einer Rehabilitations-Physiotherapie kombiniert werden, und so wollten wir im Krankenhaus eine Ad-hoc-Abteilung mit speziell geschultem Personal eröffnen. Genf wollte davon jedoch nichts wissen und stellte sich taub. Das lapidare Argument, das uns schließlich via Fax erreichte, lautete: Physiotherapie mag das Vorrecht einer Schweizer Luxusklinik sein, aber nicht das eines Rotkreuz-Krankenhauses!

Angesichts der Zahlen und Fakten war uns jedoch klar, dass wir Maßnahmen ergreifen mussten, um das IKRK dazu zu bringen, die Augen für eine Realität zu öffnen, für die es hartnäckig blind war. Innerhalb weniger Monate konnten wir nicht nur unseren physiotherapeutischen und prothetischen Dienst ins Leben rufen, sondern bald wurden Prothesenlabore und Ausbildungszentren für Amputierte in Afghanistan und auch anderswo in der Welt eingerichtet. In Kabul eröffnete das IKRK sein erstes orthopädisches Rehabilitationszentrum für Amputierte, eine Einrichtung, die nicht nur Behandlungen durchführte, sondern auch Prothesen herstellte (alle mit lokalen Technologien und Materialien) und Beschäftigungstherapie sowie entsprechende Ausbildungsmaßnahmen anbot. Bis heute ist dieses Institut für Amputierte in Betrieb und arbeitet unabhängig von den herrschenden Regimen weiter. Dies ist dem Italiener Alberto Cairo zu verdanken, der das Zentrum im Auftrag des IKRK eröffnete und leitete und dessen bedingungsloser und gehorsamer Vater wurde, der seiner Mission jahrzehntelang die Treue hielt.

Ich schweife hier ein wenig ab, um ein Beispiel für die Autorität Albertos in Afghanistan zu geben. Ich war gerade in Kabul gelandet und erhaschte am Flughafen einen Blick auf ihn – wahrscheinlich wartete er auf einen Gast, der mit meinem Flug angekommen war. Als ich meinen Pass mit dem Einreisevisum am Schalter vorlegte, sah ich, wie der Beamte erst bleich, dann rot wurde. Sein Gesicht schwoll an, als würde er gleich platzen. Wütend sagte er mir, dass ich dorthin zurückgehen könne, wo ich herkäme, denn mein Visum sei Makulatur. Es war von der Nordkoalition ausgestellt worden, die sich zu dieser Zeit im Krieg mit den Taliban in Kabul befand.

Ich machte mich besorgt auf die Suche nach Alberto, fand ihn und erklärte ihm die Situation. Er blickte mich nur an und sagte ruhig: »Überlasse du mir das.« Minuten später ging ich durch die Passkontrolle und erhielt den Einreisestempel, als ob nichts geschehen wäre.

Die Herausforderung der Traumatologie

Im Bereich der Kriegschirurgie hatten wir noch ein weiteres Thema: Wie war der Zustand unserer Instrumente zu bewerten, vor allem derjenigen für Operationen bei Knochentraumata? Hier hatten wir einigen Erklärungsbedarf.

Die Instrumente, die ich im Krankenhaus in Peshawar vorgefunden hatte, waren die der Arbeitsgemeinschaft für Osteosynthese (AO), die fast alle Chirurgen in ihren Heimatländern kannten und benutzten, zweifellos ein Spitzenprodukt. Das Basisinstrumentarium der AO war zwar perfekt für unsere kriegschirurgischen Techniken, aber nicht für die Osteosynthese, also für das Verfahren zur Fixierung und Konsolidierung von komplexen Frakturen mit Platten und Schrauben, was in der Kriegstraumatologie nicht nur nicht ratsam, sondern sogar kontraindiziert ist. Was häufig benötigt wurde, war ein »Fixateur externe«, und im Krankenhaus von Peshawar hatten wir ein Modell namens »Hoffmann«, das für offene und komplexe Frakturen nicht optimal war. Die AO hatte vor Kurzem eine eigene Version auf den Markt gebracht, und die ermutigenden Ergebnisse der klinischen Studien veranlassten die medizinische Abteilung des IKRK, sie in die in Peshawar verwendete Ausrüstung aufzunehmen. Das Hoffmann-Modell wurde aufgegeben und durch das Modell der AO ersetzt.

Nach zwei Jahren aktuellen Einsatzes dieses Modells erlaubten wir uns also die Frage, ob es wirklich optimal für unsere Arbeit war. Wir schlugen daraufhin Genf vor, dass das IKRK eine seriöse und professionelle Bewertung des Einsatzes von AO-Instrumenten und des externen Fixateurs innerhalb der letzten zwei Jahre durchführen sollte. Diese Aufgabe wurde Hermann Oberli übertragen, einem erfahrenen Schweizer Chirurgen, der bald darauf in Peshawar eintraf. Doch schon bald stellte sich heraus, dass die notwendige Erfassung von Daten aus einer Reihe von Gründen (die ich hier nicht detailliert wiedergeben möchte) schwierig bis unmöglich war – an eine valide statistische Auswertung war nicht zu denken.

Die einzige Schlussfolgerung, zu der Hermann Oberli am Ende seines Einsatzes nach Dutzenden von Gesprächen mit vielen Beteiligten kommen konnte, war die, dass die derzeit verwendeten Instrumente mit einiger Gewissheit die geforderten Kriterien erfüllten. Aber eine brauchbare Bewertung, die auf einer wissenschaftlich seriösen Untersuchung basierte, konnte nicht geliefert werden.

Gleichwohl waren wir in einer nicht unvorteilhaften Situation. Einerseits sagte uns die Anwendung »unserer Techniken«, die modifiziert worden waren und zu positiven Ergebnissen geführt hatten, dass es unsere »moralische Pflicht« war, sie sowohl den jungen Leuten in der Ausbildung als auch den Chirurgen, die hier für den üblichen dreimonatigen Einsatz ankamen, beizubringen. Andererseits ermöglichte die stete Anwendung von Techniken, die für den Krieg spezifisch ausfielen und im Lauf der Zeit vor allem von den afghanischen Assistenzchirurgen, die sogar jahrelang im Krankenhaus blieben, übernommen wurden, eine bessere Bewertung ihrer Wirksamkeit. Schade nur, sagten wir, dass wir auf empirisch gesicherte Daten verzichten mussten und uns auf Mundpropaganda zwischen den Ärzten zu beschränken hatten. Leider würden die Ergebnisse unsere Dialoge in künftigen Handbüchern für chirurgische Techniken in der Kriegstraumatologie nie zu lesen sein ...

Allerdings waren wir auch mit einer besonderen Situation konfrontiert. In Quetta, Pakistan, hatten wir eine Zunahme der Fälle von Schädel- und Unterkiefer-Gesichtstraumata festgestellt, die uns überraschte, weil wir die Ursachen nicht kannten und so auch nicht begreifen konnten. Bisher waren wir auch immer wieder auf sehr spezielle Verletzungen gestoßen, zum Beispiel als Patienten mit

Verbrennungen durch Flammenwerfer eintrafen oder als wir es mit verwundeten Soldaten zu tun hatten, deren Füße von einer Kugel durchbohrt worden waren, sodass wir uns fragten, wie und warum es dazu kommen konnte.

Die Kugel im Schädel

Nun aber erschien ein Patient bei uns und klagte über unerträgliche Kopfschmerzen, die sich immer mehr verstärkten. Er sagte, er sei Monate zuvor von einer Kugel getroffen worden, aber es gab keinen Hinweis auf eine Eintrittswunde an der Stelle, auf die er zeigte. Erst zwei Röntgenaufnahmen bestätigten, dass er tatsächlich eine Kalaschnikow-Kugel in seinem Schädel hatte, wobei die Spitze des Geschosses die Schädeldecke berührte. Der Patient war von den Röntgenbildern beeindruckt und erschrocken, aber jetzt verlangte er nachdrücklich, dass die Kugel entfernt würde. Leicht gesagt, sagte ich mir, aber wir hatten außer den beiden Röntgenbildern – dem frontalen und dem seitlichen Bild – keine weitere Möglichkeit, die Lage der Kugel exakt zu lokalisieren. Zudem schien es mir riskant und übertrieben, ihn einer klassischen Kraniotomie zu unterziehen. Ich legte nun die beiden Röntgenbilder übereinander, markierte auf dem rasierten Schädel die Stelle, an der ich die Kugel vermutete, und entschied mich für eine kleine Kraniotomie mit nur drei statt der üblichen fünf Löcher. So würde ich ein dreieckiges Fenster öffnen, das auf jeder Seite nur sechs Zentimeter breit ist. Fände ich die Kugel nicht direkt unter der Öffnung, könnte ich die Nachbarschaft mit der gebotenen Vorsicht erkunden. Bekanntlich ist ja das Gefäßsystem des Gehirns sehr empfindlich und so dicht »gewebt«, dass bei jeder kleinsten Berührung sofort Blut sprudelt.

Als wir am Operationstisch die Schädeldecke anhoben, war nicht nur ich ungeduldig. Als hätte ich an eine Tür geklopft und jemand sie geöffnet, hielt ich das Dreieck aus Schädelknochen in meiner Hand, aber die Kugel spritzte heraus und landete auf dem Boden.

Nach ein paar Tagen befand sie sich in der Hand eines glücklichen Patienten, der sie als Souvenir mit nach Hause nahm. Und seine Kopfschmerzen waren fortan verschwunden.

Ein Fall von neurochirurgischem Trauma, den ich auf den ersten Blick nicht erkannte, war mir eine Lektion in Geduld und Respekt vor den Regenerationsfähigkeiten unseres Körpers.

Ein Patient, der seit etwa drei Monaten eine Wunde am Kopf hatte, kam ins Krankenhaus mit einem auffälligen Kopfverband, der wie ein Turban aussah, aber nass war und die Farbe von verdünntem Blut hatte. Bei der Untersuchung fühlte ich mich wie auf einem Schlachtfeld, denn auf einem Viertel des Kopfes ragten scharfe Knochensplitter aus einer körnigen und noch offenen Wunde hervor. Es hatte sich eine Art Vertiefung mit winzigen Knochensplittern gebildet, die beim Röntgen entdeckt worden waren. Dennoch war der Patient bei Bewusstsein, sprach und konnte sogar langsam mithilfe eines Stocks gehen.

Ich beschloss, nun eine gründliche Untersuchung unter Narkose vorzunehmen, um die freiliegenden Knochenfragmente zu entfernen und dann die Falten der verbleibenden Kopfhautlappen wieder zusammenzuführen, um schließlich den zerschmetterten Schädel zu decken. Ich wusste allerdings von vornherein, dass das Problem des Liquorverlustes durch die schwer beschädigten Hirnhäute nicht gelöst werden konnte.

Gleich zu Beginn der Operation, als ich in dem zertrümmerten, mit sterilen Tüchern umrandeten Bereich neben den Knochenfragmenten einen Teil des pulsierenden Gehirns sehen konnte, sagte ich mir: »Sei vorsichtig, geh langsam und behutsam vor.« Entsprechend verfuhr ich bei der Reinigung und Entfernung der Teile, die jetzt nekrotisch waren. Dann ging ich dazu über, die Knochenfragmente zu entfernen, die man, so das Röntgenbild, herausnehmen konnte, doch musste ich sie erst einmal sanft berühren, um zu fühlen, ob sie nicht tief in empfindlichen Teilen steckten, zum Beispiel an Gefäßen und besonders an Arterien. Die Flüssigkeitssauger standen bereit, ebenso wie das elektrische Skalpell, um kleine Gefäße zu koagulieren, falls sie bluten sollten. Und vor mir pochte das Gehirn.

Ich erinnere mich noch, wie ich fragte, wo und was eigentlich das Leben (oder war es vielleicht die Seele?) sei, das da vor mir pulsierte und in diesem Kopf zu Hause war. Die Versuchung, das Gehirn weiter und tiefer zu untersuchen, verschwand mit einem Mal. Ich führte die zweite Operationsphase durch, in der ich das restliche Gewebe annähte und danach deckte. Ich nähte mit der restlichen Haut so weit wie möglich den »Rest« des exponierten Schädels.

Der Patient erholte sich gut und ohne jegliche infektiösen Komplikationen. Auch sein neurologischer Zustand blieb stabil. Ich freute mich für ihn und auch für mich, aber es gab ein Aber, das bei einem Besuch auf der Station auftauchte. Mein Patient war beim Frühstück und aß Reis mit seinen Stäbchen: konzentriert, schnell und unersättlich. Als ich mich ihm näherte, bemerkte ich, dass aus der Kopfwunde Liquor tropfte, klar und durchsichtig, das wie eine Gewürzsauce direkt in die Reisschüssel des Patienten floss. Ich war fassungslos. Natürlich wusste ich, dass eine Fistel wie die seine nicht direkt geschlossen werden konnte. Ich konnte nur geduldig sein: Es war keine Frage von Tagen, sondern von Wochen, und – ein weiteres Wunder der Natur – die Fistel schloss sich spontan und der Patient konnte nach Hause gehen.

An der Anästhesiefront waren die Fragen und Probleme anders gelagert: In der Kriegschirurgie muss die Anästhesie einfach, sicher und natürlich wirksam sein. Mit den Erfahrungen aus den jüngsten Kriegen hatten die Sanitätsdienste der Armeen auch von der sogenannten »allgemeinen« Anästhesie Gebrauch gemacht, in den Anfängen mit Äther, was jedoch zu riskant und unkontrollierbar war, sodass die lokale Anästhesie in ihren verschiedenen Formen bevorzugt wurde. Für größere Operationen war immer eine »tiefe« Anästhesie erforderlich, die »zivile« Anästhesie mit Neuroleptika war in Situationen wie den unseren kaum anwendbar.

Empirisch überprüfbares Wissen hatte schließlich dazu geführt, dass bei Eingriffen, die nicht länger als zwei Stunden dauerten, zwei Medikamente eine wesentliche Rolle spielten: Fentanyl, ein synthetisches Opiat, und Ketalar oder Ketamin, ein dissoziatives

Analgetikum. Diese zwei Medikamente waren damals nur für den Einsatz in Krankenhäusern bekannt. Man wusste jedoch, dass es sich bei ihren Wirkstoffen um starke Drogen handelte, die sich heute noch in den Händen des Drogenkartells befinden, das Fentanyl in Massen herstellt und damit die USA flutet, wo jährlich Zehntausende daran sterben.

Mit intravenösem Fentanyl leitet der Anästhesist eine Prämedikation und eine allgemeine Entspannung des Patienten ein. Anschließend wird Ketalar in die Vene gespritzt, und zwar in genau berechneten Dosierungen, angepasst an die Vitalparameter des Patienten. Damit wird ein ruhiger Verlauf des Eingriffs ermöglicht, dessen Dauer frei gewählt werden kann. Ein weiterer wichtiger Vorteil war der, dass auch Patienten, die nicht nüchtern waren, operiert werden konnten. Auch das postoperative Aufwachen verlief in der Regel reibungslos: Ich musste dem Anästhesisten nur etwa 15 Minuten vorher das Ende der Operation ankündigen. Ich erinnere mich noch lebhaft an das Erstaunen der Anästhesie-Neulinge, die sich von der Wirksamkeit und Sicherheit dieser bis dahin unbekannten Medikamente und dem Ausbleiben von Folgekomplikationen überzeugten. Besonders beeindruckt war ich von der Flexibilität der anwendbaren Dosierungen und dem Ausbleiben lästiger Symptome, die normalerweise mit tiefen Narkosen einhergehen. Unter den Anästhesisten kursierte eine vereinfachende Antwort, um den Erfolg der Medikamente zu erklären – viele waren überzeugt, dass ihre Patienten längst drogenabhängig waren. Aber im Gegenteil: Es waren alles junge Kämpfer, die sich in einer ausgezeichneten körperlichen Verfassung befanden.

Da fällt mir ein, dass ich noch von einer anderen Episode berichten muss. Mein französischer Anästhesist Patrick Peillod, den ich immer wieder bei Kriegseinsätzen getroffen habe, hatte eine Manie: Bevor er das Fentanyl injizierte, bestand er darauf, dass alle Lichter ausgeschaltet würden, und er verlangte absolute Stille im Raum wie außerhalb, da dies für einen guten Start der Narkose unerlässlich sei. Eine Übertreibung, dachte ich mehr als einmal. Dann aber kam der

Tag der Diskussion zwischen uns und des unvermeidlichen Streits. Um ihn zu beenden, schlug er ein Experiment vor, das seines Erachtens die Situation klären würde: Ich solle mich, sagte er, an den Operationstisch stellen und mit einem Patienten sprechen, wenn er, Patrick, Fentanyl injizieren und die Narkose beginnen würde.

Gesagt, getan: Ich nahm meine Maske ab, stellte mich dem Patienten vor und unterhielt mich ein paar Minuten mit ihm, bis er einschlief. Am nächsten Tag hatte ich das Experiment vergessen, weil ich das Erwachen nicht miterlebt hatte. Bei meiner Visite stand ich nun an seinem Bett und sah, wie er errötete, zitterte und schwitzte. Er wollte sich aufsetzen und sprach laut, fast schrie er. Was er gesagt hatte, übersetzte mir dann eine Schwester im Detail: Er hatte mein Gesicht gesehen und die schönste Stimme seines Lebens vernommen, die ihm in seinem letzten Traum erschienen war. Ich hatte es offensichtlich mit einer klassischen Übertragung zu tun, die in diesem Fall durch pharmakologische Mittel ausgelöst wurde und von der man sich, wie ich mich erinnerte, distanzieren muss, erst recht, wenn man kein Psychotherapeut ist. Ich vermied es sorgfältig, diesen Patienten wiederzusehen, aber ich begriff, dass die Vorsicht des Anästhesisten angebracht war.

Heute würde ich den Vorgang wohl doch anders bewerten. Denn hinter dieser Reaktion, die damals als banale – psychoanalytisch deutbare – Übertragung gewertet wurde, steckte eher eine psychedelische Reise – und damit ein neuer medizinischer Bereich mit therapeutischem Potenzial bei bestimmten psychischen Störungen.

Was mich in meiner Beziehung zu den Patienten immer wieder überraschte, war die Leichtigkeit des menschlichen Kontakts, der spontan da war und dann dauerhaft wurde, auch wenn wir nicht dieselbe Sprache sprachen. In vielen Krankenhäusern in Ländern mit unterschiedlichen Kulturen erlebte ich, dass es die Sprache des Körpers und gleichzeitig die der Seele war, die sich mehr oder weniger sofort durchsetzte. Unterschiede im sozialen Status schienen in diesen Kontexten nicht zu zählen – ganz anders als in unseren Breitengraden.

Natürlich befand ich mich in meiner Position als Arzt, der sich um die Gesundheit eines schwer traumatisierten Patienten kümmerte, in einer vorteilhaften, obschon asymmetrischen Lage. Gleichwohl staunte ich immer wieder über das bedingungslose Vertrauen, das selbst dann andauerte, wenn der Verlauf der Genesung nicht günstig oder äußerst ungewiss war. Soziale, bildungsmäßige, religiöse und kulturelle Ungleichheiten, die in der »zivilisierten Welt« menschliche Beziehungen von Angesicht zu Angesicht behindern, zählten hier nicht.

Den Mudschahid versohlen

Mehr als einmal habe ich diesen Zustand genossen, in dem plötzliche soziale Gleichheit zu Vertrauen, Wohlwollen und sogar Handlungsfreiheit führt. Dabei kam es auch zu einer Episode, die für mich sehr lehrreich war. Und genau deshalb möchte ich sie erzählen.

Eines Morgens besuchte ich die Station der operierten Patienten mit der üblichen Prozession von Pflegern und Krankenschwestern. Ich war – wie immer – gezwungen, einen bestimmten Rhythmus einzuhalten, denn die Zeit war knapp. Ich näherte mich dem Bett eines am Gesäß verwundeten Mannes, der bäuchlings auf der Matratze lag. Ich fragte ihn, ob ich die offene Wunde untersuchen könne, die noch von der Hose seines Gewandes, eines Shalwar-Kameez, bedeckt war, und zog sie herunter. Sofort zog der Patient sie wieder hoch und ich sie erneut herunter. So ging es immer weiter, bis ich die Geduld verlor, sie kräftiger herunterzog und ihm einige Schläge auf die andere Pobacke verpasste. Der Himmel tat sich auf: Ich hatte mich an einem nackten Mudschahid vor mindestens 15 anderen verwundeten Kriegern vergriffen. Eine tödliche Stille senkte sich unerbittlich herab, unerträglich für meine Ohren wegen der hypothetischen Konsequenzen, bis ein leises Glucksen aus dem hinteren Teil des großen Raumes zu hören war, das allmählich anschwoll und den ganzen Raum erfasste. Sie alle lachten und applaudierten. Sogar mein Gefolge wurde davon angesteckt: Es war ein Jubel, aber auch eine Warnung für mich.

Auf die Tage und Nächte, die wir im Krankenhaus verbrachten, folgten freie und verlängerte Wochenenden für die zwei oder drei chirurgischen Teams, die jeweils aus einem Chirurgen, einem Anästhesisten und einer OP-Schwester bestanden und sich abwechselten. Neben unserem Schweizer Team gab es noch je zwei weitere aus Europa und von außerhalb Europas. Jedes Team wohnte in einem Mietshaus mit eigenem Personal: einer Köchin, einer Haushälterin und einem Hausmeister. Wir alle schätzten den Komfort, von der Arbeit nach Hause zu kommen und eine saubere und angenehme Umgebung mit gedecktem Tisch vorzufinden.

Der legendäre Peshawar-Souk

Es war nicht leicht, unsere Zeitpläne einzuhalten, aber dennoch konnte es passieren, dass wir am späten Nachmittag ein paar Stunden nutzten, um die Stadt Peshawar zu erkunden. Sie, ein historisches Handels- und Kulturzentrum, war wegen des Krieges im benachbarten Afghanistan in vollem Aufruhr. Die kleine Gruppe von Ausländern wurde umgehend erkannt und wie alte Freunde empfangen. Der Markt, oder besser gesagt der mythische Souk, der die pulsierende Seele so vieler Städte im Osten ist, übte eine unwiderstehliche Anziehungskraft auf uns aus: enge Gassen mit Geschäften, die Teppiche, Gewürze und lokales Kunsthandwerk aus Holz, Leder und Kupfer verkauften.

Wir gingen in die Teppichläden wie in ein Café: Wir saßen im Halbkreis auf dem Boden, es wurde Tee angeboten, miteinander gesprochen, bis endlich Teppiche unterschiedlicher Form und Herkunft ausgerollt wurden – mit all den dazugehörigen Geschichten, die fachkundige Teppichverkäufer bezaubernd zu erzählen wissen.

Wir konnten der Verlockung gewisser Läden nicht widerstehen, in denen im Eingangsbereich alle möglichen Waren angeboten wurden und die dann im hinteren – dunklen – Teil voller wilder archäologischer Schätze waren: Antiquitäten zuhauf und in jeder Form. Es gab hier auch Metalle und Edelsteine, die ihre Schönheit in bescheidenen, fast undurchsichtigen, gold beleuchteten Vitrinen zur Schau stellten.

Überall, aber besonders in den Teppichgeschäften, waren langwierige Verhandlungen ein rituelles Muss: Je länger es dauerte, desto mehr fühlte sich der Käufer vom Respekt des Verkäufers geschmeichelt. Ließen die Diskussionen über den Preis von Schmuck nur einen engen Verhandlungsspielraum, konnte das Auge des anspruchsvollen Kunden bei den Antiquitäten exquisite und echte Skulpturen zu Spottpreisen entdecken.

Für die, die es wagten, Werke von einem größeren Wert zu erwerben, gab es dann allerdings zwei Hürden: die Bestätigung der Echtheit des Objekts durch das Museum in Peshawar, gefolgt von der Ausfuhrgenehmigung der staatlichen Behörde. Dies war kein einfacher Weg.

In eben diesem Museum in Peshawar entdeckten wir die kaum bekannte Kunst von Gandhara: die buddhistische Bildhauerkunst mit ihren Hartstein-, aber auch Stucksklupturen aus dem ersten Jahrhundert vor bis in dem sechsten Jahrhundert nach Christus.

Hier war die umfangreichste Sammlung aller Artefakte der Gandhara-Kunst »zu Hause«, Zeugnisse für die Bedeutung dieser Region, in der sich Völker und Kulturen begegnet waren. So wurde unter anderem der Kontakt mit den Truppen Alexanders des Großen, die sich in dieser Gegend aufgehalten hatten, historisch belegt.

Auf die Entdeckung dieses Museums folgte dann die der archäologischen Freiluftzone der Ebene von Mohenjo-Daro und Taxila, zu der man freien Zugang hatte. Bei einem Ausflug durften wir uns aus den Haufen antiker Steintrümmer und Scherben viele aussuchen, um sie als Souvenir mitzunehmen. Diese »Schatzsuche« war ein unglaubliches Erlebnis und gewiss unwiederholbar – mit vollen Hosentaschen kehrten wir beglückt zurück.

Zwischen den zwei bis drei chirurgischen Teams, die im Krankenhaus ununterbrochen im Einsatz waren, herrschte ein stark spürbarer Zusammenhalt, der hin und wieder an einen gesunden sportlichen Wettbewerb erinnerte. Die Atmosphäre bei der Arbeit konnte natürlich auch angespannt sein, aber danach luden wir uns oft gegenseitig zu gemütlichen Treffen ein. Wir hatten immer das Bedürfnis, unsere Erfahrungen auszutauschen und gemeinsam über unseren Arbeitsalltag zu sprechen. An freien Nachmittagen trieben wir uns dann gerne im Souk wie auch außerhalb der Stadt herum.

Die Behandlung des deutschen Konsuls im Krankenhaus hatte uns die Tür zur Freundschaft mit diesem rüstigen – und wie aus dem Bilderbuch preußischen – Aristokraten und seiner Frau geöffnet. Die beiden lebten auf einem endlosen Anwesen, etwa zehn Kilometer von Peshawar entfernt, in einer Art mittelalterlicher Festung. Mit der Zeit entdeckten wir, dass es sich hier um einen Mikrostaat innerhalb eines Staates handelte – sogar mit bewaffneter Miliz ... Das »Fürstenpaar« hatte jahrelang eine florierende Farm betrieben, das nötige Personal besorgt und Soldaten als Garanten und Beschützer ihrer ungewohnten Freiheit rekrutiert. Sie hatten Verträge zur Nutzung ausgedehnter Ländereien und Abkommen sogar mit dem benachbarten Afghanistan, das sie mit Unmengen ausgezeichneter Trauben versorgte, die sie auf ihrem Anwesen außerhalb von Peshawar vinifizierten.

In diese Residenz aus Tausendundeiner Nacht wurden wir oft eingeladen, obschon wir oft verhindert waren. Die Einladungen begannen immer mit dem gleichen Ritual: mit dem Willkommensdrink, der am Pool serviert wurde – große Kristallgläser wurden bis zum Rand mit Whisky gefüllt und mussten rasch geleert werden. Unsere Operationsschwester, Ursula Steiner aus Basel, die ich wegen ihres unbezähmbaren Kampfgeistes Garibaldi nannte, hatte eines Abends unter den Folgen dieses Rituals zu leiden.

Der Konsul hatte gefragt, ob wir eine Hilfe für die Zubereitung saftiger Würste organisieren könnten. Er war gerade von einer Wildschweinjagd in Begleitung seiner pakistanischen Generalsfreunde zurückgekehrt, mit reichlich Beute, die seine Freunde nicht verzehren durften. Und seine Angestellten waren nicht imstande, das Huftierfleisch auch nur zu berühren. Unsere Garibaldi bot sich also an, ihm zu helfen, und war uns, da sie früher als wir kommen musste, um einige Stunden voraus. Tatsächlich trafen wir sie beim Konsul an, als wir zum Abendessen eintrafen – aber die 185 Zentimeter große, blonde und blauäugige Frau stand nicht mehr aufrecht und brabbelte nur noch vor sich hin. Offenbar war die Wurstzubereitung mit reichlich Whisky erledigt worden.

Wir verbrachten das Ende des Abends in einem kleinen geheimen Keller, der, unter dem Pool gebaut, wie jeder anständige Keller ausgestattet war. An einem Fass, das als Tisch diente, so erzählte uns der Konsul, habe er oft lebhafte und äußerst konstruktive Diskussionen geführt – sogar mit seinen Freunden in der Armee, die normalerweise Alkohol zu meiden hatten …

Während meiner nächsten beiden Einsätze in Peshawar 1987, 1988 gefolgt von zwei weiteren in Quetta in Belutschistan, erneut im IKRK-Krankenhaus, konnte ich mehr oder wenig systematisch die Gebiete am Fuße des Hindukusch erkunden – von den Tälern von Swat und Kalash bis weiter nördlich nach Gilgit. Dabei entdeckte ich unvergessliche Landschaften und hatte sogar einige Abenteuer mit Happy End, wie eine Wanderung, die uns – vier Mann – von 1 500 auf über 3 000 Meter hinaufführte. Von dort wollten wir in ein anderes Tal absteigen. Wir hatten eine eher leichte Route gewählt und uns dafür mit Mittelgebirgsausrüstung ausgestattet. Die Wanderung stand also fest, aber keiner von uns kannte die Gegend oder die Wege, doch hatten wir Karten und Kompasse dabei. Wir stiegen bei herrlichem Wetter zu einem Gletscher hinauf, von dem aus wir absteigen wollten. Es ging abwärts und immer weiter abwärts, der Talboden jedoch schien immer noch weit entfernt zu sein und es begann zu dämmern. Inzwischen waren uns die wenigen Vorräte und Getränke ausgegangen. Wir hatten natürlich nicht geplant, die Nacht draußen zu verbringen. Wir mussten weiter, und mit halsbrecherischer Geschwindigkeit trampelten wir den Pfad nach unten.

Schließlich erblickten wir eine Rauchfahne, die vor unseren Augen in den Himmel stieg: Wir waren in Sicherheit … und hungrig. Auf steilen, kargen Feldern tauchten jetzt einige Dorfbewohner auf, die, wie es uns schien, Kartoffeln ernteten. Aber wo war das Dorf? Schließlich entdeckten wir es mit Mühe dank der Rauchfahne, die senkrecht in den Himmel stieg. Es war ein unterirdisches Dorf, alles Leben fand in Höhlen statt. Sogleich fragten wir, was es zu essen gab: Kartoffeln, sagte man uns. Und als Beilage? Salz ... Wir verschlangen die Kartoffeln und mir fiel auf, dass ich die Stille im Halbdunkel, die unsere Mahlzeit begleitete, diese eigenartige Atmosphäre schon anderswo erlebt, nein: gesehen hatte. Natürlich: Sie erinnerte mich an van Goghs Gemälde »Die Kartoffelesser«, eines seiner frühen Werke.

Ich habe bestimmt ein Kilo Kartoffeln verdrückt und dann die Nacht mit Bauchschmerzen verbracht, da die Kartoffeln meinen Magen nicht verlassen wollten. Es war aber auch deshalb eine unruhige Nacht, weil unzählige Ratten fröhlich auf unseren Decken herumliefen. Die Müdigkeit ließ uns nicht daran denken, dass es vielleicht noch andere, unsichtbare Kreaturen im Raum geben könnte, die sich mehr für unsere Körper interessierten.

Ein Traumziel durften wir nicht verpassen: Skardu am Fuße des Himalayas, eine der ersten Stationen für Bergsteiger, die Gipfel über siebentausend Meter erklimmen wollen. Von Islamabad konnte man nur per Flug dorthin gelangen. Und es war ein denkwürdiger Flug, voller Ängste und nur für starke Geister: Das Flugzeug schlängelte sich wie ein Pfadfinder durch die kargen Berge, als würde es taumeln. An einem bestimmten Punkt kündigte der Pilot ein Manöver an, damit wir den 8126 Meter hohen Nanga Parbat bewundern konnten. Schon neigte sich das Flugzeug zur Seite, als wollte es sich vor der furchterregenden Majestät dieses Kolosses verbeugen, der uns mit scharfem blauen Licht blendete. Nachdem wir uns weiter durch dunkle felsige Berge gewühlt hatten, tauchte endlich die Ebene des Indus-Flusses auf, nachdem wir den Himalaya und Tibet hinter uns gelassen hatten.

Wir hatten eine Unterkunft im »Shangrila« gebucht, einem angenehmen Resort am Rande eines kleinen Sees. Und doch war die Welt in unserer Nähe, denn die Frontlinie des andauernden Kriegsstreits zwischen Indien und Pakistan um Kaschmir war nicht einmal hundert Kilometer entfernt. Ich wusste, dass der Flusslauf des Indus zwischen Skardu und dem indischen Kaschmir zu einer der bewundernswertesten Naturschönheiten gehört, aber wegen einer rauen und manchmal unpassierbaren Straße entlang beängstigender Klippen wenig befahren wird – und daher nicht zu empfehlen ist. Diese Straße wurde einmal am Tag von einem öffentlichen Verkehrsmittel befahren, einem dachlosen Bus, der eine Rundfahrt anbot. Ab und zu waren auch heruntergekommene Privatfahrzeuge unterwegs, von denen ich einige verbeulte Kadaver auf dem Grund von Schluchten sah. Ich beschloss, diesen Tagesausflug erleben zu wollen, aber die etwa zwanzig Plätze waren bereits ausgebucht. Ich ging persönlich zu dem Fahrkartenverkauf, wo man mir nach einigem Hin und Her die Fahrt kostenlos anbot, allerdings in der Rolle des Ticketverkäufers. Ich nahm an – und der Tag war fortan geprägt von Emotionen, Landschaftseindrücken, Ängsten und Überraschungen. Aber wenigstens konnte ich mich bewegen und war nicht eingeengt wie die zwanzig Fahrgäste, die stundenlang auf Pseudositzen auf dem Boden und mit dem Kinn auf den Knien zusammengekauert saßen. Für den Schaffner war es eine durch und durch anstrengende Reise. Unzählige Stopps mit Auf- und Absteigen der Reisenden, mit Einladen und Ausladen von Körben und Säcken, denn das Fahrzeug wurde auch für den Transport von Waren verwendet, die an den Seiten des Busses mit Seilen gesichert waren. Das Dach des Fahrzeugs war entfernt worden, wahrscheinlich, um für Körbe und Säcke Platz zu schaffen. Zu den angenehmen Überraschungen der Reise gehörte die Verkostung der süßesten Aprikosen aller Zeiten, die man in dreitausend Metern Höhe angebaut und in der Sonne des Himalayas getrocknet hatte. Wunderbare Früchte, die später sogar in der Schweiz um die Weihnachtszeit zu haben waren.

Weihnachten stand vor der Tür und auch im Krankenhaus hatten wir ein wenig Schmuck angebracht. Ich hatte es in diesem Jahr nicht nach Hause nach Bignasco geschafft, hoffte aber, dass die Atmosphäre eines Weihnachtsfestes in Peshawar ganz besonders sein würde. Bei den Vorbereitungen für das Fest gab es einen wunden Punkt: Wir hatten keinen Tropfen Alkohol, keinen Sekt oder Wein, und es schien auch nicht möglich, etwas zu besorgen. Ich gab aber nicht auf und am ersten Dezemberwochenende gingen wir entschlossen auf Erkundungstour nach Islamabad. Natürlich erkundigten wir uns erst einmal bei den Botschaften, die wir kannten. Von der italienischen, bei der ich zuerst anrief, erfuhr ich, dass die für die Diplomaten vorgesehenen Alkohollieferungen immer noch am Zoll blockiert waren, dass aber die Nuntiatur einen schönen, gut gefüllten Keller hatte.

Es war ein sonniger Morgen und im Garten der Nuntiatur war ein Wohltätigkeitsmarkt im Gange. In dem mit Ständen übersäten Park genoss das diplomatische Korps der Hauptstadt – etwa fünfzig Personen, die mit ihren Limousinen erschienen waren – den Markt und die festliche Atmosphäre. Ich fand die imposante Eingangstür der Nuntiatur weit geöffnet, sah aber niemanden. Ich machte mich bemerkbar, bekam jedoch nur das unüberhörbare und lästige Summen eines Staubsaugers vom oberen Ende einer Treppe zu hören.

Ich ging hinein und sprach den Herrn am Staubsauger unverblümt auf Englisch an, dass ich eine Verabredung mit dem Nuntius hätte, und fragte ihn, ob er mir den Weg zeigen könne. Die Antwort kam auf Italienisch: »Ich bin der Nuntius.« Ein netter Fauxpas, der zu der recht mageren Ausbeute von nur zwei Flaschen Chianti führte.

In Peshawar gab es jedoch eine Insel, einen Ort der Freizeitgestaltung und des geselligen Beisammenseins außerhalb der lokalen Kultur: der American Club – der zu Weihnachten geschlossen war. Es war dies ein privater, in einem alten Herrenhaus versteckter Ort, eine Bar, zu der nur nicht-pakistanische Bürger Zutritt hatten und wo auch alkoholische Getränke zu günstigen Preisen konsumiert werden konnten. Und es war der einzige Platz, an dem man Geselligkeit und Atmosphäre nach westlichem Geschmack entdecken und genießen konnte, durchaus mit einem Beigeschmack vergangener Zeiten, der an klassische, vom Kolonialismus geprägte Filme erinnerte. Man fühlte sich wie in einem englischen Pub oder sogar in einem alten Western-Saloon. Die Atmosphäre hier lenkte uns für ein paar Stunden von den Sorgen im Krankenhaus ab. Wir nahmen einen Gin Tonic, ein Bier oder einen Whisky – und entspannten uns. Wenn ich mich recht erinnere, war der Club nur an einem oder zwei Abenden pro Woche geöffnet, doch leider heute nicht …

In Quetta, Pakistan

Auf die beiden kriegschirurgischen Einsätze in Peshawar folgten zwei weitere in Quetta, ebenfalls auf pakistanischem Gebiet und an der Grenze zu Afghanistan im Norden – in einem IKRK-Spital, das der Zwilling desjenigen in Peshawar war, mit ausschließlich afghanischen Verwundeten, die aus der Region Kandahar kamen, also nahe der iranischen Grenze im Westen des Landes. Die relative Nähe von Kandahar, 237 Kilometer von Quetta entfernt, hatte eine erhebliche politische und kulturelle Bedeutung: Kandahar war die Bastion des afghanischen Widerstands, das Machtzentrum der Taliban, damals unter der Vormundschaft des gefürchteten Mullah Omar, einem Polyphem aus der Welt der griechischen Sagen. Obwohl Peshawar nur 282 Kilometer von Kabul entfernt war, betrug die Fahrzeit über sieben Stunden, während man von Kandahar aus nur drei oder vier Stunden brauchte, um Quetta zu erreichen: Der ideologische und politische Einfluss von Kandahar auf Quetta war stärker ausgeprägt als der von Kabul auf Peshawar. Das heißt, dass sich die Afghanen in Quetta fast wie zu Hause fühlten und in Peshawar, das bereits eine Weltstadt war, weit weniger. Das IKRK-Spital funktionierte sowohl in Peshawar als auch in Quetta nach dem gleichen Muster – und Krieg und Waffen wie auch die Politik hatten keinen Zugang zum Spital. Nach und nach hatte sich der Respekt vor den Grundsätzen des Roten Kreuzes durchgesetzt, und es ging allen gut damit. Selbst ein Patient, der als Feind »entdeckt« worden war, zum Beispiel ein ehemaliger Kollaborateur der Sowjetunion, wurde nach ersten Momenten von Irritation und Ungeduld im Krankenhaus in die Familien der Verwundeten, allesamt Afghanen, aufgenommen.

Eine Rose in der Hand!

Ab und zu machte ich zwischen den Operationen gerne einen kurzen Spaziergang von Station zu Station, ganz alleine und um in die Atmosphäre der großen Räume einzutauchen, in denen jedes Bett belegt war. Ich kam mir dabei wie ein Tourist in einer überfüllten Dorfkneipe vor, der auf Stimmen, Geräusche und Gerüche achtet und jedes Detail mit Freude aufnimmt.

All diese stolzen und bärtigen Mudschaheddin, die morgens geduldig in ihren oft viel zu kurzen Betten lagen und auf ihr Essen warteten, rückten dann ihre bunten Turbane zurecht oder kämmten sorgfältig ihre Bärte und Haare. Wie in einer Bar mangelte es nicht an Geplauder und lebhaften Diskussionen, aber es konnte auch gelegentlich zu einer Schlägerei kommen, deren Anlass – ich war neugierig und fragte nach, worum es denn ging – vielleicht nur auf einen respektlosen Blick eines Nachbarn zurückzuführen war. Aber ihr eigentlicher Zeitvertreib bestand darin, das eigene Gesicht in ihren kleinen runden Spiegeln zu bewundern, die sie alle besaßen. Außerdem gab es auch die Angewohnheit, eine duftende Rose an einem kurzen Stiel in der Hand zu halten: Sie betrachteten sie innig, atmeten ihren Duft genüsslich ein und träumten ... nicht von ihren Kalaschnikows.

Als ich mich nach dem Ende der Mission in Peshawar und Quetta fragte, was für mich die emotional schwierigsten Momente waren, so hatten die zweifellos mit dem Leiden der Kinder zu tun. Immer wieder kam mir das Bild eines von einer Landmine verwundeten Kindes in den Sinn, das mich nach der Amputation eines Arms beim Anblick des Stumpfes fragte, wann er wieder nachwachsen würde. Wie oft musste ich diese behelfsmäßigen Verbände an kleinen Körpern abnehmen, um das Grauen von zerfetztem Fleisch zu sehen? Und jedes Mal war ich bestürzt und suchte nach Antworten. Wie ist das alles nur möglich? Was tut der Mensch? Und warum trifft es ein Kind?

Nur indem ich mich wieder in meine Arbeit stürzte, um zu heilen und heilen zu lassen, konnte ich das Gefühl von Niederlage und bedrückender Ungerechtigkeit mildern. Manchmal legte ich mir ein vorübergehendes Vergessen auf, um mich für einen Moment zu distanzieren, Abstand zu den Emotionen zu bringen, die eben durch ein jüngstes Ereignis ausgelöst worden waren. Aber vergessen konnte und wollte ich nicht. Ungeduld, Empörung und Ablehnung überfluteten mich. Sie ließen mich nicht los.

War es denn überhaupt möglich, das Böse zu überwinden? Was konnte dem Bösen entgegengesetzt werden? Ich kam auf die mittelalterliche Scholastik von Thomas von Aquin zurück: »Das Böse ist das Fehlen des Guten.« Welches Guten denn? Das Evangelium gab – und gibt – mir sofort eine Antwort: die Macht der Liebe. »Liebe deinen Nächsten wie dich selbst.« Und wer ist mein Nächster? Ich hatte ihn vor Augen: der Mensch, der leidet. Und jeden Tag sah ich vor allem diese Kinder, die fast immer Opfer dieser verdammten Landminen wurden. Nicht die, denen der Tod das Leben genommen hatte, sondern die, die verstümmelt bleiben, sogar blind, ohne eine oder zwei Hände, ohne ein oder zwei Beine, und die sich trotzdem dem Leben stellen müssen. Aber welchem Leben? Dazu kommen die Wehrlosen, die Schwachen, die Ausgestoßenen, denn sie sind alle Opfer: von Gewalt, Rassismus, Egoismus und Gleichgültigkeit. Und das Leiden der Unschuldigen und Hilflosen, das uns Menschen in unseren tiefsten Gefühlen berührt wie ein glühendes Eisen, uns im Innersten verbrennt.

Die Reaktion darauf ist zunächst eine Bewegung der Verleugnung, der Revolte, der Ablehnung, doch dann folgt der Wunsch einzuschreiten, etwas zu tun. Vielleicht ist es sogar notwendig, in solchen Situationen erst einmal innezuhalten, um intensiv nachzudenken. Das Böse mit dem Bösen bekämpfen? Gewalt gegen Gewalt?

Das nennt man Krieg! Wir wissen und sehen jeden Tag, dass Krieg nur mehr Leid und Schmerz für alle bedeutet. Nicht nur für heute, sondern auch für morgen.

Ich werde immer wieder gefragt, wie ich diese Abfolge von drei Monaten Feldoperationen, die ich der Einfachheit halber »Krieg« nenne, »unbeschadet« überstehen konnte. Ich glaube, ich habe eine Antwort, wenn auch keine erschöpfende: Auf jeden dreimonatigen Einsatz im Feld folgte ein Rückzug in mein Land, um zur Normalität des Lebens zurückkehren zu können.

Das war ein Privileg, natürlich, aber auch eine Notwendigkeit, um körperlich wieder zu Kräften zu kommen, angefangen bei den zehn oder mehr Kilos, die verschwunden waren, und um das geistige Gleichgewicht für ein gelassenes Leben wiederzuerlangen ... um einen Neuanfang vorzubereiten.

Mein »Zurücksetzen« konnte jedoch nur nach einer sorgfältigen und gründlichen Überprüfung dessen, was ich gerade erlebt hatte, und mit gebührendem Abstand dazu erfolgen. Diese Distanzierung, die der von Meister Eckhardt im 14. Jahrhundert gelehrten nahekommt, wurde stets durch die Wiederentdeckung der Zuneigung zur Heimat, zur Musik, zum Lesen und zum Eintauchen in die Natur meines Tals erleichtert. So fühlte ich mich nach einigen Wochen und manchmal nach einigen Monaten bereit, nicht nur zu einer weiteren beispiellosen Episode aufzubrechen, sondern noch mehr: Um den Faden meines Schicksals wiederzufinden, dessen Weg ich nicht kannte. In Wahrheit fragte ich mich die ersten Male nach einem Neustart, ob dieser Rhythmus gesund und nachhaltig war. Doch mit der Zeit erkannte ich darin einen Faktor des persönlichen Wachstums, den ich gerne annehmen wollte.

Meine Rückkehr von den Khmer

Nach Pakistan war wieder Südostasien an der Reihe mit zwei Missionen im IKRK-Krankenhaus in Kao I Dang auf thailändischem Gebiet, nur wenige Kilometer von der kambodschanischen Grenze entfernt. Ich sage »Krankenhaus«, aber es war eine Ansammlung einfacher, fast behelfsmäßiger Gebäude, die an Slums erinnerten und an Lager von Khmer-Flüchtlingen grenzten, die dem Krieg entkommen waren – und davon gab es Tausende.

Dieses Krankenhaus war das einzige medizinische Zentrum, das den Khmer zur Verfügung stand, und auch Vertreter internationaler Nichtregierungsorganisationen waren dort in den Flüchtlingslagern vertreten. Die chirurgische Abteilung umfasste die Kriegstraumatologie, aber auch die allgemeine Chirurgie im weitesten Sinne, die grundlegende Leistungen anbot: von der Behandlung von Landminenopfern bis hin zu Kaiserschnitten.

An diesem Punkt erinnere ich mich an einen ungewöhnlichen Fall. Eine kleine Gebärende hatte einen so großen Bauch, dass man sie an den schmalen Operationstisch festbinden musste, um zu verhindern, dass sie herunterfallen könnte. Ganz offensichtlich handelte es sich um eine Mutter von Zwillingen. Als ich die Gebärmutterhöhle inspizierte, bevor ich sie schloss, wusste ich, dass hier nicht nur zwei Kinder auf die Welt kommen wollten. Zusätzlich zu den frisch entbundenen Zwillingen gab es noch ein drittes Kind, ein Schwesterchen, das in einen Schuhkarton gelegt wurde, weil die Wiege für sie noch nicht vorbereitet war. Die drei Neugeborenen waren in guter Verfassung und überlebten ohne Komplikationen, obwohl sie untergewichtig waren. Doch auf dieses Ereignis folgte ein weiteres, völlig unerwartetes. Unter den Patienten in der Nachmittagssprechstunde waren auch solche mit urologischen Problemen: ältere Männer, die nicht an einer Prostataerkrankung litten, sondern an Störungen der Libido und einer nachlassenden sexuellen Leistungsfähigkeit. Ich fragte mich, was sie von mir wollten, und wieder einmal gab mir eine Krankenschwester die Antwort: Da ich der Hexendoktor war, der für die Geburt der Drillinge verantwortlich war, musste ich sicherlich noch ganz andere Kräfte besitzen ...

Wenn ich heute die Fotos des Feldspitals mit seinen Strohdächern und Trennwänden aus Binsen durchblättere, fallen mir wieder diese Betten auf, die eher wie Feldbetten aussehen, und die weißen Verbände über den Stümpfen von Beinen und Armen. Sie sind ein so starker Kontrast zu all den anderen Farben der Umgebung, durchweg sanfte Pastelltöne, einschließlich der Hautfarbe der Patienten.

Die Böden freilich waren aus poliertem Beton, sodass sie gut gereinigt werden konnten. Mindestens einmal am Tag wurde mit einem Gartenschlauch so gründlich gewaschen und danach gefegt, dass Krankenhauskeime in dieser Gegend unbekannt waren.

Auf den Fotos lächeln die Patienten in der Regel. Sicher gibt es den »Kameraeffekt«, aber es ist nicht nur das. Es ist ein Lächeln mit wechselnden Ausdrücken, Signalen, die von innen kommen.

Ein Patient wird nie allein gelassen: Verwandte, Freunde, Bekannte oder wer auch immer, jeder wird Tag und Nacht betreut. Alle, die kommen, bewegen sich frei, mit einem ausgeprägten Sinn für Respekt vor dem Ort und mit ungeschriebenen Regeln des sozialen Miteinanders in dieser besonderen Gemeinschaft. Ich fragte mich, wo ich mich behandeln ließe, wenn ich eines Tages einer dieser Amputierten wäre: dort oder in einer Schweizer Klinik? Ich antwortete mir selbst, dass ich gerne die Qualität unserer technischen Versorgung, aber die Atmosphäre und menschliche Wärme dieser Breitengrade hätte.

Wenn der Zustand der Wunden es zuließ, wurden die Patienten aus ihren Betten geholt und es begann ein Erziehungsprozess mit originärer Physiotherapie. Gut ausgebildete IKRK-Mitarbeiter sorgten dafür, dass die Amputierten zunächst mit Krücken und dann mit provisorischen Übergangsprothesen wieder laufen konnten. Die Patienten, zumeist junge Leute, wünschten sich bald nichts sehnlicher, als selbst Physiotherapeuten werden zu können. Sie lernten sehr schnell und wiederholten unermüdlich die wichtigsten Handgriffe und Techniken, die sie dann wieder denjenigen beibrachten, die ihnen folgten. Den psychologischen Aspekten des erlittenen Traumas wurde besondere Aufmerksamkeit gewidmet und die individuelle Begleitung mit Gruppentherapie kombiniert. Die Patienten halfen sich gegenseitig spontan, immer unter der ermunternden Aufsicht eines Spezialisten.

Das Krankenhaus lag vielleicht zehn Kilometer von der Frontlinie eines müden, aber immer wieder aufflackernden Krieges an der kambodschanischen Grenze, des Bruderkrieges der Khmer. Nachts hörten wir die dumpfen Mörserschüsse und Explosionen in der Nähe, wenn wir ein paar Stunden schlafen wollten. Irgendwann hatten wir uns an die bedrohlichen Kriegsgeräusche gewöhnt, aber ein erholsamer Schlaf stellte sich praktisch nie ein – und in manchen Nächten konnte keiner von uns die Augen schließen, wenn eben Stille herrschte auf der Khmerfront.

Am Horn von Afrika, inmitten des Krieges

Von Südostasien aus wurde ich Anfang 1992 an das Horn von Afrika versetzt, zunächst in das Krankenhaus in Berbera im Norden Somalias und dann nach Mogadischu. Nach dem Sturz des Diktators Siad Barre Anfang 1991 war der Bürgerkrieg wieder aufgeflammt und das IKRK hatte ein Krankenhaus in Berbera eröffnet sowie das De-Martino-Krankenhaus in Mogadischu übernommen. Für mich war es nicht nur ein Wechsel des Landes, sondern eine große Wende: Jetzt sollte ich Einsätze in Krankenhäusern übernehmen, die direkt in Kriegsgebieten lagen.

Das Krankenhaus in Berbera glich mit seinem weiß lackierten Metalltor fast einer Wüstenfestung. Wie alle Gebäude mit dem IKRK-Emblem an prominenter Stelle hatte es am Eingang ein auffälliges Schild, wonach das Betreten mit Waffen jeder Art strengstens verboten war. Das Innere der »Festung« bestand hauptsächlich aus Containern und ein paar Gebäuden, die alle an die Bedürfnisse eines solchen Krankenhauses angepasst waren.

Die 230 Kilometer lange Strecke von Dschibuti nach Berbera war mit dem Flugzeug in gut 30 Minuten zu bewältigen. Mit dem Auto hingegen dauerte es fast sieben Stunden – und die Reise war keineswegs sicher. Das IKRK setzte zweiwöchentlich Dornier-Flugzeuge ein, um die gesamte Logistik für den Betrieb des Krankenhauses zu sichern.

Auf dieser Route kam es jedoch – einige Wochen nach meiner Ankunft – zu einem Zwischenfall. Eine Dornier-Maschine, gekennzeichnet mit der Flagge des IKRK, wurde von Guerillas vom Boden aus getroffen. Vermutlich hatten sie unser Flugzeug mit einer Maschine des Diktators Siad Barre verwechselt und es getroffen – aber gottlob nicht an lebenswichtigen Stellen. Und so konnte es auch in Dschibuti landen.

Mit eigenen Augen konnte ich die Löcher in der Gondel des IKRK-Flugzeugs sehen, nur wenige Zentimeter von wichtigen Punkten entfernt, die das Flugzeug bei einem Treffer manövrierunfähig gemacht hätten. Es hieß dann auch – nach einer späteren Untersuchung –, dass das Vorhandensein zahlreicher Perfusionsboxen an Bord die Schläge möglicherweise abgefedert und so die Schwere der von den Kugeln verursachten Schäden gemindert hatte. Beim Abendessen in einem Restaurant in Dschibuti erzählten uns die beiden norwegischen Piloten, die überlebt hatten und immer noch unter Schock standen, immer wieder die Einzelheiten dieses unvergesslichen Nachmittags.

Nach dem Sturz von Siad Barre hatten, wie gesagt, die Anarchie und die gewalttätigen Auseinandersetzungen die humanitäre Mission des IKRK, die zunächst im Nordosten des Landes agierte, extrem gefährdet, zumal das Land nun in den Händen unkontrollierbarer bewaffneter Banden war.

Das Arbeitstempo im Krankenhaus war hoch, denn das Dutzend weißer Krankenwagen mit dem IKRK-Emblem und der IKRK-Flagge patrouillierte in den umkämpften Gebieten und brachte die Verwundeten in einem anhaltenden Strom zu uns. Unser Team von Expatriates, von denen die Hälfte im medizinischen Bereich tätig war, hatte somalische Mitarbeiter, die als Krankenschwestern und -pfleger sowie als Helfer im Operationssaal arbeiteten. Sie waren hochmotiviert und sehr effizient. Was die körperliche Ausdauer und das Arbeitstempo betraf, waren sie uns überlegen. Sie alle kamen morgens im Krankenhaus mit einem Bündel Chat an, der Droge, die sie täglich konsumierten, stundenlang kauten und die ihnen eine ungeheure Energie verlieh.

Die bewaffneten Auseinandersetzungen zwischen rivalisierenden Fraktionen wechselten in ihrer Intensität und ihren Orten. An manchen Tagen waren sie so nah, dass wir sie vom Krankenhaus aus hören konnten. Es kam uns sogar vor, dass sie sich dem Stadtzentrum näherten, genau dorthin, wo sich unser Krankenhaus befand.

Die Ereignisse hatten inzwischen eine Wendung genommen, die uns ganz und gar nicht gefiel. Einige unserer Krankenwagen waren von Kämpfern zu Kampffahrzeugen umfunktioniert und wie Sardinenbüchsen aufgeschnitten worden, und wo einmal die Autodächer waren, hatte man nun Maschinengewehre angebracht. Höchstens noch die untere Hälfte des Rotkreuz-Emblems war zu erkennen. Die Krankenwagen, die das IKRK zur Verfügung hatte, wurden weniger und weniger. Und so setzte sich ein besorgter Rotkreuz-Delegationsleiter mit den Führern der beiden Hauptfraktionen in Verbindung, um die Missachtung der Grundsätze unseres Mandats anzuprangern.

Die Rebellengruppe, die Berbera besetzt hatte, war sich der lebenswichtigen Bedeutung unseres Krankenhauses bewusst und wollte alle Zusicherungen zum Schutz und zur Sicherheit der Patienten und des Personals geben. Was die fehlenden und verschwindenden Krankenwagen anging, so sei dies das Werk von Räubern. Als Beweis ließen sie uns eines Tages einen gestohlenen Krankenwagen ins Krankenhaus zurückbringen, der von den Banditen oder Rebellen zurückerobert worden war. Dessen Innenseite war nicht mehr weiß, sondern rot von frischem Blut, womit sie uns zeigen wollten, dass der Dieb auf der Stelle hingerichtet worden war. Die Wiederbeschaffung des Krankenwagens sollte uns auch zeigen, dass die Kontrolle über das Gebiet und die gesamte Situation fest in ihren Händen lag.

In Wirklichkeit war dies nicht der Fall. Vielmehr drangen immer wieder bewaffnete Männer in das Krankenhaus ein – und eines Tages sogar eine ganze Gruppe, die direkt den Operationssaal ansteuerte. Als wir deren Schüsse immer näherkommen hörten, warfen wir uns auf den Boden, aber einer unserer Helfer wurde trotzdem in den Arm geschossen. Danach war der Spuk erst einmal vorbei.

Ein paar Tage später aber wiederholte sich die Szene erneut, diesmal jedoch mit einem anderen Ausgang. Wir waren mitten in einer Operation, als die Tür zu unserem Saal gewaltsam aufgerissen wurde und Männer in Tarnuniformen und mit Kalaschnikows auf meinen Operationstisch zustürmten. Sie zogen den Patienten, den ich gerade operierte, vom Tisch herunter, legten einen ihrer verwundeten Kameraden darauf und befahlen mir, »diesen Mann jetzt sofort zu operieren«. Ich hatte keine Wahl. Ich musste seine blutgetränkte Uniform aufschneiden, um die Wunde zu inspizieren und dann den Auftrag auszuführen, den ich erhalten hatte. Alle um mich machten große Augen und der Anästhesist sah mich verwirrt an. Auch er musste, wie alle anderen, den Befehl befolgen.

Von diesem Tag an wurde das Krankenhaus aus evidenten Sicherheitsgründen praktisch unser Zuhause, und wir zwängten uns so weit wie nur möglich hinein, nicht allein um hier zu arbeiten, sondern auch um hier zu leben. Ob wir dabei wirklich Schutz fanden, stand in den Sternen.

Abgesehen von null Komfort und der Enge zwischen den Geschlechtern war mein Problem die hohe Temperatur in der Nacht, die dem Schlaf überhaupt nicht zuträglich war. Es gab zwar einen klimatisierten Container, der aber als Apotheke genutzt wurde. Er war unser wahrer Schatz, den es zu schützen galt, und natürlich voller wichtiger Geräte, die ebenfalls eine kontrollierte Klimatisierung benötigten. Ich fand jedoch – nach einem großen Schreck, wie ich gleich berichten werde – einen freien Platz, auf den ich mit einer Gummimatratze passte: ein winziger Raum in diesem Container war mein kühler Ort und Schutz für die Nacht in unseren letzten Tagen in Berbera.

Der Leiter der Unterdelegation hatte alle Hände voll zu tun, um die Präsenz des IKRK bei den lokalen Behörden abzusichern. Hier saßen allerdings die Oberherren des andauernden Guerillakrieges, die nach ihrem Gutdünken mit Gefangenen verfahren waren. Nachdem Siad Barre einige Monate zuvor gestürzt worden war, hatte man die Tore des Gefängnisses geöffnet und alle Gefangenen »entlassen«. Dann hatten sie, die neuen Warlords, das Gefängnis nach und nach neu gefüllt. Eines Morgens bat mich der Leiter der Delegation, ihn bei einem Besuch des Hauptgefängnisses zu begleiten, weil er gehört hatte, dass die Situation nicht mehr den Grundsätzen der Genfer Konventionen entsprach – was wohl eine Untertreibung war.

Während er sich nun mit dem Gefängnisdirektor in dessen Büro auseinandersetzte, wagte ich mich hinaus, um die Gefangenen zu sehen und sie vielleicht sogar anzuhören. Hinter dem Eingangstor befand sich ein Gewirr von einstöckigen Gebäuden, die alle nebeneinanderstanden. Es war still, aber in der Ferne hörte ich ein undefinierbares »Konzert« menschlicher Stimmen mit Rufen, Schreien, Befehlstönen, aber auch mit Gesängen, die genauer zu vernehmen waren, je näher ich kam. Eine Wache begleitete, besser gesagt: eskortierte mich, die nun eine Tür zu einer Art Kreuzgang öffnete: ein Viereck von etwa zwanzig Metern auf jeder Seite. Natürlich gab es hier keine Mönchszellen, aber jetzt konnte ich einige Holztore ausmachen, die geöffnet waren.

Aus ihnen drängten sich jetzt Gefangene, alle spärlich bekleidet und sichtlich rüpelhaft im Umgang miteinander. Wie viele waren es? Ich würde schätzen, vielleicht fünfzig, und sie hatten nur wenig Platz, um sich die Beine zu vertreten. Mein Begleiter sollte mir helfen, mit jedem zu »plaudern«, der verfügbar war. Ich hatte das Gefühl, von den Insassen gemustert zu werden, wobei ihnen bestimmt eine Frage durch den Kopf ging: »Was macht denn dieser Fremde hier?«

Plötzlich veränderte ein lang anhaltender schriller Pfeifton die Szene: Umgehend schoben und drängten sich die Gefangenen – und ich mit ihnen – in Richtung der hölzernen Tore, und ohne es zu merken, war ich im Nu eingesperrt. Der Kreuzgang hatte sich geleert und ich befand mich in einer Zelle mit Gefangenen, mit denen ich mich ja unterhalten wollte. Ich hätte an ihnen nicht näher dran sein können als jetzt …

Da meine Eskorte verschwunden war, fand ich mich also mit etwa zwanzig Gefängnisinsassen wieder, die in einer Art Käfig eingesperrt waren. Ich begann jetzt laut zu rufen, auch um die

Aufmerksamkeit des Hofes draußen auf mich zu lenken, aber es war völlig nutzlos. Die Gefangenen amüsierten sich sichtlich über meine ungewöhnliche Anwesenheit. Ich hatte nun auch keine Lust mehr, mich auf Gespräche einzulassen, sondern war nur noch beunruhigt bei dem Gedanken, dass mir hier noch Unangenehmes passieren konnte. Die Blicke der Gefangenen verrieten mir allerdings, dass sie keine bösen Absichten hatten.

Ich drängte mich nach vorne zum Tor. Man konnte von hier aus in den Hof blicken, und ich sah jetzt, dass die Insassen in den anderen Zellen sich wie ich an die Holzstäbe klammerten. Sie schienen an dem unerwarteten Intermezzo äußerst interessiert zu sein. Es vergingen Minuten, die mir ewig lang vorkamen, bis endlich der ersehnte erlösende Pfiff ertönte. In diesem Moment öffneten sich die Tore wieder und ich hatte meine Halbfreiheit wieder.

War das alles nun ein vorsätzlicher Streich oder einfache Unachtsamkeit gewesen? Der Leiter der Delegation jedenfalls hatte sich nach seinem Gespräch auf den Weg ins Krankenhaus gemacht. Er war davon ausgegangen, dass ich, da er mich nicht mehr gesehen hatte, bereits früher zurückgegangen war.

Die Sicherheitslage für das Spital änderte sich: Vereinzelte Schüsse und gelegentliche Scharmützel wurden von klaren Signalen abgelöst, die sich uns nähernde Truppen ankündigten. Immer lauter werdendes Geschützfeuer war bis in die Zimmer zu hören. Eines Nachmittags, als wir uns alle in unserem kleinen Haus in der Nähe ausruhten, erhielten wir den Befehl, sofort zum Krankenhaus zu eilen. Ein Telefonanruf, der von dort kam, alarmierte uns: »Bewegt euch sofort, es ist ein Angriff im Gange.«

Auf der Promenade von ein paar Hundert Metern, die uns von dem noch offenen Tor des Krankenhauses trennte, sahen wir Menschen in Scharen rennen, Männer, Frauen und Kinder. Auch wir rannten jetzt ebenfalls verzweifelt auf das Krankenhaus zu, während kurze, trockene Schüsse auf unsere Köpfe zielten. Vermutlich haben wir alle in diesen Momenten unsere Rekorde im Hundert-Meter-Lauf gebrochen, aber leider haben es nicht alle von uns bis zum offenen Tor geschafft. Im Rennen sah ich aus den Augenwinkeln, wie mein Nachbar rannte und dann nicht etwa fiel, sondern einfach verschwand.

Für einige war alles schon zu spät, während ich mit meinen Leuten noch um mein Leben rennen konnte. Wir schafften es bis zum Krankenhaus, und es war fast ein Wunder, dass wir es alle erreichten, hoffend, dass dieses klapprige Eisentor uns schützen würde. Kurz darauf wurden uns Verwundete gebracht, um die wir uns wie gewohnt sogleich kümmerten. Aber wir steckten unsere Nasen für ein paar weitere Tage nicht mehr nach draußen: Wir mussten die Reihen schließen und uns so gut wie möglich in diesen brüchigen Mauern einrichten. Jeder von uns fand seinen eigenen kleinen Schlafplatz auf einer Schaumstoffmatratze, die wir wie auf einem Campingplatz ausrollten.

Ich erwähnte es bereits: Ich fand bei dieser Gelegenheit einen Platz, an den niemand gedacht hatte – im gekühlten Apothekencontainer, der eine Art Tresor für wertvolle und unverzichtbare Medikamente war. Zwischen einem Berg von Perfusionskartons und der Decke hatte ich fünfzig Zentimeter Freiraum, um meine Matratze auszurollen und für eine gewisse Zeit erholsamen Schlaf zu finden. Und das bei einer in diesen Breitengraden unvorstellbaren Kühle. Nach der abgewendeten Gefahr war gerade die zusätzliche Arbeit, die uns nach diesem Rausch des Lebens wie des Sterbens erwartete, das Allheilmittel für uns.

Aber es warteten noch andere Überraschungen auf uns. Seit einiger Zeit kursierten Gerüchte, dass die befehlshabende Fraktion, die sich in der Stadt befand, von der rivalisierenden Fraktion überwältigt werden würde. Eines Morgens, vor Beginn der geplanten Operationen, baten einige unserer somalischen Mitarbeiter, unsere treuen und unermüdlichen Chat-Kauer, um ein Gespräch. Sie erklärten uns, dass für diesen Tag eine Wachablösung geplant sei und dass sie als Kollaborateure von den neuen Herren zu Feinden erklärt würden. In aller Ruhe forderten sie uns auf, ihnen unser gesamtes Geld und unsere Wertsachen, einschließlich Uhren, auszuhändigen, denn nur so könnten sie ihre Flucht wagen und vor allem ihr Überleben sichern. Der »Anschlag« war gut vorbereitet worden, denn zur gleichen Zeit wurde die gesamte Delegation angegriffen.

Der gesunde Reflex einer Kollegin eröffnete uns einen möglichen Ausweg: Sie hatte alle unsere Pässe aus dem Safe genommen und sich daraufgesetzt, bevor man uns alle in einen offenen Lastwagen lud, der uns in der prallen Sonne, zusammengekauert wie Gefangene, auf die Straße nach Dschibuti brachte. Wenigstens waren wir nicht gefesselt worden. Das nun war das unrühmliche Ende unserer Mission, aber zumindest waren wir erleichtert, unsere Haut gerettet zu haben. Das Krankenhaus konnte noch einige Monate lang vom IKRK unterstützt werden, aber die ständigen Frontwechsel im Bürgerkrieg ließen eine kontinuierliche und zuverlässige Arbeit des Spitals in Berbera nicht zu. Das abrupte Ende dieser Mission hinderte mich freilich nicht daran, mein Engagement für die Kriegschirurgie in Somalia fortzusetzen, wo ich in den nächsten zwei Jahren mit neuen herausfordernden Situationen konfrontiert wurde.

Ein schwieriger Job in Mogadischu

Das IKRK hatte das große und fast vergessene Krankenhaus im Zentrum von Mogadischu wieder in Betrieb genommen, das »De Martino Hospital«, ein stolzes Erbe der italienischen Kolonialmacht. Aufgrund seiner strategischen Lage im Stadtzentrum und der Größe seiner Gärten eignete es sich gut als logistischer Stützpunkt für die wichtigen Hilfen, die in jenen Jahren in einem Somalia ankamen, das in die Spätphase des Bürgerkriegs verwickelt war.

Die Chirurgie, bei der das Thema »Kriegstraumata« im Vordergrund stand, ordnete sich ein in eine nicht enden wollende wichtige humanitäre Aktion, die breit angelegt war. In den entsprechenden Räumen des Krankenhauses wurden beeindruckende Vorräte an Lebensmitteln, Materialien aller Art, Medikamenten und Zelten gelagert. Fast jeden Tag kamen morgens etwa ein Dutzend Lastwagen leer auf dem Krankenhausgelände an, wurden beladen und fuhren in die nähere und weitere Umgebung.

Die Abfahrten der LKW-Kolonne blieben natürlich nicht unbemerkt. Sie waren immer von Aufregung und intensiven Schusswechseln begleitet, wenn sich die Tore öffneten. Die ausgehende Fracht war eine begehrte und gesuchte Ware. Schon auf den ersten Kilometern draußen konnte es zu Schießereien wegen versuchter Raubüberfälle kommen, und das IKRK musste sogar eine kleine bewaffnete Miliz unter dem Befehl eines »Oberst« zum Schutz der Konvois installieren. Das war eine gewiss ungewöhnliche Lösung, aber eine unverzichtbare, um die beladenen Fahrzeuge dorthin bringen zu können, wo sie erwartet wurden. Für das Überleben der Zivilbevölkerung waren sie unerlässlich. Eine Frage, die wir uns alle stellten: Wie viel von dieser Fracht erreicht tatsächlich ihr Ziel? Es hieß, dass schließlich weniger als die Hälfte ankam.

Nicht einmal das IKRK, glaube ich, kannte die genauen Zahlen. Wie dem auch sei, am Morgen wurde die Abfahrt der Lkw-Kolonne mit einem lauten Schusswechsel eingeläutet, der von Explosionen begleitet wurde. Das war das Signal dafür, dass die abfahrenden Lastwagen bewaffnet und auch bereit waren, jeden Überfall abzuwehren, der sich in einem Überraschungsangriff am Ausgang des Krankenhauses oder an der Stadtmauer ereignen konnte.

Ich lasse absichtlich jede Beschreibung der Situation in den Straßen von Mogadischu während dieser Wochen des Bürgerkriegs aus. Dies vor allem, weil wir praktisch nur im Spital lebten und die Bewegungen der militärischen und zivilen Bevölkerung um uns herum uns nur als Geräusch aus der Ferne erreichten. Allerdings sagten uns die häufigen Schüsse, dass vielleicht neue Verwundete unterwegs waren. Was mich immer wieder überraschte, war, dass es sich dabei oft um verletzte Frauen und Kinder handelte. Es ist ja allgemein bekannt, dass in der somalischen Gesellschaft der Mann der Vater und Herr ist und in der Öffentlichkeit lebt – und zudem der Kämpfer ist. Frauen und Kinder hingegen bleiben geschützt und eingeschlossen im Haus, was zu dieser Zeit ganz besonders der Fall war.

Meine Gedanken dazu waren wohl zu oberflächlich. Dass der somalische Mann eher dem guten Leben als der Arbeit zugetan ist, hatte ich mit eigenen Augen gesehen. Daneben waren seine Streitsucht und sein Stolz nicht nur sprichwörtlich, sondern auch in das über Generationen weitergegebene Heer-Kodex eingeschrieben – so wie die somalischen Gesetze den unermüdlichen, unbeugsamen und Grenzen überschreitenden Kämpfer anspornen und verteidigen.

Mir erschien vielmehr die somalische Frau als wahre Kämpferin: so mutig, intelligent, großzügig, fleißig und geduldig wie stolz auf ihre Gedankenfreiheit. Es mochte sein, dass der somalische Mann mit dem Gewehr in der Hand ein guter Kämpfer war, im familiären Bereich spielte er eine ganz andere Rolle.

Eines Nachmittags wurde ich in der Stadt Zeuge einer Szene, die ich noch heute als sinnbildlich empfinde: Nach einer plötzlichen Schießerei lag eine verwundete und blutende Frau mitten auf der Straße, hob ihre Arme und rief um Hilfe. Auf beiden Seiten standen Männer, die das Geschehen beobachtet hatten, aber keiner von ihnen bewegte sich. Es war nicht klar, ob die Schießerei jetzt weiterginge oder nicht. In der Situation wagten es einige Frauen, rasch die Straße zu überqueren, um die Verwundete in Sicherheit zu bringen und ein Fahrzeug zu rufen, das sie ins Krankenhaus brachte. Ich kam eben zu Fuß vorbei und sah, dass die Situation alles andere als beruhigend war. Ich hatte jedoch nicht den Mut, mein Leben zu riskieren, um die arme Frau zu retten. Ich war genauso feige wie die somalischen Schaulustigen.

Innerhalb der Mauern des Krankenhauses fühlten wir uns recht sicher, nicht so sehr wegen der Miliz, die das IKRK angeheuert hatte, sondern eher wegen des extraterritorialen Status des Krankenhauses und der Regeln der Genfer Konventionen. An die erinnerten und beruhigten uns Tag für Tag die wehenden Fahnen und Abzeichen des Roten Kreuzes und des Roten Halbmondes.

Ich beneidete den Leiter der IKRK-Delegation nicht um seine Aufgabe, auf politischer Ebene eine so wechselhafte, schwer fassbare Situation zu managen, die aus vielen Treffen, schwierigen

Kontakten und endlosen Verhandlungen mit allen Akteuren bestand. Wir waren mitten in einem Bürgerkrieg, der sich über Jahre hinzog, mit immer wieder neuen Konstellationen. Wir im medizinischen Dienst mussten uns dagegen »nur« um die Verwundeten kümmern und sie behandeln.

Die Rolle des Delegationsleiters war auch die eines Politikers, dessen Worte und Taten man aufmerksam verfolgte: Unsere humanitäre Arbeit hatte direkte Auswirkungen auf den Fortgang der kriegerischen Konfrontationen, und so waren die somalischen Beamten sehr darauf bedacht, die Sympathie des Delegationsleiters zu gewinnen. Er selbst suchte den Dialog mit allen Akteuren des Konflikts und trat unablässig dafür ein, dass die Grundsätze der Menschlichkeit, Neutralität, Unparteilichkeit und Unabhängigkeit gewahrt wurden.

Besonders wichtig war, dass das Krankenhaus De Martino eine geschützte Zitadelle mitten im Zentrum der Hauptstadt war. Von hier aus konnte umfangreiche humanitäre Hilfe gesteuert werden, die ja im ganzen Land verteilt werden musste. Anders, aber auch sehr zu beachten, waren die Kontakte des IKRK mit den Kriegsparteien in den Nachbarländern über die regionale Delegation in Nairobi, Kenia.

In Mogadischu verfolgten wir die Entwicklung der politischen Lage mit großer Aufmerksamkeit. Jeden Morgen trafen wir uns zum Kaffee unter einer Pergola an einem runden, weiß lackierten Eisentisch in einer geschützten Ecke des Krankenhauses, um Neuigkeiten von der IKRK-Delegation zu erfahren. Das morgendliche Meeting war wichtig für uns alle – und wir konnten uns dabei auch ein wenig entspannen. Doch eines Tages wurden unsere Besprechungen durch ein vom Himmel herabfallendes »Objekt« abrupt unterbrochen: Eine Rakete war in unseren Tisch eingeschlagen, den man danach nicht mehr wiedererkennen konnte – er war nur noch ein schwarzer Trümmerhaufen. Wir fragten uns natürlich: Hatte eine Rakete ihr Ziel verfehlt – oder war der Anschlag eine vorsätzliche Tat gewesen?

Leider wurde die Atmosphäre im Krankenhaus allmählich immer belastender und die Beziehungen zu den somalischen Mitarbeitern verloren mehr und mehr ihre Spontaneität und Transparenz. Ich persönlich wurde allmählich ungeduldig angesichts des Verhaltens des somalischen Anführers der »Prätorianergarde«, unserer Miliz mit ihren fünfzig bewaffneten Männern, der als unser »Oberst« fungierte. Ich spürte mehr noch, als ich sah, wie er seine Macht innerhalb des Krankenhauses immer weiter ausbaute, und dies nicht nur in seinem Bereich als Leiter der Sicherheit und Logistik. Aber das ging mich ja nichts an.

Bei der Begrüßung eines neuen Verwalters des Krankenhauses am Flughafen, eines sehr jungen Belgiers auf seiner ersten Mission, hatte ich dem Mann auf dem Weg zur Delegation im Spital ein wenig vor der schwierigen und angespannten Situation erzählt, die er bei uns vorfinden würde. Da das Krankenhaus auch der Sitz der IKRK-Delegation war, gab es eine ganze Reihe von – mir fremden – Geschäftsvorfällen, die nun von dem neuen Verwalter begutachtet und bewertet werden mussten.

Der Neuankömmling stürzte sich kopfüber in seinen Job und stellte rasch fest, dass die Konten nicht stimmten. So kam es bald zu einer direkten Konfrontation zwischen ihm als Delegiertem und Verwalter des IKRK und dem somalischen »Oberst«, dem Chef unserer Sicherheitsmiliz. Bei einem Management-Meeting in Anwesenheit des »Obersts« und mehrerer anderer Mitarbeiter konnte der belgische Buchhalter seine Behauptungen und Entdeckungen belegen. Einige Wochen später wurde der tüchtige belgische IKRK-Verwalter und Buchhalter bei einer der beschriebenen Konvoi-Ausfahrten aus dem Krankenhaus durch einen Schuss getroffen und schwer verwundet. Ein Somalier, der versucht hatte, ihn zu schützen, bezahlte seinen Mut mit dem Leben. Der junge Belgier starb am Tag darauf in dem Ambulanzflugzeug, das ihn nach Europa zurückbrachte.

Ein Jahr später, 1993, war der Bürgerkrieg in eine neue Phase mit großen Konflikten eingetreten. Das IKRK sandte mich mit einer

Mission ins Digfer-Krankenhaus in Mogadischu, dem größten Krankenhaus der Hauptstadt. Dessen chirurgische Kapazität war zu diesem Zeitpunkt mit den vielen eingelieferten Verwundeten – sowohl den operierten als auch denen, die in erbärmlicher Lage auf ihre Operation warteten – an ihre Grenzen gestoßen.

Von mir erwartete das IKRK nicht nur eine Beschleunigung bei der Behandlung dringender Fälle, sondern auch eine möglichst umfassende Studie für einen Hilfsplan nicht nur für die Notfälle, sondern auch für die langfristige Nachsorge schwerer Erkrankungen. Als ich ankam, wurde ich umgehend und direkt zu dem Ort gebracht, der für einige Wochen mein Zuhause sein sollte: ein kleines Hotel mit Blick auf das Meer, nicht weit vom Krankenhaus entfernt.

Ich war hier nicht der einzige Gast – es gab noch zwei andere, beide Italiener und Waffenhändler. Wir hatten ganz unterschiedliche Aufträge, aber gemeinsam war uns ein allgegenwärtiges Gefühl für Gefahr. Die Leistungen des Hotels waren spartanisch, einschließlich des Abendmenüs, das immer dasselbe war: »Pasta in bianco« und Hummer, Letzterer einige Tage, bis die Kühltruhe leer war. Die Wände der Zimmer waren löchrig wie ein Sieb, alle Einschusslöcher waren rigoros mit einem Kreuz gekennzeichnet und datiert waren. Morgens holte mich ein Taxi, eigentlich ein verbeultes Schrottauto, ab und brachte mich ins Krankenhaus.

Am Lenkrad saß ein alter Fahrer und hinter ihm kauerten zwei junge Männer, eher Kinder, mit einem Gewehr in der Hand, wobei die Wache vom Fahrer gestellt wurde. Die Läufe ihrer ungeladenen Gewehre ragten deutlich aus den Fenstern, um zu signalisieren, dass die Autoinsassen bewaffnet unterwegs und auch bereit waren, sich zu verteidigen. Als ich mich neben den Fahrer gesetzt hatte, ertönten auch tatsächlich Schüsse, und ich sah, wie der Mann langsam den Sitz hinunterglitt, das Lenkrad noch immer in der Hand, und weiterfuhr. Nachdem ich die Überraschung des ersten Tages verdaut hatte, war ich auf alles vorbereitet und beschloss, bei einem Schusswechsel den Fahrer nachzuahmen und wie er den Sitz hinunterzugleiten.

Das Digfer-Krankenhaus thronte wie eine Festung auf einem Hügel und war von einem ehemaligen Park umgeben, der jetzt nur noch eine mit Gestrüpp bewachsene Einöde war. Seltsamerweise befand sich die Operationsabteilung im zweiten Stock, und da die Aufzüge außer Betrieb waren, musste ich eine schmale Betontreppe hinaufklettern. Was mich dann in den Operationssälen erwartete, konnte ich schon an der Farbe der Flüssigkeiten erahnen, die wie ein verseuchter Bach die Wände herunterliefen – und die gerade mit Wassereimern gereinigt wurden.

Die Operationssäle befanden sich in einem Zustand, den nicht einmal ich beschreiben kann. Es herrschte totales Chaos, und man versuchte, mit sehr begrenzten Mitteln so viel wie möglich zu erreichen – ohne ausreichende Hygiene und mit stotterndem Strom. Trotzdem wurde operiert, und es herrschte eine unglaubliche Hektik, wenn die Patienten zu den Operationstischen gebracht wurden. Wäre das Szenario hier ein Gemälde gewesen, hätte es sich um eine Metzgerei gehandelt, die wegen totaler Hygienemängel sofort geschlossen werden musste. Auf dem Boden und überall lagen mit Blut und anderen Flüssigkeiten getränkte Lappen und Kompressen, Fetzen schmutziger Kleidung und Stoffstücke, Überreste von Amputationen. Wann immer diese übelriechenden Haufen den Durchgang versperrten, schob ein Raumpfleger sie mit einer Art großer Bürste auf die Terrasse, die sich über die gesamte Länge der Operationsabteilung erstreckte. Man wartete wohl, bis der Müllhaufen die Höhe der Balkonbrüstung erreicht hatte, bis jemand endlich beschloss, alles auf den Erdboden zu werfen, wo Hunde, Esel und sogar ein paar Schafe hungrig auf eben diesen Müll warteten.

An meinem ersten Abend war ich ins Hotel zurückgekehrt mit einem einzigen Gedanken: Wo sollte ich mit meiner Arbeit beginnen? Ich beschloss, dass ein »Bottom-up«-Ansatz der einzige Weg nach vorne sein konnte, der erforderte, dass ich mich in die Lage meiner somalischen Kollegen versetzte und mir von den tapferen und loyalen, die noch vor Ort waren, sagen ließ, was die oberste Priorität sei, um hier zurechtzukommen. Ordentliche und ausgefeilte chirurgische Techniken konnten warten, jetzt musste man mit Wasser, Seife und Ellbogenfett anfangen. Ich brauchte ein paar Tage, um das komplette Durcheinander dieser Situation zu erkennen und dann für mich die nächsten Schritte festzulegen. Ich nahm mir vor, dies alles in meinem Bericht an das IKRK zum Ende der Mission ausführlich festzuhalten.

In Somalia wurde meine Flugangst, die ich abgelegt zu haben dachte, zweimal auf die Probe gestellt. Ich erinnere mich heute noch sehr genau an diese Momente ...

Unvergessen die »doppelte Landung« mit einem fragilen einmotorigen Flugzeug auf einer überfluteten Wüstenpiste, eigentlich ein Widerspruch in sich, in einem ersten Durchgang auf einem einzigen Rad, um »den Boden zu spüren«, das heißt, die Tiefe des Wasserspiegels auszuloten – und dann in einem zweiten, der gelang. Ein paar Minuten später hörte ich, dass uns der Treibstoff ausgegangen war.

Und dann das zweite »Abenteuer«, der Abflug von Mogadischu nach einem Raubüberfall auf den Piloten und den Kopiloten.

Schon die Ankunft am Flughafen mit den Morgennachrichten, die auf ernsthafte Sicherheitsprobleme im Luftraum sowie auf die lebhaften Kämpfe in der Nähe hinwiesen, hatten uns beunruhigt. Ich hatte mich ohnehin nie an diese dumpfen, unregelmäßigen Knallgeräusche gewöhnen können, die auf bewaffnete Auseinandersetzungen in unmittelbarer Nähe schließen ließen ... Ja, es waren nur Geräusche, aber so unterschiedlich in ihrer Intensität, dass sie nicht zu der Landschaft passten: ein blaues Meer auf der rechten Seite und auf der linken die sonnige, kaum beschattete somalische Küste, die von einer fast sanften Brise gestreichelt wurde.

Man hatte uns drei Passagieren den Zugang zum Flugzeug erlaubt, aber es war keine Menschenseele in Sicht und kein anderes Flugzeug außer unserem. Wir kletterten an Bord, setzten uns und blickten auf die offene Tür. Der Pilot und sein Kopilot kamen schließlich und teilten uns mit, dass sie nur noch den Flugplan an den Kontrollturm weitergeben müssten, um grünes Licht zu bekommen. Wir fühlten uns erleichtert, auch wenn der Flug sich jetzt noch verzögerte. Aber die Minuten des Wartens häuften sich und schienen immer langsamer zu vergehen. Wir sahen nach draußen auf die Piste und bemerkten gerade noch rechtzeitig, wie zwei Lastwagen mit der Silhouette unverkennbarer Raketen – sogenannter »Stalin-Orgeln« – auf dem Rücken über die Landebahn fuhren und schnell verschwanden.

Nach mehr als einer halben Stunde kehrte unsere Besatzung an Bord zurück: stumm, mit angespannten Gesichtern und offensichtlich sehr aufgeregt. Sie hatten die Startfreigabe in der Hand, aber nicht mehr ihre Uhren und Geldbörsen, die sie auf ausdrücklichen »Wunsch« des Kontrollturms dort lassen mussten. Sie sagten uns, dass wir keine Minute zu verlieren hätten und dass man umgehend ohne große Prozeduren starten müsse und wir unsere Gurte sofort anzulegen hätten. Schon vor dem Start der beiden Motoren hatten wir sehr deutlich wahrgenommen, dass in der Nähe geschossen wurde. Der Abflug erfolgte dann »bäuchlings« auf das Meer hinaus. Nachdem wir uns weit von der somalischen Küste entfernt hatten, normalisierten sich unser Blutdruck und unser Puls, und auch unsere Atmung hatte sich wieder eingependelt.

Ich brauchte länger als sonst, um mich von diesem Erlebnis zu erholen. Aber wie es normalerweise der Fall ist, zumindest bei mir, verblasste mit der Zeit und mit etwas Abstand zu den Ereignissen meine Erinnerung. Ich glaube, dies lag daran, dass ich bestimmte Erfahrungen auch im Detail aus meinem Gedächtnis löschen wollte – weil ich erkannt hatte, dass es nichts bringt, sich nach manchen Geschehnissen noch lange mit ihnen zu befassen.

Das kurze Zwischenspiel in Somalia hatte mich dazu gebracht, nicht nur darauf Wert zu legen, was die Kriegschirurgie in technischer Hinsicht wirklich benötigt, sondern auch darauf zu achten, wie sehr der Kontext des Krieges, seine Nähe und seine Intensität variieren können und wie viele völlig unabwägbare und unplanbare Situationen damit verbunden sind.

Es war für mich auch eine Aufforderung, mein Ziel neu zu definieren: nie zu vergessen, dass wir als Helfer agieren, die in Kriegsszenarien privilegiert und präsent sind, und unser natürlicher Kontext der der humanitären Hilfe, die immer ihre Prinzipien respektiert, bleiben muss. Ein schmaler und stets bergauf führender Pfad.

Lokichoggio, das Krankenhaus sieht aus wie ein Zirkus

Die nächste afrikanische Etappe führte mich nach Lokichoggio, in ein Dorf von Rinderhirten im äußersten Norden Kenias, nahe der Hauptzugangsroute zum Sudan. Es ist ein Halbwüstengebiet mit einer fast mondähnlichen Landschaft und einem trockenen und sehr heißen Klima, zwischen 30 und 40 Grad. Wir sind nur ein paar Kilometer vom Turkana-See, aber fast 700 Kilometer von Nairobi entfernt. Wir befinden uns im Rift Valley, völlig abgeschnitten von der Welt.

Der Bürgerkrieg im benachbarten Sudan hatte die Entwicklung einer bislang unbekannten Region ausgelöst, aufgrund eines Phänomens, das überall auftritt, wo Kriege ausbrechen. Die gesamte Logistik in Kriegen, vom Waffentransport bis hin zur Nutzung von Straßen und Flughäfen, schwappt auf die Nachbarländer über, und relativ rasch verändert sich die Gesellschaft – fast in jeder Hinsicht. Die Ordnung, die sich über Jahrhunderte in einem gewissen Naturzustand erhalten hatte, wird untergraben. Die Geschäftswelt kommt an, ihr folgen die internationalen Organisationen und dann auch die NGOs und schließlich die Männer und Frauen, die humanitäre Hilfe leisten.

Dieses Hirtendorf namens Lokichoggio wurde in wenigen Jahren zu einem Knotenpunkt von internationaler Bedeutung, hier war der einzige Weg zur Flucht aus oder Einreise in den vom Bürgerkrieg geplagten Südsudan. Die Hirten von Lokichoggio, die nachts nackt ihre Kühe weideten, nur mit einer Kuhhaut als Schutzkleidung, mit einem eisernen Schwertstock und einem Holzsitz als Stuhl wurden vom Tsunami einer Welt getroffen, die ihnen vollkommen unbekannt war.

Eilig wurde ein Mini-Flughafen gebaut, alte Straßen wurden zum Leben erweckt und einige sogar gepflastert. Gebäude in allen Formen und Größen schossen wie Pilze aus dem Boden. Das IKRK baute ein Lager, einen »Compound«, für ausländische Mitarbeiter und acht Kilometer außerhalb des Dorfes ein Feldspital. Das glich in jeder Hinsicht einem vorgeschobenen Posten in einem unerforschten Land, wie ihn ein Livingstone vor fast zweihundert Jahren vorgefunden hätte. Die Erfahrungen mit Kriegskrankenhäusern, die man andernorts gesammelt hatte – in gut 10 Jahren wurden insgesamt 13 Krankenhäuser des IRKR eingerichtet – sollten hier von großem Nutzen sein.

Lokichoggio wurde aus Nairobi mit einer alten, vom IKRK geleasten DC3 erreicht, die zweimal wöchentlich knapp drei Stunden unterwegs war und praktisch die gesamte technische Logistik für den Betrieb eines Krankenhauses sowie die IKRK-Delegierten und das medizinische Personal, das dort arbeiten würde, an Bord hatte. Der einzige Pilot, der zur Verfügung stand, war ein älterer ehemaliger Jesuit, ein Experte für den afrikanischen Luftraum, den er wie seine Westentasche kannte, obwohl er eine Brille mit dicken Gläsern trug, wie es sie heute nicht mehr gibt. In Lokichoggio erwartete ihn eine Piste, schmal wie ein Handtuch, und darum herum ein paar Hütten – man landete hier nicht in einem afrikanischen Safaripark ...

Auf dem neuen IKRK-Gelände begrüßten uns unsere Kollegen. Danach folgte gleich eine Reihe von Informationsgesprächen und schließlich die Unterbringung in einzelnen Bungalows.

Das Feldspital lag, wie gesagt, acht Kilometer außerhalb des Zentrums von Lokichoggio, das wir nun mit unseren Fahrzeugen verließen. In diesen 15 Minuten auf einer Sandpiste durch ein überwuchertes Dickicht dachten wir wohl alle darüber nach, wo wir waren und welche Aufgaben nun auf uns warteten: in einem Krankenhaus, in dem wir humanitären Helfer arbeiten und von immer wieder neuen Herausforderungen überrascht werden würden.

Was wir, als wir uns näherten, zu sehen bekamen, erinnerte an einen kleinen Zirkus – wie an den alten Zirkus Knie in der

Schweiz – mit Zelten, Karren und Pferden. Und so wuselten hier auch Menschen in den unterschiedlichsten Verkleidungen herum. Die farbenfrohen Uniformen des Krankenhauspersonals kontrastierten mit den halbnackten Körpern der einheimischen Afrikanerinnen, die nicht wie ihre Männer ganz unbekleidet herumliefen, sondern so etwas wie einen halbstarren Umhang trugen, der mit bunten Pailletten besetzt war, aus dem ein langer Hals mit unzähligen Halsketten hervorlugte. Sie, die Frauen, hatten das Spital errichtet und kümmerten sich nun um seine Instandhaltung.

Meine Skizze wird vervollständigt durch Kinder und junge Patienten, alle dunkel wie reines Ebenholz, eingewickelt in ihre weißen Laken, die, nachdem sie ihre Betten verlassen konnten, überall herumschlichen, rannten und spielten wie Kinder und Jugendliche überall auf der Welt. Sie waren Patienten auf dem Weg der Besserung und warteten auf den Flug zurück in ihre Dörfer in einer Woche oder mehr. Aber eine rekonstruktive chirurgische Behandlung erfordert einen wochen-, wenn nicht monatelangen Krankenhausaufenthalt. Daher entwickelten wir auch bald unsere Idee, Alphabetisierungskurse einzurichten, eine Art Schule, die sofort ein Erfolg war.

Die Umgebung und die Art der Arbeit waren mir vertraut und nichts anderes als das, was ich schon seit Jahren erlebt hatte. Ich fühlte mich hier wie zu Hause und war wie der Koch in der Küche, von dem die Zustimmung der Familie abhing. Und diese Küche kannte ich – sie war so wie in Asien oder anderswo in Afrika. Dass unsere Operationen gut funktionierten, war an den Ergebnissen abzulesen, und wir Chirurgenkollegen wussten genau, inwiefern sich unsere Tätigkeit vom Standard in zivilen Umgebungen unterschied.

Aus Deutschland kam eine OP-Schwester namens Felicitas, die sich Felix nannte. Sie war eine würdevolle Dame in ihren Fünfzigern und auf ihrem ersten Auslandseinsatz. Sie hatte Karriere als private Instrumentierschwester eines berühmten deutschen Chirurgen und Professors gemacht. Ihre Erscheinung überraschte uns, schüchterte uns aber auch ein wenig ein. Ich war ihr neuer

Chirurg und es folgte unser Debüt im Operationssaal – eine Art Generalprobe.

Am Ende des Tages sah ich sie wie benommen, aber keineswegs verwirrt. Sie sagte mir, sie hätte sich nie eine Operation vorstellen können wie die meine – alles sei so chaotisch und hektisch gewesen. Sie glaube nicht, dass sie bei uns bleiben könne. Ich bat sie, ein paar Wochen oder auch nur ein paar Tage verstreichen zu lassen, danach könne sie ja eine Entscheidung treffen. Sie blieb dann alle Monate ihres Vertrags bei uns, und als sie abreiste, sagte sie mir, dass sie in ihrer 30-jährigen Karriere noch nie so lebhafte und effiziente Operationen erlebt und so viel gelernt hätte. Wir wurden Freunde und tauschen immer noch Grüße am Ende des Jahres aus.

Ich war davon überzeugt: Unsere chirurgischen Techniken und insbesondere einige offensichtliche Details, die mit der Orthodoxie zu kollidieren schienen, hatten einen Wert, der auf reiner Empirie beruhte, und wir hatten den Gesundheitszustand von außergewöhnlichen Patienten auf unserer Seite. Sie alle, unterschiedlich im Alter und ihrem Lebensstil, stammten aus dem Südsudan, einem Nomadenvolk, das ausschließlich von der Weidewirtschaft in einer feindlichen Umgebung lebt. Es waren Dinka, Nuer und Anyuack, wie wir sie aus den Dokumentationen und Bildern von Leni Riefenstahl kannten, der brillanten Fotografin der ersten Hälfte des 20. Jahrhunderts, die auch »Hitlers Filmemacherin« genannt wurde.

Alle waren sie groß und athletisch, da sie ihr Leben ausschließlich zu Fuß verbringen, wie die afghanischen Paschtunen, abgehärtet durch extreme Lebensbedingungen. Im Krankenhaus beeindruckten sie uns alle mit ihrer gegerbten und sogar stinkenden Kuhhaut, die sie wie einen schützenden Umhang über ihre Schultern warfen, ihrem langen Stock und ihrem Sitz, aber auch dem Weinschlauch, der die einzige Mahlzeit des Tages enthielt. Mindestens drei Liter Milch, gemischt mit dem Blut, das sie aus einem Einschnitt in der Halsschlagader ihrer Kühe gewonnen hatten, den sie dann mit einer Gemüsekappe verschlossen, das war die einzige Mahlzeit des Tages, die sie vormittags zu sich nahmen. Obst und Gemüse standen nicht auf ihrem Speiseplan.

Das Krankenhaus lag direkt auf dem Weg, den sie jeden Tag zu ihren endlosen Weiden nahmen. Wenn sie am Krankenhaus vorbeikamen, hielten sie gerne an. Zu zweit und zu dritt verweilten sie unter den spärlich Schatten spendenden Bäumen, stille und neugierige Beobachter, als wären sie von der Atmosphäre und dem Spektakel des Lebens in unserem Spital fasziniert. Sie stützten sich auf ein Bein und ihre lange Stocklanze, während sie das andere wie Flamingos beugten. Vielleicht galt ihr Interesse auch etwas anderem: Etwa ein Dutzend junge Frauen ihres Stammes arbeiteten bei uns, nicht um Kranke zu behandeln, sondern als Arbeiterinnen auf der ewigen Baustelle, die unser Spital war, das ständig umgebaut wurde. In diesem Teil Afrikas war schwere Arbeit eine Aufgabe für Frauen, deren Geschicklichkeit, Körperkraft und Ausdauer jeder Arbeiter in der zivilisierten Welt bewundern würde.

Die Ankunft eines »besonderen« Verwundeten, eines jungen Nuer-Häuptlings, löste Aufregung und Angst im Krankenhaus aus. Ein Koloss von über zwei Metern Größe, nackt und mit nur einem Stück Stoff an den Hüften ... Die Inspektion der Wunde ging schnell, aber mir war sofort das Kilo Gold aufgefallen, das in schweren Armbändern an seinen Handgelenken, Armen und Knöcheln steckte und mit Sicherheit ein wertvoller Schmuck war. Ebenso waren mir die Skarifikationen von hundert Kreuzen auf der linken Schulter aufgefallen. Ich kannte die Stammes- oder Schmuckskarifikationen dieser ethnischen Gruppen vor allem im Gesicht und auf der Stirn, aber nicht die Narben auf den Schultern. Später erfuhr ich, dass jedes Kreuz einem getöteten Feind entsprach, und so konnte ich mir die Aufregung der anderen Patienten leicht erklären.
Unter den IKRK-Delegierten, die zwischen Lokichoggio und dem Sudan pendelten, befand sich ein Anthropologe und Soziologe aus Graubünden namens Conradin, der die Geschichte dieser Regionen und ihrer Eingeborenen wie seine Westentasche kannte, nicht zuletzt deshalb, weil er jahrelang durch ihre Länder gereist war. Für uns war er eine unerschöpfliche Quelle für Informationen über die lokalen Sitten und Gebräuche. Seine farbenfrohen und anregenden

Erzählungen belebten unsere Abende, wie die unserer Jugend vor dem Kamin in meinem Tal. Unter den zahllosen Geschichten erinnere ich mich vor allem an eine – an den festen und peinlich genau eingehaltenen Brauch eines jeden Bewohners der Region, der dabei war, sein Dorf für eine wochen- oder monatelange Reise zu verlassen. Er nahm eine Handvoll Erde aus seinem Haus, um sie mit auf die Reise zu nehmen, um von dieser Erde oft, wenn nicht sogar täglich, zu essen, als wäre die Erde eine ihn schützende Medizin.

Mit der Zeit bekamen wir mit, dass nicht alle unsere Verwundeten Opfer des anhaltenden Bürgerkriegs waren, sondern auch an Viehdiebstählen beteiligt waren, die in Zusammenstößen mit dem Gebrauch von Schusswaffen endeten.

Unser junger Häuptling wurde wie alle anderen behandelt, aber von allen Patienten verehrt und gefürchtet. Er heilte schnell, schon bald ging es ihm gut und er fühlte sich wohl, als wäre das Krankenhaus eine Emanation seines Dorfes. Der Tag seiner Entlassung rückte heran, jedoch teilte er unserer Oberschwester mit, dass er sich immer noch nicht vollständig erholt fühlte und seine Genesung verlängern wollte ... Ich wurde hinzugezogen, um den sich anbahnenden Streit zu schlichten, und in einem Gespräch mit Simultanübersetzung sagte er mir, dass er uns als Dank für die hervorragende Pflege ein schönes Geschenk machen würde, wenn ich der Verlängerung seines Aufenthalts zustimmte. Und dass die Spende noch großzügiger ausfiele, wenn sein Chirurg ihn auf der Reise zurück in sein Dorf begleiten würde. Natürlich war ich neugierig: Worum würde es gehen? Klar, dass mein Blick auf seinen auffälligen Goldschmuck fiel. Das aber war es nicht. Er wollte vielmehr ein paar Kühe zur Schau stellen und ich würde mir so viele aussuchen dürfen, wie ich wollte. Und wie viele? Es sollte eine Parade von Kühen werden, ohne Grenzen und mit freier Auswahl.

Das Krankenhaus in Lokichoggio, das am Ende der Welt oder, besser gesagt, fast am Ende der Welt in einer von felsigen Bergen begrenzten Ebene lag, die von einem trockenen Flussbett durchzogen war und in der ein halbtrockenes Klima herrschte, war für ein paar Hundert sudanesische Patienten eine Rückkehr ins Leben und für etwa hundert Mitarbeiter des Gesundheitspersonals ein Arbeitsplatz, der internationaler nicht sein konnte.

Das Leben im Spital entsprach dem Rhythmus eines Ameisenhaufens oder eines Bienenstocks, mit einer klaren Aufgabenverteilung, die ein wenig an ein Schweizer Krankenhaus erinnerte. Das Rückgrat bildete nach wie vor das Krankenpflegepersonal und nicht das medizinische Korps mit einem prominenten kenianischen Kontingent, aber die Schlüsselfigur blieb die Oberschwester des Krankenhauses. Über diese so wichtige, ja wesentliche Figur der IKRK-Krankenhäuser könnte ich ausführliche und erstaunliche Geschichten erzählen. Im Laufe der Jahre, in denen ich Erfahrungen in sechs der dreizehn IKRK-Krankenhäuser auf der ganzen Welt sammelte, lernte ich mehrere Oberschwestern kennen, und meine Bewunderung für sie wuchs immer weiter.

In Lokichoggio war Nelly Studer aus Bern, eine hübsche junge Blondine mit einem entwaffnenden Lächeln und einer außergewöhnlichen geistigen Beweglichkeit, zu der sich ein eiserner Wille und eine unglaubliche körperliche Ausdauer gesellten. Es gab keine Situation und kein Problem im Krankenhaus, für das Nelly nicht die Lösung gefunden hätte.

Zu der Führung des Pflegepersonals, das zu 80 Prozent aus kenianischen Pflegerinnen bestand, kamen die gesamten logistischen Bereiche eines Krankenhauses hinzu, Küchen, Toiletten, Wäscherei, um nur die wichtigsten zu nennen. Und schließlich waren da noch die Patienten selbst, die oft nur wenig Geduld hatten.

Obwohl sie verwundet waren und von uns behandelt wurden, waren sie immer noch starke Männer und Krieger, denen das Schicksal eine lästige Pause auferlegt hatte, die aber danach strebten, bald gesund zu werden. Jedes Problem, das nicht im Krankenhaus gelöst werden konnte, landete in den Händen der Oberschwester. Ich erinnere mich da an einen außergewöhnlichen Fall: Eines Tages beschwerten sich die Patienten, dass die Essensration, die zweimal täglich aus großen Töpfen zwischen ihren Betten ausgeteilt wurde, nicht nur kleiner, sondern in einigen Fällen sogar völlig unzureichend war. Die Menge der ausgegebenen Lebensmittel entsprach nicht mehr den Vorstellungen der Patienten, obschon sie oft nur wenig gegessen hatten. Bald danach erhöhte die Küche die Essensmenge – auch deshalb, weil sich die unzufriedenen Patienten knorrige Stöcke besorgt hatten, die sie unter ihre Betten legten und schwenkten, wenn die Wagen mit den Töpfen und Tellern darauf vorbeifuhren.

Einige Zeit später, als weniger Patienten im Krankenhaus waren, entwickelten nun die kenianischen Krankenschwestern einen starken Protestgeist. Es lag Aufruhr in der Luft. Ich hörte auch, dass es noch andere Forderungen der Angestellten gab, die ebenfalls Kenianer waren – die Situation musste ernst genommen werden. Mit den Arbeitsverträgen des IKRK und den kenianischen Arbeitsgesetzen in der Hand wurde bald eine Klärung herbeigeführt, und es wurden kleinere Anpassungen in Aussicht gestellt, sobald bestätigt wurde, dass die Arbeitsrechte des IKRK mit denen Kenias vereinbar waren. Bei dieser Gelegenheit wurde jedoch auch daran erinnert, dass die vom IKRK gezahlten Gehälter im Durchschnitt zwei- bis dreimal so hoch waren wie die in kenianischen Krankenhäusern. Diejenigen, die den neuen Vertrag nicht unterzeichnen wollten, konnten auch kündigen, zumal unsere Liste der Bewerbungen gut gefüllt war.

Nachdem die rechtlichen Fragen geklärt waren, galt es, das gegenseitige Vertrauen wiederherzustellen und den Geist und die Freude an der Arbeit in einem erstklassigen humanitären Krankenhaus wieder zu wecken. Es war dem Einfluss zweier gewerkschaftlich engagierter kenianischer Krankenschwestern zu »verdanken« gewesen, dass sich eine Bewegung gebildet hatte, die den reibungslosen Betrieb des Krankenhauses zu gefährden drohte. Wenn das IKRK nicht sofort und angemessen gehandelt hätte, wären unsere Arbeitsabläufe außer Kontrolle geraten und hätten vielleicht sogar zu einem Minenfeld geführt, auf dem der Verdacht auf rassistische Ungerechtigkeit mit kolonialistischem Einschlag thematisiert worden wäre.

Wir mussten also nicht nur die Ordnung wiederherstellen, sondern auch die gute Laune zurückbringen. Für die ärztliche Untersuchung am nächsten Tag kündigte ich mit Nachdruck die Rückkehr zu den guten alten Gewohnheiten an und präsentierte mich mit einer Reitgerte unter dem Arm, einem zu Recht verabscheuten Symbol aus vergangenen Zeiten. Ich wollte damit genau an diese Zeiten erinnern, war aber mit einem Gedanken an den Rohrstock unter den Betten der Sudanesen. Zu Beginn meines Besuchs auf den Stationen weiteten sich alle Augen, da sie mich mit der Reitgerte unter dem Arm sahen, und sofort wurde ich gefragt, was meine Absichten seien. Ich klopfte kurz auf den Tisch und betonte, dass ich uns alle dazu auffordern wollte, zu den guten Rhythmen und Gewohnheiten zurückzukehren, die sich bewährt hatten. Zwar wurde nur verhalten gelächelt, aber am nächsten Tag war die Peitsche weg und die Botschaft angekommen. Kurz danach war die Atmosphäre wieder entspannt und fröhlich.

Port-au-Prince, der Gefängnisaufstand

Ende Januar 1991 wurde ich vom IKRK gebeten, eine ganz bestimmte Mission wahrzunehmen: Ich sollte einen Ausbildungskurs für Chirurgen in Haiti übernehmen. Das Land war zum x-ten Mal von gewalttätigen Auseinandersetzungen heimgesucht worden, und das medizinische Korps hatte sich angesichts der steigenden Zahl von Patienten, die operiert worden waren, jedoch mit unbefriedigenden Ergebnissen, an das IKRK in Genf gewandt – man wollte und musste die Techniken der Kriegschirurgie aktualisieren und optimieren. Danach beschloss Genf, zwei IKRK-Chirurgen zu einem einwöchigen Intensivkurs für die Kollegen in Haiti zu entsenden, zwei Männer mit ausgewiesenen Erfahrungen in der Traumachirurgie. In Wirklichkeit fanden wir dann in Haiti nur wenige Traumachirurgen vor, und anderen Kollegen, insgesamt ein Dutzend, sowohl Ärzte als auch Spezialisten waren, aber aus anderen Disziplinen kamen. Die besonders qualifizierten Kollegen hatten das Land schon längst verlassen.

Zusammen mit Robin Gray, damals IKRK-Chirurg im Genfer Büro, schiffte ich mich nach Haiti ein. Schon die Ankunft in Port-au-Prince, in einem Flughafen mit einem hektischen Durcheinander von Flüchtenden und Einreisenden, wobei uns eine Vielzahl bewaffneter Soldaten in hellen Uniformen auffiel, hatte uns angedeutet, was uns in den kommenden Tagen erwarten würde. Nicht einmal die Töne einer kleinen Blaskapelle, die uns wie zum Karneval begrüßte, konnten unsere Unruhe mindern. Relativ rasch wurden wir zu dem Hotel am Berghang oberhalb der Hauptstadt gebracht: ein Luxushotel mit gepflegten Gärten und einem Swimmingpool. Diese Oase des Friedens im schimmernden Grün exotischer Bäume stand im Gegensatz zu der Trostlosigkeit und Verlassenheit, die wir gesehen hatten, als wir im Auto Port-au-Prince durchquert hatten. Das Hotel war sehr sauber, mit Pflanzen und Blumen in der Lobby, aber außer uns schien hier kein Gast zu sein.

Am Morgen nach unserer Ankunft wurden wir abgeholt und in die Stadt gebracht, damit wir mit der Schulung beginnen konnten.

Der Kurs bestand zunächst darin, die vielen Stimmen derer anzuhören, die hier im Hauptkrankenhaus von ihren zahlreichen und sich häufenden Frustrationen berichteten – offenbar mangelte es an allem, selbst am Nötigsten. Danach ließen wir uns umgehend zu den Stationen des Spitals bringen, in dem uns der Zustand der operierten, aber nicht geheilten Patienten vor Augen geführt wurde.

Wir begnügten uns erst einmal damit, auf das Vermeiden technischer Fehler hinzuweisen und kurz die Grundprinzipien der Erstbehandlung zu erläutern, beginnend mit dem klassischen »Debridment«. An diesem Tag sahen wir uns mit etwa fünfzehn Ärzten konfrontiert, die uns von ihren Schwierigkeiten berichteten – und die alle unterschiedslos bereit waren, sich für die Rettung von Leben einzusetzen. Staunend und voller Bewunderung standen wir vor einem Fixateur externe, den ein Arzt mit seinen eigenen Händen gebaut hatte, indem er Metallteile aus einer Garage geholt und sie in Ermangelung geeigneter chirurgischer Instrumente installiert hatte.

Die Stunden vergingen sehr schnell und kurz nach 16 Uhr wurden Robin und ich zurück in unser Hotel gebracht. Ohne dass wir sie bestellt hätten, wurden uns am Swimmingpool Fruchtsäfte mit Rumgeschmack serviert, die, wie man uns sagte, unsere Müdigkeit vertreiben würden. Wir merkten nicht sofort, dass es sich um viel Rum und wenig Fruchtsaft handelte, also um einen Cocktail mit hohem Alkoholgehalt, sodass wir immer noch »high« waren, als man uns später zum Abendessen abholte. Zu unserem Glück waren wir am nächsten Morgen nach einem erholsamen Schlaf wieder frisch und klar im Kopf.

So gingen wir Abend für Abend nach anstrengenden Gesprächen und Vorträgen ohne Cocktails und mit viel Wasser zu Bett – und fanden die Ruhe, die wir brauchten. Doch am vorletzten Tag wurde der Schlaf frühmorgens unterbrochen.

Im Hauptgefängnis von Port-au-Prince war es zu einem Handgemenge nach einer Art Meuterei mit Verwundeten gekommen und jemand hatte die Idee gehabt, uns zu holen, um nach dem Rechten zu sehen und die Verwundeten in Obhut zu nehmen. Ich kann heute das Chaos und das ungeordnete, wilde Treiben mit einem Gewusel von Soldaten, fliehenden Gefangenen, Schüssen, Schreien und Beschimpfungen von fröhlichen kleinen Frauen, die sich in die Zellen geflüchtet hatten, nicht mehr genau beschreiben – jedenfalls war ich ziemlich sicher, dass diese Frauen vorher nicht inhaftiert gewesen waren. Zwei oder drei Männer waren verletzt, und vermutlich waren andere bereits evakuiert worden. Wenn der Ausdruck »totales Bordell« je irgendeine Berechtigung gehabt hätte, dann war das der Ort hier. Dass es zwei Stunden zuvor noch ein überfülltes Gefängnis gewesen war, konnte niemand erkennen, abgesehen von dem Anblick der vielen Gitter und Zellentüren, die jetzt alle offen standen.

Mir kam die Szene dieses surrealen Chaos erneut hoch, als ich zwei Tage danach im Flugzeug zurück nach Genf saß und mich zu entspannen versuchte. Die Bilder der Verwüstung und des Elends in Port-au-Prince mit dem Militär in Sturmausrüstung an jeder Ecke verblassten jedoch rasch in meinem Kopf. Ich hatte nur die Listen mit den medizinischen Hilfsgütern in der Hand, die wir unseren haitianischen Kollegen zu schicken versprochen hatten.

Heute, 32 Jahre nach dieser Mission, kann ich nicht umhin, traurig und entmutigt darüber nachzudenken, dass die Entwicklung in Haiti stets zu immer neuen ruinösen Situationen geführt hat. Eine Krise löste die andere ab, Guerillakriege und Anarchie bei ständigem Sinken der Lebensqualität, die brutale Präsenz der Armee, Hunderte von kriminellen Banden brachten Terror, Verwüstung und Zerstörung ins Land und quälten seine Bevölkerung. Die Versuche der UN, hier mit einem afrikanischen Kontingent und einer unzureichenden Anzahl von Truppen zu intervenieren, um die Situation eines Landes zu lösen, das sich in einem permanenten Kriegszustand befindet, der durch Machtkämpfe angeheizt und von kriminellen Banden befeuert wird, haben wenig bis nichts erreicht. Seit 1990, nach dem Sturz von Jean-Claude Duvalier, haben die Vereinten Nationen ihre Truppen in mehr als zehn Missionen eingesetzt – doch die Situation in Haiti hat sich immer nur verschlechtert, und die Nähe der Vereinigten Staaten hat noch nie zu Erfolgen geführt.

Gefangene des Sandes

Zwei Monate danach bekam ich einen – gelinde gesagt: mysteriösen – Anruf vom IKRK. Man fragte mich, ob ich bereit sei, an einer »geheimen« Mission teilzunehmen, über die man mir im Moment allerdings keine Erklärung geben könnte.

Dauer der Mission: insgesamt etwa zehn Tage. Zielort? Streng geheim. Gut, angenommen.

Ich sollte mich am 2. April 1991 um Mitternacht auf dem Flughafen von Kairo einfinden, wo ich kontaktiert werden würde. Insgesamt seien es fünf IKRK-Delegierte, die sich hier träfen. Mein Flugticket wurde mir mit der Anweisung zugeschickt, nur leichtes Gepäck mitzunehmen.

Im Transitbereich des Kairoer Flughafens herrscht an einem Sonntagabend kein Gedränge. Mit wachsendem Unbehagen sah ich mich hier nach Kollegen um, die ich kennen könnte. Ich entdeckte keinen. Dennoch wagte ich es, einen potenziellen Kollegen anzusprechen, der sich tatsächlich als IKRK-Delegierter entpuppte, der gerade aus Bagdad gekommen war. Auch er tappte im Dunkeln.

Pünktlich um Mitternacht öffnete sich eine Tür zum Boardingbereich und heraus kam ein Kapitän mit einer Stewardess in dunkelblauer Uniform. Beide machten sich auf die Suche nach den fünf Personen, die sie schnell identifizierten. Sie trommelten die Gruppe zusammen und forderten uns nach Überprüfung der Dokumente auf, ihnen zu folgen und unser Gepäck mitzunehmen. In gut zweihundert Metern Entfernung stand eine alte DC3 mit Schweizer Insignien, ein Flugzeug aus einer anderen Ära, das jedoch noch heute von unserem Bundesrat genutzt wird. Im Innern warteten ein paar sehr weiche Sitze auf uns, die verschwenderisch viel Platz boten.

Der Pilot erklärte uns, unterstützt von einer Hostess aus Fribourg, dass wir in ein Land fliegen würden, dessen Namen ich auch nach 33 Jahren nicht nennen kann – er fügte noch hinzu, dass wir uns auf einen technischen Zwischenstopp einrichten müssten. Unsere Delegation hatte, wie sich herausstellte, einen IKRK-Experten als Leiter, der mit einer beeindruckenden Erfolgsbilanz auf dem Gebiet der Inhaftierung und des Besuchs von Gefangenen aufwarten konnte. Dazu waren wir eine Krankenschwester, zwei Delegierte und ein Arzt.

Wir starteten mit Verspätung. Bei einem abrupten Stopp vor dem Einbiegen auf die Startbahn ertönte Klirren von zerbrochenem Glas. Das Gitter des Weinschranks am Boden der Kabine, vermutlich die Reserve des Bundesrats, hatte sich geöffnet und das Klirren von Flaschen wurde von dem Geräusch von zerbrechendem Glas begleitet. Eine gute Flasche Wein hätte ein anderes Ende verdient gehabt.

Gegen 3 Uhr morgens stoppten wir zum Tanken, starteten erneut und landeten am Zielort, der wie die Hölle aussah: Im grauen, kalkigen und müden Licht eines sehr frühen Morgens erhob sich vor uns eine Reihe dunkler, fast schwarzer Wolken. Dann sahen wir ein schwaches Leuchten oder vielmehr ein gelblich-rotes Leuchten, nicht das der aufgehenden Sonne, sondern das von Feuerzungen, die aus einem schwarzgrauen Boden loderten.

Die Feuersäulen wurden größer und zahlreicher, je näher wir kamen. Es handelte sich, wie man uns sagte, um Ölquellen, die in Brand gesetzt worden waren. Selbst wenn der Krieg hier vor drei Wochen beendet gewesen wäre, würden diese Quellen noch immer brennen.

Ich glaube, wir waren alle von einem Gefühl großer Bestürzung ergriffen, als wir endlich landeten und uns beim Öffnen der Tür ein stinkender, heißer, dichter Rauch überfiel. Der Ort erinnerte mich an die Hölle in den Illustrationen von Gustave Doré in einer Ausgabe der Göttlichen Komödie, die wir Kinder im Haus meiner Eltern gelegentlich aufschlugen, aber kaum anzuschauen wagten.

Es war ein dantesker Höllenkreis, der uns erwartete, aber ein sehr besonderer – mit hilflosen Menschen, die während des gerade beendeten Blitzkrieges gnadenlos zusammengetrieben und inhaftiert worden waren.

Die Regierung des Landes, in dem wir gelandet waren, hatte dem IKRK uneingeschränkten Zugang zu allen Gefängnissen gewährt, damit wir hier alle Gefangenen und Häftlinge besuchen konnten, vermutlich nachdem man ihr weltweit vorwarf, die Grundsätze der Genfer Konvention zur Behandlung von Kriegsgefangenen zu verletzen. Es hieß, dass die Gefängnisse überfüllt waren mit Gefangenen, zumeist Beduinen, die in der Regel als staatenlose Bürger galten und der Komplizenschaft mit dem Invasoren beschuldigt wurden. Nach dem Sturz von Saddam Hussein wurden diese vermeintlichen Verräter festgenommen und gefoltert. Dem nachzugehen, war unser Auftrag.

Der erste Besuch galt dem Hauptgefängnis des Landes, das vom Militär betrieben wurde. Hier fand ich mich vor Käfigen aus massiven Metallkonstruktionen wieder, fünf oder sechs Meter hoch, an eine Wand gelehnt, mit darin aufgestapelten Menschen, die sich teilweise an die Gitterstäbe klammerten und nur Geräusche und dumpfe Schreie des Leidens von sich gaben. Ich blickte auf ein Gewirr von fast bewegungslosen Körpern, eine nahezu formlose Masse – wie die einer in einen engen Raum gezwängten Schlange. Tatsächlich wurde uns erklärt, dass gerade wegen der Überfüllung soeben eine Art Rotation in den Käfigen stattfand. Diejenigen ganz unten, die unter dem Gewicht der Körper über ihnen zusammengedrückt und in Urin und Exkremente getaucht waren, hatte man zur Spitze der Pyramide dieser Körper hochgezogen, wobei die ganz oben ihren Abstieg nach dem Gesetz der Schwerkraft langsam antreten mussten.

Wir berechneten grob den für jeden Gefangenen verfügbaren Platz und erkannten sofort, dass die Parameter nicht nur überschritten, sondern völlig inakzeptabel waren.

Unter den Gefangenen gab es etliche Verwundete und Kranke, die jedoch alle mit den berüchtigten Handschellen aus Hartplastik gefesselt waren. Je mehr man die Handgelenke bewegt, desto fester ziehen sie sich zusammen und zerreißen erst die Haut der Handgelenke, dann die Sehnenscheiden, die darunter liegenden Nerven und Gefäße, und der unerträgliche »Ritt« endet, wenn der Knochen mit seiner Knochenhaut berührt und aufgerieben wird. Die Schmerzen sind unerträglich und immer wieder kommt es zu zwischenzeitlichen Blutungen. Ein Horror.

Wir baten darum, die Verwundeten und Kranken besuchen zu dürfen. Ich machte diejenigen ausfindig, bei denen ein Krankenhausaufenthalt zur weiteren Behandlung unbedingt notwendig war. Man versicherte uns, dass wir bekämen, was wir verlangten.

Wir überprüften dies zwei Tage später bei einem Besuch in dem Krankenhaus, in das man die Verwundeten eingeliefert hatte. Alles schien normal zu sein, aber das Aussehen und der Zustand einiger der Patienten, über die ich mir Notizen gemacht hatte, schienen sich verschlechtert zu haben. Die Gespräche mit den Patienten, die ich mit Hilfe eines Dolmetschers führte, brachten keine Aufschlüsse. Die vagen Antworten auf meine präzisen Fragen an das

Krankenhauspersonal sagten uns, dass etwas nicht stimmte. Und so baten wir darum, das gesamte Krankenhaus besichtigen zu dürfen, und gingen auch in den Keller. Als ich einen riesigen weiß gefliesten und völlig leeren, soeben mit Wasser gereinigten Raum betrat, nahm ich den starken und unverwechselbaren Geruch von menschlichem Blut wahr, der nach der »Reinigung« zurückgeblieben war. Auf meine bohrenden Fragen erhielt ich Antwortfetzen, die den traurigen Verdacht bestätigten: In diesem Keller wurde nachts die Folterung von Gefangenen fortgesetzt.

In den Tagen unserer Mission konnten wir Beweise sammeln, die auf zahlreiche Verstöße gegen die Genfer Protokolle zum Schutz von Kriegsgefangenen hinwiesen. Diese Verstöße waren offensichtlich den Regierenden dieses Landes zuzuschreiben.

Über unser letztes vertrauliches Gespräch mit dem Direktor des Hauptgefängnisses möchte ich hier keine Worte verlieren. Der Bericht darüber, den ich selbst nie lesen konnte, liegt heute noch in den Archiven des IKRK und gilt noch immer als vertraulich.

Natürlich frage ich mich: Wie viele IKRK-Delegierte haben in den Nachkriegsjahrzehnten unsagbares menschliches Leid erlebt oder miterleben müssen? Für wie viele Delegierte war, wenn sie wieder zu Hause waren, der anhaltende Stress unerträglich? Und in wie vielen Fällen, die zu chronischem posttraumatischen Stress geführt hatten, waren endlose psychiatrische Behandlungen notwendig?

Das IKRK von damals bis heute

Ich betrachte das IKRK mit den Augen von heute und dem Blick auf eine dramatische Realität, die uns in Atem hält und die wir alle täglich erleben, eingebunden in das Zeitalter der Globalisierung und als Geisel von Supermächten, Autokratien und neuen bedrohlichen Weltmächten. Angesichts der Ohnmacht der UNO gegenüber der Rückkehr des Krieges in der Ukraine und in Palästina sowie den heute über 100 Kriegs- und Krisenherden in der Welt müssen wir auch hilflos mitansehen, wie die Menschenrechte – festgelegt und ratifiziert in der UN-Charta und im humanitären Völkerrecht mit den Genfer Konventionen von 1949 – täglich mit Füßen getreten werden, und zwar nicht nur von Krieg führenden Parteien, sondern auch von verschiedenen Ländern und Supermächten. Diese sakrosankten Rechte, die nach der Katastrophe des Zweiten Weltkriegs von allen Staaten anerkannt wurden, werden heute verachtet, wenn nicht gar als Makulatur betrachtet. Und Beweise dafür werden uns Tag für Tag geliefert.

Der Ruf des IKRK hat in den letzten Jahren immer wieder einmal gelitten, aber im Großen und Ganzen wird seine konstante, rigorose und unermüdliche Arbeit auf Grundlage seiner Prinzipien anerkannt.

Allerdings muss sich das IKRK auch vorwärtsbewegen, indem es sich an die veränderten Zeiten anpasst. Heute glaube ich behaupten zu können, dass mit der Reform der internen Strukturen und der Neuordnung seiner Handlungsprioritäten und ihrer fokussierten Ziele sowie dem Beginn der neuen Präsidentschaft von Mirjana Spoljaric Egger im Oktober 2022 klare Signale zu erkennen sind. Es weht nicht nur ein neuer Wind, sondern es wird auch an einem neuen »modus operandi« gearbeitet, der mutiger und prägnanter ist als in der Vergangenheit. Die Grundprinzipien der humanitären Hilfe bleiben dabei stabil, aber es müssen neue Wege für neue Realitäten aufgezeigt und beschritten werden.

Kapitel 5
Die UN-Mission Minurso in der Sahara

Jetzt sind wir im Jahr 1993 in der Westsahara – hier war die UN-Mission, gemeinhin als MINURSO bekannt, ein Akronym für »*Mission des Nations Unies pour l'Organisation d'un Référendum au Sahara Occidental*«, im Einsatz. Ziel dieser Mission war es, den Waffenstillstand und das Referendum zu überprüfen, das über den Territorialstreit zwischen Marokko und der Westsahara, einer ehemaligen alten spanischen Kolonie, abgehalten werden sollte.

Ein Marsch auf Laayoune, der 1975 von König Hassan II. angeordnet wurde, hatte die Besetzung des Territoriums der Sahrauis durch Marokko faktisch sanktioniert. 16 Jahre danach, Ende 1991, war es endlich zu einem Friedensvertrag gekommen, der von Marokko als auch von der Polisario-Front akzeptiert worden war, die später in Tindouf im algerischen Exil das saharauische Volk mit seinem Gebietsanspruch politisch vertrat. Die UN-Mission, 900 Offiziere und Zivilisten, sollte, wie gesagt, den Waffenstillstand an einer 2 250 Kilometer langen Frontlinie, die ein einziges großes sandiges Tal war, überwachen und auf das Referendum warten.

Das Schweizer Parlament gab grünes Licht für eine militärischmedizinische Einheit zur Unterstützung der MINURSO mit einem Team, das aus etwa 80 Ärzten, Krankenschwestern und Technikern bestand und als Teil der UN-Mission agieren sollte. Das unbewaffnete Schweizer Kontingent konnte auch auf die logistische Unterstützung einer kleinen Luftflotte der ebenfalls schweizerischen Farner Air zählen, die aus zwei Pilatus Turbo Porters und einer kanadischen Twin Otter, damals Dornier 228 genannt, bestand.

In Anbetracht der Ausdehnung und des weitgehend wüstenartigen Charakters des Gebiets, in dem die Blauhelme eingesetzt wurden und in dem es keine Straßen, sondern nur wenige Wüstenpisten gab, war diese Unterstützung unerlässlich. Mit ihr konnte sowohl der Bedarf an Logistik als auch der an medizinischer Versorgung und möglicher Evakuierung im Falle von Unfällen oder Krankheiten des UN-Kontingents gedeckt werden. Dieses Kontingent war an zahlreichen Standorten mit einigen wenigen Soldateneinheiten in der Wüste positioniert, und zwar genau in dem Gebiet, das Gegenstand des Streits zwischen Spanien und Marokko war. Einem Gebiet, das von Marokko im Norden, Algerien im Osten und Mauretanien im Süden begrenzt war.

Im Wesentlichen ging es um die medizinische Versorgung aller Mitglieder der MINURSO-Mission, insgesamt tausend, darunter Offiziere, Zivilisten und Blauhelme, Offiziere aus etwa fünfzig Ländern, aus Europa, einschließlich der UdSSR, Afrika, dem Nahen und Fernen Osten. Sie alle waren verteilt auf Waffenstillstandsbeobachtungsposten in der Wüste Sahara, einem Gebiet von 260 000 Quadratkilometern.

Ich war gerade von einem Einsatz im IKRK-Krankenhaus im pakistanischen Peshawar zurückgekehrt – die kanonischen drei Monate für kriegschirurgische Einsätze –, als mich die Nachricht erreichte, dass das Eidgenössische Departement für Verteidigung, Bevölkerungsschutz und Sport einen Schweizer Sanitätsoffizier für die MINURSO in Marokko suchte, der die Funktion des Chief Medical Officer (CMO) übernehmen konnte.

Ich konnte der Versuchung nicht widerstehen, meinen Beruf einmal in einem anderen Kontext auszuüben, der mich nicht mit dem Üblichen konfrontiert, auch wenn er mit einer Konfliktsituation zusammenhängt. Also stellte ich mich für einige Monate zur Verfügung, nachdem ich mich bei einigen Leuten erkundigt hatte, die für diese Mission bereits in der Sahara waren. Ich erwartete nichts mehr und nichts weniger als ein Abenteuer und unterschrieb in Bern den entsprechenden Vertrag.

Ich wurde ausgerüstet wie für eine echte Wüstenexpedition, mit einer Schweizer Armeeuniform, aber sandfarben und an das Sahara-Klima angepasst, einschließlich zwei Meter Stoffs in UNO-Blau, aus dem ich einen Turban im Stil der Tuareg machen sollte. Ein paar Tage danach war ich in der Luft – auf dem Weg nach Casablanca und dann nach Agadir.

Ich war nun fast wie ein französischer Legionär gekleidet, komplett mit Schweizer Kokarde, aber jetzt mit einem weißen Kreuz auf rotem Grund und nicht umgekehrt, und alles, was mir noch fehlte, war ein Kolonialhelm. Im Flugzeug, einer Swissair-Maschine, dachte ich einen Moment daran, dass ich vielleicht von verwunderten und fragenden Blicken begrüßt werden würde. Aber nein! Nichts davon, ich traf auf völlige Gleichgültigkeit. Eine Uniform mehr im Umlauf, wen kümmert's? Im Gegenteil, meine neue Rolle gefiel mir, und ich fühlte mich wie ein Schauspieler in einem Stück von Pirandello.

In Agadir wurde ich sogleich ins UN-System »eingesaugt«, das genau hier sein politisches und logistisches Zentrum für die MINURSO hatte, die in der Stadt mit ihren vielen weißen Fahrzeugen mit knalligen UN-Aufschriften omnipräsent war. Es folgten stundenlange Briefings zu den Aufgaben, die mich weiter südlich erwarteten, und am nächsten Tag brachte mich ein kurzer Flug in das 700 Kilometer entfernte Laayoune am Rande der Sahara. Hier hatte die MINURSO ihr Basislager – auch für unsere medizinische Einheit.

Die Stadt am Rande der Wüste war vollkommen neu gebaut, als hätte man sie mit einem Zauberstab aus dem Sand gezogen und ausgedehnte Viertel geschaffen, in denen Soldaten, Beamte, aber auch Schmuggler und Händler wohnen konnten. Es gab breite asphaltierte Straßen, die sich an der Peripherie zu verlieren schienen, bald von Sand bedeckt waren und dann wie Spuren in der Wüste weitergingen. Die einzige Ausnahme war die Küstenlinie im Süden, die entlang des Atlantiks bis nach Dakhla an der Grenze zu Mauretanien über Hunderte von Kilometern komplett asphaltiert war.

Wenn man sich vom Zentrum von Laayoune entfernte, wurden die neu gemauerten quadratischen Gebäude allmählich kleiner und düsterer und nahmen immer stärker beduinische Formen an. Etwas außerhalb des Stadtzentrums begegnete man bereits dem trägen Charme eines kolonialen Außenpostens für Expeditionen und Karawanen in die südliche Sahara.

Hier waren die Orte, die der Schriftsteller und Pilot Antoine de Saint-Exupéry so eindrucksvoll beschrieben hat. Einige Kilometer von Laayoune entfernt, in Tarfaya, erinnert ein Denkmal am Meer mit Blick auf die Küste an seine Aufenthalte in Afrika und seine Zwischenlandungen vor den glorreichen Überfahrten nach Südamerika mit seiner »Aeropostale«. In unserer Gymnasialzeit hatten wir alle fasziniert und verträumt von seinen Abenteuern in der Wüste gelesen. Sein Meisterwerk »Der kleine Prinz« war gewiss vom afrikanischen Himmel inspiriert worden.

Konnte das die Luft und die Atmosphäre sein, die ich in den kommenden Monaten atmen würde? Ich hoffte es, ja verließ mich darauf.

Eine andere literarische Referenz will ich noch nennen: »Die Tatarenwüste« von Dino Buzzati, einer anderen Ikone des träumenden Gymnasiasten. In den ersten Tagen hier fühlte ich mich mehrfach in die geheimnisvolle und schwebende Atmosphäre von Buzzatis Roman versetzt, die ich damals wie einen perlenden Schluck Wein erlebt hatte.

Im Laufe der Wochen, die ich in dieser Region verbrachte, wurde mir klar, welches Privileg ich genoss: frei über meine Zeit zu verfügen, den Geschmack der Vergangenheit zu genießen, als wäre sie nur für eine Weile unterbrochen gewesen. Und so konnte ich auch immer einen Rückblick auf mein bisheriges Leben werfen.

Das Lager unserer »Swiss Medical Unit« lag in einer Senke am Rande von Laayoune. Es glich einem »Lego«-Dorf mit einem guten Dutzend Containern, die, aus der Schweiz importiert, nie benutzt worden waren und nun »einfach so« auf dem Wüstensand lagen. Unser kleines Krankenhaus war gut ausgestattet, mit einer Radiologie, einem Labor, einem Aufenthaltsraum, einer Küche und konnte Dienstleistungen anbieten, aber Krankenhauseinrichtungen gab es nicht viele – und nur für kurzfristige Aufenthalte oder Notfälle. Für allgemeinmedizinische Fälle wie für Traumabehandlungen waren Krankenhausaufenthalte sowohl in Agadir als auch in Casablanca eingeplant, ebenso Evakuierungen auf dem Luftweg mit unseren Flugzeugen auch außerhalb Marokkos. Tatsächlich verfügten wir über eine respektable Mini-Flugzeugflotte, drei Flugzeuge und auch Hubschrauber, sowie über ein Dutzend Fahrzeuge, um uns über Land auf den Wüstenpisten in grenzenlose Gebiete zu bewegen. Sogar moderne Krankenwagen, schwere Unimogs und dergleichen, gehörten zu unserer Fahrzeugflotte, bei der Liebhaber von altem Eisen vor Neid erblassen würden.

Aber warum hatten wir diesen super-effizienten logistischen Luxus? In erster Linie wegen des Mandats: die Sicherstellung einer qualitativ hochwertigen medizinischen Versorgung für alle MINURSO-Mitglieder, für fast – wie schon gesagt – tausend Zivilisten und Militärangehörige. Wir waren zuständig für Interventionen, die einwandfrei sein mussten. Das war der Auftrag der Regierung in Bern, voll unterstützt vom Schweizer Parlament. Unsere Mission wurde als »Erstlingswerk« betrachtet, nach erfolglosen Aktionen einer früheren »humanitären« Expedition während des Biafra-Krieges in den weit zurückliegenden 1960er Jahren.

Aber dennoch war ich neugierig zu erfahren, was die Schweiz dazu veranlasst hatte, dem Ersuchen der UNO zuzustimmen. Denn ein offizielles Engagement hatte es in der Vergangenheit nie gegeben, da unser Land kein Mitglied der UNO war und somit ein Präzedenzfall geschaffen wurde.

Ein medizinischer Einsatz im Rahmen einer UN-Friedensmission unter Beteiligung unbewaffneter Truppen blieb jedoch eine humanitäre Geste, und es war auch die erste ihrer Art. Die Schweiz, die Wiege und Verfechterin des Roten Kreuzes, wollte nun einmal so verfahren und gleichzeitig das Prinzip der Neutralität wie die anderen sieben Gründungsprinzipien wahren, die, woran man sich immer wieder erinnern sollte, auch das Herzstück der Gründungscharta der Allgemeinen Erklärung der Menschenrechte von San Francisco 1945 bilden.

Auch wenn Politiker heute die damalige Zustimmung zu dieser ersten »militärischen« Mission der Schweiz im Ausland unter der Flagge der UNO beurteilen müssen, so zeigt doch die nachfolgende »Swisscoy«-Mission auf dem Balkan – die kurz darauf, 1999, begann und bis heute im Kosovo im Einsatz ist – das gute »Gespür« der damaligen Zeit, aber auch den Mut, angesichts der Kosten und des Budgets »Flagge zu zeigen«.

Die »Grotte« der Schweizer Einheit

Doch zurück zu unserer Mission in Laayoune und dem Hauptquartier der Schweizer Einheit. In der Mitte der halbkreisförmig angeordneten Container entstand ein regelrechter »Dorfplatz«, der das lebendige Epizentrum, die Seele unseres Camps und auch der Empfangsort für Gäste und Besucher war. Hier standen große Tische im Freien, die an Cafés, kleine Bars oder an klassische Tessiner »Grotti« erinnerten. Natürlich lagen sie nicht im Schatten von Kastanienbäumen, sondern unter Planen, die ein wenig an Beduinenzelte in der Wüste erinnerten. Und die Schweizer Flagge flatterte dank des ständigen Pfeifens des Windes neben der der Uno. Der Ort war einladend und man konnte immer frische Getränke bekommen. Diese gut besuchte »Grotte« hatte einen ganz eigenen Charme. Hier kümmerten sich keine Kellnerinnen um die Gäste, sondern junge Schweizer Krankenschwestern in Uniform. Sie sahen wie Soldaten aus und machten sich neben ihren eigentlichen Pflichten die Mühe, Patienten und UN-Missionsmitglieder verschiedener Nationalitäten zu unterhalten. Das »Bistro Suisse« stand allen MINURSO-Mitgliedern offen und war wegen seines gemütlichen Ambientes und des ausgezeichneten und begehrten Raclette-Käses sehr beliebt. Selbst die in der Wüste stationierten Blauhelme träumten in sternenklaren Nächten von einem Urlaubstag in Laayoune und dem herrlichen Raclette.

Die medizinische Abteilung war nur tagsüber im Einsatz, bot aber eine 24-Stunden-Versorgung wie eine Notaufnahme und stand auch in dauerndem Kontakt mit den Außenposten in der Wüste. Der Rest unserer medizinischen Truppe war auf die wenigen nahegelegenen Hotels der Stadt verteilt. Unsere Fahrzeuge fuhren Tag und Nacht, wann immer sie gebraucht wurden.

Die Präsenz der MINURSO war zwar überall in Laayoune zu spüren, aber die Stadt behielt trotz der Anwesenheit von Soldaten, der Gendarmerie und den marokkanischen Regierungsbeamten, die hier mit ihren Familien wohnten, ihren Charakter. Sie bot das Bild einer »friedlich besetzten« Stadt, die in keiner Weise mit den Dörfern an der Küste oder im marokkanischen Hinterland zu vergleichen war.

Laayoune lag auf einem Plateau aus Kalkfelsen, leicht erhöht über dem Niveau der Dünen, die es belagerten, und schien so geschützt und unangreifbar. Dennoch blieb die Stadt den Winden ausgesetzt, sie hatten hier sogar ihr Zuhause: Sie waren immer präsent, auch wenn sie je nach Stimmung ihre Richtung und Intensität änderten. Der Wind in Laayoune ist ein Diktator, ohrenbetäubend laut und machtbewusst.

Von der Stärke der Wüstenwinde erzählten unsere Piloten, die ein besonderes Vergnügen daran hatten, uns von hochemotionalen Momenten zu berichten, an die wir uns erinnern sollten. Wenn er gut gelaunt ist, bewegt der Wind Licht und Farben, reinigt die Luft, parfümiert sie, aber wenn seine Laune schlecht ist, mutiert er zu einem Sturm aus feinem Sand, der überall eindringt, in Häuser, Gärten sowie in die Nasenlöcher, Bronchien und Augen von Menschen und Tieren. Zudem bringt er einen unangenehmen Geruch von Schimmel und verbranntem Rauch mit sich.

Doch der Wind in Laayuone war nichts im Vergleich zu dem in der Dakhla-Garnison im äußersten Süden an der Grenze zu Mauretanien. Er peitschte Tag und Nacht ohne Unterlass und man musste Kopf, Nase und Mund mit dem zum Atmen unerlässlichen Keffiyeh bedecken. Und zischende, mal pfeifende, mal schreiende Geräusche begleiteten ihn. Selbst ein paar Stunden nur waren unangenehm, selbst wenn man sich in den weißen Würfeln mit Fensterschlitzen verschanzen konnte, in denen die wenigen dort lebenden Soldaten und die paar UN-Offiziere wohnten.

Das »Parador« in Laayoune hingegen, ein Vier-Sterne-Hotel, diente als Residenz der UN-Führungskräfte und war eine Oase der Ruhe. Im maurischen Stil erbaut, sah es von außen wie eine Festung aus. Hinter dem Eingangstor wurde man von Kreuzgängen, Innenhöfen, Gärten und sogar einem Swimmingpool begrüßt – ein fast schon unanständiger Luxus ... Aber war es denn möglich, dem Reiz der Mini-Alhambra-Architektur nicht zu erliegen?

Dennoch brauchte ich mehrere Tage, um das Unbehagen, das dieser Luxus mit tadellosem Service in mir auslöste, zu verdrängen. Wenn man von draußen kam, wo das Ambiente eines ständigen Marktplatzes zwischen Mietskasernen und Beduinenzelten, mit Schafen und Hunden sowie Kamelen herrschte und eine geschäftige Wüstenstadt ihr Leben lebte, wurde man beim Betreten des »Parador« von der Stille eines spanischen Klosters umhüllt. Die etwa ein Dutzend Offiziere, die hier wohnten, waren fast nie zu sehen, und so war in meinen Augen das Hotel ein sehr komfortables »Wohnheim« für ein paar Privilegierte.

Der Kommandant, Oberst Ulrich Kaegi, war verantwortlich für die Logistik, die Disziplin und das Verhalten der Schweizer Soldaten, von denen zwei Drittel Frauen waren, während ich als Chief Medical Officer, CMO, die Dienstpläne und Schichten von Ärzten, Krankenschwestern und Pflegern zu organisieren hatte. Zudem war ich zuständig für die Verlegung von Soldaten und für die Besuche bei den Garnisonsstellen in den Wüstenvorposten.

Sehr viel Arbeit hatten wir nicht, also musste ich mir etwas Vernünftiges einfallen lassen, um unsere Mission mit möglichst viel Sinnvollem anzureichern. Ich beriet mich darüber mit meinen Kollegen und wir waren uns alle einig, dass wir die verfügbare Zeit nicht mit altmodischen militärisch-medizinischen Übungen verbringen sollten. So beschlossen wir, theoretische und praktische Ausbildungskurse für Erste Hilfe unter kritischen und schwierigen Bedingungen anzubieten. Wir verfügten über Ausrüstung, Fahrzeuge und Flugzeuge sowie über diversifiziertes Personal in den verschiedenen Bereichen und befanden uns immer noch in einer ungewöhnlichen, wenn nicht gar schwierigen und feindlichen

Umgebung – all das waren Trümpfe, die nicht missachtet und verschwendet werden durften.

Schon die Vorbereitungsphase des Projekts war ein Ansporn für alle und es gab keinen theoretischen Kurs, dem nicht eine praktische Übung vor Ort folgte. Zu meiner Überraschung stellte ich fest, dass es unter den technischen und logistischen Mitarbeitern einige gab, die bereits über konkrete individuelle und nachgewiesene Erfahrungen verfügten, die weit über ihren Bereich hinausreichten. Das merkte ich nicht nur bei der ersten Hilfe am Unfallort, sondern auch bei einem Lufttransport zum nächstgelegenen Krankenhaus, wobei immer mit Blick auf die Sicherheit der Verletzten und der Retter agiert werden musste.

Ich ließ mir allerdings auch die Gelegenheit nicht entgehen, einen halb gepanzerten Militärkrankenwagen eine Wüstendüne mit einem Gefälle von über 40 Prozent hinunterzufahren, begleitet von einem Walliser Helfer, der in seiner Vergangenheit als Ausbilder Erfahrungen in der Fremdenlegion gesammelt hatte … Eine lustige Alternative zum Fahren auf den verschneiten Straßen unserer Alpen. Ich glaube, es hat dem Walliser Spaß gemacht zu sehen, wie mir – in der Sahara! – kalter Schweiß ausbrach, als ich mich über das Lenkrad beugte und mit dem Fuß auf dem Gaspedal die Dünen hinunterfuhr, um einen Überschlag zu vermeiden. Das war natürlich eine einmalige Sache – denn im Großen und Ganzen verbrachten wir unsere Zeit mit improvisierten, sehr klugen und nützlichen Lösungen, und unsere Kurse wurden intensiv angenommen.

Nun gab es aber ein Problem bei unseren Piloten. Gemäß den Verträgen musste jeder von ihnen eine bestimmte Anzahl von Flugstunden pro Monat absolvieren. Trotz zahlreicher Flüge mit Pilatus Porters und einem wöchentlichen Tankflug auf die Kanaren mit einer Dornier konnten sie diese nicht erreichen. Die beiden Pilatus Turbo Porter dienten der Verbindung zu den verschiedenen Standorten der Soldaten mit friedenserhaltenden Aufgaben von Tindouf im Westen Algeriens bis zur mauretanischen Grenze im Süden. Trotz dieser Routen deckten, wie gesagt, die Gesamtflugstunden am Ende der Woche nicht die Stunden ab, die notwendig gewesen wären. Und so entging uns ein Teil der vertraglich vereinbarten Pauschale, das heißt: Wir verloren Geld.

Daraufhin unterbreiteten wir dem Hauptquartier in Bern den Vorschlag, mit den überschüssigen Stunden »Touristenflüge« zu organisieren und sie den Mitgliedern unserer medizinischen Einheit an den Wochenenden anzubieten. Nach dem Ja aus der Schweiz gingen alsbald keine Flugstunden mehr verloren. Meine Aufgabe bestand nun darin, dafür zu sorgen, dass jeder von den Vorteilen profitieren und an den Touren teilnehmen konnte – letzten Endes ein Kinderspiel!

Ohne dass ich mir das je hätte vorstellen können, hatte ich mich wieder mit der Welt des motorisierten Flugs vertraut gemacht, denn von »Aeronautik« zu sprechen, wäre übertrieben gewesen. Man bedenke, dass ich als Sanitätsoffizier der Schweizer Luftwaffe, der in Magadino und Lodrino stationiert war, lediglich Wiederholungskurse absolviert hatte. Meine Haltung gegenüber dem Element Luft war immer zwiespältig gewesen, von Faszination, aber auch von Angst geprägt. Die Versuche, mit diesem Dilemma fertigzuwerden, hatten wenig oder gar nichts genützt. Für mich blieb das Sitzen in der Luft eine Herausforderung an die Gesetze der Natur. Mein Element war die Erde und dazu auch das Wasser, aber nicht die Luft.

Zu meinem Auftrag in Laayoune gehörte auch das Reisen über endlose Wüstengebiete, was nur mit dem Flugzeug möglich war: Der Pilatus Porter war so mein fliegendes Büro geworden. Und der Pilot Jean Marc Jacob hatte es trotz seines jungen Alters geschafft, mir mit Taktgefühl, Geduld und guten Argumenten – mal ernst, mal im Scherz – meine Flugangst zu nehmen. Ich hatte ihn schließlich zu meinem bevorzugten Piloten für meine zwei oder drei wöchentlichen Flüge auserkoren, die ich dank seiner recht beruhigt antrat.

Eines Nachmittags, als ich bereits auf dem Rückflug von Tindouf, dem algerischen Außenposten, wo ich wöchentlich das saharauische Flüchtlingslager besuchte, nach Laayoune war, teilte er mir mit, eine schöne Überraschung für mich zu haben. Wir waren allein und ich saß auf dem Sitz des Kopiloten.

Ich hatte Jean Marcs Helm auf und hörte, wie er dem Kontrollturm in Laayoune unsere Position mitteilte, die Höhe der regulären zweitausend Meter und die gleichmäßigen Windbedingungen. Dann, nachdem der Kontakt abgeschaltet war, hörte ich, wie er mit einer Nachricht fortfuhr, die nur mir galt: »Jetzt gehen wir runter zum Slalom in den Dünen.«

Das angekündigte Ereignis überraschte mich, und während er jetzt aus zweitausend Metern Höhe abstieg, ohne auch nur mit den Flügeln zu schlagen (im wahrsten Sinne des Wortes!), flog er einen Slalom durch die Wüstendünen, als würde er sie streicheln, eine nach der anderen – was alles viel zu nah für mich war.

Ich sage dies heute, nachdem ich lebendig gelandet war und einen großen Nervenkitzel hinter mir hatte mit einem gefährlichen Adrenalinschub, der mir fast den Verstand geraubt hätte. Ich hatte räumliche Bewegungsempfindungen erlebt, von denen ich glaubte – und glaube –, dass sie nur bei Vögeln vorkommen.

Mein Pilot zerstreute alle meine Zweifel an der Rechtmäßigkeit und Sicherheit dieses Disziplinarverstoßes, indem er mir erklärte, dass in diesem Gebiet nur wir und sonst niemand fliegen würden, und er versicherte mir, die Gegend hier gut zu kennen.

Auch ohne die genannten Wochenendflüge war das medizinische Personal (Ärzte, Krankenschwestern und Techniker) oft in der Luft, um die UN-Soldaten zu erreichen, die an abgelegenen Orten in der Wüste verstreut waren. Dort dauerten die Patrouillen der Soldaten mit friedenserhaltenden Aufgaben mehrere Wochen lang, und der einzige Zugang zu ihnen erfolgte aus der Luft. Hier waren kleine Landebahnen mit bescheidenen Mitteln »von Hand« angelegt worden, deren minimale Beschilderung von oben und nur tagsüber sichtbar war.

Oft waren nur vier bis sechs Friedenswächter unter spartanischen Bedingungen und buchstäblich abseits des Netzes (Mobiltelefone und Messaging-Dienste wie Whatsapp kamen erst später auf) im Einsatz und ihre Aufgabe der militärischen Gebietsbeobachtung wiederholte sich ständig. Die Temperaturen konnten tagsüber auf über 40 Grad steigen und nachts auf bis zu 10 Grad sinken.

Doch ihre Isolation und die Einsamkeitsgefühle wogen schwer. So erwarteten sie sehnsüchtig die wöchentliche Ankunft des Schweizer Ärzteteams mit dem Arzt und den Krankenschwestern. Die medizinische Untersuchung war, abgesehen von der Post, die ihnen mitgebracht wurde, auch ein wichtiger Moment des Austauschs und Kontakts.

Die Bedeutung dieser Besuche wurde mir von Mal zu Mal mehr bewusst. Ich selbst hatte hier vor Ort sogar die Gelegenheit, ganz real zu erleben, was Träumer als die bezaubernde Magie der Wüste und andere als das Reich okkulter und bedrohlicher Kräfte bezeichnen.

Das Wunder der blühenden Wüste

Um die Gegend um Laayoune zu erkunden, fuhr ich einen wendigen Jeep und nahm hin und wieder eine unbekannte Straße oder Piste, denn mich trieb die Neugierde, mehr über die Gegend vor der Stadt erfahren zu wollen. So entdeckte ich eine Oase im Miniaturformat, von der ich schon gehört hatte, etwa zehn Kilometer entfernt von Laayoune, von der Wüste umgeben und doch ganz versteckt. Die Kulisse war klassisch: Eine Gruppe von Palmen sowie einige ehrwürdige und müde Bäume in mattem Grün beschatteten eine Quelle, deren Wasser sich in einem kleinen See sammelte. Ein Ort voller Zauber und ohne eine lebende Seele, ein Platz zum Entspannen, Nachdenken und Träumen, der mich irgendwie – in sehr kleinem Format – an die Landschaften einiger unserer Tessiner Hochgebirgsseen erinnerte.

Ich kehrte gerne an diesen Ort zurück, wann immer ich konnte, um eine angenehme Temperatur zu genießen, neue Düfte zu riechen und dem Rauschen des Windes und seiner wandelbaren Melodie zu lauschen. Nur der Flügelschlag einiger Vögel war zu hören, die durch meine Anwesenheit gestört wurden.

Eines Tages jedoch erlebte ich ein wahres Wunder: die blühende Wüste.

In der Nacht hatte es ausgiebig und heftig geregnet, was in dieser Region sehr selten war. Am Nachmittag des folgenden Tages hatte ich mir die Zeit für einen Abstecher zu meiner Oase genommen – doch ich kam nicht an. Nach einigen Kilometern fand ich den Weg nicht mehr, denn ich war in einem Blumengarten gelandet, so weit das Auge reichte. Die Farben des Sandes und der spärlichen dürren und vom Wind zerzausten Büsche waren verschwunden. Von dem Grün, das ich erwartet hatte, als ich die Stadt verließ, war keine Spur mehr zu sehen. Ich sah nur noch farbige Punkte, dann Flecken und schließlich Teppiche aus Gelb, Rosa, Rot, Weiß und Blau über Kilometer hinweg in alle Richtungen, bis ins Unendliche. Ich hielt an, stieg aus dem Jeep und ging ein paar Schritte, ergriffen von starken Gefühlen: Ich musste diese Blumen aus der Nähe sehen und berühren. Ein subtiler, aber berauschender Duft nistete sich tief in meiner Lunge ein. Und dann bemerkte ich das Herzklopfen in meiner Kehle – überwältigt von der unbeschreiblichen Schönheit der blühenden Wüste.

Das Geheimnis der Monolithen

Ein paar Monate später jedoch zeigte mir die Wüste ein anderes Gesicht, ein ganz anderes. Ich war zu einer Nachmittagsexpedition eingeladen worden, um einen Ort zu erkunden, den angeblich noch nie ein Mensch betreten hatte und der nur mit dem Hubschrauber erreichbar war. Es sollte zu zwei imposanten Felsblöcken mitten in der Wüste gehen, die, sagte man, wie eigenartige fremde Körper aussahen.

Ein Hubschrauber der in Algerien stationierten sowjetischen Armee »besuchte« uns in Laayoune, ein MI-8, der für den Transport von Material und Truppen, aber auch für den Kampf eingesetzt wurde. Ein beeindruckendes Ungetüm. Allein das Gefühl, im dunklen Bauch dieses Riesen zu sitzen, während die Triebwerke ausgeschaltet waren, erweckte meinen Respekt, der sich in Angst und fast in Entsetzen verwandelte, als die Vibrationen, das Zittern und der ohrenbetäubende Lärm der Rotoren einsetzten. Den Start jedoch hatte ich nicht einmal bemerkt.

Wir befanden uns kurz danach in der Luft in einer beachtlichen Höhe für einen Hubschrauber, und die Wüste weit unter uns erschien als kompakte gelb-ockerfarbene Ebene, ziemlich verschwommen in Richtung Unendlichkeit. Die Horizontlinie war nicht zu erkennen – konnte sie denn verschwunden sein?

Dann tauchten zwei dunkle, fast schwarze Flecken vor uns auf. Als wir näher kamen, nahmen sie im Laufe weniger Minuten immer deutlicher die Form kompakter Körper an. Schließlich glichen sie zwei riesigen verbrannten Panettone-Kuchen, die in der Wüste lagen – und auf einem der beiden Gipfel landeten wir.

Es waren hieratische Blöcke, zwei fast zylindrische Gebilde mit polierten Wänden, die 300 Meter über der Wüste aufragten. Nach oben hin wurden sie schmaler und bildeten ein bescheidenes Plateau. Zwei riesige Blöcke aus Basaltgestein, entstanden durch vulkanische Eruptionen – vor wie vielen Millionen Jahren?

Auf einem dieser beiden »Kuchen« machten wir dann wie Schlafwandler ein paar zaghafte Schritte und gingen vorsichtig auf den glatten Felsen hin und her, wobei die leicht abfallende Ebene uns nicht zum Weitergehen einlud.

Ich fühlte mich an die Schluchten oberhalb des Foroglio-Wasserfalls im Tessiner Val Bavona erinnert: Auch dort ist der polierte und vom Wasser bearbeitete Granit eine Versuchung, in die Tiefe hinabzuschauen, wo der Fluss ungestüm rauscht und nicht immer zu sehen, aber zu spüren ist. Doch selbst ein Schritt auf einem kaum geneigten, leicht gewölbten Felsen, mit ein wenig feuchtem Moos auf dem polierten Granit, kann der unaufhaltsame Beginn eines unaufhaltsamen Ausrutschens und eines tödlichen Sturzes sein. Erzählungen über das Leben und Sterben an diesen Orten hatten meine Kindheit und Jugend begleitet.

Die Erinnerung an jene Erzählungen war so stark, dass ich mich jetzt nur ungern an den Rand dieses unglaublichen Hubschrauberlandeplatzes wagte. Ein paar Meter von mir entfernt sah ich ein paar Büsche und trockene Gräser, und mein Auge verlor sich alsbald in einem unendlichen, über den Horizont hinausragenden Himmel. Vor mir öffnete sich Leere in alle Richtungen, jenseits der hundert Quadratmeter felsiger Ebene, die uns empfangen hatte. Die Anwesenheit von Vögeln, den wahrscheinlich einzigen Bewohnern dieses Ortes, konnte meine Begleiter und mich nicht von dem Eindruck mächtiger unbekannter, grausiger und furchterregender Kräfte befreien. Die Fotos, die unseren Besuch verewigen sollten, wurden in aller Eile gemacht.

Ich habe mich nach diesem Erlebnis gefragt, welchen Kommentar Teilhard de Chardin, der bedeutende französische Philosoph, Paläontologe und Jesuit, der zu Beginn des letzten Jahrhunderts die Geheimnisse der Felsen und Steine ergründen wollte, uns hinterlassen hätte. Mir ist dazu keine Antwort eingefallen. Allerdings hat mich an diesem Tag mein Entfremdungsgefühl, das in der Wüste immer im Hintergrund vorhanden war, mit großer Macht erfasst.

Geboren und aufgewachsen in einem Tal, das von zwei Hängen mit fast senkrechten Wänden umschlossen war, die mir immer ein Gefühl des Schutzes gaben, wanderte mein Blick in dieser grenzenlosen Landschaft hier mit dem ins Unendliche verlaufenden Horizont, dem der Wüste oder des Meeres, unsicher hin und her – auf der Suche nach einem Halt.

Endlich kündigte das Dröhnen der Rotoren den Rückflug an. Es vertrieb alle bedrohlichen Gedanken und wurde von mir mit nicht geringer Erleichterung begrüßt.

MINURSO – eine Bilanz

Mehr als 30 Jahre sind nun vergangen. Aber wo stehen wir heute mit der MINURSO und der Westsahara-Frage? 33 Jahre nach dem Friedensvertrag von 1991 befinden wir uns immer noch im Status quo. Marokko weigert sich, das Selbstbestimmungsreferendum in der Westsahara stattfinden zu lassen, obwohl es in besagtem Vertrag seine Zustimmung gegeben hat. Die Europäische Gemeinschaft ist nach wie vor für das Referendum, auch wenn Spanien sich als ehemalige Kolonialmacht aus dem umstrittenen Gebiet praktisch zurückgezogen hat. Marokko hat die Zeit auf seiner Seite: Faktisch ist das von ihm annektierte Gebiet, das 80 Prozent der ehemaligen spanischen Kolonie ausmacht, bereits fest in seiner Hand. Es bleibt keine andere Möglichkeit, als den Dialog zwischen den Kontrahenten Marokko und der Frente Polisario, die das Referendum zur Rückgewinnung des ehemals spanischen Territoriums befürwortet, offenzuhalten. Die Polisario vertritt heute eine Bevölkerung von 200 000 Seelen, die hauptsächlich in algerischen Zeltlagern in Grenznähe zu ihrer ehemaligen Heimat leben.

Der unermüdliche und hartnäckige italienisch-schwedische Diplomatenveteran Staffan de Mistura ist seit 2021 als Vermittler in diesem nicht enden wollenden internationalen Konflikt tätig, einem Erbe der Entkolonialisierung.

Andere Konfliktherde wie Zypern, Palästina und Kaschmir, um nur die bekanntesten und »langlebigsten« zu nennen, sind immer noch weit von politischen Lösungen entfernt.

Zum ersten Mal hatte ich nun die Wüste gesehen, die ich nur aus jugendlicher Lektüre gekannt hatte, in der viel von Träumen und phantastischen Geschehnissen die Rede war, wobei sich später dann mein Bild durch anspruchsvollere Lektüre verfeinerte (wie zum Beispiel durch Berichte von Expeditionen und Abenteuern in der Wüste von Rimbaud, Saint-Exupéry, Charles de Foucauld).

Diese Mission, meine erste mit den UN, war eine für mich günstige Erfahrung, ein Moment, um nachzudenken, mich selbst zu überprüfen – und um mich zu fragen, wohin ich mit meinem Beruf gehen sollte. Und wieder einmal hatte ich das Gefühl, dass das Schicksal nicht alleine in meiner Hand lag, aber dass ich mir selbst vertrauen konnte: das Bestmögliche zu tun, engagiert, nie gleichgültig, doch stets auch mit einer gewissen Distanz.

Zu den Worten »Ich bin der Weg, die Wahrheit und das Leben« aus dem Johannes-Evangelium bemerkte Augustinus von Hippo vor nicht weniger als 16 Jahrhunderten: »Der Weg wohin? Es wird dir nicht gesagt: Bemühe dich, den Weg zur Wahrheit und zum Leben zu suchen ... Fauler Mann, steh auf. Der Weg selbst ist zu dir gekommen und hat dich aus dem Schlaf geschüttelt. Und wenn es ihm gelungen ist, dich aufzurütteln, dann steh auf und geh!« Dieses Bekenntnis fand später ein – wunderbares – Echo in einem Kirchenlied von Philipp Nicolai, das Johann Sebastian Bach vertonte: »Wachet auf, ruft uns die Stimme« – wachet auf!

Diese Kantate ist, sowohl in der Instrumental- als auch in der Orgelversion, die ich in Einsiedeln gelernt habe, mein absolutes Lieblingsstück, mehr noch, ein Mantra, das ich mit mir trage und das mich bis heute begleitet.

Dieser Moment des Innehaltens in der Wüste war kostbar, eine nützliche Reflexion, die ich hier erfahren durfte. Bei meiner Rückkehr würde ich gewiss erneut in einen Strudel alltäglicher und anderer, weit dringlicherer Rhythmen geraten.

Dieser mein erster Kontakt mit der UNO war angenehm ausgefallen, hatte mich aber nicht inspiriert. Ich war mehr Tourist gewesen denn Arbeiter oder Akteur. Nun würden weitere Aufgaben folgen und sie würden andere Herausforderungen mit sich bringen.

Kapitel 6
In den USA – die Überraschung der Traumazentren

Als ich von meinem dritten Einsatz im IKRK-Krankenhaus in Lokichoggio zurückgekehrt war, erwachte in mir fast zwanghaft das Bedürfnis zu verstehen, wie effizient die Kriegschirurgie, die mein tägliches Brot geworden war, im Vergleich mit internationalen Standards tatsächlich war.

Die Hauptfrage lautete: Wie unterscheiden sich die von den IKRK-Chirurgen in den verschiedenen Konfliktgebieten angewandten Techniken von denen, die in Ländern ohne Krieg und insbesondere in fortgeschritteneren Ländern angewendet werden?

Da ich zu dieser Zeit keinen Arbeitsvertrag hatte, organisierte ich 1993 einen Besuch in den USA, um drei große Krankenhauszentren – in New York, Dallas und San Antonio – zu besuchen und dort ein Praktikum zu absolvieren. Diese Zentren wurden »Traumazentren« genannt, weil die Patienten dort eine chirurgische Behandlung benötigten, die der in den IKRK-Krankenhäusern ähnelte. Mit Hilfe meines Chefarztes in Locarno und seiner Kontakte in Übersee hatte ich ein dreimonatiges Programm vorbereitet. Eine Art »Schnupperkurs« auf eigene Faust, um eine andere Realität kennenzulernen, sie mit meinen Erfahrungen zu vergleichen und Antworten zu finden, die ich suchte.

Zunächst wurde ich wie mit einem Fallschirm im Kings County Hospital in Brooklyn abgesetzt, einem der drei großen Traumazentren New Yorks, wo ein ununterbrochener Strom von Krankenwagen stündlich Dutzende von Patienten anlieferte, Opfer von Verkehrsunfällen und Straßengewalt, aber auch Opfer von Schuss- und Stichwunden. Die Operationssäle waren täglich 24 Stunden in Betrieb. Um es vorwegzunehmen: Hier herrschte genau die Arbeitsatmosphäre, die später in unzähligen Fernsehserien wie *Grey's Anatomy* verballhornt werden sollte.

Ich wurde als »Praktikant« ins Getümmel geworfen und auf den Operationsplan für die Knochenchirurgie gesetzt. Auf diesem Gebiet war ich ausreichend ausgebildet und erfahren, und vor allem war ich mit der AO-Technik vertraut, die auch vom IKRK angewendet wurde – zum Beispiel bei Schussverletzungen, die einen externen Fixateur erforderten. Im Kings County war die neue AO-Technik zwar einigen Chirurgen bekannt, wurde aber kaum praktiziert. Wie ich mir vorgestellt hatte, scheute sich in den USA niemand, die notwendigen chirurgischen Entscheidungen zu diskutieren und darüber nachzudenken, wie man mit dem Besten, was man zur Verfügung hatte, eine schnelle Heilung erreichen konnte. Wenn ich meinte, dass einige Modifikationen nützlich wären, erzählte ich das meinen Kollegen, die mich meine Lösung demonstrieren ließen. So stellte ich Tag für Tag fest, dass das Interesse an meinen Vorschlägen groß war. Und die fünf Wochen vergingen schnell. Ich konnte für mich behaupten, dass die in Peshawar durchgeführte Operation denselben Prinzipien folgte wie die in New York, obschon es hier natürlich ausgefeiltere Instrumente und Techniken gab.

Am Ende des Praktikums kam es zu einem Abschlussgespräch, bei dem mir die Leitung der Chirurgie anbot, bei ihnen zu bleiben und meine Arbeit fortzusetzen. Man bot mir ein anständiges Gehalt und zudem eine außerordentliche Professur an. Davon überrascht, bat ich um eine Bedenkzeit, lehnte aber am nächsten Tag dankend ab. Ich führte einen glaubwürdigen Vorwand an, nämlich den, dass ich dem IKRK moralisch noch immer verbunden sei und das auch bleiben wolle. Das war jedoch nicht der wahre Grund. Die Wahrheit war, dass ich den Lebensstil in New York sowie den Stress in diesem monströsen Krankenhaus nicht ertragen konnte: eine übermäßige Arbeitsbelastung, ganze Tage pausenlos im Operationssaal, mit Coca-Cola und Sandwiches, die bei einer Besprechung statt eines Mittagessens verschlungen wurden, wenig Gelegenheit zur Erholung, tagsüber wie auch nachts. An einen freien Samstag war nicht zu denken, und sogar am Sonntagmorgen musste man ins Krankenhaus eilen.

Das zweite Praktikum in Houston, Texas, war dann von anderer Art und auch weniger nützlich für mich. In einer Superklinik, die über Unterspezialisierungen für die Genesung von Patienten mit komplexen traumatischen Verletzungen verfügte, wurden die neuesten wissenschaftlichen Erkenntnisse umgesetzt und auch Gefäßchirurgie und Neurochirurgie auf hohem Niveau praktiziert. Anders als in New York wurde ich im Operationssaal nicht ins Getümmel geworfen, sondern wurde eingeladen, meine Nase überall hineinzustecken. Ich war zu Gast bei einem mit meinem Chefarzt in Locarno befreundeten Professor, mit dem ich abends weiter über das Krankenhaus diskutieren und Fragen stellen konnte, die mir klar und offen beantwortet wurden.

Die letzte amerikanische Station war in San Antonio, ebenfalls in Texas, im Militärkrankenhaus für schwere Verbrennungen, dem sogenannten »Burn and Reconstructive Center«. Es war der seinerzeit größte Komplex seiner Art in der Welt mit angegliederten Forschungsinstituten und einer eigenen Notfalleinrichtung – die mich an unsere »Rega« erinnerte, die Schweizerische Rettungsflugwacht, die bei schweren Verbrennungen überall auf der Welt einzugreifen, die Opfer abzuholen, zu behandeln und dann zurückzubringen vermag. Ich fand mich in San Antonio in einer Art Science-Fiction-Szenario wieder, in einer Star-Wars-Umgebung. Ich bewunderte das nahezu perfekte Funktionieren der äußerst fortschrittlichen medizinischen Einrichtungen und suchte nach Antworten auf meine Fragen zu den wiederkehrenden Behandlungen im Bereich der rekonstruktiven Chirurgie für Brandopfer, die in IKRK-Krankenhäuser eingeliefert wurden.

Überall dort, wo ich Hauttransplantationen zur Heilung von Wunden durchgeführt hatte, verfuhr ich nach einem Protokoll, das Standard war und peinlich genau eingehalten werden musste. Gerade in Peshawar hatte es einen massiven Zustrom von Flammenwerfer-Opfern gegeben, mit großflächigen Verbrennungen im Gesicht und auf der Brust, die mich und das medizinische Team vor äußerst komplexe Probleme gestellt hatten.

Deshalb wollte ich unbedingt verstehen, was an den Protokollen, die wir routinemäßig verwendeten, geändert werden konnte, um unsere Ergebnisse zu verbessern. Natürlich mussten wir die logistischen Bedingungen berücksichtigen, unter denen wir operierten, und die Grenzen beachten, innerhalb derer eine Hauttransplantation in einem Kriegskrankenhaus angesichts der Einfachheit der uns zur Verfügung stehenden Technologie gute Ergebnisse erzielen konnte.

Natürlich hatte mich erstaunt und erschüttert, dass in den Intensivstationen, die mit einer konstanten Temperatur von 36 Grad und einer Luftfeuchtigkeit von über 90 Prozent arbeiten konnten, die Brandopfer mit kontinuierlicher Sedierung am Leben gehalten wurden. Einige wurden sogar mit einem System von Drähten, die in ihre Knochen eingelassen und dann mit Gewichten und Gegengewichten an Flaschenzügen befestigt waren, über ihren Betten in der Luft gehalten. Diese, wie ich finde, grausame Aufhängung sollte sicherstellen, dass der gesamte in der Luft hängende Körper keinen Kontakt, keinen Halt hatte und so die ganze Oberfläche des Körpers frei war. Darüber hinaus war der gesamte Körper in der Regel mit Hauttransplantaten oder Hautwucherungen bedeckt, sodass er wie ein Harlekin-Kostüm aussah. Die Brandopfer wurden rund um die Uhr von spezialisiertem Personal betreut. Und indem ich mich fragte, wie sie es schafften, diese Arbeitsbedingungen in einer Umgebung zu ertragen, die zudem mit penetranten Gerüchen gesättigt war, fragte ich mich ebenfalls, was diese Leben noch wert waren, ob man noch von Leben sprechen konnte und wo die Würde dieser gequälten Opfer des wissenschaftlichen Fortschritts geblieben war.

Auf diese Fragen der medizinischen und deontologischen Ethik wollte jedoch niemand antworten. Ich musste mich mit Antworten und praktischen Ratschlägen begnügen, die sich auf Anpassungen und Verbesserungen genau der chirurgischen Behandlungen bezogen, die wir unseren Patienten anboten. Einige davon übernahm ich sogar, gestehe aber, dass mich Zweifel an ihrer Effizienz nicht verließen ...

Nach meiner amerikanischen Erfahrung kehrte ich mit großer innerer Ruhe nach Europa zurück. Ich hatte einige nützliche Hinweise erhalten, die ich in den Kontext meiner Arbeit einbetten konnte. Vor allem aber hatte ich beschlossen, mich von einer »Super-« oder auch »Top-Chirurgie« zu distanzieren, die ich als zutiefst entmenschlichend empfunden hatte. Ich erinnerte mich dabei auch mit Genugtuung an die im Vergleich deutlich entspanntere Atmosphäre, die ich in den Krankenhäusern Südostasiens erlebt hatte. Auch die Chirurgie in meinem Heimatland, der Schweiz, schien mir hinsichtlich ihrer Regeln und Effizienz vorbildlich zu sein.

In jedem Fall aber brachte die Pause in Amerika einige Anregungen mit sich, meine Zukunftspläne zu überprüfen. In mein tägliches Chirurgenleben waren neue Tatsachen eingetreten, über die ich nachdenken musste und die mich erkennen ließen, dass Chirurgie nicht wirklich »alles« ist. Jetzt setzte sich die Dimension »Nach der Operation« durch – und ohne dass ich mir dessen so richtig bewusst war, wechselte ich von der Kriegschirurgie zur humanitären Medizin, die ja noch immer die Chirurgie einschloss, und danach weiter in die Welt der Entwicklungszusammenarbeit.

Das Jahr des Durchbruchs: 50 Jahre alt werden

Schon nach meinen letzten Operationseinsätzen in Lokichoggio für das IKRK, wo ich mich auch mit Problemen nach dem Krankenhausaufenthalt befasste, hatte sich für mich ungewollt ein neuer Horizont geöffnet. Ich war auf eine Herausforderung gestoßen, die ich bisher nicht bedacht hatte, auf ein sehr reales Problem, nämlich: Wie konnte die Zukunft unserer geheilten und nun entlassenen Patienten aussehen? Die Frage lag eigentlich auf der Hand: Was war von dem früheren Leben der Patienten noch übrig, die, wenn schon nicht vollständig geheilt, in ihre leider oft zerstörten Dörfer zurückkehrten, wo es schon an ein Wunder grenzte, wenn sie das, was von ihrer Familie übriggeblieben war, wiederfanden?

Für diese meist jungen Menschen, aber auch für die Erwachsenen gab es weder eine Aussicht auf Ausbildung noch auf Arbeit, sodass ihnen die Integration in die Gesellschaft versperrt war. Nach allem, was ihnen zugestoßen war, waren sie jetzt ohne Mittel und ohne Zukunft, schlimmer noch: Sie belasteten die Gemeinschaft. Im besten Fall, und wenn sie noch in der Lage waren, sich fortzubewegen, hatten sie eine Aussicht: die endlosen Reihen von Flüchtlingen, die ständig ihr Land fluteten oder es verließen, anschwellen zu lassen.

Anders verhielt es sich bei den Kindern und Jugendlichen, die nach ihrer Heilung und Genesung in ein normales Leben zurückkehren konnten. Für sie erhielten die Tage, als die Genesung schon in Sicht kam, dank neuer Kontakte und Freundschaften den süßen Geschmack von Urlaub. Da es oft vorkam, dass aufgrund von Problemen mit privaten UN-Flügen die Rückkehr in ihre Dörfer im Südsudan mehrmals verschoben wurde, organisierten wir einen Schulunterricht, um ihre langen Tage auszufüllen. Und dies sowohl auf der ersten Stufe, um zumindest die Alphabetisierung zu gewährleisten, als auch Englisch für diejenigen, die schon einen Schritt weiter waren. Die Kinder und Jugendlichen waren alle sehr aufgeweckt, eifrig und fleißig und sahen ein bisschen komisch aus, da sie, um bekleidet zu sein, in weiße Laken gehüllt waren. Sie glichen den jungen buddhistischen Mönchen in den Pagoden, die ich in Laos und Kambodscha gesehen hatte.

Für mich zeichnete sich jetzt eine Veränderung der Perspektive ab. Von der humanitären Hilfe, die mit medizinischer Versorgung rasch ein Menschenleben zu retten vermag, hin zu einer anderen Dimension von Hilfe und Zusammenarbeit, deren Strategien ich noch nicht wirklich kannte, die mir aber als der einzig gangbare Weg für mich erschien. Das Mantra war sehr klar: Was nützt es, ein Leben durch eine Operation zu retten, wenn die Qualität desselben Lebens derer, die als Kriegsopfer behindert, amputiert oder, noch schlimmer, verstümmelt sind, miserabel bleibt und keine Aussicht auf Besserung hat?

Das Benako-Abenteuer

»Zufälligerweise« wurde mir genau in dem Moment, als mir diese Gedanken durch den Kopf gingen, die Stelle als medizinischer Koordinator für ein UNHCR-(»United Nations High Commissioner for Refugees«)-Flüchtlingslager angeboten – von dem Sektor der UN, der Flüchtlinge auf der ganzen Welt schützt und unterstützt. Dieses Lager befand sich in Benako in Tansania, gleich hinter der ruandischen Grenze.

Just zu dieser Zeit hatte die Situation in Ruanda aufgrund interner Konflikte im Land eine große Völkerwanderung ausgelöst. Innerhalb weniger Wochen war hier ein Bürgerkrieg ausgebrochen, der einen Völkermord mit sich brachte, bei dem fast eine Million Zivilisten sogar mit Macheten wie Tiere abgeschlachtet wurden. Bei den Opfern handelte es sich vor allem um Menschen, denen die Flucht nicht gelungen war, weil sie weder geahnt noch rechtzeitig gewusst hatten, was passieren würde, und die nicht in der Lage waren, ihr Land innerhalb weniger Stunden zu verlassen.

Dieses Jahr – 1994 – hielt noch andere Überraschungen für mich bereit. Unmittelbar nach meiner »Inthronisation« als UNHCR-Koordinator in Tansania wurde ich »Beobachter« der allgemeinen Wahlen in Südafrika, der ersten mit allgemeinem Wahlrecht nach Abschaffung der Apartheid.

Zentralafrika befand sich im Frühjahr 1994 in Aufruhr und es drohte ein Krieg, aber in Südafrika war die Situation eine andere. Nelson Mandela war 1990 nach 27 Jahren Haft freigelassen worden, das Apartheidregime war Geschichte. Es wurden die ersten freien Wahlen vorbereitet, die Mandela an die Spitze der Nation führen sollten. Es war dies ein großer historischer Moment. Auch die Schweiz schickte eine große Beobachterdelegation zu den Wahlen Ende April 1994, und ich hatte das Privileg, gemeinsam mit führenden Schweizer Politikern wie dem Soziologen Jean Ziegler dabei zu sein. Die ersten Tage in Südafrika widmeten wir der »Auffrischung der Geschichte«: Wir hörten Berichte zahlreicher Historiker und politischer Analysten, die vor 1300 internationalen Beobachtern von einer Zukunft voller Ungewissheiten sprachen. Wir Schweizer Delegierten, etwa 100 Personen, hatten sich je nach Thema die Aufgabe geteilt, auch die relevanten Sicherheitsfragen zu studieren, wobei die Anweisungen buchstabengetreu befolgt werden mussten. Alles war bis ins Detail vorbereitet, wofür wir später den Organisatoren zu danken hatten.

Wir Schweizer gehörten zu den Gruppen, die den Wahllokalen in und um die Hauptstadt Pretoria zugeteilt waren. Schon in den Tagen vor den Wahlen holte uns ein Bus an unseren Hotels ab und brachte uns am Abend wieder zurück. Wir sahen die endlosen Schlangen von Wählern, die entweder bereits ihre Stimmzettel in der Hand hielten oder darauf warteten, ihr Recht auszuüben. Und es gab Menschen, die diszipliniert bis spät in die Nacht ausharrten. Vor allem aber herrschte überall eine festliche Stimmung.

Bei der Öffnung der Wahllokale, in der Regel Schulen oder für Bürgerversammlungen genutzte Säle, sangen die ersten eng zusammengepferchten Wähler die Nationalhymne und zeigten mit dieser Geste ihre ungehemmte Leidenschaft. Schließlich waren sie die Protagonisten der Befreiung nach Jahren der Apartheid, in denen sie wie Sklaven behandelt worden waren – und nun freuten sie sich überschwänglich über eine Freiheit, die zum Greifen nah war und von der man bisher nur träumen konnte. Man hörte ein Crescendo aus dunklen, fast gedämpften Stimmen, das nach und nach mit Rhythmus und neuen, absolut unwiderstehlichen Klangfarben angereichert wurde, die an alte amerikanische Gospels erinnerten.

Zuerst war ich von der Kraft und der Schönheit der Stimmen überwältigt, wurde dann aber von der Wucht dieser so offen gezeigten Gefühle mitgerissen und tief ergriffen. Ich wollte mich gegen diese Welle wehren, die mich dorthin zog, wohin ich nicht wollte, aber vergeblich.

In jenen unvergesslichen Tagen wurde ich immer, wenn die ersten Töne der Hymne um mich herum erklangen, von denselben Gefühlen gepackt wie beim ersten Mal in diesem Wahllokal. Auch heute noch, wenn ich die südafrikanische Hymne von den ersten Tönen an wiedererkenne, werden diese Gefühle von Stärke, Würde und Leid erneut in mir geweckt. Und noch ein anderes Bild taucht vor mir auf: die schlanke Gestalt jenes gebrechlichen, bebrillten Mannes, Mahatma Ghandi, der, in seinen weißen Dhoti gehüllt, seine Mission als pazifistischer Kämpfer in Südafrika begonnen hatte und dort 1908 zum ersten Mal inhaftiert worden war.

Alles verlief ohne größere Zwischenfälle, obwohl die Spannung am Vorabend der Abstimmung spürbar hoch war – was gewiss auch an einem beeindruckenden Sicherheitsdienst lag, den man akribisch vorbereitet hatte. Er gab viele praktische Ratschläge, wie man sich angesichts bestimmter Entwicklungen verhalten und wie man heikle Situationen erkennen und vermeiden sollte. Eine überraschende Erkenntnis für uns war die Weisung: »Halten Sie nie an einer roten Ampel, sondern fahren Sie geradeaus, insbesondere im Stadtzentrum!«

Einen Moment der Besorgnis erlebten wir allerdings am Vorabend der Abstimmung im Bus, der die Beobachter aus sechs Ländern, darunter auch uns, zu ihren Hotels zurückbrachte. Der Tag neigte sich seinem Ende zu und der Fahrer kündigte nach und nach die Ankunft an den verschiedenen Hotels an, vor denen die Delegationen nach und nach ausstiegen. Dass wir Schweizer die letzten verbliebenen Passagiere waren, wussten wir zwar, aber die Zeit bis zu unserem Hotel kam uns doch etwas zu lang zu vor. Als ich schließlich merkte, dass wir uns nicht mehr im Stadtzentrum befanden, ging ich sofort zum Fahrer, der mir sogleich bestätigte, dass er sich verfahren hatte. Er gab seinen Fehler unumwunden zu und fügte entschuldigend hinzu, dass er nicht aus Pretoria stamme, sondern von außerhalb als Verstärkung gerufen worden sei. Ich bat ihn, am erstbesten öffentlichen Ort anzuhalten, an dem es Licht gab – es war inzwischen dunkel geworden –, oder auch nur an einem Kiosk, damit wir telefonieren konnten. Gesagt, getan: Wir schafften es dann, ohne weitere Stopps zum Hotel zurückzukehren, aber die gesamte Schweizer Delegation war die ganze Fahrt über still und nachdenklich.

Der nächste Tag war ein Tag großer Feierlichkeiten und groß waren auch unsere Emotionen, als wir die Begeisterung und die Freude der endlich freien südafrikanischen Bürger in uns aufsaugen konnten. Bald danach zurück in der Schweiz hätte ich diesen historischen Moment, den ich gerade erlebt hatte, gerne länger ausgekostet, doch aus Ruanda kamen erste Gerüchte über Gewaltausbrüche, die zwischen den ethnischen Gruppen der Tutsi und Hutu ausgebrochen waren. Diese Nachricht war nur ein Euphemismus für das, was sich dann im Laufe weniger Wochen zu einem grausamen Fall von Völkermord mit über einer Million Toten in nur hundert Tagen entwickeln sollte.

Kapitel 7
Der Völkermord in Ruanda

Wie gesagt: Ich war gerade aus Südafrika zurückgekehrt, als ich vom SKH, dem Schweizerischen Korps für humanitäre Hilfe, wieder in den Dienst gerufen wurde. Claire-Lise Chaignat kontaktierte mich in ihrer Eigenschaft als medizinische Beraterin und mir wurde eine Sondierungsmission anvertraut: Ich sollte mich nach Afrika begeben und Informationen sammeln, damit man herausfinden konnte, welche Art Hilfe die Schweiz in dieser sehr heiklen Zeit mit vielen Unbekannten anbieten sollte. Das entsprechende Briefing für eine sehr schwierige Mission war der erste Kontakt mit meiner Kollegin aus Freiburg/Jura und gleichzeitig der Beginn einer langen und fruchtbaren Zusammenarbeit, auch wenn der Anfang schwierig war: Ich hatte sie beim Betreten ihres Büros mit »Mademoiselle« angesprochen, was sie nicht mochte.

Es war jetzt Juni 1994 und das Gemetzel schien mit der allmählichen Wiedererlangung der Macht durch die Tutsi gestoppt zu sein, doch vor Ort herrschte nach wie vor eine riesige Katastrophe mit einer humanitären Krise im Gefolge der schlimmsten seit Menschengedenken. Die Bilder, die seit Wochen im Fernsehen und in der Presse zu sehen waren, hatten die Welt schockiert, aber das Chaos war in seinem wahren Ausmaß noch immer kaum zu begreifen. Nur in Ruanda selbst konnte man wohl sehen und verstehen, was hier immer noch Tag für Tag geschah und welche humanitäre Hilfe am geeignetsten und unverzichtbar war.

Es war sofort klar, dass mein erstes Ziel Goma sein musste, die Stadt im damaligen Zaire, dem heutigen Kongo, an der nördlichen Grenze zu Ruanda. Goma war zu der Zeit zum Knotenpunkt von

Horden vertriebener Überlebender geworden, aber gleichzeitig auch zum Schwerpunkt der bereits angelaufenen internationalen Hilfsmaßnahmen. Die Gesundheitslage hier war katastrophal und wurde durch eine völlig außer Kontrolle geratene Choleraepidemie noch verschärft.

So machte ich mich mit meinem Kollegen Jean-Michel Jordan, einem Logistikexperten, und unterstützt von einem Logistikexperten auf den Weg nach Entebbe. Diese Stadt in Uganda hatten wir uns als Ausgangspunkt für unsere Reise nach Goma gewählt. Wir hatten nur eine bescheidene Ausrüstung, gerade genug, um ein paar Tage zu überleben, aber wichtig war vor allem, dass wir die Dollars, die wir für die Fortsetzung der Mission in einem vom Krieg zerrissenen Land brauchen würden, in Sicherheit brachten. In Entebbe hatten wir das Glück, ein geeignetes Fahrzeug zu finden, mit dem wir das 600 Kilometer entfernte Goma erreichen konnten, was in einem einzigen Tag nicht zu schaffen war. Schließlich kauften wir das Auto, einen nicht ganz rostfreien Volkswagen-Kleinbus, trotz seines schlechten Zustands, aber wir hatten keine Wahl. Nachdem wir ihn wie ein Maultier mit einem Vorrat an Wasser und Benzin sowie Proviant beladen hatten, fuhren wir die ersten hundert Kilometer auf einer geraden Asphaltstraße in Richtung Süden, danach aber ging es nur noch bergauf und bergab, über Hügel und Berge, die mit grünen Flecken bedeckt waren. Wir wussten, dass wir die Virunga-Kette mit den berühmten Gorillas, die in den undurchdringlichen Wäldern des Bwindi-Nationalparks leben, überqueren mussten, aber vor allem mussten wir an acht Vulkanen vorbei, von denen zwei noch voll aktiv waren. Beeindruckt und verzaubert von einer wunderbar schönen Natur fragten wir uns, was an dieser Kulisse nicht stimmte. Waren wir denn wirklich auf dem Weg in Gebiete, in denen die kriegerischen Auseinandersetzungen noch lange nicht vorbei waren?

Während wir uns im Auto unterhielten, drehte sich plötzlich der Wind, sowohl im übertragenen wie auch im wörtlichen Sinne. Mit einem Mal wurden wir von grauen, fast schwarzen und übelriechenden Wolken heimgesucht, die sofort in Erinnerung riefen, was man uns bereits in Entebbe gesagt hatte: Der Nyiragongo-Vulkan war erwacht, und zwar heftig. Er war – und ist – einer der weltweit gefährlichsten Vulkane, nicht zuletzt wegen seiner massiven giftigen Gasdämpfe. Acht Jahre nach unserer Autofahrt, 2002, trat der Lavasee auf dem Gipfel des Vulkans bei einem Ausbruch über die Ufer und bedeckte die nicht weit entfernte Stadt Goma mit Lava und überflutete sie fast vollständig.

Die Straße war jetzt jedoch frei – aber das Fehlen von Verkehr und Leben steigerte so langsam unsere Unruhe. Dann änderte sich die Szene abrupt. Am Rand der unbefestigten Straße bewegten sich Menschen in unsere Richtung, zunächst einige wenige, dann mehr und mehr. Sie waren mit ein paar Lumpen bekleidet und sogar barfuß. Sie kamen langsam voran, und ihre Augen waren groß und verängstigt. Was zuerst kleine Gruppen waren, entwickelte sich bald zu Strömen auf beiden Seiten der Straße. Es waren Hunderte von Männern und Frauen mit Bündeln und viel Gepäck und natürlich auch Kinder. Was wir sahen, glich einem müden Leichenzug. Dann wurde die Szene plötzlich lebhaft und bedrohlich. Leichte Militärfahrzeuge kamen mit halsbrecherischer Geschwindigkeit auf uns zu.

Der Albtraum dieser »Tru-Trucks«

Wir waren auf einer schmalen, sehr engen Straße unterwegs, verlangsamten nun unsere Fahrt und stoppten. Das Militärfahrzeug, das sich uns immer mehr näherte, gab plötzlich Gas und schien uns rammen zu wollen. Aber nein, es scherte plötzlich aus auf die Straßenseite und fuhr in die Menschenmenge. Ein Dutzend Menschen wurde erbarmungslos weggeschleudert und durch die Luft gewirbelt – wir waren starr vor Schreck und zitterten.

Allerdings fuhren wir sofort weiter, denn es wäre gewiss fatal gewesen, jetzt anzuhalten. Dann aber nahmen wir ein seltsames Geräusch – wie ein »Tru-Truck« – unter unseren Rädern wahr. Was war das nur? Plötzlich sahen wir, dass es sich um aufgerollte Schilfmatten handelte, die senkrecht zum Straßenrand aufgereiht waren. Und wir erkannten, dass jedes der hier liegenden Bündel eine Leiche enthielt, die in ihren »Sarg« eingewickelt war. Wir konnten die »Tru-Trucks«, mit denen wir über die Leichen fuhren, nicht zählen, aber sie prägten sich uns ein und machten uns große Angst ...

Endlich kamen wir in Goma, unserem endgültigen Ziel, an – in einer übel stinkenden Nacht, was wir dem Vulkan verdankten, der hartnäckig die Luft verpestete. Wir fanden Unterkunft in einem großen Haus direkt am Ufer des Kivu-Sees, in dem humanitäre Helfer wie wir, aber auch Presseleute aus aller Welt, Vertreter internationaler Agenturen und Beamte untergebracht waren. Für einen Moment war ich von der Schönheit dieses Sees abgelenkt, aber dann kam mir die Realität in den Sinn, in der wir uns befanden.

Der Kivu-See enthält auf seinem Grund Methan und Kohlendioxid in solchen Mengen, dass eine Vulkanexplosion unter Wasser, die Geologen für möglich, wenn nicht sogar für wahrscheinlich halten, katastrophale, ja tödliche Auswirkungen auf die zwei Millionen Afrikaner hätte, die an seinen Ufern leben.

Ein ausbrechender Vulkan über uns, eine Gasbombe unter unseren Füßen: Das Szenario war nicht gerade beruhigend ...

Das Haus, in dem wir untergebracht waren, erwachte nur zum Mittagessen und am Abend zum Leben, wenn wir 20 bis 40 Bewohner eintrafen. In zwei großen Zimmern rollten wir alle unsere Schaumstoffmatten aus und fummelten mit unseren Gepäckstücken herum, als wären wir in einem Pfadfinderlager. Aber wir alle trugen die Eindrücke des Tages in uns, und die waren qualvoll und beschäftigten uns intensiv. Wir mussten das, was nach außergewöhnlichen Ereignissen zwingend ist, »verdünnen« und in je eigenen Versionen nacherzählen. Also sprachen wir auch über Belanglosigkeiten oder über Vorkommnisse von geringer Bedeutung. So ging es mir übrigens auch am 11. September 2001, als ich im Zug zwischen Bern und Genf von dem Anschlag auf die Zwillingstürme in New York erfuhr. Den damals sofort aufkommenden Fragen und Ängsten konnte man sich eine ganze Weile nicht direkt stellen.

Unser Zufluchtsort im Haus am See war auch ein wichtiger Ort, um neueste Nachrichten zu erhalten. Abgesehen von Fragen zur persönlichen Sicherheit gab es zwei große Themen: Neben den Leichen, die immer noch überall herumlagen, besorgte uns die Cholera-Epidemie, die immer mehr Opfer forderte und sich weiter ausbreitete. Wir alle fragten uns, was wir tun konnten, um sie zu stoppen, und welche Maßnahmen am geeignetsten sein konnten, um Ansteckungen zu vermeiden – und im Nu waren wir alle Experten für Infektionskrankheiten geworden.

Noch etwas muss ich erwähnen: Für uns humanitäre Helfer war die Unterkunft angesichts der Umstände in Ordnung, aber mit dem Essen haderten wir. Es gab nur wenig, und wir begnügten uns in der Regel mit den üblichen abgepackten Speisen. Die Köchin unserer Hungerkolonie bereitete allerdings mittags ein Gericht zu. Sie war die Mutter einer großen Familie, der unseren, und sie arbeitete hart, um auf dem Markt Lebensmittel für uns zu finden. Eines Tages war ich um die Mittagszeit in die Küche gegangen, um zu sehen, was im Topf kochte, und fand die Frau vor einem köstlich duftenden Eintopf vor. Immer noch in Tränen aufgelöst, von denen einige sogar im Topf landeten, erzählte sie mir, dass zwei ihrer Kinder an Cholera erkrankt waren und sie daher das Schlimmste erwarten musste. Ich beruhigte sie, indem ich ihr einige brauchbare Ratschläge gab, aber die Nachricht verbreitete sich schnell unter den inzwischen eingetroffenen Gästen, die sich zu fragen begannen, ob unsere Köchin nun auch infiziert sei. Ich erklärte allen geduldig, dass der heiße Eintopf in jedem Fall jeden Cholera-Vibrio sofort vernichten würde, aber offensichtlich war ich nicht sehr überzeugend – denn der Eintopf auf dem Tisch hatte nicht den verdienten Erfolg. Seltsamerweise hatten die Bewohner unseres Hauses an diesem Tag keinen Hunger. Nur wenige waren bereit, den Eintopf zu genießen, aber zumindest einige von uns hatte dieses Mittagessen einmal so richtig gesättigt.

Augen auf Goma

In diesen Wochen richtete die ganze Welt ihre Augen auf Goma – eine Stadt im Kongo, direkt an der Grenze zu Ruanda – und das bedeutete auch, dass neben uns hier Hunderte von Journalisten und Fernsehkorrespondenten beschäftigt waren. Zwei unterschiedliche Kategorien von Akteuren mit unterschiedlichen Aufgaben. Und unterschiedlich nützlich. Die übliche Bipolarität: humanitär versus politisch oder Ethik versus Politik.

Bezeichnenderweise war bei den technischen Briefings der Akteure der humanitären Hilfe die Teilnehmerzahl eher bescheiden, während bei der täglichen Pressekonferenz für die Fernsehsender der Welt mit CNN an der Spitze immer eine Menschenmenge zugegen war. Aber am Ende des Tages mussten auch wir humanitären Späher wissen, was vor sich ging: Die Informationen über die militärischen und politischen Ereignisse des Tages waren sehr wichtig für uns. Alle Seiten hatten ihre eigenen Informationsquellen, aber die Koordination musste noch aufgebaut und abgestimmt werden.

Die Tage waren ein Wettlauf von einem Briefing zum nächsten: die politischen Briefings sowie die technischen Briefings über humanitäre Logistik, die Sicherheitslage und öffentliche Gesundheit. Letztere gaben uns ein klares Bild davon, wo wir uns befanden und was zu tun war.

Die Stadt wirkte in erster Linie wie das Hauptquartier einer für den Krieg ausgerüsteten Armee des 21. Jahrhunderts, allerdings mit einem gewaltigen Verkehrsaufkommen. Der uns zustehende Raum wurde zunehmend von den immer mehr werdenden Akteuren einer komplexen humanitären Notlage friedlich eingenommen – angefangen mit den UN-Organisationen wie dem Amt für die Koordinierung humanitärer Angelegenheiten (OCHA), dem Amt des Hohen Kommissars für Flüchtlinge (UNHCR), dem Kinderhilfswerk der Vereinten Nationen (UNICEF), dem Welternährungsprogramm (WFP), der Weltgesundheitsorganisation (WHO), vor allem aber dem Internationalen Komitee vom Roten Kreuz (IKRK) sowie den verschiedenen nationalen Rotkreuzen. Die mächtigen Nichtregierungsorganisationen (NGOs) und die internationalen Organisationen, die sich der humanitären Hilfe verschrieben haben, wie Oxfam, Ärzte ohne Grenzen, Médecins du Monde und andere, waren ebenfalls anwesend, dicht gefolgt von Hunderten kleiner NGOs. Und schließlich waren noch die Vertreter der humanitären Hilfe aus verschiedenen Ländern der entwickelten Welt, darunter auch der Schweiz, gekommen, die mit all ihren guten Absichten und aufgrund ihrer bilateralen Beziehungen, in diesem Fall zu Ruanda, ihre Hilfsbereitschaft bekundeten. Eine noch nie da gewesene Dichte von Menschen aus der ganzen Welt hatte sich eingefunden, frenetisch betriebsam, alle auf sich allein gestellt, in einer gewissermaßen baufälligen Stadt ohne Aufnahmeeinrichtungen – nicht einmal ein Hotel war in Betrieb und die vergleichbaren Einrichtungen nicht verfügbar – und mit wildem motorisierten Verkehr, der für eine Kakophonie aus verschiedensten Hupen sorgte.

Diese Welt von Menschen, die aus der Ferne kamen, tauchte in ein anderes Universum ein, das aus Tausenden verzweifelter Landstreicher, hungriger und kranker Menschen bestand, die man nicht einmal als Flüchtlinge bezeichnen konnte, so erbärmlich ihr Zustand auch war. Und dies in einer Stadt, die total verstopft war und nach Dreck und giftigen Dämpfen roch. Oft kamen mir die Pestwagen mit den Toten in den Sinn, die Alessandro Manzoni vor 200 Jahren in seinem Roman *Die Verlobten* beschrieben hatte – diese Wagen waren hier die Pick-up-Trucks der französischen Armee, die mit halsbrecherischer Geschwindigkeit mit ihren in Matten eingewickelten Leichen durch die Stadt rasten und sich um die Bestattung der Toten kümmerten.

Mit meinem Kollegen Jean-Michel sprach ich unsere Teilnahme an den vielen Briefings ab, wobei wir zwischen operativen und Informationsbriefings wählten. Ich folgte meinem Instinkt: Bei den Vorträgen notierte ich mir die wichtigsten Fragen und suchte Personen auf, von denen ich mir nützliche und konkrete Antworten versprach.

Ich war nicht überrascht, mehreren Leuten und Kollegen zu begegnen, die ich schon bei anderen Gelegenheiten getroffen hatte.

Einer von ihnen war der italienische Arzt Gino Strada, über den ich mich später ausführlicher äußern werde. Aus meinen bisherigen Erfahrungen wusste ich, wie wichtig es war, die Gesundheitsbehörden des Landes, in dem man arbeitete, zu kontaktieren und nicht nur mit den internationalen Mitarbeitern zu sprechen, die den humanitären Gruppen angehörten.

Durch einen glücklichen Zufall erfuhr ich, dass der neue Gesundheitsminister Ruandas, Joseph Karemera, zu dieser Zeit in Goma war, sodass ich die Gelegenheit nutzte, ihn zu treffen. Es war mir klar, dass ihn die Ereignisse um ihn herum überwältigten und er gewiss nicht auf die riesige und undankbare Aufgabe vorbereitet war, die vor ihm lag. Aber wer wäre das nicht gewesen? Karemera stand an der Spitze eines wichtigen Ministeriums, das es nicht mehr gab, und er musste ein neues aufbauen, ohne überhaupt zu wissen, wo er anfangen sollte und welche Mittel ihm zur Verfügung standen. Und da er ein reiner Anglophoner war, fühlte er sich in der französischen Sprache nicht wohl. Dennoch war er über die allermeisten augenblicklichen Dringlichkeiten gut informiert. Er schien erleichtert zu sein, mit einem Schweizer Arzt sprechen zu können, der ihn verstand und beriet und den er, wenn er wollte, kontaktieren konnte.

Wenn ich hektisch von einem Treffen oder Termin zum nächsten eilte, musste ich oft am Kreisverkehr des Hauptplatzes vorbeigehen, der jetzt zerstört war, aber in seiner Mitte einen freien Platz mit vielen Blumen hatte. Auf diesem Platz fiel mir eines Tages eine Mutter mit einem Baby im Arm und zwei anderen Kindern auf, die sich an ihre ärmliche Kleidung klammerten. Zu ihren Füßen lagen einige halb leere Plastikflaschen. Sie bewegten sich wie in Zeitlupe, und ich konnte sehen, dass sie im Sterben lagen, wahrscheinlich Opfer von Cholera. Aber ich musste weiter – und was hätte ich auch tun können? Überall begegneten mir Sterbende und Tote. Ein starkes Gefühl von Mutlosigkeit und Ohnmacht packte mich, und als ich nach ungefähr einer Stunde wieder an diesem Kreisverkehr vorbeikam, sah ich, dass der Tod die Szene bereits versteinert hatte.

Ich fühlte mich an die Laokoon-Gruppe, an den schrecklichen Todeskampf Laokoons und seiner Söhne, erinnert und hatte plötzlich eine eigene schreckliche Statue vor mir, die flehentlich zum Himmel schrie. Seitdem trage ich den »Laokoon von Goma« tief in meinem Inneren – und er ist unauslöschlich.

Ein paar Tage später war in Goma ein Hauch von Demobilisierung zu spüren. Gerüchte, dass Ruanda seine Grenzen aufgrund eines Waffenstillstands wieder geöffnet hatte, wodurch die Gewalt eingedämmt wurde und sich die Sicherheitslage verbesserte, verlagerten den Schwerpunkt der humanitären Hilfe in Richtung der ruandischen Hauptstadt Kigali. Mehr oder weniger umgehend machten sich mein Kollege Jean-Michel und ich mit unserem VW-Bus auf den Weg dorthin.

Ankunft in Kigali, Ruanda

Von dieser mehrstündigen Reise erinnere ich mich an ein Gefühl der Diskrepanz, um nicht zu sagen: der Erschütterung zwischen dem, was ich von den jüngsten Ereignissen wusste, und der einladenden Natur, die gegenüber dem, was ich gesehen hatte, »gleichgültig« geblieben war. Im Gegensatz zu dem Chaos und dem Trubel in Goma fanden wir auf unserem Weg nach Kigali zwischen den Hügeln so etwas wie eine zerstreute Ruhe vor, mit ein paar Menschen, die sofort in Deckung gingen, sobald sie unser Fahrzeug erblickten.

Traurig und gespenstisch war jedoch die Ankunft in Kigali. Die Stadt schien von ihren Einwohnern verlassen zu sein und war in einem erbärmlichen Zustand. Uns, die wir aus Goma kamen und Tag und Nacht den Geruch von Toten, vermischt mit anderen Ausdünstungen, in der Nase hatten, erschien Kigali in diesem Moment geruchlos und dumpf.

Erst einmal mussten wir eine Unterkunft für die Nacht finden. Wir versuchten es im Diplomat Hotel, auf das man uns hingewiesen hatte und das wir schnell fanden. Wir betraten es durch die zertrümmerte Eingangstür. Keine Menschenseele war zu sehen, und vor uns lagen Schutt und Trümmer, stumme Zeugen von Verwüstung und Zerstörung.

Jean-Michel und ich inspizierten nun das Hotelinnere: Alle Zimmertüren auf den fünf Etagen waren eingeschlagen. In den Zimmern waren die Betten ungemacht, als seien sie in großer Eile verlassen worden, die Toiletten verstopft und stinkend. Was von den Fensterscheiben übrig war, lag nun zersplittert auf dem Boden. Kein Wasser oder Strom. In der vierten Etage fanden wir ein Zimmer, das etwas weniger ekelhaft war und noch eine Tür hatte, die sich jedoch nicht schließen ließ. Geduld. Für diese Nacht konnten wir die Situation nicht ändern, und so verbrachten wir sie, in einem Sessel sitzend. Am frühen Morgen machte ich mich ans Kaffeekochen. Ich hatte, wie immer, eine Plastikflasche mit Wasser, meine Mini-Moka sowie eine Packung italienischen Kaffees und zwei Tassen dabei, die ich zusammen mit meinem kleinen Kocher im Gepäck hatte. Zudem hatte ich stets ein Stück Parmesan und einen Schokoriegel bei mir – meine Überlebensration.

Wir nippten in unseren Sesseln gerade an unserem ersten Kaffee, als wir Stimmen hörten, die sich vom Flur her näherten. Leicht alarmiert spitzten wir die Ohren und hörten dann auf Französisch: »C'est ici le café pour le petit déjeuner?«. Der unwiderstehliche Geruch von frischem Kaffee hatte sich schnell verbreitet – und die Stimme kannte ich: Es war die Bernard Kouchners, des ehemaligen Mitbegründers von Ärzten ohne Grenzen, der eine Delegation von Abgeordneten der Europäischen Gemeinschaft anführte, die auf Erkundungsreise war. Natürlich lief nun die kleine Kaffeekanne so lange, bis alle ihren Kaffee hatten. Und Bernard sagte dann mit dem ihm eigenen Witz zu mir: »Cette fois-ci vraiment le Corps Suisse d'Aide en Cas de Catastrophe nous a sauvé la vie.« Eine Aussage, an die ich ihn 2006 auf dem Gipfel der Frankophonie in Bukarest erinnern konnte, wo ich ihn als Außenminister in der Nachfolge von Präsident Jacques Chirac wiedertraf.

Wir setzten unsere Inspektionen im Laufe des Tages fort, um uns ein Bild von der Lage in der Hauptstadt zu machen. Bei unserer

Ankunft am Vortag hatten wir den Eindruck gehabt, die Stadt sei leer und die Einwohner hätten sie verlassen, doch das Ausmaß der Zerstörung und die Wunden des Krieges waren weniger als erwartet. Das lag auch daran, dass Kigali über mehrere Hügel verstreut lag und noch immer ganz in die Natur, in das üppige Grün der tropischen Vegetation eingetaucht war. Die Natur schien die Grausamkeiten, die den Menschen zugefügt worden waren, verbergen zu wollen. Im Gegensatz dazu hielten sich hartnäckig schlimme Gerüche in der Luft, die von heftigem Feuer und viel Verbranntem kommen mussten und die der Wind durch die Straßen des Stadtzentrums trug. Wir hörten nur ganz wenige Geräusche, keinen Lärm, aber uns fielen ein paar Fahrzeuge auf, die auf den Straßen unterwegs waren.

Innerhalb weniger Tage änderte sich das: Ein Gewimmel von Rettungskräften, humanitären Helfern, Journalisten und Militärs bestimmte jetzt das Bild der Stadt, während die überlebenden oder zurückkehrenden Bürger verstohlen und verängstigt wirkten.

Ich selbst machte mich auf den Weg zum Gesundheitsministerium, wo ich erneut Dr. Karemera treffen und mich mit ihm austauschen konnte.

Während die Vereinten Nationen in dieser komplexen humanitären Situation eine führende Rolle bei der Koordinierung aller beteiligten Akteure, der Organisation der öffentlichen Gesundheit sowie der Verwaltung der Krankenhäuser übernahmen, bereitete sich die ruandische Regierung darauf vor, nach und nach die auf sie zukommenden Aufgaben zu übernehmen. Besonders dringlich mussten nun die Maßnahmen der UNO und der humanitären Organisationen, angefangen beim IKRK, überwacht werden, um sicherzustellen, dass genügend Mittel zur Verfügung standen sowie die notwendigen statistischen Daten für ihre Gesundheitsbudgets erfasst wurden – nicht nur für die augenblickliche Nothilfephase und die Zeit danach, sondern auch für künftige Projekte.

Der Minister bat mich, mich um die Richtlinien für die Beziehungen zu Nichtregierungsorganisationen zu kümmern. Die Zahl derer, die ins Land kamen, stieg von Tag zu Tag, hatte bereits die Hundert überschritten und würde in wenigen Tagen die Tausend erreichen. Im Prinzip musste jede NGO eine Zertifizierung beim Gesundheitsministerium beantragen, um im Land tätig werden zu dürfen. Aber in der Praxis geschah dies nicht, und so war es zu chaotischen Entwicklungen gekommen.

Das eigentliche Problem war, dass NGO-Gruppen von zwei bis drei Personen, die weder über Mittel noch über Fahrzeuge oder Material verfügten und sich nur mit dem guten Willen, zu helfen und etwas Nützliches zu tun, ins Land gekommen waren. Ich suchte das Gespräch mit allen, ließ mir die Möglichkeiten ihres Engagements erklären und gab ihnen klare und einfache Richtlinien auf ihren Weg mit, die später bei jedem Antrag auf Akkreditierung angewendet werden sollten.

Nach diesem Eintauchen in die reale Situation nach dem Völkermord musste ich das Land schon bald wieder verlassen. Die Ausarbeitung meines Berichts, der so schnell wie möglich Bern erreichen sollte, half mir, die relevanten Fakten zu sortieren und zu filtern, damit die Schweiz eine angemessene humanitäre Antwort – frei von Gefühlen – gewährleisten konnte. Meine letzten Tage widmete ich der Suche nach ruandischen Mitarbeitern unserer Direktion für Entwicklung und Zusammenarbeit, die den Völkermord überlebt hatten, und ich arbeitete im Rahmen der verfügbaren Daten daran, die Projekte zu kartieren, die unterbrochen, aufgelöst oder ganz verschwunden waren.

Gesendet an die Botschaft in Kigali

So verlagerte sich die Diskussion unseres Einsatzes nach Bern. Jean-Michel und ich präsentierten unsere Berichte, die intensiv debattiert und in weiteren Besprechungen kommentiert wurden. Nach ein paar Tagen erhielt ich ein Mandat für eine neue Aufgabe in Kigali als Missionschef der Schweizerischen Entwicklungszusammenarbeit und humanitäre Hilfe. Als Hauptaufgabe stand erst einmal an, die Schweizer Botschaft wieder zu eröffnen, um danach die notwendigen, von diversen Eventualitäten abhängigen Aktivitäten neu zu starten.

Ja, angesichts der immer noch schwer fassbaren und unsicheren Situation blieb der Missionsauftrag vage, sodass mir ein großer Spielraum eingeräumt wurde. Ich wusste nicht, ob ich mich über das Vertrauen, das man mir entgegenbrachte, freuen oder wegen der vielen Unbekannten, die mich erwarteten, beunruhigt sein sollte. Allerdings hatte ich nicht vor, mich nun mit unnützen Gedanken zu befassen. Klar war: Man hatte mich hier in Bern mit einer Aufgabe betraut, die aus dem einfachen Grund nicht präzise definiert werden konnte, weil nichts vorhersehbar war. Ich würde also wie üblich vorgehen müssen: Daten sammeln, verarbeiten, auswerten und dem Hauptquartier in der Schweiz Vorschläge für konkrete Maßnahmen unterbreiten.

Bei der Verabschiedung nach einem engen Tag voller Briefings wurden mir die Schlüssel zur Botschaft in Kigali und ein bemerkenswert schweres Satellitentelefon überreicht, begleitet von den üblichen guten Wünschen – und vielleicht sogar ein wenig mehr.

Wie üblich machte ich mir während des Fluges Gedanken und sorgenvolle Fragen beschäftigten mich, die alle ihre Berechtigung hatten und sich auf die kommenden Tage bezogen. Angefangen mit dem ersten »terre à terre«-Zweifel: Was ist, wenn die Botschaft geplündert wurde und die Schlüssel daher völlig nutzlos waren? Was ist, wenn ich die für mich zuständige Kontakt- und Vertrauensperson vor Ort nicht auffinden konnte? Ich schaltete meinen Sorgenschalter aus und nahm ein Buch zur Hand, *Der Peloponesische Krieg* von Thukydides. Dieses Buch hatte ich schon oft in den Händen oder in der Ausrüstung anderer Kollegen und des US-Militärs bei Einsätzen gesehen, und ich hatte mich immer gefragt, was daran so wichtig war. Mir wurde jedoch rasch klar, dass jetzt nicht die Zeit für diese Lektüre war …

Der Flug brachte mich zunächst nach Nairobi, wo ich ein sehr nützliches und wichtiges Briefing mit Botschafter Hans Peter Ehrismann hatte. Er war auch der zuständige Botschafter in Kigali, obwohl er in Nairobi stationiert war. Seinen letzten Besuch in dieser Stadt hatte er vor Monaten – vor dem Ausbruch des Krieges – angetreten, aber wer konnte mir besser als er über das Leben und die Besonderheiten dieser Botschaft berichten, die ich wiedereröffnen sollte? Wir verstanden uns sofort und gut und er gab mir all die Ratschläge, die sich später als unverzichtbar erweisen sollten. Außerdem sicherte er mir seine volle Unterstützung zu, falls ich sie brauchen sollte ... und seine Worte waren ernst gemeint. Auf dem kurzen Flug von Nairobi nach Kigali fühlte ich mich schon sicherer und entspannter.

Mein Herz klopfte, als ich den Hauptschlüssel in das Schloss der Schweizer Botschaft in Kigali steckte, das sich – ein Wunder! – mit einem Klicken öffnete. Danach ließen sich auch alle anderen Türen des zweistöckigen imposanten Gebäudes öffnen, mit dem Schweizer Wappen über der Eingangstür, das sich zur Begrüßung zu verneigen schien. Dekorative Palmen umgaben die Botschaft, die mich an die Flabelli, die pfauenartigen Fächer des päpstlichen Hofes, erinnerten. Und nicht nur das. Ich legte im Inneren des Hauses einen Schalter um und es wurde Licht wie auf einer Theaterbühne, begleitet vom plötzlichen Ticken, Klicken und Summen von Computern. Es war, als wäre die Botschaft nur ein Wochenende lang geschlossen gewesen, die Computer waren angeschlossen, Wasser und Licht in perfektem Zustand. Zudem fiel mir die Sauberkeit in den Räumen auf – unvorstellbar, dass hier seit Monaten kein Mensch mehr gewesen war.

Wenn ich heute an die verschiedenen Botschaften in Kigali denke, die ich später besuchte, die geplündert und halb zerstört waren wie beispielsweise die belgische, die nur wenige Meter von unserer entfernt lag, dann war das, was ich vorfand, ganz unglaublich. Aber eine Erklärung, oder besser zwei, erhielt ich von einer Person meines Vertrauens, einem ehemaligen Mitarbeiter der Botschaft, der kurz nach meiner Ankunft auftauchte.

Vielleicht war das an der Fassade prangende Emblem der Schweiz mit dem des Roten Kreuzes verwechselt worden, und so wurde das

Gebäude selbst während heftigster Zusammenstöße respektiert. Oder aber es war so, wie später festgestellt wurde, dass der berüchtigte private Radiosender Mille Collines, der zum Völkermord angestiftet hatte, das Gebäude für einige Wochen in Besitz genommen und es für seine berüchtigte Propaganda der Aufstachelung zum Rassenhass und dann auch als Koordinationszentrum genutzt hatte. Die Besetzer waren jedoch nicht in der Lage gewesen, auf die verschlüsselten IT-Systeme zuzugreifen, die, wie sich herausstellte, nicht benutzt worden waren.

Obwohl seit meinem ersten Aufenthalt in Kigali erst drei Wochen vergangen waren, hatte sich die Atmosphäre spürbar verändert. Aufräum- und Sanierungsarbeiten hatten Straßen, Plätze und Gebäude gesäubert. Ein Hauch von normalem Leben schien jetzt Einzug zu halten. Aber die Bilder und Aufnahmen vom Völkermord und der zügellosen Gewalt auf den Straßen aus roter afrikanischer Lateriterde und vor dem leuchtend grünen Hintergrund von Bäumen und Sträuchern sah ich immer noch vor mir und konnte sie nicht vergessen.

Es ist kein Zufall, dass Kigali als »Stadt der tausend Hügel« bekannt ist. Man war hier ständig bergauf und bergab unterwegs, um von einem Hügel zum anderen zu gelangen, und manchmal musste man erst in tiefe Senken hinabsteigen und dann in einer Reihe von engen Kurven wieder hinaufklettern, als befände man sich auf einer Passstraße in den Alpen.

Auf halber Höhe eines dieser Hügel führte mich der Mann meines Vertrauens zu der ehemaligen Residenz des Botschafters, die nur 15 Autominuten vom Botschaftsgebäude entfernt lag. Ein großes, wunderschönes Backsteinhaus mit Blick auf ein enges Tal und ganz allein mitten im Grünen. Es war dies nun mein Zuhause für drei Monate und ich war erleichtert, hier von einer Servicekraft empfangen zu werden, der einzigen, die übriggeblieben war.

Die Frau war froh über meine Ankunft, weil ihr Leben endlich wieder einen normalen Lauf nahm. Als Mutter von drei Kindern musste sie mitansehen, wie eines ihrer Kinder vor gerade mal einem Monat vor ihren Augen ermordet, und mit einer Machete wie eine Wurst aufgeschnitten wurde. Die Arme musste mir die schreckliche Tat sofort und in allen Einzelheiten erzählen, unter Schluchzen und Tränen, die selbst ich nicht zurückhalten konnte. Am nächsten Tag übergab ich ihr ihren frisch unterzeichneten Arbeitsvertrag. Damals wusste ich noch nicht, dass der erste wirkliche Zweck meiner Mission wohl darin bestehen würde, mir geduldig und teilnehmend Geschichten von unermesslichem Schmerz und Leid anzuhören.

In den ersten Tagen arbeitete ich konsequent daran, die noch lebenden und verfügbaren Botschaftsmitarbeiter zurückzuholen. Dabei ging ich vorsichtig vor, denn ich musste sie ja für eine Zukunft voller Ungewissheiten reaktivieren. Unter den Überlebenden, die sich meldeten, war zu meiner Freude eine Frau, eine frühere Angestellte. Sie sagte mir, dass einige ehemalige Mitarbeiter gestorben seien, aber sie sich auf die Suche nach Überlebenden machen wolle. Am Ende kam sie mit einem Fahrer und zwei Wächtern.

Eine meiner ersten Aufgaben war es, mich in offizieller Funktion vorzustellen, was zugegebenermaßen recht ungewöhnlich war, denn politisch gesehen war ich ein Niemand. Ich hatte nicht den Rang eines Botschafters, sondern den eines Missionsleiters, eines Experten für Kriegschirurgie, der ein Mandat der Schweiz hatte, um humanitäre Hilfe zu initiieren. Wichtig zu erwähnen, dass die Schweiz schon seit Langem, von 1900 bis 1975, privilegierte Beziehungen zu Ruanda pflegte, mit wichtigen Projekten für Entwicklung und Zusammenarbeit.

Abgesehen von Dr. Karemera aus dem Gesundheitsministerium kannte ich kein Mitglied der Regierung, die auch erst seit ein paar Tagen im Amt war.

Die Regierung selbst glich für mich einem »Phönix aus der Asche«, mit Ausnahme von Paul Kagame, der von allen als Sieger anerkannt wurde. Er hatte die Hauptstadt »befreit« und sich dort mit dem erklärten Ziel niedergelassen, das Land wieder neu zu beleben. In diesen Tagen bereitete er seine erste Regierung vor, in der Pasteur Bizimungu, ein gemäßigter Vertreter der Hutu, Präsident und er selbst Vizepräsident werden sollte. Nach dem Ende des Völkermordes war Kagame de facto, wenn auch noch nicht de jure, die unbestrittene Autorität im Land und hielt die Macht sowohl militärisch als auch politisch fest in seinen Händen.

Ich war mir meines Vorteils als Vertreter eines Landes bewusst, das zu den ersten gehörte, die ihre Botschaft in Kigali wieder eröffneten, und bat so um eine Audienz beim »Kriegsminister«, wie Kagame damals genannt wurde – der später, im April 2000, zum Präsidenten Ruandas gewählt wurde, der er heute noch ist. Zu meiner Überraschung empfing er mich zwei Tage später in seinem Büro im Ministerium. Das Gespräch, das wir unter vier Augen führten, begann auf Französisch und endete auf Englisch.

Kagame sah mich neugierig an und wollte erst einmal wissen, wer ich war und was ich zu tun beabsichtigte. Er trug eine Uniform, und obwohl er, wie er sagte, viel zu erledigen hatte, nahm er sich die Zeit, die für ein klärendes Gespräch mit präzisen Fragen und Antworten nötig war. Als er von einem ins Büro hereinkommenden Mitarbeiter unterbrochen wurde, verließ er schnell seinen Platz hinter dem Schreibtisch und eilte in einen angrenzenden Raum, ließ aber die Tür einen Spalt breit offen. Ich hörte, wie sich seine Stimme in Ton und Rhythmus veränderte und wie er offenbar wütend mit Mitarbeitern sprach, die ihm aufgeregt entgegneten. Nach ein paar Minuten kam er zurück und sofort hatte er seine Stimme wieder unter Kontrolle und seine höfliche, kühle, fast schon distanzierte Art wiedergefunden. Das Gespräch mit ihm war jedenfalls, wie mir schien, gut gelaufen: Meine humanitäre Funktion war glaubwürdig, politisch neutral und unbedenklich. Das konnte ich aus den Erleichterungen schließen, die sich für meine Arbeit ergaben, und den guten Kontakten, die ich zu verschiedenen Ministerien aufbauen konnte.

Gegen Ende meiner Mission hatte ich ein zweites kurzes Treffen mit Kagame, jetzt Vizepräsident, um ihm Grüße und gute Wünsche zu überbringen. Inzwischen hatte es grünes Licht für unsere Arbeit seitens der neuen Regierung gegeben, allerdings ohne die

Zustimmung des Parlaments, zu der es dann am 19. Juli 1994 kam. Nachdem ich Kagames »placet« erhalten hatte, machte ich mich daran, die Kontakte zu den Ministerien wiederherzustellen, mit denen die Direktion für Entwicklung und Zusammenarbeit bereits vor dem Völkermord gut zusammengearbeitet hatte. Allerdings gab es hier viele neue Gesichter.

Im Gesundheitsministerium unter der Leitung des mir bekannten Dr. Karemera fühlte ich mich fast wie zu Hause. Das Außenministerium war in sein altes Gebäude umgezogen, wo ich nun persönliche Kontakte knüpfen konnte. Die meisten anderen Ministerien waren vorübergehend im »Hotel Meridien« untergebracht, das die Stadt von der Spitze eines Hügels aus überragte. Dieser Standort erleichterte mir die Aufgabe: An einem einzigen Vormittag konnte ich den Ministerien für Entwicklung und Zusammenarbeit, dann dem Innenministerium und schließlich dem Wirtschaftsministerium Bericht erstatten. Alle waren über die vier Etagen des Hotels verteilt und handgeschriebene A4-Schilder an den Zimmertüren zeigten, welches Ministerium sich wo befand. Die Einrichtung der Zimmer war einfach und beschränkte sich auf einen Tisch und ein paar Stühle. Nicht jedes Ministerium hatte eine Schreibmaschine und nur in einem war mir ein Telex aufgefallen, mit dem man damals überallhin kommunizieren konnte.

Die Eröffnung »meiner« Botschaft war – obwohl es dafür keinen offiziellen Akt gab – nicht unbemerkt geblieben. Jedenfalls klopften mehrere Leute, wohl aus Neugierde, bei uns an: Daher mussten wir uns sofort organisieren, die Abläufe regeln und klären, was wir anbieten konnten und was nicht, und dafür ein einfaches und klares Informationssystem entwickeln.

Ich hatte allerdings nicht mit Folgendem gerechnet: Am späten Nachmittag kam »zufällig« ein Minister vorbei und bat mich um ein Gespräch. Ich freute mich, ihn zu empfangen, und aus der Art und Weise, wie er zu sprechen begann, konnte ich nicht erraten, was er mich fragen oder worauf er hinauswollte. Ich spürte aber, dass er vielleicht einfach nur ein Gespräch brauchte, um zu erzählen, was er und seine Familie in den letzten Wochen durchleben und erleiden mussten. Er forderte mich auf, Fragen zu stellen, auf die er antwortete, als würde er sich damit von einer Last befreien. Im Laufe der Tage nahm die Zahl dieser Besucher zu und deren Herkunft war immer die gleiche: Sie waren alle Mitglieder der neuen Regierung, Menschen aus der oberen Mittelschicht. Vielleicht hatte ich es bei meinen Besuchen im »Meridien« ein wenig übertrieben, indem ich in jedem Zimmer erklärt hatte, offen für alle und alles zu sein.

Diese Besuche wurden zu einem Ritual am späten Nachmittag: Die Leute erklärten jedes Mal, zufällig vorbeigekommen zu sein – und jeder hatte eine Familie und eine Geschichte aus der jüngeren Vergangenheit zu erzählen, überzeugt, sich früher oder später für frühere Verfehlungen rechtfertigen zu müssen und dann in eine Zukunft voller Ungewissheiten zu geraten. Während ich mich mit einem unterhielt, kam ein anderer herein, dann ein dritter und so weiter. Unsere Diskussionen waren nicht sehr lebhaft, aber die Atmosphäre war entspannt und hin und wieder auch melancholisch, ein Gefühl des Grauens lauerte im Hintergrund. Da ich mich daran erinnerte, in »meinem« Keller Alkoholreserven gesehen zu haben, die von früheren Botschaftsangehörigen verschmäht worden waren, fragte ich meine Besucher, ob ihnen ein Drink vielleicht willkommen sei. Ich sah sofort in glückliche Gesichter und gemeinsam stießen wir auf ihre Gesundheit und die Ruandas an.

Eines Abends lud ich die Besucher zum Essen ein – im Namen meines Landes, der Schweiz. Ich wusste natürlich, dass nur wenige Restaurants geöffnet waren, aber ich kannte eines, das allen gefiel, weil man hier aufmerksam und zugleich diskret bewirtet wurde. Hier brauchten wir nun keine anregenden Aperitifs mehr, die es im Übrigen auch gar nicht gab. Unsere Tischgespräche gingen dennoch munter weiter, als wären wir Kollegen auf einem Betriebsausflug. Diese Momente des Austauschs waren meinen Gästen wichtig, wie sie mir später anvertrauen sollten. Ein paar Monate nach diesem Abend erfuhr ich, dass einer von ihnen – der Justizminister, dessen Erscheinung mir imponiert hatte – inzwischen nicht mehr lebte. Er war ermordet worden.

Die Treffen in der Schweizer Botschaft boten zwar immer viel Gesprächsstoff, aber ich hielt mich, um die Wahrheit zu sagen, meist ziemlich zurück, wenn es um echte politische Debatten ging. Die Versuchung, mich aktiv an den Diskussionen zu beteiligen, war natürlich groß, aber meine Position verlangte in erster Linie Zurückhaltung von mir. Tatsächlich fand ich es auch nicht nur angebrachter, sondern wichtiger, aufmerksam zuzuhören als unüberlegte Ratschläge zu geben.

Nachdem der Botschaftsbetrieb so gut wie möglich organisiert war, konnte ich einige Projekte der Schweizer Entwicklungszusammenarbeit besuchen, die wegen des Krieges eingefroren worden waren. Die meisten von ihnen hatten sich im Süden des Landes sowie an den Ufern des Kivu-Sees befunden, aber was ich jetzt antraf, waren nicht mehr und nicht weniger als Gräber auf einem Friedhof. Mit anderen Worten: Ich stieß nur auf spärliche Überreste von verlassenen Projekten, und nur selten traf ich Personen an, die auf meine Fragen antworten konnten.

Ein Projekt, das ich als Arzt besuchen sollte, galt einst als Glanzstück belgisch-schweizerischer Zusammenarbeit: das landesweit einzige psychiatrische Krankenhaus in Butare im Süden Ruandas. Der Gebäudekomplex war in einem erbärmlichen Zustand, leer, aber noch nicht zerstört, und die Patienten waren entweder getötet worden oder geflohen. Wie ich hörte, wanderten einige von ihnen noch immer von Dorf zu Dorf. Dieser Besuch hinterließ Spuren bei mir und gleichzeitig sagte mir eine innere Stimme: Jemand muss die Situation hier möglichst bald übernehmen. Zwei Jahre später kam diese »Stimme« in meinem Büro in Bern an und ein gemeinsames Projekt mit dem Genfer Kantonskrankenhaus zur Wiederbelebung der Psychiatrie in Ruanda wurde erfolgreich in Angriff genommen, Nach einigen weiteren Jahren konnten die Ruander dieses Krankenhaus endlich selbst wieder in die Hand nehmen.

In der Botschaft in Kigali kam es tagtäglich zu immer wieder neuen Rätseln und die Bandbreite der Aufgaben war enorm groß. Eines Tages erschien der Protokollchef des Außenministeriums mit Kopfschmerzen, wie er sagte, bei mir und bat um Hilfe. In der folgenden Woche würde die irische Präsidentin Mary Robinson zu ihrem ersten Staatsbesuch und einem zweitägigen Aufenthalt in Kigali eintreffen. Es war nichts vorbereitet, jedes Detail musste organisiert werden, einen Zeitplan des Besuchs gab es nicht. Panisch begann er mir eine lange Reihe praktischer Fragen zu stellen, wobei ich den Köder gleich schluckte, um ihm zumindest die einfachsten Fragen zu beantworten. Meine Bemerkung, dass er mit allem ein wenig zu spät käme, ließ er nicht gelten, wie auch meine Bemerkung, dass ich keine Erfahrung mit Staatsbesuchen und deren zu befolgenden Protokollen hätte.

Dennoch fing ich an, mich für die Sache zu interessieren, und verbrachte die nächsten Tage mit ihm, saß am Tisch und machte Listen mit Einladungen für Gäste und Listen mit den verschiedenen Aufgaben, die an die betreffenden Ministerien verteilt werden sollten.

Ein Problem gab es jedoch bei den Einladungen der Vertreter des diplomatischen Korps. Generell konnte man nicht von akkreditierten Botschaftern sprechen, da die ruandische Regierung noch nicht offiziell etabliert war. Abgesehen von drei oder vier Botschaftern vor Ort, wie dem belgischen, hatten Länder wie die USA, Deutschland und Frankreich Attachés entsandt, die darauf warteten, dass sich die politische Lage klärte. Dass die Regierung einen guten Eindruck machen wollte, war verständlich, aber in Anbetracht der außergewöhnlichen Situation, erlaubte ich mir zu bemerken, würde sich die verehrte Besucherin nicht an den fehlenden protokollarischen Details stoßen – schließlich wollte sie ja eine Friedensbotschaft überbringen, und es war ihr sehr ernst damit, dem Land bei seiner Erholung zu helfen.

Der erste Knoten, den es zu lösen galt, war der Empfang am Flughafen und dann als zweiter die Autokolonne auf dem Weg ins Stadtzentrum. Es war dies eine Strecke von nur wenigen Kilometern, die aber unbedingt abgesichert werden musste. Ich wurde gebeten, den offiziellen Wagen der Schweiz mit unserer Flagge auf der Motorhaube beizusteuern, um die Autokolonne etwas voller zu machen. Ich schluckte, denn das momentan einzige verfügbare Auto war ein bescheidener Schrägheckwagen und der Fahrer der Botschaft konnte seine Uniform nicht finden, was uns nicht davon abhielt, in der Kolonne mitzufahren.

Am Ende verlief der Besuch in einer ruhigen Atmosphäre und zur vollen Zufriedenheit der Regierung. Ich hatte hauptsächlich die Rolle des psychologischen Beistands für den Protokollchef gespielt und einige praktische Ratschläge gegeben.

Im Laufe der Wochen erhielt ich auch Besuch aus der Schweiz. Einer der ersten, der zu mir kam, war Toni Frisch, Delegierter für humanitäre Hilfe und mein operativer Vorgesetzter. Er war nicht so sehr gekommen, um zu sehen, wie es mir ging, sondern wie ich diese entscheidenden und schwierigen Wochen in Ruanda überlebt hatte. Sein Terminkalender war voll mit Besuchen in den Nachbarländern, und ich begleitete Toni auch nach Burundi.

Ich erinnere mich an diesen Besuch, weil uns da etwas Unerwartetes widerfuhr. Als wir das Hotel in der Hauptstadt Bujumbura verließen, wurden wir überraschend von drei jungen Männern angegriffen, die mit Messern bewaffnet waren. Toni reagierte blitzschnell, hielt sich eine lange Klinge vor die Brust und ließ seine donnernde Bassstimme ertönen, was ausreichte, um den Mut dieser verzweifelten jungen Männer zu brechen. Auch wenn dieser »Zwischenfall« damals vielleicht nicht außergewöhnlich war, so war es mehr die Tatsache, dass Toni im Hosenbund 30 000 Dollar versteckt hatte, die für ein humanitäres Projekt verwendet werden sollten.

Die Einladung der ruandischen Behörden zu einem Besuch in der Residenz des ehemaligen Präsidenten Juvénal Habyarimana – das Flugzeug, mit dem er unterwegs war und das in der Nacht vom 6. auf den 7. April 1994 abgeschossen wurde, war die Zündschnur, die zum Völkermord führte – nahm ich mit Interesse und Neugierde an. Die Residenz war eine Villa mit einem großen Park, etwa zehn Kilometer von Kigali entfernt, die jetzt ein Museum mit allen

Einrichtungsgegenständen war, als wären die Bewohner gerade in den Urlaub gefahren. Eine Zurschaustellung von Reichtum mit sehr schlechtem Geschmack, wenn man hier überhaupt von Geschmack sprechen kann. Die subtile politische Bedeutung dieses Besuchs begriff ich erst später. Sie wurde mir klar, als ich sah, wie die Regierung das Museum zu Propagandazwecken in die Besichtigungstour für Würdenträger, die das Land besuchten, aufgenommen hatte.

Eine andere Begegnung, die meine Erinnerung an die Geschehnisse unmittelbar vor dem Völkermord deutlich stärker auffrischte und mich sehr bewegte, war die mit dem ehemaligen belgischen Botschafter. Er hatte mich in sein Vertretungsbüro, nur wenige Meter von dem der Schweiz entfernt, zum Tee eingeladen, wobei er mir mitteilte, mich nicht von dem halb zerstörten Gebäude beeindrucken zu lassen und direkt in den ersten Stock zu gehen. Es handelte sich um ein modernes dreistöckiges Gebäude, ganz aus Metall und Glas, aber das Glas lag nur noch in Scherben und Splittern auf dem Boden. Die Botschaft war erst vor ein paar Wochen geplündert und dabei stark beschädigt worden und seitdem hatte man keinen Versuch unternommen, die Räume zu renovieren.

Diese Attacke hatte tiefe historische Wurzeln, die mit der Rolle Belgiens mit der ruandischen Geschichte der letzten Jahrzehnte zusammenhingen. Aber sie hatte wohl auch mit einer jüngeren Episode um das belgische Kontingent von 370 Blauhelmen zu tun, das Ende 1993 nach Ruanda entsandt worden war. Nach der Ermordung von zehn Soldaten am 7. April 1994 hatte Belgien eine Woche später beschlossen, alle Blauhelme abzuziehen und einen strategisch wichtigen Teil von Kigali praktisch unverteidigt zu lassen.

Am 21. April beschloss auch die UNO, den Großteil ihres Blauhelm-Kontingents abzuziehen, sodass nur eine kleine Einheit unter dem Kommando des kanadischen Generals Romeo Dallaire verblieb. Dallaire war immer noch Befehlshaber der UNAMIR (United Nations Assistance Mission for Rwanda), dem jedoch trotz eindringlicher Appelle angesichts der sich überstürzenden Ereignisse die Unterstützung der UNO und der internationalen Gemeinschaft fehlte. General Dallaire war die »Kassandra« des Völkermordes in Ruanda. Der anschließende Abzug aller internationalen Truppen, beschlossen hinter verschlossenen Türen, führte alsbald zu dem Massaker an den Tutsis.

Als ich zum Tee mit dem Botschafter erschien, sah ich mich einem Diplomaten im Ruhestand gegenüber, der nach einer langen und bedeutenden Karriere das Mandat mutig angenommen hatte, unmittelbar nach dem Völkermord nach Kigali zu kommen. Ihm ging es wohl nicht so sehr darum, eine Botschaft wieder zu eröffnen, die in Trümmern lag, sondern um durch seine Anwesenheit sein tiefes Bedauern über das Geschehene auszudrücken und gleichzeitig die Solidarität, Sensibilität und Bereitschaft seiner Regierung und seines Königs zu zeigen, ein neues Kapitel aufzuschlagen und sofort mit humanitärer Hilfe zu beginnen. Bei diesem Treffen – inmitten von Trümmern und Glas im ehemaligen Büro des Botschafters und bei einem Wind, der wie verrückt überall hin wehte – konnte ich einem Bericht über die gewaltigen Ereignisse lauschen, den ich gewiss nie vergessen möchte.

Da sich meine Mission dem Ende zuneigte, wollte ich mich vom Außenminister verabschieden, mit dem ich viele fruchtbare Gespräche geführt hatte. An diesem Morgen herrschte jedoch eine seltsame Stimmung in den Fluren des Ministeriums. Es war wie ausgestorben, während ich dort sonst immer ein reges Treiben angetroffen hatte. Nur wenige Leute waren da und ich bemerkte – kein Zweifel –, dass sie verschwanden, sobald sie mich sahen. Es gelang mir, einen von ihnen anzuhalten, um zu erfahren, dass der Minister in der Nacht ins Ausland gegangen war – später wurde klar, dass er nach Belgien geflogen war – und die gefüllte Geldkassette mitgenommen hatte. Vielleicht, so dachte ich in diesem Moment, war der Weg zum neuen Ruanda doch steiler, als ich es mir vorgestellt hatte.

Gino Strada, der Visionär

Die Begegnung mit meinem Kollegen und Freund Gino Strada hatte mich gefreut und ermutigt. Auch er war Kriegschirurg und wir hatten uns in den 1980er Jahren in verschiedenen Krankenhäusern des Internationalen Komitees vom Roten Kreuz (IKRK) hochgearbeitet, ohne uns je wirklich zu begegnen: Entweder ging er und ich kam oder umgekehrt. Wir hatten uns jedoch sofort verstanden und Kontakt gehalten, bis wir uns nach dem Völkermord in Ruanda im Lager der »Nachkriegszeit« wiederfanden. Auch für ihn sollte 1994 ein Wendepunkt sein, das Schlüsseljahr für die Gründung seines Projekts, seines Vermächtnisses: »Emergency«.

Wir waren uns schon in Goma in Zaire begegnet, an der Grenze zu Ruanda, in den dramatischen, ja höllischen Tagen für die unzähligen Verzweifelten auf der Flucht – wobei wir hilflose Zuschauer waren, aber bereit und willens zu helfen. Er hatte damals erkannt, was getan werden musste, und wurde aktiv. Wochen später, als er nach Italien zurückkehrte und auf dem Weg nach Genf war, verabredete er sich mit mir am Bahnhofsbuffet von Lausanne.

Er schlug mir vor, bei der Durchführung der Projekte seiner neuen Organisation mitzuarbeiten, um Verwundete und Kranke in Ländern zu behandeln, in denen Krieg herrscht oder in denen der Krieg zu außerordentlichen Krisenzuständen geführt hat. »Emergency« arbeitete nach dem Vorbild des IKRK, an dessen Prinzipien Gino unerbittlich festhielt, aber schlanker, übersichtlicher und ohne jede politische Konditionierung. Und dazu kam der Traum: den Krieg abzuschaffen. Eine Utopie, dachte ich sofort, nicht zu verwirklichen, aber Gino war ein Visionär oder auch ein Don Quijote. Er war felsenfest davon überzeugt, dass die Menschheit am Scheideweg stand: Entweder sie bewegt sich jetzt oder sie verschwindet. Auf der Liste der großen Herausforderungen stand ganz oben der Krieg, aber es gab auch das Problem der sozialen Gerechtigkeit, der Ökologie und damit der Gesundheit des Planeten.

Für sein Projekt Emergency hatte er jedoch eine klare Vorstellung. Oberste Priorität hatte die Versorgung von Kriegsopfern, die allen unterschiedslos zugutekommen sollte, und zwar unter Wahrung der Rechte dieser Opfer. Das Recht zum Beispiel, kostenlos behandelt zu werden. Aber woher das Geld, die Mittel nehmen? Gino würde persönlich da anklopfen, wo es welche gibt: Staaten, Institutionen, Stiftungen, aber auch vermögende Menschen. Er erzählte mir, dass er mit arabischen Ländern im Nahen Osten in Kontakt stünde, aber auch, dass er Probleme mit seinem eigenen Land hätte. So wie ich ihn kannte, wusste ich immer, dass er es ernst meinte, und er ging voran, entschlossen und mutig – ein Vorkämpfer für seine Sache.

Doch nicht nur das: Er war auch der Purist, der seine Ideale kompromisslos verteidigte. Gerade zum Thema Spendensammeln hatte er mir das Foto eines Militärhelms gezeigt, der mit gekochtem Reis gefüllt war, und kommentiert: »Wie kann man mit der einen Hand die Hungernden füttern und mit der anderen eine Kalaschnikow bedienen?«

Rasch kam er nun auf den mir zugedachten Punkt: »Was machst du als Vermittler zwischen dem IKRK und der Schweizer Regierung, die über so viel Geld verfügt? Schließ dich mir für diese außergewöhnliche Herausforderung an und wir werden miteinander Zufriedenheit und Schmerz teilen. Du könntest sofort anfangen und das Krankenhaus in Ruanda übernehmen, das ich gerade eröffnet habe.«

Dass ich nicht der Typ bin, der ohne Fallschirm springt, wusste er genau. Warum hatte er mich gefragt? Ich bat ihn, darüber nachdenken zu dürfen, aber ich spürte gleich, dass ich nicht den Mut für diesen Sprung haben würde. Es stürmten da zu viele offene Fragen auf mich ein. Ja, ich hatte nicht das Gefühl, das Zeug zu einem mutigen Pionier zu haben, ich war eher der treue Vollstrecker vernünftiger Anweisungen. Außerdem hatte ich gerade einen Vertrag mit der Schweizer Regierung unterschrieben, der mich für eine mir wichtige Mission zur UNO nach New York schickte. Mein Weg wies in eine andere Richtung als in die von Gino, obwohl ich wieder einmal nicht wusste, worauf ich mich einließ. Ich sagte das meinem Freund, der mich traurig und enttäuscht ansah: Er hatte etwas anderes von mir erwartet.

Mit lebhaftem Interesse verfolgte ich von da an die Etappen seines neuen Abenteuers, das eines bodenständigen Pioniers, Chirurgen und Träumers, der unermüdlich seine humanitäre Mission verfolgte, die er in sich spürte. Mit unglaublicher Konsequenz und Hartnäckigkeit bis zum Ende seines Lebens. Er starb 27 Jahre später, am 13. August 2021. Ich habe drei seiner Bücher gelesen – *Pappagalli*, *Buskashi* und vor Kurzem das letzte, das er vor seinem Tod geschrieben hat, *Una persona alle volta*. Alle berichten sie von den vielen wahren, schönen und bitteren Wahrheiten im Leben eines Kriegschirurgen und alle sind sie als »j'accuse« an unsere Gesellschaft zu lesen – Bücher, die meiner Meinung nach keinen Leser gleichgültig lassen. Gino Stradas Werk sollte uns alle aufrütteln und aufwühlen, und schließlich sagt es uns: So, wie es ist, können wir nicht weitermachen!

Gino Strada zweifelte nie an den Grundprinzipien der humanitären Hilfe, so wie er auch nie daran zweifelte, dass für das menschliche Leid und die Gräueltaten, gegen die er mit dem Skalpell in seiner Hand wirkte, fast immer ein Krieg die Ursache war – während die andere Ursache Naturkatastrophen waren. In seinem letzten Buch paraphrasiert er Albert Einstein, der generell über jedweden Krieg geschrieben hat: »... nach dem, was ich mit eigenen Augen gesehen habe, kann der Krieg nicht humanisiert werden. Man kann ihn nicht weniger gefährlich, weniger grausam und wahnsinnig, weniger mörderisch und weniger selbstmörderisch machen. Der Krieg kann nur abgeschafft werden.«

Ich werde nicht mehr auf die von Gino Strada aufgeworfenen Fragen zurückkommen, die er immer unerschrocken und kämpferisch vorgetragen hat, aber auch nicht auf die immer wieder vorgebrachten Argumente für oder gegen die Politik der humanitären Hilfe. Denn man muss sich heute mit der Politik auseinandersetzen. Angefangen beim Dialog, der echt und aufrichtig zu sein hat. Heute, glaube ich, geht es nicht mehr um das Thema selbst, sondern vielmehr um die Notwendigkeit und den Imperativ, gemeinsam mit der Politik neue und machbare Aktionen zu entwickeln und umzusetzen, die Gino Strada selbst vorgegeben hat.

Und Dissonanz war's

Ich schließe hier mein Kapitel über Ruanda, als ließe ich einen dreißig Jahre alten 8-mm-Film Revue passieren, über dessen Titel ich mit Jorge Luis Borges oder Italo Calvino sprechen könnte. Aber wenn ich diesen Film heute ansähe, wäre mein erster Eindruck wohl der eines Entsetzens: Wie konnte ich nur diese Furt überqueren, die mehrere Monate dauerte, und unbeschadet am anderen Ufer landen?

Dissonanz war's.

Ich war in eine surreale Dimension gesogen worden und hatte sie wie einen Traum erlebt, mit all den Ungereimtheiten von Träumen, aber auch den angenehmen Überraschungen – und den unverdaulichen. Und wie in einem Traum hatten die Ereignisse entschieden, was geschehen sollte. Die Rolle, die mir zugedacht war, musste ich fast ohne Willen, allein mit meinem Wesen und meinem Gefühl spielen. Ich war sowohl Schauspieler als auch Zuschauer. Der »amor fati« hatte die Kontrolle übernommen ...

Heute bin ich meinem Gedächtnis dankbar, das, wie ich denke, die für jeden Menschen übliche Filterarbeit geleistet hat, indem es den Müll aussortiert und die angenehmen wie auch die schwierigen Erinnerungen bewahrt. Diese Erinnerungen kommen jetzt zu mir zurück, konzentriert auf die herausragenden Punkte, die symbolisch von Menschlichkeit und Leichtigkeit zeugen und letzten Endes die sind, die zählen und die ich nun in Worte zu fassen versucht habe.

Wäre ich ein Schriftsteller, hätte ich sie den Leserinnen und Lesern in einer vielleicht überzeugenderen Form überreicht: Sie müssen sich so wie ich mich selbst mit dem Versuch eines Amateurs begnügen, der wie ein Junge voller Begeisterung mit farbigen Stiften auf großen weißen Blättern schreibt und zeichnet.

Kapitel 8

Die humanitäre Herausforderung im Bauch der UNO

Im September 1994 war ich aus Ruanda nach Bignasco, meinem Dorf, zurückgekehrt. Benommen von den unglaublichen Ereignissen, die ich erlebt hatte, von Emotionen in mir, die mich nicht in Ruhe ließen, hatte ich nur ein Bedürfnis: das, was ich in der unmittelbaren Zeit nach dem Völkermord erlebt und vielleicht sogar überlebt hatte, vollständig zu verarbeiten. Während ich diese Zeit in Ruanda Revue passieren ließ, erhielt ich einen Anruf von Anton Thalmann vom Eidgenössischen Departement für auswärtige Angelegenheiten, das für die Beziehungen unseres Landes zur UNO zuständig ist. Tony, ein alter Schul- und Reitkamerad am Benediktinergymnasium in Einsiedeln, der später noch Botschafter und Staatssekretär werden sollte, ließ mich wissen, dass er mit mir über einen interessanten, aber nicht unproblematischen Jobvorschlag sprechen wolle.

Das UN-Sekretariat in New York, das für die Abteilung für Friedenssicherungseinsätze (DPKO) zuständig ist und damals von Untergeneralsekretär Kofi Annan geleitet wurde, suchte einen medizinischen Experten für Notfallmedizin und Kriegschirurgie mit nachgewiesener Erfahrung. Es ging dabei um den Aufbau einer neuen Abteilung, die für die Ausbildung und Schulung der Blauhelme in Kriegs- oder Krisengebieten zuständig sein sollte. Diese Abteilung sollte wegen ihres spezifischen Auftrags »Ausbildungseinheit« genannt werden.

Es war jetzt Herbst 1994. Die Schweiz war noch kein Mitglied der UNO – erst 2003 war es dann so weit – und hatte zu der Zeit nur den Status eines »Beobachters« wie der Vatikan. Die Entsendung eines Schweizer Beamten für die sogenannte »Abordnung«, das heißt die Abordnung zum UN-Hauptquartier mit einem Vertrag für sechs Monate, hatte es, so Tony, noch nie zuvor gegeben und schien aus mehreren Gründen problematisch.

Einerseits war die Beteiligung eines Experten mit meinem Hintergrund im Bereich Peace-Keeping ein Beitrag, den die Schweiz wohl leisten wollte und von dem sie gewiss auch wichtige Informationen erwarten konnte, andererseits aber war diese Präsenz aus einer Art Respekt vor unserer Neutralität heraus nicht ganz im Einklang mit ihrer aktuellen Interpretation. Mein berufliches Profil sowie meine Karriere als Kriegschirurg in mehreren Ländern schienen für Tony jedoch ein Trumpf zu sein, der es wert war, ins Spiel gebracht zu werden.

Noch immer überwältigt von den Ereignissen in Ruanda fühlte ich mich bei der bloßen Vorstellung, direkt in die Machtzentrale der UNO »hineinzuschnüffeln« – in den »Kontrollraum«, aus dem die Befehle vor Ort kamen –, wie in einer Art Rausch. Ich dachte an die vielen frustrierenden Erlebnisse der letzten zwanzig Jahre, die ich nur durch die Berichte zum Ende meiner Missionen hatte loswerden können. Ich hatte die Berichte und Dossiers immer knappgehalten, war mir jedoch nicht sicher, ob sie von den Verantwortlichen auch gelesen, dann schnell als geheim eingestuft, aber schließlich vergessen worden waren. Ich will hier nicht verschweigen, dass mein Urteil über die UNO damals von dem Verdacht getrübt war, dass die Politik oft Einfluss auf die früher getroffenen Entscheidungen genommen hatte. Zudem hatte ich auch Zweifel an der Effizienz ihrer Strukturen.

Mit dieser neuen Aufgabe konnte ich nun vielleicht die Möglichkeit bekommen, die Dynamik der UNO von innen kennenzulernen und vielleicht auch an Diskussionen über Reformen teilzunehmen, die ja tatsächlich stattfanden, sowie meine Wahrnehmung und konkrete Ratschläge aufgrund meiner Erfahrung anzubieten. Wie oft hatte ich mir angesichts des menschlichen Leids, das auch durch Gleichgültigkeit der Institutionen vor Ort verschuldet wurde, gesagt, dass diejenigen, die an den Schalthebeln der Macht sitzen, die oft schrecklichen Tatsachen aus erster Hand erfahren müssten. Vor allem, um die Verzweiflung der wehrlosen Opfer von blinder Gewalt wahrnehmen, ja geradezu anfassen zu können – damit es hier zu anderen, von einem neuen Impuls bewegten Reaktionen käme. Menschen in einer Führungsposition könnten, so gestärkt durch die Erinnerung an erlebtes Unrecht, die Richtigen und in der Lage sein, mehr auf die Stimme ihres Gewissens zu hören als auf »von außen« formulierte Erklärungen.

Es wäre schön, dachte ich mit dem Enthusiasmus eines gemäßigten Idealisten, mit meinem Hintergrund einige nützliche Hinweise geben und zumindest ein paar Kleinigkeiten in den Statements der UNO korrigieren zu können, um damit die Qualität der Maßnahmen während und nach Konflikten zu verbessern. Ich würde selbstverständlich ein besonderes Augenmerk auf die Versorgung und Hilfe für die Verwundeten und Verletzten richten – und gab mir selbst so etwas wie einen Vorgeschmack auf mögliche kommende Herausforderungen.

Mit diesen fast schon übermütigen Überlegungen dachte ich – frisch nach dem ruandischen Alptraum –, dass das Schicksal mir eine Gelegenheit bot, die ich nicht ungenutzt verstreichen lassen sollte. Ich war bereit, deutlicher zu sehen, wie Krisensituationen, die oft schwer zu deuten sind, am Hauptsitz der UNO wahrgenommen werden. Allerdings hatte das Schicksal diesmal einen ironischen Beigeschmack für mich übrig: Meine Vorgesetzten in Bern konnten sich das Vergnügen nicht entgehen lassen, mir mitzuteilen, dass ich nach so vielen Beschwerden, Klagen und Frustrationen endlich die Gelegenheit bekäme, selber »die Dinge zu ändern«.

In einem ersten Schritt wurde beim UN-Sekretariat ausgelotet, ob eine Schweizer Bewerbung für den Posten überhaupt infrage käme. Nach der positiven Antwort aus New York reichte ich meine Daten zusammen mit meinem Lebenslauf ein. Und schon gab es einen Knoten zu entwirren. Das UN-Sekretariat hatte für den Posten einen erfahrenen Militärarzt gesucht. Für die neutrale und pazifistische Schweiz war es natürlich nicht möglich gewesen, einen solchen

Mann für eine Funktion vorzuschlagen, die auch eindeutig politisch definiert war. Und meine persönlichen Erfahrungen und mein Profil waren nicht besonders aufschlussreich. Meine früheren Arbeitsverträge waren mir vom Schweizerischen Roten Kreuz angeboten worden, dann vom IKRK und später auch von der WHO, der UNICEF und zuletzt vom Schweizerischen Korps für humanitäre Hilfe ... aber als »klassischer« Militärarzt war ich da nie bezeichnet worden.

Die Diskussion darüber, wie der Knoten zu lösen sei, wurde von der Tatsache überholt, dass New York meine Kandidatur in der Hoffnung auf einen schnellen Dienstantritt akzeptierte. Was in der Schweiz wie ein Hindernis aussah, war für die UNO keines. Nun musste also Bern eine Lösung finden, und rasch wurde ein Kompromiss ausgearbeitet – typisch für die Kunst des politischen Managements in unserem Land – mit dem Vorschlag, mein Gehalt hälftig zu zahlen, ein ziviles und ein militärisches, und zwar von verschiedenen Stellen. Ich will hier nicht weiter ins Detail gehen, jedenfalls wurde die Angelegenheit geklärt und ich gebeten, nicht zu viel Aufhebens um meine Funktion zu machen und Diskretion zu wahren – was leider nie meine Stärke war.

So unterschrieb ich jetzt einen Vertrag für sechs Monate mit einer Verlängerungsklausel und wurde gleich danach gebeten, zum Arsenal in Bern zu gehen, um die Uniform und die dazugehörige Ausrüstung abzuholen, die jeder Schweizer Soldat bei Dienstantritt erhält. Unter den Angestellten in Bern herrschte einige Verwirrung darüber, welche Art von Ausrüstung für welchen militärischen Rang man mir aushändigen sollte. Die Verwirrung war aber nur kurz und es hieß: »Nehmen Sie, was Sie wollen, und sagen Sie uns ruhig Bescheid, wenn Sie noch etwas brauchen.«

Ein Jahr später wurde bei dem wiederholten »Einkleidungsbesuch« die Uniform ausgetauscht, da meine bereits veraltet war, während ich für die Epauletten eine Schachtel mit den Dienstgraden vom Hauptmann bis zum Oberst erhielt. Freilich empfahl man mir, die Epauletten »diskret« und nach Bedarf zu verwenden. In der Zwischenzeit war mein militärischer Rang »pro rata temporis« und mit der Unterschrift von Verteidigungsminister Kaspar Villiger angepasst worden. Glücklicherweise konnten alle logistischen und administrativen Fragen vor meiner Abreise dank der Hilfe von Rosemarie Stöckli, der damaligen Verantwortlichen im Finanzbereich, geklärt werden, die ein Mitgefühl für mich in meiner ungewohnten Situation entwickelte. Auch später und in ganz unterschiedlichen Situationen war sie mir immer eine große Hilfe.

Was den Kern meines Mandats anbelangte – Rechte und Pflichten, politische und praktische Empfehlungen, die in der Regel eine je eintägige Einweisung erforderten –, fand dies alles in Bern im Büro von Anton Thalmann statt, und zwar im Eiltempo, ohne dass Tony meine Fragen genau beantworten konnte ... Er versicherte, dass mir »alles erklärt werden würde«, sobald ich der UNO vollständig beigetreten sei, und ich dann nur die Anweisungen befolgen müsse, die man mir vor Ort geben würde. Natürlich bat er mich, ihn ungefragt stets darüber zu informieren, wie der Auftrag ablief und wie er sich entwickelte, und fügte – en passant – hinzu, dass ich der Schweizer Beobachtermission bei der UNO in New York einen Antrittsbesuch abstatten solle, was nicht nur angemessen sei, sondern vor allem die Kommunikation erleichtern würde. Auf diesen Teil meines Auftrags – die Beziehung oder das Verhältnis mit der Schweizer Mission – werde ich noch zurückkommen. Doch schon bald wurde es stürmisch.

Der von mir unterzeichnete Vertrag war sehr knapp gehalten und deckte nicht alle Eventualitäten ab. Aber gut, ich war überrascht und letztlich zufrieden: So musste ich mich nicht stundenlang durch von Bürokraten erstellte Dokumente quälen, sondern hatte mehr oder weniger freie Hand.

Auf Wolken zur UNO geflogen

Mit meinem alten, gerade erneuerten Diplomatenpass und meinem Swissair-Flugticket flog ich nach New York, mit der schon üblichen kleinen Flugangst – und der Erinnerung an so viele Nächte des Fliegens, in denen ich an die Bilanz meines Lebens gedacht hatte, sollte ich je am Ende desselben sein. Gleichzeitig freute ich mich – allerdings nicht überschwänglich – auf das, was nun auf mich zukommen würde.

Ich empfand natürlich auch große Ruhe, weil ich mir keine Gedanken über die berufliche und persönliche »Logistik« machen musste, also darüber, wo ich wohnen würde, wo mein Büro sein würde, mit wem ich zusammenarbeiten würde und so weiter. Seit meiner ersten Mission in Gabun 1975 hatte ich in Situationen von Krieg, Katastrophen, Zerstörung und Verwüstung die Privilegien von uns Schweizern erfahren, die immer auf diese nanometergenaue und sekundengenaue »Logistik« zählen konnten: Ausrüstung, Sicherheit, Transport- und Kommunikationsmittel. Und das für die gesamte Dauer unserer Einsätze. Wenn ich sah, unter welchen Bedingungen die Kollegen anderer NGOs zu arbeiten hatten, sagte ich mir immer wieder, dass ich verpflichtet war, mein Bestes zu geben. Es gab da keinen Raum für Zögern oder Fragen.

Ich wollte auf der Bühne stehen. Jetzt war ich an der Reihe zu tanzen – und der Boden war glänzend und nass und gewiss gefährlich rutschig. Für Zweifel gab es keine Zeit mehr.

Dieses Mal war die Situation neu für mich. Ich sollte als »medizinischer Berater« – medizinischer Experte – im UN-Sekretariat in New York arbeiten, mit einem fast phantomhaften Vertrag seitens der Schweizer Regierung ausgestattet: ein Mann mit zwei Baretts, militärisch und zivil. Ich war nicht mehr der Vollstrecker von Befehlen für eine bestimmte Aufgabe – zum Beispiel einen Verwundeten abholen und verbinden, ihn operieren und in der postoperativen Phase begleiten –, sondern ich musste selbst die Lösungen oder notwendigen Korrekturmaßnahmen im Bereich der Kriegsgesundheit und der Traumatologie vorgeben. Zusätzlich musste ich diejenigen beraten, die in genau diesen Angelegenheiten die exekutive und sogar legislative Macht innehatten.

Was konnte das bedeuten? Es war sinnlos, kurz nach meiner Ankunft und in einer ersten Annäherung an meine Aufgaben ein Szenario ausarbeiten zu wollen: Es gab ja noch zu viele Unbekannte für mich. Wie bei jeder neuen Mission stand ich zunächst vor einer Phase der Informationsbeschaffung, der Bewertung und des Kennenlernens einer fremden Welt – diesmal im berühmten Kontrollraum der UNO. Obwohl ich New York bereits kannte – hier hatte ich ja 1983 als Chirurg im King's County Hospital in Brooklyn gearbeitet –, hatte ich das UN-Hauptquartier mit seiner hoch aufragenden Silhouette des Glass Building am Hudson River bisher nur aus der Ferne gesehen. Und oft waren die obersten Etagen dieses Wolkenkratzers in Nebel gehüllt …

Von der Funktionsweise des Hauptquartiers hatte ich nach meinen bisherigen Einsätzen ein eher negatives Bild: bürokratische Schwerfälligkeit, politische Einmischung, plötzliche Änderungen der Richtlinien und vor allem das Diktat: »Wir entscheiden und Sie führen aus.« Dieses negative Bild konnte ich nun bald selbst überprüfen.

Auf dem Flug nach New York hatte ich neben meinem unbefristeten Vertrag auch eine Reservierung in einem Hotel bei mir. Es lag in der Nähe des Glaspalastes und von diesem Hotel aus konnte ich Tage oder Wochen auf Wohnungssuche gehen – was sich mühsamer als erwartet gestaltete. Aber nach vier Wochen hatte ich eine Wohnung, vor allem auch dank der großzügigen finanziellen Unterstützung aus Bern. Mein neues Heim in UNO-Nähe war im 41. Stock eines Wolkenkratzers, etwas 15 Gehminuten von meinem Arbeitsplatz entfernt. Dort blieb ich einige Wochen: Das dumpfe nächtliche Grollen der Megalopolis, bedrohlich und hartnäckig, das selbst bei fest verschlossenen Fenstern bis in meine Wohnung drang und die ganze Nacht über anhielt, oft begleitet von starkem Wind, der alles wie bei einem Erdbeben erzittern ließ – Stufe 1–2 auf der Richterskala, um genau zu sein –, und vom oft lang anhaltenden Heulen der Sirenen, zermürbte mich rasch. Zu viel für jemanden wie mich, der aus dem Valle Maggia und Bignasco gekommen war …

Schließlich entdeckte ich in einer altmodischen Enklave im englischen Stil, dem Tudor Center, eine nette kleine Wohnung, die nur wenige Minuten vom Glaspalast entfernt war. Dort blieb ich denn auch bis zum Ende meiner Mission.

Die Atmosphäre im Palast selbst war angenehm und die Begrüßung, sagen wir mal, recht persönlich.

Im Vorfeld der amerikanischen Präsidentschaftswahlen wurde am Eingang ein Wahlbüro eingerichtet. Eines Tages erhielt ich in der Post einen großen Umschlag mit allen möglichen Wahlunterlagen, die an mich adressiert waren. Man bedankte sich bei mir für eine mögliche Spende an die Demokratische Partei und teilte mir die Öffnungszeiten für die Stimmabgabe in der Lobby des Gebäudes mit. Alles, was ich tun musste, war, den ausgefüllten Stimmzettel an den Wahltagen in der Lobby der Residenz in die Urne zu werfen. Amerika – ein großzügiges, weltoffenes Empfangsland? Eine merkwürdige Überraschung ...

Am Morgen des 15. November 1994 stellte ich mich im Erdgeschoss des Glaspalastes vor und wurde nicht, wie ich es mir vorgestellt hatte, in eines der oberen Stockwerke begleitet, sondern in ein angrenzendes dreistöckiges Gebäude, das alt und fast völlig zerfallen war, eingezwängt zwischen zwei modernen Gebäuden, nur ein paar Schritte vom hoch aufragenden UN-Wolkenkratzer entfernt. Eine knarrende Holztreppe führte mich zu meinem Arbeitsplatz, wo die gesamte Ausbildungsabteilung auf mich wartete. Ich fühlte mich wie in einer Höhle alter Wölfe.

Die Trainingseinheit nimmt Gestalt an

Mein »Büroleiter«, ein schlanker und braun gebrannter schwedischer Oberst, empfing mich zunächst ganz formell und begann dann nach und nach von den Herausforderungen und aufregenden Aussichten der Mission zu schwärmen, mit der er als Leiter dieser neuen Einheit betraut worden war. Und schließlich machte er mir folgende Ansage: »Als ich Ihr berufliches Profil und Ihre Erfahrung sah, sagte ich mir, dass Sie genau unser Mann für die vielen Aufgaben sind, die im Bereich Medizin und Gesundheit vor uns liegen.«

Ich hätte gut daran getan, in das wohlwollende Lächeln meiner Kollegen um Colonel Christian Harleman nicht zu viel Vertrauen zu setzen. Es waren sechs an der Zahl, ein Amerikaner, ein Däne, ein Franzose, ein Indonesier und zwei Italiener: allesamt hochrangige Militärangehörige, darunter zwei von der Luftwaffe, die bereits auf das Ende ihrer Karriere blickten.

Sie trugen die Uniformen ihrer Herkunftsländer, und das ziemlich bunte Gesamtbild hinterließ ein Gefühl von Freiheit bei mir: Phantasie und Multikulturalität können direkt zu Kreativität führen. Flankiert wurden diese Herren übrigens, die wie ich alle in den Fünfzigern waren, von ebenso vielen munteren amerikanischen Sekretärinnen, unverzichtbaren Helferinnen, die das Tempo unserer Arbeit beschleunigten.

Nach diversen Einführungen und Briefings hatte mich eine Flut von Informationen erreicht, die ich, so meine Hoffnung, bald verarbeiten würde. Einige Überlegungen fielen mir jedoch relativ spontan ein:

- Es brauchte Richtlinien für alle Aspekte der Gesundheit, von der körperlichen bis zur geistigen Gesundheit, sowie für den Schutz der Blauhelme vor und während ihres Einsatzes bei UN-Friedensmissionen in aller Welt. Diese Richtlinien gab es bisher nicht.
- In Ermangelung spezifischer UN-Richtlinien sollte es jedem nationalen Kontingent freigestellt werden, bereits geltende nationale Vorschriften im Bereich der Gesundheit anzuwenden, zumal die ohnehin schon chaotische Situation sich in letzter Zeit noch verschlimmert hatte.
- Evakuierungen auf dem Land- und Luftweg aufgrund von Krankheiten, Unfällen, Konflikten und Katastrophen, die angesichts der unzureichenden Vorschriften enorme jahrelange rechtliche und administrative Kosten für Staaten und Einzelpersonen verursacht haben, mussten ermöglicht werden.

- Das Auftreten neuer Krankheiten wie Ebola und AIDS sowie die durch die Globalisierung hervorgerufenen Vermischungen von Krankheiten und Kontaminationen hatte zu neuen Herausforderungen geführt. Und dann war es noch zunehmend zu Traumafällen gekommen, sowohl durch Gewalt als auch durch Migration und Menschenhandel, was die Vereinten Nationen zwang, den Prozess der Integration und Normalisierung bewährter Praktiken zu beschleunigen.

Vor diesem Hintergrund beschloss die Ausbildungsabteilung – nach gründlicher Recherche – konkrete Änderungen, um die Ausbildung und gezielte Vorbereitung der Blauhelme auf alle wichtigen Aspekte im Bereich der Gesundheit zu verbessern.

Die Ausbildungsabteilung war eine neue und die jüngste Organisation im Organigramm des UN-Hauptquartiers, was von manchen als Reaktion auf die wachsende Unzufriedenheit verstanden wurde, die sich in dem seinerzeit oft gehörten Satz zusammenfassen ließ: »So kann es nicht mehr weitergehen, Korrekturmaßnahmen, die der Wandel der Zeit auferlegt, sind notwendig.«

Im Rahmen unserer strategischen Überlegungen wurde das Referat Fortbildung mit dem ersten Schritt betraut: zu untersuchen, welche Veränderungen rasch in Angriff genommen werden mussten. Es ging dabei nicht so sehr darum, die operativen und logistischen Aufgaben zu ermitteln, dafür waren andere Abteilungen zuständig, sondern vielmehr die regulatorischen und teilweise auch strategischen Aspekte auszumachen, die wichtige politische Implikationen beinhalteten. Ich war vor allem dafür verantwortlich, im Bereich Medizin und Gesundheit schnell aufzuzeigen, welche Veränderungen prioritär in Angriff genommen werden mussten, und den dafür anzusetzenden Zeitrahmen zu definieren.

Meine Aufgabe war nicht einfach, wie ich wusste, und dass dafür eine Menge Überzeugungsarbeit notwendig war und es genügend Raum für Diskussionen geben musste, war mir klar. Dass es für alles auch Argumente dafür wie auch dagegen gab, ebenfalls. Ein Aspekt, mit dem ich zu rechnen hatte, war mir jedoch noch völlig unbekannt: der Widerstand und die Opposition des »Systems« mit seiner bürokratischen Schwerfälligkeit und der Trägheit von Verwaltungsriesen gegen Änderungen, die unsere Ausbildungsabteilung vorschlug. Es war dies allerdings eine Herausforderung, die mir meine Kollegen erklärten und die zugleich den Stolz und den Ehrgeiz unserer Gruppe befeuerte.

Ich erinnere mich: Am ersten Nachmittag meiner Mission in NYC steige ich die knarrende Treppe unserer Hütte hinab und gehe zu dem nur 200 Meter entfernten Eingang des Glaspalastes mit seinen glänzenden endlosen und lichtdurchfluteten Hallen und Korridoren. Ein beeindruckendes Gewusel von Menschen in einer Metropole im Berufsverkehr. Ein Strom von Menschen eilt auf die rund ein Dutzend Fahrstühle zu, und vor den Türen bilden sich Menschentrauben, die nach oben fahren wollen. Der Trubel in der Eingangshalle geht dann in ein bienenstockartiges Gewusel in den ersten Stockwerken über, und während der Aufzug nach oben fährt, sprechen die verbliebenen Insassen nicht mehr viel miteinander. Zwar wird in den ersten 15 Stockwerken noch geplaudert, dann ändert sich die Atmosphäre allmählich und ab dem 30. Stock ist Stille die Regel. Schließlich ist der Zugang zu den obersten Etagen nur wenigen vorbehalten. Generell sind die Aufzüge – auch hier – nicht nur ein Transportmittel, sondern auch ein guter Ort für Bekanntschaften, Begegnungen, schnellen und unbürokratischen Informationsaustausch.

Und wie in den Zügen längst vergangener Zeiten gibt es einen Sicherheitsdienst, der in unserem Fall sehr effizient und kaum sichtbar ist. Die Benutzer der Aufzüge werden gefiltert und mit Hilfe von Erkennungsmarken zum »richtigen« Aufzug geleitet. Unerwünschte Personen oder Eindringlinge (sowie hin und wieder ein paar unglückliche Touristen) werden schnell erkannt und abgewiesen.

An diesem frühen Nachmittag wurde ich nun von Büro zu Büro geschleppt und überall dort vorgestellt, wo man es mit Blick auf meine Aufgabe für nützlich hielt. Schließlich war ich amüsiert, als ich bemerkte, wie überrascht man allerseits war, einem Schweizer an diesem Ort zu begegnen, noch dazu einem Arzt. Meine Anwesenheit weckte jedenfalls Neugierde – und nicht nur bei den zukünftigen Kollegen, sondern auch in mir selbst. Mir wurde klar, dass ich mich in einem fremden Land befand, nämlich dem der Politik, ursprünglich ja die Wissenschaft und Kunst, die Gesellschaft zu regieren. In meinem bisherigen Leben hatte mich die Politik nie besonders gereizt, sowohl wegen meines Temperaments als auch weil sie mir verdächtig erschien und eher zweideutig bis negativ konnotiert war. Ich wusste zwar um ihre Notwendigkeit, aber ich sah sie doch eher im Widerspruch zur Ethik, also dem Bereich, der mich wirklich anzog und zu dem mich mein Beruf trieb.

Hier in New York würde ich mich mit Politik in einer ganz anderen Dimension als bisher befassen müssen, in der das zu verwaltende Gemeinwohl ja die gesamte Menschheit betraf.

Die Schweizer Mission in New York

Am nächsten Tag fand ich mich erst einmal bei der Ständigen Mission der Schweiz in New York ein, die eine Viertelstunde Fußweg vom UN-Hauptquartier entfernt war. Dort ging ich sozusagen durch offene Türen, einige Mitarbeiter wussten nicht, dass und warum ich im Lande war, andere kannten meinen Namen: »Sie werden sofort ein Büro bekommen ...«, das man mir auch gleich zeigte: fabelhaft ausgestattet, top, geradezu luxuriös im Vergleich zu meinem UNO-Büro. Botschafter Johannes Manz würde noch zehn Tage lang weg sein, hörte ich, aber ich sei willkommen und eingeladen, an ihren Sitzungen teilzunehmen, wenn ich die Zeit fände. Ja, und sie würden sich freuen, mich bei ihren gesellschaftlichen Veranstaltungen zu sehen. Natürlich waren sie alle auch überrascht, dass ein Schweizer als Mitarbeiter zur UNO entsandt worden war. Unser Land war ja noch nicht Mitglied der UNO, sondern hatte nur einen Beobachterstatus, sodass meine Ankunft also eine Premiere war und es den Mitarbeitenden der Mission wohl gefiel, auf diese Weise einen direkten Draht zum UN-Hauptquartier zu haben.

Auch hier ein schöner Start, sagte ich mir, aber das gute Wetter wurde mit der Rückkehr des Botschafters stürmisch. Man teilte mir mit, dass ich nicht berechtigt sei, das mir angebotene Büro zu nutzen, und ich wurde umgehend in das Büro des Botschafters selbst gebeten. Diesmal gab es kein Lächeln mehr, keine Höflichkeiten, sondern Botschafter Manz teilte mir in Anwesenheit seines Stellvertreters François Chappuis mit, dass meine Beziehungen zur Schweizer Mission mit sofortiger Wirkung beendet seien. Er erklärte, nicht über meine Ankunft informiert worden zu sein, und es sei ihm überdies nicht einmal klar, warum ich jetzt ein Beamter der UNO sei. Außerdem, fügte er hinzu, sei meine Anwesenheit bei der UNO – sowohl in ziviler als auch in militärischer Funktion – ein Irrtum, der ihm persönlich vom Kommandanten des Armeekorps und Chef der Schweizer Armee bestätigt worden war, der ebenfalls nichts von diesem Mandat wusste, aber sich natürlich auch dagegen ausgesprochen habe. Kurz gesagt: Der Schweizer Mission bei der UNO sollte ich besser aus dem Weg gehen.

Ich war überrascht, denn mit dieser Wendung hatte ich nicht gerechnet. Es war freilich nicht das erste Mal, dass ich zur »Persona non grata« erklärt worden war. Das erste Mal 1984 in Kambodscha, damals von Pol Pots Roten Khmer als Volksrepublik Kampuchea bezeichnet, wo ich das Land innerhalb von 48 Stunden verlassen musste.

Botschafter Manz jedenfalls war verärgert und wütend. So sah ich mich in der Schweizer Mission mehrere Wochen lang nicht wieder und konzentrierte mich auf meine Arbeit im UN-Hauptquartier. Nach zwei Monaten erhielt ich einen Anruf von Botschafter Manz, der mir mit honigsüßer Stimme mitteilte, er wolle sich für die bedauerliche Episode vor einigen Monaten entschuldigen, die auf einen Mangel an Informationen aus Bern zurückzuführen gewesen sei. Um diese neu gewonnene Wertschätzung zu besiegeln, lud er mich zum Mittagessen in einen exklusiven Privatclub in New York ein. Von diesem Tag an war ich in der Schweizer Mission wieder willkommen und das Objekt besonderer Aufmerksamkeit. Außerordentlich freundlich wurde ich zu deren Empfängen und Cocktails oder zu sozialen und kulturellen Veranstaltungen eingeladen. Dabei habe ich oft interessante Menschen getroffen, wogegen mich offizielle Mittag- oder Abendessen mit langem und aufwändigem Zeremoniell eher genervt haben wie auch die oft banalen Gespräche mit Tischnachbarn, die man sich nicht aussuchen konnte.

Einer der Empfänge in der Residenz von François Chappuis hatte mich jedoch nachhaltig mitgenommen. Es handelte sich dabei um ein Gala-Mittagessen zu Ehren von IKRK-Präsident Cornelio Sommaruga, einem Landsmann, der sich zu einem offiziellen Besuch im UN-Hauptquartier aufhielt. Ich war ihm, frisch ernannt im Jahr 1987, zum ersten Mal bei einem Besuch des IKRK-Krankenhauses in Peshawar begegnet, wo ich als Chirurg arbeitete. Eines Morgens hatte er mein Team auf dem Weg in den Operationssaal überrascht und uns als symbolisches Geschenk zwei Infusionsflaschen überreicht. Wie sich später herausstellte, handelte es sich dabei um exzellenten Tessiner Grappa und um ein kluges Täuschungsmanöver, da in Pakistan die Einfuhr von Alkohol strengstens untersagt war.

Bei diesem Mittagessen in New York nun waren zwölf Gäste anwesend, Botschafter, Minister und hohe Beamte. Die Atmosphäre war sehr entspannt, die meisten Leute kannten sich auch bereits. Zu meiner Linken saß eine parfümierte Dame, damals stellvertretende Bürgermeisterin von New York, gehüllt in ein amarantrotes Kleid aus Seide mit goldenen Fäden. Sie war zudem mit viel glitzerndem und klimperndem Schmuck beladen, sodass bei jeder ihrer Bewegung eine Art Glockenspiel ertönte, das mich stark an das Gebimmel der Pferdekutschen in den Touristenorten der Alpen erinnerte.

Präsident Sommaruga, soeben zurück von einem Vormittag bei der UNO, war in noch besserer Verfassung als sonst und ein glänzender Ehrengast. Seine Rede als Antwort auf die Begrüßung begann schwungvoll und leichtfüßig, indem er die humanitären Themen, für die er stand, in den Mittelpunkt rückte. Ausgehend von seinen Anfängen mit Henry Dunant in Solferino fasste er die wichtigsten Ereignisse in der Geschichte des IKRK zusammen, ging dann zu General Henri Dufour über und flocht schließlich ein Loblied auf diejenigen ein, die noch immer mutig und hingebungsvoll den Idealen des Roten Kreuzes dienten. Ich folgte ihm und genoss seine Redekunst, bis ich ihn sagen hörte, dass sogar einer dieser Diener, ein angesehener Chirurg, unter den heutigen Gästen säße. An dieser Stelle wurde mir übel und äußerst unbehaglich und ich hoffte auf ein jähes Ende dieser Rede. Doch nein: Jetzt fiel mein Name und ich musste die Tortur des Applauses über mich ergehen lassen. Ich wäre am liebsten verschwunden oder einfach nur »unter den Tisch« gefallen …

Meine »unter dem Tisch« …

Für mich ist der Ausdruck »unter den Tisch fallen« hier nicht nur bildlich gemeint, sondern fast schon eine Metapher, die mich seit Langem verfolgt. Ich sehe mich selbst im Internat des Collegio Papio in Ascona, als Schüler im ersten Jahr. Ein Klavierkonzert in einem überfüllten Theatersaal. Wir Kinder dürfen im letzten Moment hinein und ich finde mich mit anderen Klassenkameraden unter dem Flügel zusammengekauert wieder. Ich sehe zwei schlanke Knöchel, die in zwei unförmigen schwarzen Schuhen enden – sie sehen aus wie zwei Boote –, die sich ständig bewegen, als würden sie tanzen: Es sind die Füße der berühmten Pianistin Clara Haskil. Die zierliche Dame mit dem gewellten grauen Haar hatte nach dem Konzert sogar ein paar Worte für die kleinen Jungen übrig, die unter ihrem Klavier hervorlugten. Sie war damals 65 Jahre alt und lebte nur noch ein paar Monate.

Einen anderen, nicht wirklich glorreichen Moment zum Thema »unter dem Tisch« erlebte ich bei einem Abendessen von Militärs von jenseits der Alpen, die das Tessin besuchten, auf dem Flughafen Magadino. Damals war ich ein junger Leutnant im Wiederholungskurs, den sein Kommandeur, Oberst Ettore Monzeglio, gebeten hatte, für seine Gäste, alles hochrangige Offiziere der Luftfahrt, die Kirchenorgel zu spielen. Das tat ich gerne, entstaubte meinen Bach und wurde danach zum gemeinsamen Abendessen eingeladen. Ich fand mich in einer überaus fröhlichen Gesellschaft wieder, die immer ausgelassener wurde, auch dank des sehr geschätzten Merlot, unweigerlich gefolgt von dem lokalen Grappa.

Tatsache ist, dass wir an einem bestimmten Punkt, inmitten des ausufernden Trubels, der die Grenzen deutlich überschritten hatte, bemerkten, dass einer der Offiziere »unter dem Tisch« gelandet war. Als Arzt, der in diese Truppe geraten war, musste ich nun eingreifen, um dem taumelnden Offizier wieder auf die Beine zu helfen.

Dann war da noch das »unter dem Tisch« auf dem Secondhand-Markt in Phnom Penh, von dem ich schon berichtet habe, als ich unter einem großen Tischtuch am Stand eines Verkäufers wie von Geisterhand einen Teil des Tafelservices von König Sihanouk entdeckte. Es waren mehrere Hundert Teile, die einfach »unter dem Tisch« versteckt waren.

Das letzte »unter dem Tisch« stammte aus den Jahren der Operationsmissionen in Mogadischu, Somalia, in einer weiteren Phase des Bürgerkriegs. Aus Sicherheitsgründen hatte die IKRK-Delegation als Basis für die wenigen verbliebenen Delegierten eine große Villa gemietet, die einem illustren Einheimischen gehörte, der zumindest für den nötigen Schutz vor Banditen und Kriminellen sorgte. Das Haus lag in einer recht ruhigen Gegend, die soliden Wände und geräumigen Zimmer wirkten beruhigend, abgesehen von den glaslosen Fenstern. Die auffälligen Einschusslöcher an den weißen Wänden sagten noch etwas anderes. In der Tat waren fast täglich und sogar bei Tageslicht Schüsse und Mörserfeuer zu hören, manchmal sogar ganz in der Nähe.

Wir kehrten damals am frühen Nachmittag aus dem Krankenhaus zurück, um unsere Mahlzeit gemeinsam einzunehmen. Im großen Wohnzimmer, das zu anderen Zeiten der Partyraum gewesen sein musste, standen ein wunderschöner, riesiger, massiver Holztisch mit einem gedrechselten Fuß in der Mitte und acht sesseeähnliche Stühle. Anderes Mobiliar war nicht vorhanden. Und wir saßen alle hungrig am Tisch und waren entspannt, wenn die »Hintergrundmusik« (die »Musik« der Gewehre) abgestellt war. Wir hatten uns zwar ein wenig an sie gewöhnt, aber wenn es immer lauter wurde, nahm erst der eine, dann der andere seinen Teller und seine Gabel, um »unter den Tisch« zu kommen und dort die Mahlzeit des Tages zu beenden. Jeder überlegte für sich, ob und wann er unter den Tisch gehen sollte.

Ich hätte mich vielleicht nicht an diese Episode aus der Serie »Unter dem Tisch« erinnert, wenn mir nicht kürzlich ein Botschafter erzählt hätte, dass er auf der Durchreise durch Mogadischu als junger Hochschulabsolvent an unserem Tisch gegessen und sich dann »unter den Tisch« hätte verziehen müssen. Diese Mahlzeit, die »unter dem Tisch« mit zischenden Kugeln endete, war ihm immer noch in Erinnerung und blieb ihm unvergesslich.

Die langsame Bürokratie des Glaspalastes

Nachdem der Streit mit der Schweizer Mission ad acta gelegt und vergessen war, konnte ich mich auf die neuen Aufgaben stürzen. Mein Wochenplan war vollgepackt mit Sitzungen und Besprechungen, sowohl mit meiner Einheit in der »Hütte« als auch im Glaspalast, sodass mir nur wenig Zeit blieb, um Vorschläge nach meinen Beobachtungen zu formulieren. Zum Glück war Louise Clarke – die italienischstämmige Sekretärin, die man ausgewählt hatte, um mit mir zu arbeiten und mir die Gepflogenheiten der UNO beizubringen, einschließlich des bürokratischen und diplomatischen Englisch, das für alles Schriftliche strikt verwendet werden musste – meine geduldige Lehrerin mit ihrer ausgesprochen guten Laune und ihrer Fähigkeit, mein überschwängliches Italienisch in klare Botschaften in offiziellem Englisch zu verwandeln.

Doch schon bald kam es zu einem Problem: Wie lange sollte es dauern, bis ein Dossier von mir mit einem oder mehreren Vorschlägen, die ich nach gründlicher Diskussion mit meinem direkten Vorgesetzten zu Papier gebracht hatte, in das geplante Verwaltungsverfahren eingespeist werden konnte? Und wann würde es nach zahlreichen Prüfungen und Stellungnahmen die endgültige Unterschrift erhalten, die mein Projekt erst dann zum Einsatz brächte? Ich ließ mir das übliche Procedere bis zur Ziellinie erklären und war doch sehr erschrocken, dass es sich wohl nicht um eine Frage von Tagen, sondern von Wochen oder gar Monaten handelte.

Damals meldete sich mein Gewissen und sagte mir, dass es vielleicht keine gute Idee war, diesen Auftrag an diesem Ort und in dieser Position anzunehmen. Andererseits schien es mir doch vernünftig zu sein, die Arbeit mit einem gut strukturierten Plan aufzunehmen. Vielleicht fände ein guter Plan dann auch seinen Weg und bliebe nicht im Treibsand einer schwerfälligen Verwaltung stecken, die ich gerade – leidvoll – kennenlernte.

Also wollte ich versuchen, das Terrain mit einfachen Vorschlägen oder Bitten zu testen, deren Lösungen dem gesunden Menschenverstand einleuchteten und nicht mit Bitten um zusätzliche Mittel verbunden waren. Und so nahm ich mir die Freiheit, eine leicht abgewandelte im Vergleich zur gängigen Sprache zu verwenden, bat um Beschleunigung meiner Anliegen und griff zu Argumenten, die schließlich nicht jedem gefielen. Eines Tages sagte die liebe Louise besorgt lächelnd: »Hören Sie, Doktor, wenn Sie Ihre Koffer noch nicht ausgepackt haben, sollten Sie sich nicht beeilen, denn es ist möglich, dass man Sie früher als erwartet in die Schweiz zurückschickt.« Ohne es wirklich bemerkt zu haben, hatte ich wohl mit meinem Verhalten meinen Ruf als »Nervensäge« untermauert. Mein persönlicher Stil, der als gesprächsoffen, wenngleich hin und wieder als aufbrausend galt, gefiel zwar vielen, aber die Fähigkeit, sich mit jedem zu unterhalten, störte diejenigen, die einen allzu unternehmungslustigen und lässigen Beamten nur ungern sahen.

Mein Vertrag war zunächst auf sechs Monate befristet, und es waren jetzt erst ein paar Wochen vergangen. Ich blieb dann dreimal sechs Monate, aber so langsam musste ich ruhiger sein, zumindest scheinbar, denn ich hatte ja einige Ideen im Kopf. Ich setzte darauf, dass aus den leidenschaftlich geführten Diskussionen in unserer Schulungseinheit sich einige Themen vorrangig herausschälen würden, natürlich auch im Gesundheitsbereich. Überall wurden Korrekturen debattiert, die umgesetzt werden sollten, von weniger wichtigen bis hin zu Änderungen, die als geradezu zwingend angesehen wurden. Aus den Diskussionen wurde mir klar, dass besonders ich aktiv sein musste – es gab keinen anderen Arzt vor Ort außer einem Deutschen, der für die Logistik und die Ausstattung mit Medikamenten und Material zuständig war, der aber sein Tätigkeitsfeld in einer anderen Abteilung hatte.

Für eine UN-Skizze

Immer wieder kam mir Jean Tinguely, der berühmte Schweizer Künstler, mit seinen »maschinenähnlichen« Kreationen in den Sinn, die man als riesige Uhren oder als Parodie davon sehen kann, aber auch als Maschinen, die etwas produzieren. Diese Konstruktionen erzeugen Geräusche und Klänge, die den Eindruck erwecken, dass sich etwas bewegt, während sich tatsächlich nichts bewegt – und doch bleibt der Eindruck einer immerwährenden Bewegung erhalten.

So in etwa kam mir seinerzeit der »courant normal« der UNO vor. Erst dann, wenn der Druck der Ereignisse und der Politik unerträglich wurde, entschieden eine oder einige wenige mit Macht ausgestattete Personen, welche Lösung im Moment erforderlich war. Dann endlich gab es grünes Licht, wobei die politische Billigung auf einen späteren Zeitpunkt verschoben wurde. Wenn der gewählte Schritt oder die gewählte Strategie nicht geheim gehalten werden konnten und eine Information früher als geplant durchsickerte, kam es zu hektischen Verhandlungen und Kompromissen, denen Konfrontationen und manchmal sogar Erpressungen vorausgegangen waren.

Dies war insbesondere in der Abteilung für Friedenssicherung der Fall, aber ich konnte die gleiche Dynamik auch in den Büros des Generalsekretariats beobachten.

Ein besonderer Fall hatte mein Interesse geweckt. Es ging um einen der vielen Versuche, die Statuten des Sicherheitsrats zu reformieren, mit dem Ziel, ein effektives Instrumentarium zu haben, das sich von der Unbeweglichkeit des Vetos der fünf ständigen Mitglieder freimachen konnte.

Jahrzehntelang waren Versuche, die Struktur und den Status des Sicherheitsrats zu ändern, Gegenstand von Studien, Plänen, Komplotten und Verschwörungen gewesen – und alle waren gescheitert. Nach der UN-Charta war der unabdingbare erste Schritt zu einer solchen Reform eine Zweidrittelmehrheit in der Generalversammlung.

Die Angelegenheit war politisch brisant, unterlag aber der Mathematik des Abakus. Ich war Zeuge einer dieser »Palastverschwörungen«, deren Erfolgschancen von der Verschwiegenheit und Geschlossenheit der »Verschwörer« abhingen. Deren Enthusiasmus steckte mich an, doch dann sickerte unvermeidlich eine Nachricht durch, die jede Hoffnung auf einen Erfolg der Verhandlungen in der Generalversammlung erstickte. Die »manus longa« der fünf ständigen Mitglieder des Sicherheitsrates war ins Spiel gekommen und damit das Gewicht der Länder, die als Sieger des Zweiten Weltkriegs das Vetorecht errungen hatten – ein Recht, an dem sie festhielten. Und so blieb der Status des Sicherheitsrates ein weiteres Mal erhalten.

Doch wie auch immer: Die wöchentliche Agenda war voll von Besprechungen und Meetings, die über die internen Termine unserer Einheit hinausgingen, und mein normaler Arbeitstag gestaltete sich als ständiges Hin und Her zwischen unserem Büro in der »alten Bruchbude« und dem Glass Building, wobei ich oft rannte, um die knapp hundert Meter zwischen der 86th Street und der First Avenue zurückzulegen.

Besprechungen und Meetings also zuhauf, oft langweilig und einschläfernd. Es gab solche, bei denen ich nur zuhören und dann meiner Gruppe Bericht erstatten musste, und andere, bei denen ich unsere Beobachtungen und Vorschläge zu präsentieren hatte.

An einigen Meetings war ich nicht sonderlich interessiert, wenn Gesundheit und medizinische Angelegenheiten nicht auf der Tagesordnung standen. Für mich am wichtigsten waren jedoch die Kontakte, die ich vor und nach den Treffen knüpfte. Mit den Ratschlägen, die ich hier empfing, konnte ich mich in den Mäandern der Politik innerhalb der UNO zurechtfinden und nicht nur gut verstehen, was diskutiert wurde, sondern auch, welchen Hintergrund der Diskussionen und welche Seiten ich besonders beachten musste.

Sehr wichtig und interessant war jedoch immer das Meeting des gesamten Stabs für Friedenssicherungseinsätze – an jedem Donnerstagmorgen –, das aus etwa 200 Personen bestand und von Untergeneralsekretär Kofi Annan geleitet wurde. Hier wurde die kodifizierte Tagesordnung, die bis ins kleinste Detail vorbereitet war, exakt eingehalten. Kofi Annan wurde von einem engen Kreis ausgewählter Mitarbeiter begleitet, die ich im Laufe der Zeit kennenlernen sollte. Wie ein Schatten begleitete ihn Shashi Tharoor, sein Hauptberater, und zwischen den beiden herrschte ein eisernes und furchterregendes Einvernehmen. Obwohl sie sich in ihrem Auftreten und ihrer Persönlichkeit so sehr unterschieden – der eine zurückhaltend und wortkarg, der andere extrovertiert und ein brillanter Redner –, hatten sie eine Eigenschaft gemeinsam, die mich vom ersten Moment an fasziniert hatte: das überaus ähnliche Timbre ihrer Stimmen. Fließend und mit seltsam ähnlichen Resonanzen, die wie aus einer anderen Zeit oder von einem anderen Planeten kamen.

Natürlich benutzte Kofi Annan seine Stimme bewusst zurückhaltend und mit einem bedächtigen Rhythmus, während Tharoor immer ein reißender Strom war, unaufhaltsam und vehement, der die englische Sprache so beherrschte, dass er selbst einen Shakespeare beeindruckt hätte. Dennoch schienen mir diese beiden Stimmen eine gemeinsame Vorstellung von der Zukunft zu vermitteln.

Eine andere Person, mit der ich engen Kontakt hatte, war Elisabeth Lindenmeyer, eine Politikwissenschaftlerin sowie Psychologin und

Psychotherapeutin, die sich vor allem mit Ruanda beschäftigte und deren Ideen Kofi Annan besonders wohlwollend gegenüberstand.

Zurück zum wöchentlichen Meeting am Donnerstagmorgen. Es begann mit einer Zusammenfassung der Neuigkeiten über die laufenden Einsätze in der ganzen Welt. Zu diesem Zeitpunkt gab es etwa 80 000 Soldaten aus gut dreißig Ländern, die auf etwa zwanzig Blauhelm-Missionen verteilt waren. Sie alle waren entweder in laufende Kriege verwickelt oder in Konfliktsituationen, in denen der Krieg zwar beendet war, die aber wegen möglicher weiterer Ausbrüche unter Beobachtung blieben. Schließlich gab es noch die nie endenden Krisen. Bei diesen Meetings konnte man alles Mögliche, mir bislang Unbekanntes hören und oft verließ ich nach dem Ende der Aussprachen benommen und verwirrt die Sitzung.

Die Abteilung für friedenserhaltende Maßnahmen musste und wollte die »Temperatur« der Blauhelme vor Ort kennen. Und so begann man mit Berichten, die das Ergebnis von Überprüfungen vor Ort waren und die jeweils konkrete Situation reflektierten. Danach liefen die Diskussionen in alle Richtungen, bis das Wort an die Leiter der Sektoren und dann an die Experten für internationale Politik, bekannte und prominente Persönlichkeiten, übergeben wurde. An diesem Punkt schien der Diskurs klarer und präziser geworden zu sein, die zuvor angenommenen Lösungen wurden jetzt auf den Prüfstand gestellt. Die »Tenöre«, die großen Experten der internationalen Politik, kamen ins Spiel und brachten die Aufmüpfigen und diejenigen, die sich lautstark hervorgetan hatten, kurzerhand zum Schweigen. Es war eine Situation, die mich an Ravels Bolero erinnerte: Das Motiv war immer dasselbe, aber nach und nach kamen neue Gruppen von Instrumenten hinzu, die für mehr Volumen und Spannung sorgten.

Schließlich kamen die zahlreichen konkreten Bedingungen und Vorbehalte wieder ins Spiel, und die Sprache wurde jetzt umsichtiger. Unmerklich schienen die Standpunkte, die eben noch nach Opposition klangen, weicher zu werden. Und an diesem Punkt nun übergab der Vorsitzende der Sitzung das letzte Wort an Kofi

Annan oder an Shashi Tharoor. In gespannter Atmosphäre warteten alle auf das Ende der Sitzung. Mit seiner schönen Stimme und seinem ebenso milden wie neugierigen Blick wies Kofi Annan auf seine operativen Aufgaben und auf anstehende dringende Entscheidungen hin und bat um Ermutigung, um seine Bemühungen fortsetzen zu können. Während er von den soeben gehörten extremeren Positionen gleichweit entfernt blieb, begann er zunächst zu betonen, wie komplex manche Situationen seien und dass es keine vorgefertigten Lösungen geben könne. Und daher auch keine Zauberstäbe. Seine Stimme klang dabei ruhig und zuversichtlich. Seine Schlussfolgerungen begannen damit, dass er zunächst die gewünschte Lösung und die dafür notwendigen Schritte nannte. Dann zeigte er auf, was tatsächlich getan werden konnte, und kam auf die unzähligen Hindernisse zu sprechen, von denen vielleicht nur ein Teil bekannt war. Uns allen gab er so jeden Donnerstag eine unglaubliche Lektion in Realpolitik, die uns immer wieder aufs Neue zu faszinieren vermochte.

Nur selten führte die Unausgewogenheit der Diskussionen dazu, dass er strenge Befehle erteilte oder harte politische oder ethische Urteile fällte. Was der Mensch Kofi Annan fühlte und woran er glaubte, war keinem von uns bekannt. Und damals hatte ich noch keine Ahnung, dass ich einmal einen Blick in dieses sein »geschütztes Feld« werfen konnte ...

Die UN und die schwarze Seite Ruandas

Es blieben in unseren Meetings immer Fragen offen, die ich gerne gestellt hätte.

Insbesondere spürte ich, wie mich Übelkeit überkam, als interne Berichte über Ruanda eintrafen. Nur sieben Monate zuvor war es zu dem Drama des Völkermords gekommen, und noch vor vier Monaten war ich selbst vor Ort und wurde Zeuge der Schrecken. Ich hatte ja, wie berichtet, die Aufgabe, die Schweizer Botschaft in Kigali wieder zu eröffnen und die humanitäre Hilfe nach dem Völkermord in Gang zu setzen. Ich hatte dort Live-Zeugnisse von Überlebenden, Waisen, Verlassenen und Verstümmelten gesammelt. Und zu Hause in Kigali hatte ich ein Dienstmädchen, dessen Kind vor ihren Augen mit einer Machete in Stücke gehackt worden war. Sie erzählte mir dies oft unter Schluchzen und Tränen und erschütterte mich mit dem unendlichen Leiden einer Mutter bis ins Mark.

Und nun, da ich im Glaspalast war – als Augenzeuge bestens informiert und auf dem Stand der Ereignisse von vor einigen Wochen –, musste ich ohnmächtig, das heißt, ohne mitsprechen zu können, mir Urteile und Einschätzungen anhören, die meist politisch gefärbt waren und mit diplomatischer Sprache daherkamen, mit Vorhersagen und Plänen für die Zukunft eines total niedergeschlagenen Ruandas. Dies von UN-Beamten, die den Völkermord, den ich aus erster Hand miterlebt hatte, nur aus der Ferne über Depeschen verfolgt und vielleicht auf CNN gesehen hatten, als wäre das alles hier eine ausgeklügelte Fernsehquizshow – oder, noch schlimmer, ein Monopol für sich aufgeregt austauschende Beamte.

Jeder fragte sich, ob und wie die Tragödie des Völkermords hätte vermieden werden können. Ja, das war die zentrale Frage, mehr noch als die, was Ruanda jetzt bräuchte, um zur Normalität überzugehen. Denn abgesehen von der emotionalen Distanz zu den Fakten, die jeder gute Politiker oder Beamte an den Tag zu legen hat, spürte man deutlich Zweifel, dass ein Teil der Verantwortung für diesen Völkermord der UNO zuzuschreiben war. Insbesondere betraf das die Abteilung für friedenserhaltende Operationen, die das Eingangstor für alle eingehenden Depeschen und Faxe von UN-Missionen war, sowie den bewaffneten Arm des Generalsekretariats.

Dieses Versagen war für Kofi Annan ungemein belastend und auch eine moralische Bürde, die ihn für den Rest seines Lebens quälte. Er starb im Jahr 2018 – war aber in jenem ominösen Frühjahr 1994 bereits an der Spitze der Hauptabteilung Friedenssicherungseinsätze (DPKO) gestanden, wobei der Generalsekretär der UN, Boutros Boutros-Ghali, für die letzten Entscheidungen zuständig war.

Kofi Annan wiederholte sinngemäß immer wieder: »Es war ein Versagen von uns allen, ein kollektives Versagen. Wir alle haben in Ruanda versagt. Es mangelte an politischem Willen. Nicht an einem Mangel an Informationen.« Diese Aussage machte Kofi Annan 1998 auf einer Pressekonferenz in Kenia, nachdem er soeben zum Generalsekretär der Vereinten Nationen ernannt worden war. 2004, am 10. Jahrestag des Völkermords in Ruanda, wiederholte er: »Die internationale Gemeinschaft hat in Ruanda versagt, und das wird für uns immer eine Quelle bitteren Bedauerns und Schmerzes sein.«

Diese klaren Worte sagen allerdings nichts aus über das Ausmaß der Untätigkeit, mit der die internationale Gemeinschaft selbst angesichts der zahllosen Aufrufe, neue Truppen nach Ruanda zu schicken, »geglänzt« hatte. Und all dies trotz des Drucks der Ereignisse sowie des verzweifelten Aufschreis der DPKO, dem sich die Hilferufe des kanadischen Generals und Politikers Roméo Dallaire, Leiter der Hilfsmission der Vereinten Nationen für Ruanda (UNAMIR), anschlossen. Das Gerangel um die Dringlichkeit der allerletzten Nachrichten, die New York erreichten, um endlich eine Entscheidung herbeizuführen, und die Stunden, die bis zur Übermittlung einer Antwort an Kigali verloren gingen, trugen – was mir Kofi Annan persönlich bestätigte – wesentlich dazu bei, dass die Entfesselung des mörderischen Wahnsinns nicht gestoppt werden konnte.

Es folgten über die folgenden Jahre Wort- und Nachrichtenströme in der Weltpresse, »angereichert« mit Interviews und geopolitischen Analysen, die dieses Trauma für die gesamte Menschheit zu erklären versuchten. Sie waren jedoch alle nicht in der Lage, die Komplexität der Mechanismen von Ursache und Wirkung zu entschlüsseln, die sich in diesen entscheidenden Tagen vor dem Völkermord ins Spiel gebracht hatten.

Dass sich die Geschichte insgesamt langsam entwickelt, aber auf der Suche nach Wahrheit(en) dennoch voranschreitet, kann man wohl kaum bestreiten. Aber ob es ihr gelingt, zu Gewissheiten zu gelangen und entsprechende Handlungsmaximen auf den Weg zu bringen ...

Die »Erste Hilfe« für die Blauhelme

In den ersten Wochen in New York war ich nicht nur damit beschäftigt, mich detailliert mit dem Leben und Arbeiten bei der UNO vertraut zu machen, sondern auch das erste Projekt anzugehen, das der Ausbildungsabteilung anvertraut wurde: der Überarbeitung der Anweisungen zur Ersten Hilfe bei friedenserhaltenden Einsätzen. Hier musste neben den aktualisierten Standards festgelegt werden, welche theoretischen und praktischen Schulungen in die Programme vor den Missionen und welche fortgesetzten Schulungen während der Missionen durchgeführt werden sollten.

Ich erinnerte mich an die vielen Situationen, die ich in Kriegsgebieten erlebt hatte, wo die Notwendigkeit sofortigen Handelns, um das Leben eines Verwundeten zu retten, tägliches Brot war und die Bereitschaft, die rettenden Techniken zu lernen, eine Selbstverständlichkeit. Ein Problem war jedoch oft das Material, um Hilfe praktisch umsetzen zu können – von Kompressionsverbänden bei Blutungen und Knochenbrüchen bis hin zu aufblasbaren Ballons bei Atemnot und so weiter –, und dann war das Material nicht verfügbar ... Allerdings kam es darüber hinaus auf die Rechtzeitigkeit lebensrettender Handgriffe an – und darauf, dass diese Handgriffe von den Rettern erlernt und immer wieder geübt werden müssen. Diese – meine früheren – Erfahrungen haben mir bei der Abfassung der genannten Anweisungen geholfen.

Auch auf die Tatsache, dass es in der Regel weder Ärzte noch Sanitäter sind, die zunächst Erste Hilfe leisten können oder müssen, sondern Mitsoldaten oder gar Zivilisten, die durch Schüsse, eine Minenexplosion oder einen Autounfall alarmiert wurden, musste ich hinweisen. Prinzipiell forderte ich, dass die Grundlagen der Ersten Hilfe jedem Bürger vermittelt werden sollten. Heute, glaube ich, hat sich diese Idee durchgesetzt und muss nicht mehr groß proklamiert werden.

So begann ich nun mit der Arbeit am Entwurf eines Handbuchs mit dem Titel »Erste Hilfe für Blauhelme«. Beim Studium von Dokumenten der UNO zum Thema Infektionskrankheiten, vor denen sich ja auch das Militär schützen muss, fand ich nirgendwo Empfehlungen zu AIDS, abgesehen von ein paar »abschweifenden« Erwähnungen. Dabei war diese neue Infektionskrankheit seit zehn Jahren auf dem Weg zu einer weltweiten Epidemie und wurde bereits als Geißel bezeichnet. Und von den USA und Europa aus, wo sie zuerst aufgetreten war, war sie dabei, bald auf allen Kontinenten präsent zu werden. Konnte es sein, fragte ich mich, dass die UNO AIDS nicht gezielt ins Visier genommen hatte?

Die ganze Sache erschien mir unerklärlich – ich musste mehr über diese Lücke erfahren. Ich tauschte mich darüber mit meinen Kollegen in der Ausbildungsabteilung und mit meinem direkten Vorgesetzten, Oberst Harleman, aus, der mir riet, Zugang zu internen Dokumenten zu beantragen. Dann würde ich mir ein Bild davon machen können, wo wir uns befanden und wie die Situation vor Ort in den Missionen war, früher und heute. Ich dachte nicht, dass ich mich damit auf ein Abenteuer eingelassen hatte ...

Meine ersten »investigativen« Versuche überraschten zunächst die Kollegen, die ich um Zugang zu Dokumenten bat. Ich hatte dafür den medizinischen Dienst der UNO angerufen, der sich um die Gesundheit der Mitarbeiter der Zentrale im In- und Ausland kümmert. Die zuständige Mitarbeiterin, Ingrid Laux, erklärte mir, dass sie die aufgetretenen Fälle aus klinischer Sicht verfolge, und zwar in ihrer Eigenschaft als Betriebsärztin. Sie sei hier nur für festangestellte zivile UN-Mitarbeiter zuständig, aber vor allem für verwaltungstechnische Angelegenheiten im Zusammenhang mit Krankschreibungen – und sei daher an das Berufsgeheimnis gebunden. Was die Blauhelme betreffe, müsse die Frage von AIDS mit Samthandschuhen angefasst werden und übrigens läge die Behandlung wie auch Prävention allein in der Verantwortung der jeweiligen Heimatländer der Soldaten.

Als ich dann die Diskussion mit anderen DPKO-Beamten über die Beziehung zwischen den Vereinten Nationen und AIDS eröffnen wollte, hatte ich das Gefühl, dass sie mir nur herablassend, ja verärgert zuhörten. Sie waren nicht davon zu überzeugen, dass dieses Thema die Vereinten Nationen angehen sollte und dass es auf jeden Fall besser sei, nur wenig darüber zu sprechen. Es seien wichtigere Angelegenheiten zu erledigen.

Danach gab es für mich nur eine Option: ein solides Dossier zu erstellen, das auf den in den Missionen aufgezeichneten Fakten basierte und mit Fingerspitzengefühl und viel Geduld aufgebaut war. Ich wollte auch die klinischen und wissenschaftlichen Erkenntnisse über die Epidemiologie von Infektionskrankheiten im Zusammenhang mit AIDS einbeziehen, wie es die WHO in Genf bereits vorbereitet hatte. Und am Ende wollte ich auch die zu aktivierenden Eindämmungsmaßnahmen hinzufügen, angefangen bei den unabdingbaren bis hin zu den wünschenswerten Maßnahmen. Das erste erklärte und konsequent zu verfolgende Ziel war der Schutz der Blauhelme vor Ansteckung und, umgekehrt, der Schutz der Zivilbevölkerung vor Ansteckung durch die Blauhelme.

Ich machte mich an die Arbeit, erinnerte mich allerdings an Louises Mahnung, nicht zu viel Eile an den Tag zu legen, und hielt mich maßvoll mit meinen Bitten um wissenschaftliche Zusammenarbeit zurück. So hatte ich, bildlich gesprochen, einen guten Stern vor mir, der meinen Weg bergauf erleichtern konnte.

In einem der Aufzüge im Glaspalast bergauf waren wir an diesem Tag nur zu viert oder zu fünft. Einer der »Passagiere« war Kofi Annan. Wir blickten uns an und ich sah, wie er auf meinen Ausweis zeigte. Dann sagte er: »Ah, Sie sind Dr. Del Ponte, der Arzt, den uns die Schweiz geschickt hat.« Es folgten ein paar Höflichkeiten und er verabschiedete sich von mir mit: »Wir werden uns wiedersehen.«

Dieses letzte Wort – »wiedersehen« – nahm einige Zeit später Gestalt an, als er sich nach einem Meeting an mich wendete und mir mitteilte, er habe erfahren, dass ich eine berühmte Schwester hätte – Carla, damals Generalstaatsanwältin der Eidgenossenschaft, Jägerin italienischer Mafiosi und anderer internationaler Verbrecher –, die er gerne kennenlernen würde. Er betonte, wie sehr er ihren Mut und ihre Entschlossenheit bewunderte. Jetzt also war ich an der Reihe, den nächsten Schritt zu tun. Einige Tage später erzählte ich ihm bei einem weiteren Treffen, dass Carla sich ebenfalls freuen würde, ihn zu treffen, und dass sie beim nächsten Davoser Forum anwesend sein würde, an dem er ja, wie ich wusste, ebenfalls teilnähme. Die beiden würden sich in Davos treffen – und ich hatte das Gefühl, dass dies der Auftakt zu weiteren, auch für mich wichtigen Entwicklungen sein könnte.

Inzwischen machte meine »AIDS-Forschung« Fortschritte, und die Schwere der Entdeckungen, die ich machte, drängte mich dazu, mein Tempo zu erhöhen. Wir durften einfach keine Zeit mehr verlieren. Die UN-Zentrale musste aufwachen und die Wahrheit sehen, die sie bisher nicht sehen wollte. Da AIDS eine Epidemie war, die alle Menschen und alle Institutionen betraf, musste vor allem die UNO an vorderster Front stehen, die in allen Ländern der Welt präsent war. Zu der Zeit gab es eine gut wirksame Behandlung mit antiretroviralen Medikamenten, die aber nur in den reichen Ländern und nur für wohlhabende Menschen verfügbar waren. Angesichts von mehr als 20 Millionen Infizierten in der Welt und mehr als einer Million Todesfälle pro Jahr mit deutlich steigender Tendenz mussten jetzt Präventions- und Eindämmungsmaßnahmen ergriffen werden, um zu verhindern, dass sich die Krankheit selbst unter den UN-Friedenstruppen ausbreitete. Um es knapp auf einen Nenner zu bringen: Die Weltgesundheit stand auf dem Spiel.

Die Berichte, die ich studieren konnte und die von den Friedensmissionen aus den verschiedenen Kontinenten kamen, raubten mir den Schlaf. Schließlich war die Situation bereits außer Kontrolle geraten. Die Blauhelme waren eine Quelle der Übertragung und gleichzeitig Opfer der Ansteckung. Dies war durch Zahlen belegt und dokumentiert, die aber durch das medizinische Berufsgeheimnis bedeckt blieb. Es war eine Art, sich mit einem Feigenblatt zu verteidigen. Ich möchte hier nur ein emblematisches Beispiel nennen. Von dem UN-Kontingent in einem afrikanischen Land, dem zwei Dutzend Blauhelme angehörten, war vier Jahre nach Rückkehr kein Soldat mehr am Leben: Alle waren – bestätigt – an AIDS gestorben, einschließlich ihres Kommandanten.

Ich setzte mich jetzt sofort mit der WHO in Genf in Verbindung, wo ich wusste, dass Peter Piot – ein hervorragender belgischer Forscher und Infektiologe, ehemaliger Mitentdecker des Ebola-Virus, ein Freund, den ich Jahre zuvor in Afrika kennengelernt hatte – die Zügel des Kreuzzugs gegen AIDS im Namen der WHO übernommen hatte. Doch auch die Weltgesundheitsorganisation hatte noch nicht das ganze Ausmaß des AIDS-Dramas erkannt, da es ihr an angemessenen Strukturen fehlte, um strategische und operative Antworten zu entwickeln.

Ich erklärte Peter die neu entdeckte Situation. Er verstand sofort den Ernst des epidemiologischen Ausmaßes und wir besprachen in groben Zügen, was jetzt zu tun war. Ich stellte schnell ein Dossier mit Maßnahmen zusammen, die unverzüglich zu ergreifen waren – obligatorische HIV/AIDS-Tests, Schulungs- und Präventionskurse, ein aktualisiertes Patientenregister und mehr – und danach musste das DPKO (die »Hauptabteilung Friedenssicherungseinsätze«) alarmiert werden. Die Erfahrung von Peter Piot, half mir, strategisch intelligent zu agieren, um der Angelegenheit jetzt die richtigen Türen zu öffnen.

Innerhalb weniger Tage war das AIDS-Dossier mit meiner Unterschrift und der von Colonel Harleman fertig und wurde in das interne Übermittlungssystem eingespeist, wie es bei allen Projekten der Fall war. Das Dossier hatte drei verschiedene Büros zur Konsultation zu durchlaufen, bevor es – nach Annahme – Kofi Annan vorgelegt wurde. Ich wusste, dass das Dossier Sprengstoff enthielt, aber die Bombe geht nur hoch, wenn die Lunte angezündet ist. Das war genau das, was ich wollte.

Aufgrund unserer Berechnungen mussten wir gut drei bis vier Wochen warten – und ich stand unter enormer Spannung. Schon nach ein paar Tagen sagte man mir, dass ein General mich sprechen wolle. In höflicher, trockener und kühler, typisch militärischer Manier teilte der General mir mit, dass mein AIDS-Dossier »nichts tauge«. Dann entließ er mich mit den Worten, dass er sich fragen würde, welches Land weltweit der UNO noch Truppen zur Verfügung stellen wollte, wenn meine Ratschläge befolgt würden.

So war das Gespräch auf diese Weise beendet und ich kehrte verärgert und wütend in mein Büro zurück.

Ich hatte nur eine Idee im Kopf: Wie kann man Dinge beschleunigen, wenn man weiß, dass das System die Handbremse zieht? Ich beriet mich mit meinem direkten Vorgesetzten, der von unserer Sache fest überzeugt war, auch wenn sie ein harter Brocken war. Schließlich schlug ich ihm vor, sich persönlich und direkt an Kofi Annan zu wenden.

Ja, antwortete er, das wäre im Prinzip die beste Lösung, aber das würde die strengen Regeln der Befehlskette umgehen, ja käme einer Missachtung derselben gleich. Und tatsächlich warf er mir vor, gegen den Verhaltenskodex verstoßen zu wollen – und entließ mich mit einem »Wir werden sehen«. Nicht lange danach und nach kurzem Überlegen entschied ich mich, das Sekretariat von Kofi Annan anzurufen und dort zu hinterlassen, dass ich ihn dringend sprechen müsse.

Am nächsten Tag empfing mich Kofi Annan in seinem Büro, wo ich mich mit dem Dossier in der Hand vorstellte. Er ließ mir einen Augenblick Zeit, damit ich mich ein wenig beruhigte – es war das erste Mal, dass ich ihn so direkt ansprechen konnte –, und dann bat er mich, kurz zu erzählen, worum es denn ginge. Ich spürte sofort, dass er mir aufmerksam zuhörte und dass ihn interessierte, was ich vortrug. Danach stellte er mir ein paar Fragen und entließ mich mit den Worten: »Gehen Sie nur, ich werde Ihren Bericht lesen und Sie werden bald eine Antwort haben.«

Zwei Tage später wurde ich erneut einbestellt. Kofi Annan bedankte sich bei mir und versicherte, dass das Projekt gut sei, wobei in dem folgenden Gespräch mit ihm klar wurde, dass er die Bedeutung unseres Anliegens und die Dringlichkeit seiner Umsetzung bereits eingeschätzt hatte. Natürlich musste ich gestehen, dass das Projekt bei dem DPKO bereits praktisch abgelehnt worden war – worauf er mit einem Lächeln antwortete, einem eigenartigen Lächeln, das mir später noch öfter begegnen würde. In diesem Moment hat mir seine stumme Antwort genügt.

Ich erklärte ihm, dass die WHO, obwohl sie noch keine verantwortliche und aktive Einheit zur Bekämpfung dieser Epidemie hatte, bereits an einer Struktur arbeitete, die eine globale Antwort auf die Bedrohungslage geben könnte. Ich schlug ihm einen direkten Kontakt mit dem zuständigen Arzt, Peter Piot von der WHO in Genf, vor, den er nicht kannte. Diesen Kontakt stellte ich innerhalb weniger Tage her – zur vollen Zufriedenheit der beiden, die nach bestem Wissen und Gewissen zusammenarbeiten und Initiativen ergreifen wollten, um die Ausbreitung von AIDS einzudämmen, auch und gerade in Streitkräften wie denen der UNO.

Mein erster Seufzer der Erleichterung war gefühlt weithin zu hören: Der Alarm für das Hauptquartier war ausgelöst und bei Kofi Annan wusste ich die Sache in guten Händen.

So kam es, dass Kofi Annan mich am 13. Juni 1995 nach Genf schickte, um das DPKO bei der konstituierenden Versammlung von UNAIDS, dem neuen Programm der UN zu HIV/AIDS, das bei der WHO angesiedelt war, zu vertreten und die Wahl von Dr. Peter Piot zum Exekutivdirektor von UNAIDS zu bestätigen.

Von diesem Moment an war ich der »AIDS-Arzt« für das DPKO, das mich zusätzlich zu meinen Aufgaben in der Ausbildungseinheit als AIDS-Vertreter weltweit sah, wo ich bei verschiedenen Armeen und ihren von den Blauhelmen ausgewählten Rekruten für die entschiedene Bekämpfung der Epidemie warb. Während meiner 18 Monate bei der UNO kam ich auf 11 Einsätze außerhalb der USA, in Asien, Afrika, Südamerika und Europa, und meine enge Mitarbeiterin Louise, die mir riet, meine Koffer nie auszupacken, ich sei ja stets bereit, für andere Ziele als zum Beispiel die der Schweiz einzutreten, hatte immer Recht.

Jetzt hatte keiner mehr darüber zu reden, ob ich die »Befehlskette« respektierte oder nicht, und ich fühlte mich erleichtert, wie befreit. Und meine Ungeduld mit starren und schwerfälligen Strukturen, wie denen im UN-Hauptquartier, hatte sich stark abgeschwächt. Selbst die unvermeidliche Eifersucht so mancher Beamter bereitete mir nicht mehr als ein kleines Unbehagen.

Ich wurde oft gefragt, wie es war, in New York zu leben, welche Eindrücke diese Metropole mit ihrem elektrisierenden Charme bei mir hinterlassen hat. Aufgewachsen in Bignasco, einem kleinen Dorf in den Bergen südlich der Alpen, hatte mich der Lauf der Dinge zu einem Weltenbummler gemacht, der sich an jede Landschaft und jedes Klima anpassen konnte. Aber Städte, abgesehen von der Schönheit ihrer Architektur und ihren kulturellen Schätzen, haben mich nie so sehr angezogen wie unberührte Landschaften. Die Großstädte mit ihrem ständigen Übermaß an Lärm, ob durchdringend oder ohrenbetäubend, und dem Übermaß an Menschen in Bewegung, wo alles sich zum Superlativ der Superlative entwickelt, all das macht mir das Atmen, das heißt das Leben, zu einer verdächtigen und unsicheren Sache, die ich nicht empfehlen kann.

In diesem Sinne ist New York für mich eher eine Karikatur, die jedoch durch die Anwesenheit von fließendem Wasser, das sie von allen Seiten umspült, gerettet wird.

Schon als ich vom JFK-Flughafen dort ankam, hohe Brücken und lange Überführungen überquerte und die Stadt allmählich in einem Gewirr von scharfen vertikalen Linien sah, die immer höher und schmaler wurden, je näher ich kam, fühlte ich mich unwohl. Auf dem Rücksitz eines Taxis, das mich in den Bauch der Stadt brachte, fühlte ich mich bedrückt und hatte sogar ein wenig Angst.

Zu meinem Glück hatte ich eine Unterkunft in dieser sehr »britischen« Anlage namens Tudor City gefunden, die nur einen Steinwurf von meinem Büro bei der UNO entfernt war. Dadurch gewann ich viel Zeit im Vergleich zu meinen Kollegen, die so weit entfernt wohnten, dass sie ein bis zwei Stunden für den Weg zur Arbeit und ebenso lange für den abendlichen Heimweg brauchten.

Ich lebte zwar in New York, aber im Grunde war die UNO tagsüber mein Zuhause, mit Ausnahme der Samstagnachmittage und Sonntage. Meine italienischen Kollegen, die keine weiteren Karrierewünsche mehr hatten und diese letzte Station wie eine wohlverdiente Auszeichnung für ihre Dienste empfanden, hatten mich in ihre

Gruppe aufgenommen, die an den Wochenenden die Megalopolis zu erkunden und zu erleben wünschte.

Rollschuhe waren damals in Mode und es schien eine »trendige« Art zu sein, damit die Stadt zu genießen, besser als stundenlang in der U-Bahn eingesperrt zu sein. Gut ausgerüstet wagten wir uns sogar die großen »Avenues« hinauf und hinunter, eine kleine Schar nicht mehr ganz junger Leute, die sich auf diese endlosen Bürgersteige stürzten. Es gab auch Gruppen, die sich wie wir auf den Straßen rund um den Central Park tummelten. Und wir alle waren so ausgerüstet, wie es die Vorsicht gebot, und die Helme machten uns alle jünger, als wir waren.

Allerdings konkurrierte die Anziehungskraft des Central Parks, für mich das üppige Überbleibsel der Natur im Herzen von New York, mit der des angrenzenden Metropolitan Museums of Art. Seit meiner Studentenzeit von der Kunst fasziniert, besuchte ich regelmäßig die Museen überall auf der Welt, und nicht nur da, wohin mich meine Arbeit führte. In der Stadt des Metropolitan Museums zu leben, war natürlich fabelhaft für mich: An den Wochenenden ging ich dorthin und danach auf einen Rundgang durch den Central Park, um die Eindrücke, Gefühle und Gedanken, die mir der Besuch des Museums vermittelt hatte, abfließen oder sich setzen zu lassen.

Die Wochenenden boten noch viele andere Möglichkeiten, die Stadt zu erleben: die Samstags- und Flohmärkte zum Beispiel, dann die Tempel des Konsums, die als Macy's und Bloomingdale's bekannt und immer überfüllt und laut waren, die aber mit ihrer Atmosphäre ständiger Bewegung, von Raserei und Eile etwas ungemein Ansteckendes hatten.

Für mich kam jedoch an Schönheit nichts mit der Grand Station gleich. Die Architektur der zentralen Halle erinnerte mich eher an eine Kathedrale denn an einen Bahnhof. Von dieser zentralen Halle zweigten schmale, champagnergelb gestrichene Gänge ab, von denen einer nach dem anderen abzweigte, und man brauchte Geduld, bis man sein Gleis und seinen Zug fand. Ich hatte immer den Eindruck, mich hier in einem Termitenhügel oder in einem Labyrinth zu befinden. Unglaublich wohl fühlte ich mich in der Oyster Bar, der großen Brasserie, die Tag und Nacht mit Gästen gefüllt war. Auf dem hölzernen, sich wie eine Schlange windenden Tresen wurde die beste Muschelsuppe der Stadt serviert: die berühmte Chowder-Suppe. Den Weg zu dieser Oyster Bar kannte ich gut – ja, ich verpasste ihn nie.

Die große Feier zum 50-jährigen Bestehen der UNO

Ein Jubiläum belebte das Arbeitstempo im UN-Hauptquartier. Die Vereinten Nationen standen kurz vor ihrem 50. »Geburtstag«, zu dem über 140 Staats- und Regierungschefs mit ihren Delegationen erwartet wurden. Es war dies ein Ereignis, wie es seit Jahren keines mehr gegeben hatte, und es erforderte logistische und organisatorische Anstrengungen, denen das System nicht ausreichend gewachsen war. Alle fest angestellten Mitarbeiter wurden aufgefordert, an den vorbereitenden Arbeiten mitzuwirken, und zwar bereits drei Monate vor dem schicksalhaften Datum. Die Verteilung der Aufgaben wurde professionell und streng in zahlreichen Sitzungen vorgenommen.

Ich selbst wurde mit der omanischen Delegation betraut. Die erste Aufgabe bestand darin, sie bei ihrer Ankunft in Empfang zu nehmen und sie dann ein paar Meter weiter zur Begegnung mit einem Untergeneralsekretär zu begleiten. Danach sollte ich sie abholen und in den Raum für das Gruppenfoto führen, um sie da an den Platz zu begleiten, der bereits mit numerierten Kreisen auf dem Boden markiert war. Ich war einer von sechs Beamten, die zu dem Aperitif eingeladen waren, der Hunderte von VIP-Gästen in einem Raum versammeln würde. Ich sollte das Geschehen hier diskret überwachen und mich dabei ganz frei bewegen, um sicherzustellen, dass alles reibungslos und ohne Probleme abliefe.

Ich hatte mich sorgfältig auf die Begrüßung der Delegation aus dem Oman vorbereitet, aber von da aus, wo ich stand, am oberen Ende der Rolltreppe und nur ein paar Meter entfernt von unseren Gästen, erschienen sie plötzlich, wie aus dem Nichts, von der Rolltreppe in die Luft geworfen. Und plötzlich überwältigte mich ein Aufruhr von Farben, Kopfbedeckungen, Stoffen, Wolle und Schmuck aus Tausendundeiner Nacht.

Die Delegation leitete Sultan Qabus bin Sahid al Sahid, den ich sogleich erkannte, weil ich mich mit einem Fotodossier vorbereitet hatte. Nachdem ich Blickkontakt zu ihm gefunden hatte, wies ich ihn mit einer Handbewegung in die Richtung des UN-Unterstaatssekretärs, der unweit von ihm wartete. Anstatt meinem Hinweis zu folgen, bewegte sich der Sultan mit seiner Delegation entschlossen auf mich zu, um mir die Hand zu geben. Ich verstärkte mein Bemühen, seine Schritte auf den wartenden Unterstaatssekretär, einen Iraker, zu lenken. Diese Sekunden der Ungewissheit mit der ausgestreckten Hand des Sultans kamen mir ewig lang vor, und ich war erst erleichtert, als die Delegation mit schwingenden langen Gewändern den richtigen Weg gefunden hatte. Aber allein dieses rasche Treffen hatte bereits eine Spur exotisch öliger Düfte hinterlassen, die schwindelerregend intensiv waren – und die ich nie zuvor gerochen hatte.

Die Platzierung für das Gruppenfoto gestaltete sich nicht einfach. Minute um Minute verging, aber als es endlich Klick machte und fast alle der bald 200 Gäste an ihrem Platz waren, fehlten immer noch die beiden Hauptakteure, US-Präsident Bill Clinton und Boris Jelzin, der Präsident der Sowjetunion. Während die Ungeduld immer stärker zu spüren war, unterhielten sich viele der Anwesenden mit ihren Nachbarn. Zufällig wurde ich Zeuge eines banalen Streits, als eine Delegation, ebenfalls aus der Golfregion, sich beleidigt fühlte, weil sie unwürdig hinter anderen Gästen aus einem Land platziert worden war, das als »unbedeutend« galt. Mit einem Mal verstand ich die Zweifel und Unsicherheiten bezüglich der Ortswahl für das offizielle Foto, was zig Tage gedauert hatte. Die Ankunft von Jelzin und Clinton beendete gottlob den Streit, der sich rasch zu einer Schlägerei auszuweiten drohte.

Der Höhepunkt des Aperitifs am Ende des Tages war ein unerwartetes Lehrstück für mich: Ich konnte sehen, »wie die Welt sich dreht«. Fast alle »Großen dieser Erde« waren in einem Raum zusammengepfercht. Alsbald vergaß ich meine eigentliche Aufgabe, gebannt von dem »Film« vor mir. Mit einem Glas in der Hand ging ich herum und nahm alles auf, was ich konnte. Nach und nach erkannte ich die Figuren, die ich bisher nur im Fernsehen oder in der Presse gesehen hatte, wobei – ganz ehrlich – einige wie eine schlechte Kopie ihrer selbst aussahen und viel unbedeutender, viel simpler wirkten. Schließlich sprachen sie auch noch laut, aufgeregt, einige meckerten sogar über alles Mögliche. Ich führte dies auf die Wirkung der festlichen Luft zurück oder des Champagners und der Opulenz der Laibe Parmesan, die für mich das Ganze wie ein Dorffest erscheinen ließen. Und dann drangen auch Gespräche an meine Ohren, die von gewiss zweideutigen Gesten begleitet wurden. Gerne würde ich hier noch viele weitere, wenig schmeichelhafte Kommentare hinzufügen und sogar einige kuriose Details verraten – aber was soll das, da ich die Namen der betreffenden Personen nicht nennen kann? Also verzichte ich darauf.

Doch einige der Gäste waren schon Monate später nicht mehr unter uns, während sie hier im Saal sorglos und unsterblich zu sein schienen. Der Israeli Rabin wurde ein paar Wochen nach diesem Ereignis ermordet. Benazir Bhutto elf Jahre später. Aber was mich am meisten beeindruckte, war die ostentative bis affektierte Vertrautheit unter den Gästen. Ja, ich hätte sie erwartet bei denen, die sich kennen, aber nicht bei denen, die sich als Gegner oder sogar Feinde in der politischen Arena gegenüberstanden. Aufgrund meiner Herkunft war ich immer geneigt gewesen, die Protagonisten von Macht, Intelligenz und Wissenschaft zu bewundern. An diesem Nachmittag jedoch zerbrach ein Mythos vor meinen Augen. Gleichzeitig wurde mir wieder einmal klar, dass wir alle nur Menschen und gleich sind, die Ersten wie die Letzten, Mächtige wie Hilflose, Gebildete wie Ungebildete, Reiche wie Arme.

Was zählt, ist, wie viel Menschlichkeit man in sich trägt, wie viel davon man im Laufe seines Lebens zeigen kann. Was zählt, ist der Respekt vor den ethischen Werten, die uns unsere westliche Geschichte und Kultur überliefert und eingeimpft haben und die vielleicht schon in unserem genetischen Erbe enthalten sind. Und einen dieser Meister des Lebens hatte ich vor mir: Kofi Annan. Ich spürte, ja, ich wusste, dass ich noch viel von ihm lernen konnte – und musste.

Nachdem die Party vorbei ist, geht es zurück an die Arbeit. Die Mission in Rumänien ...

Nach der großen Party kehrte ich wie alle anderen in den Alltag zurück, in dem das Thema AIDS zunächst gestört, aber dann für eine Beschleunigung von Tempo gesorgt hatte. Zunächst wurde ich zu einem Seminar des Roten Kreuzes in New York eingeladen, und im Februar 1995 sprach ich bei der Weltbank in Washington über die Auswirkungen von AIDS im Militär. Vom 7. bis 10. März war ich im UN-Schulungszentrum im niederländischen Ossendrecht und wiederum als AIDS-Experte.

An den regionalen Workshops unserer Ausbildungsabteilung in Asien, Südamerika und Afrika nahmen Vertreter aus den Ländern der jeweiligen Region teil. Die UN-Delegation, in der Regel unter der Leitung von Kofi Annan, war für die Schulung der Kader verantwortlich, die eine Woche lang die Workshops besuchten.

Schließlich wurde ich beauftragt, am 10. April 1995 nach Bukarest in Rumänien zu reisen. Ich sollte an der Inspektion eines Bataillons teilnehmen, das dieses Land unter der Flagge der UNAVEM III, einer Friedensmission der UN, nach Angola zu entsenden bereit war. Ich sollte dabei in erster Linie den Status der Vorbereitung der medizinischen Abteilung, auch im Detail, überprüfen.

Diese Inspektion war im letzten Moment eilig angesetzt worden. Das wurde mir erst klar, als ich auf dem Flug nach Bukarest die beiden anderen Experten-Inspektoren traf. Sie sollten sich um die klassische Überprüfung vor dem Einsatz kümmern (Waffen, Ausrüstung, Logistik usw.), aber reisten als Ersatz für zwei andere, ursprünglich vorgesehene Inspektoren, die kurzfristig verhindert waren. Die beiden, ein Inder und ein Bengali, zeigten sich besorgt, weil sie ihre Unterlagen erst wenige Stunden vor der Abreise erhalten hatten. Zudem bekannten sie, fast keine Erfahrung mit einer solchen Inspektion zu haben. Während des Flugs – in dem sie mich mit Fragen überfielen – wurden ihr Unbehagen und ihre Bestürzung immer größer, je mehr sie ihre Unterlagen studierten. Gegen Ende des langen Flugs baten sie mich, beim Meeting in Bukarest, das die Inspektion des rumänischen Bataillons einleiten würde, den Vorsitz zu übernehmen. Ich sollte dazu einen Vorwand bemühen: dass nämlich das Thema meiner Zuständigkeit, die Prüfung der medizinischen Dienste auch in Bezug auf AIDS, prioritär zu behandeln sei.

Um es kurz zu machen: Am nächsten Tag fand ich mich wie in einem bösen Traum auf einer Tribüne in einem hellen, vergoldeten Raum wieder, vor und unter mir etwa vierzig hochrangige Offiziere in Uniform – also Kader der rumänischen Armee –, und hörte mir deren Begrüßungsworte an. Meine beiden Kollegen saßen neben mir und waren angesichts dieses Szenarios noch eingeschüchterter als ich selbst. Sogar eine riesige, hoch aufragende Dachluke schien mich bedrohlich anzublicken. Nach einer gewissen Zeit aber löste sich zum Glück die Spannung. Ich fand unerwartet den richtigen – und nötigen – Ton und bemerkte, dass mir Vertrauen entgegenkam. Dann übergab ich das Wort an meine Kollegen, und sie beantworteten die drängenden Fragen und Sorgen eines Bataillons, das noch keine Erfahrungen außerhalb Rumäniens gesammelt hatte.

In den nächsten zwei Tagen meines Aufenthalts hatte ich Gelegenheit, frei und offen mit mehreren rumänischen Offizieren zu sprechen, und erhielt die Bestätigung, dass in den Uniformen hochrangiger Offiziere hauptsächlich Berufssoldaten steckten, die von Hungerlöhnen lebten. Nur sechs Jahre waren seit Ceausescus gnadenlosem Ende vergangen. Und was die Soldaten des Bataillons betraf, wusste ich, dass eine Verpflichtung für einen Einsatz als UN-Blauhelm mit einem Gehalt einherging, von dem sie bisher nicht einmal zu träumen gewagt hätten.

Das Ergebnis unserer Mission war – nachdem ich auch die medizinische Seite überprüft hatte – der Startschuss für den Einsatz des rumänischen Bataillons in Angola. Kein Mensch in Rumänien hatte damit gerechnet.

... und die gegen Aids

Meine fast schon »missionarisch« zu bezeichnenden Reisen für den Kampf gegen AIDS wurden mit Reisen nach Simbabwe (Harare), Thailand (Cha Am und Chieng Mai) und Uganda (Kampala) fortgesetzt, um bei den dortigen Militärs als potenziellen zukünftigen UN-Kräften für die Sache zu werben. Die Kampagne hatte auch dank der Arbeit von UNAIDS/ONUSIDA (eines Programms der Vereinten Nationen zu HIV/AIDS) aus Genf Fahrt aufgenommen, und das Interesse der Führung der Streitkräfte war inzwischen so gewachsen, dass man sich nun der zwingenden Notwendigkeit bewusst war, Maßnahmen zur Eindämmung der AIDS-Epidemie zu ergreifen. Bei Seminaren zur Sensibilisierung des Militärs wurden automatisch auch Nichtregierungsorganisationen und andere nationale Vereinigungen zur Teilnahme eingeladen. Die zivil-militärische Zusammenarbeit in diesem Bereich war ein Novum, das sich langsam auch in Ländern etablierte, in denen das Militär bisher eher zurückhaltend oder gar abgeneigt war, mit Zivilisten zu sprechen und zusammenzuarbeiten.

In der guten Tradition von Kofi Annan und mit seiner Unterstützung nahm ich Anfang August 1995 an einem Schulungskurs im NATO-Hauptquartier in Norfolk, Virginia, teil. An sich stand das Thema AIDS nicht auf der Tagesordnung, aber dadurch, dass die UNO-Friedensabteilung wegen dieses planetarischen Dramas in höchster Alarmbereitschaft war, fand das Thema seinen Platz. Es führte auch dazu, die UNO und die NATO im Hinblick auf eine Zusammenarbeit in Fragen der öffentlichen Gesundheit einander näher zu bringen.

Zu dieser Zeit war die NATO für mich so etwas wie ein »illustrer Fremder«. Ich sah sie als eine virtuelle internationale Militärmacht gegen den Kommunismus, die von den USA dominiert wurde.

Kurz gesagt war sie für mich mehr ein Erbe des Kalten Krieges als alles andere. Ich konnte mir damals jedenfalls nicht vorstellen, dass ich Jahre später ein Mandat der Schweiz erhalten würde, das mich wieder in die Nähe der NATO bringen sollte ...

Die Bedrohung durch posttraumatischen Stress

Wenn ich von meinen Missionen nach New York zurückkehrte, mit denen ich und meine Mitstreiter die UN-Initiativen auf der ganzen Welt neu beleben durften, kam es praktisch immer dazu, dass mich neue Aufgaben erwarteten. Ich hätte mich zwar lieber auf die »Finissage« konzentriert, also darauf, Begonnenes, was noch in der Pipeline war und wartete, zu beenden – aber das sollte irgendwie nicht sein.

Eine Nachricht, die mich sofort alarmierte, kam aus dem Büro von Generalsekretär Boutros Boutros-Ghali. Das Wiederaufflammen von Zusammenstößen und Gewalt bei den Einsätzen der Blauhelme in verschiedenen Kriegsgebieten untergrub ernsthaft die psychische Gesundheit der Blauhelme. Der ständige Stress mit einer ungewohnten Intensität hatte dazu geführt, dass die Belastung der Psyche der Soldaten an eine bedrohliche Grenze gekommen war.

Am meisten gefährdet waren die laut Mandat unbewaffneten Friedenstruppen, zumal bei mehreren Missionen die Situation außer Kontrolle geraten war. Die Kosten für die psychiatrische Behandlung jener Soldaten, die jetzt »auf der Kippe« standen, zurückgeschickt und dann jahrelang behandelt werden mussten, weil sie unter dem PTBS-Syndrom, der posttraumatischen Belastungsstörung, litten, waren in die Höhe geschnellt. Und die UNO hatte keine Strategie für diese Situation.

Der Untergeneralsekretär Kofi Annan rief meinen damaligen Vorgesetzten an – der schwedische Oberst hatte seine Amtszeit beendet und war durch seinen kanadischen Kollegen, Peter Leentjes, ersetzt worden – und ließ ihn wissen, dass Boutros Boutros-Ghali von unserer Einheit erwartete, dass wir in spätestens sechs Monaten eine Strategie zur Behandlung von PTBS vorlegten.

Zu diesem Zeitpunkt sagte mir Peter Leentjes in gebotener Kürze: »Es gibt einen Auftrag für unsere Abteilung und der betrifft ein medizinisches Fachgebiet. Sie sind der einzige Arzt, den wir haben, also machen Sie sich an die Arbeit, denn sechs Monate sind schnell vorbei.« Leentjes war auf meine Einwände vorbereitet: »Ich bin Chirurg und kein Psychiater, es müssen viele Daten gesammelt werden, damit wir am Ende einen Plan haben. Und außerdem steht mir nur eine Sekretärin zur Verfügung« ... Seine Antwort: »Legen Sie alle derzeit offenen Akten beiseite, ich gebe Ihnen einen Forscher und eine zweite Vollzeit-Sekretärin.«

Also musste ich die Ärmel hochkrempeln und begann mit einem »Rundgang« durch die verschiedenen UN-Organisationen und Mitgliedsstaaten, die aufgrund früherer Feldmissionen Erfahrungen in diesem Bereich hatten. Ich war zwar überrascht, dass das UN-Sekretariat nur mangelhaft informiert war, aber ich stellte fest, dass die Reaktionen der Länder mit eigenen Truppen in friedenserhaltenden Missionen für unsere Aufgabe sehr aufgeschlossen waren. Das betraf sowohl die Länder mit einer entsprechend langen Tradition wie auch die, die bereits über Ausbildungs- und Stressvorbereitungsprogramme verfügten.

Glücklicherweise ähnelten sich fast alle nationalen Programme, die wir konsultieren konnten, und alle hatten die Besonderheiten von »Stressreaktionen« bei friedenserhaltenden Missionen in ihren Fokus genommen. Es schien auch evident zu sein, dass sich der Stress der Soldaten in dieser Funktion von der Belastung unterschied, die Soldaten in klassischen Kriegen erleben.

Im Bereich der wissenschaftlichen Forschung konnten wir alsbald Kontakte zu elf Universitätszentren knüpfen, die sich an der Spitze des Themas bewegten: Institute von Skandinavien bis Südamerika, von Asien bis Neuseeland.

Sowohl die universitären Forschungszentren als auch die privaten Organisationen waren kooperativ und versorgten uns schnell mit nützlichen Informationen. Die Frage für uns war dann, wie viel davon wir für unser Projekt nutzen konnten, nämlich »den wenigen guten vorhandenen Weizen zu sammeln und die Spreu wegzuwerfen«. Natürlich erforderte das eine klare und praktikable Strategie, um eine einheitliche Richtung für die Friedenssicherung insgesamt zu definieren. Indem wir die verschiedenen nationalen Politiken und Einzelprogramme verglichen, konnten wir zwar eine in etwa gemeinsame Richtung erkennen, aber nicht eine einheitliche Doktrin. Danach betrieben wir nun ein wenig »Akrobatik«, aber es gelang uns, einen präzisen Text auf einem unseres Erachtens akzeptablen Niveau zu formulieren. Der Entwurf wurde an 37 UN-Mitgliedsländer zur ersten Konsultation und auch an gut ein Dutzend bekannter Fachleute geschickt, um Kommentare, Vorschläge und Korrekturen zu erhalten. Von den 37 Ländern lieferten 11 weitere Kommentare, 9 bedauerten, nicht über genügend Erfahrung auf diesem Gebiet zu verfügen, und 17 antworteten nicht. Die endgültige Fassung wurde nach weiteren internen Korrekturen von uns überarbeitet und im September 1995 imprimiert.

An diesem Punkt begannen wir mit der zweiten Phase, deren Ziel ein »Vademecum« sein sollte, eine Art praktisches und handliches Buch, das konkrete Ratschläge und Empfehlungen sowohl für das Militärpersonal als auch für die Ausbilder enthielt. Kurz gesagt, war dies jedoch keine Übersicht über mögliche Heilmittel und ihre Wirkung, wie man sie auf einem »Waschzettel« finden würde.

Natürlich habe ich bei allem auch das IKRK um Hilfe gebeten. Aufgrund meiner Einsätze in Asien und Afrika hatte ich natürlich eine Vorstellung davon, wie man mit Stress umgehen sollte. Ich kannte Stress aus nächster Nähe und war in der Lage, ihn irgendwie zu neutralisieren. Mehr jedoch nicht. Stress war Teil meiner täglichen Arbeit und hatte fast eine positive Konnotation. Wie schon beschrieben, hatte es sich immer zu meinen Gunsten ausgewirkt, dass die Einsätze in der Kriegschirurgie im Durchschnitt drei Monate dauerten, gefolgt von vier bis acht Wochen Erholung zu Hause in der Schweiz. Es ging dabei nicht nur darum, die verlorenen Kilos wiederzugewinnen, sondern das Erlebte zu verarbeiten, mich von der jüngsten Vergangenheit zu lösen und dann nach vorne zu schauen. Dies betraf jedoch »meinen« Stress. Da ich hauptsächlich im Krankenhaus und im Operationssaal tätig war, war ich dem Stress, der durch äußere Gewalt und entsetzliche Ereignisse verursacht wurde, nicht ausgesetzt.

Bei der Ausarbeitung der Strategie für die UNO half mir Dr. Bierens de Haan, ein ehemaliger Chirurgen-Kollege von mir, der nun als Psychiater beim IKRK für den Bereich »Posttraumatischer Stress« zuständig war. Sowohl seine Erfahrung als auch sein kürzlich erschienenes Vademecum für IKRK-Mitarbeiter vor Ort und Delegierte waren mir sehr nützlich.

Das war es, was wir brauchten – und tatsächlich: Der Berg gebar die Maus. Nach langem Hin und Her entstand ein schlankes, aber sehr brauchbares Vademecum, das in allen Missionen der Abteilung für friedenserhaltende Operationen Verwendung fand und auch als Schulungshandbuch für die Ausbilder der Blauhelme diente. Für sie richteten wir unser Augenmerk besonders auf die Länder, die noch keine Erfahrungen mit den genannten Stresserscheinungen hatten. Wieder einmal wurde so eine konkrete UN-Antwort auf einen echten Bedarf gut aufgenommen und ich musste mich erneut auf den Weg zu Seminaren und Konferenzen machen, um Botschaften im Namen des DPKO zu überbringen.

In Belgien hatte ich im Februar 1996 einen schönen Moment der Genugtuung: Auf einer internationalen Konferenz wurden AIDS und Stress zum Thema »Partnerschaft für den Frieden« gemeinsam behandelt.

Der Titel der Zusammenkunft »Konferenz über Stressmanagement bei friedenserhaltenden und humanitären Einsätzen und Symposium über HIV-Prävention in den Streitkräften« besiegelte die Begegnung der zivilen mit der militärischen Welt, die für eine zukünftige Zusammenarbeit nur positive Ergebnisse bringen konnte. Was bei AIDS und PTBS erreicht wurde, zeigte auf, dass der Dialog zwischen Zivilisten und Militärs bei Fragen der öffentlichen Gesundheit zu relevanten Fortschritten führen konnte. Plötzlich waren zukünftige zivil-militärische Kooperationsprojekte im Bereich der Gesundheit als Katalysatoren für friedensfördernde Maßnahmen denkbar.

Im Verlauf meiner beiden großen Projekte habe ich immer das Vertrauen und die konkrete Unterstützung von Kofi Annan genossen, ohne die meine Arbeit ein toter Buchstabe geblieben wäre. Und so ergab es sich auch, dass er mir am Ende der Donnerstagssitzungen auf dem Weg nach draußen signalisierte, ihm zu dem privaten Treffen zu folgen, das er mit seinen engsten Mitarbeitern in einem eigens reservierten Raum abhielt.

Der Grund für diese Geste war mir nicht klar und ich fragte mich: Musste ich mich einbringen, damit vielleicht ein Detail geklärt oder eine Frage gestellt werden konnte, die mit der Medizin oder der öffentlichen Gesundheit zu tun hatte? Oder waren meine Schlussfolgerungen, die ich beim soeben beendeten Treffen geäußert hatte, zu verwirrend und sogar widersprüchlich? Doch dann verstand ich, was Kofi Annan mir mitteilen wollte – in seiner eindeutigen und nicht mehr diplomatisch geschulten Sprache.

Nach dem vertraulichen Gespräch mit Kofi Annan, das den Nebel des Plenums vertrieben hatte, erschien mir alles klarer und transparenter. Was für eine unvergleichliche Schule der »Manager-Politik« und der Dialektik sowie der Konfliktverhandlung und der Geopolitik im Allgemeinen wurde mir da geboten. Das alles verdankte ich dem Wohlwollen von Kofi Annan.

Neu-Delhi, mein Imbiss mit Kofi Annan

Vom 20. bis 27. Januar 1996 fand in Neu-Delhi ein wichtiger regionaler Workshop unserer DPKO-Ausbildungseinheit in Asien statt, an dem 19 Länder teilnahmen. Unsere siebenköpfige Delegation wurde von Kofi Annan geleitet. Meine Teilnahme hatte ich in erster Linie meiner Position zu den Themen AIDS und Posttraumatische Belastungsstörung zu verdanken.

Die Mission in Neu-Delhi war eine Arbeitsmission, jedoch vor dem Hintergrund von Tausendundeiner Nacht ... Das Programm wurde direkt von dem Inder Shashi Tharoor mitgestaltet, damals, wie bereits erwähnt, die rechte Hand von Kofi Annan. Wir wurden fürstlich empfangen, organisiert vom Militär in zeitlos britischem Stil, und uns erwartete eine bis ins Detail geregelte Organisation mit einem straffen Zeitplan. Bei der Ankunft wurde jedem von uns ein Auto mit Chauffeur zur Verfügung gestellt, das wir den ganzen Tag über benutzen durften: ein kleiner indischer Militärwagen, glänzend flaschengrün und fein verziert – und noch kompakter als der alte Volkswagen Käfer, ein echtes Juwel ...

Die ganze Zeit über wurden wir mit großer Sorgfalt und Aufmerksamkeit behandelt und durch eine einzigartige Woche begleitet, an die ich mich heute noch gerne erinnere. Die Arbeitssitzungen liefen sehr gut und da die indische Armeeführung Kofi Annan mit einzigartigem Respekt begegnete, genossen auch wir die Ehre, seine Begleiter zu sein. Wir hatten allerdings auch keine andere Wahl.

Unter den eher banalen Ereignissen waren für mich die Militärparade und das Bankett am letzten Abend die einprägsamsten. Am 26. Januar, dem Unabhängigkeitstag Indiens, waren wir auf der Tribüne Zuschauer der Militärparade, einem farbenprächtigen Aufmarsch mit Fahnen, Tausenden von Figuren, die im Rhythmus von Marschkapellen mit ständig wechselnden Instrumenten vom Militärkorps in Paradekleidung getragen wurden. Ganz zu schweigen von den Tieren: Pferde jeder Rasse, Kamele und Elefanten. Geradezu meisterlich klang zu allem der Rhythmus der Trommeln, zunächst leise, dann allmählich anschwellend, während die Menge auf den Tribünen in einen ansteckenden Rausch geriet und heftig applaudierte. So vergingen, ohne dass wir das bemerkten, zwei Stunden ... wie ein paar Minuten.

Zum Ehrenbankett, das uns in der noblen und historischen Militärakademie erwartete, die die Briten nicht »repatriieren« konnten, als 1947 die Unabhängigkeit Indiens gefeiert wurde, wurden wir am Eingang von Reitern auf wunderschön geschirrten Pferden begrüßt, die sich mit gezogenen und über dem Kopf gekreuzten Langschwertern zu beiden Seiten von uns aufgestellt hatten.

Auch der Verlauf des Abends war sehr speziell, und das Gesamtbild erinnerte mich an ein Foto von einem Bankett am Hof von Königin Elisabeth II. Sicher konnte man nicht übersehen, dass hinter jedem Sitzplatz eines jeden Gastes – wir waren etwa hundert – ein Militär in Lakaienuniform platziert war. Ich erspare mir einen Kommentar zu den Reden, Trinksprüchen und der Musik, aber das Tempo der Gänge verdient, erwähnt zu werden. Ein großer Kämmerer, »bewaffnet« mit einem schweren Stab, war für die Abfolge der Speisen zuständig: Nach einem kodifizierten Rhythmus stieß er den Stab auf den hölzernen Boden. Bei einem bestimmten Schlag wurde ein Teller mit Speisen plötzlich vor mir abgestellt, während nach einem weiteren Schlag derselbe Teller, der eigentlich leer sein sollte, blitzschnell verschwand, ohne dass ich es bemerkte. So ging es in einem fort. Das Ergebnis war, dass ich das Bankett mit ordentlichem Appetit verließ. Der Stab hatte mir die Zeit zum Essen »gestohlen«. Und ich war beileibe nicht der Einzige.

Das Ereignis, das sich fest in mein Gedächtnis einbrennen sollte, fand am Abend zuvor statt, als am späten Nachmittag in einem weitläufigen Kongresszentrum nach dem Aperitif Hunderte von Gästen den Saal verließen, als ob er geschlossen werden müsste. Binnen kurzer Zeit waren auch meine Kollegen verschwunden und ich fand mich fast allein, verwirrt von einem so schnellen Wechsel der Szene. Als ich mich umsah, erblickte ich Kofi Annan, der sich ebenfalls umsah. Wenige Minuten zuvor war er noch der Ehrengast gewesen, umgeben von Generälen und hohen Würdenträgen, geschützt von Leibwächtern und umringt von Menschen, die ihm die Hand schütteln und mit ihm sprechen wollten.

Wir näherten uns jetzt, und als er mein Erstaunen über die plötzlich Leere bemerkte, fragte er mich, ob ich nicht einen Happen essen wollte. In der Nähe des Saals hatte eine Bar oder ein Laden noch geöffnet. Wir bestellten etwas Einfaches und unterhielten uns. Wir waren die einzigen Kunden in einem leeren Restaurant. Eine einzigartige Situation für mich, aber ich glaube, auch er wusste diesen

Moment der Entspannung, des Nachdenkens und des Gesprächs zu schätzen.

Es war jedenfalls eine gute Gelegenheit für mich, auf ihn zuzugehen, Fragen zu stellen und sich, ganz einfach, kennenzulernen – vor allem natürlich für mich.

Wir sprachen über alles Mögliche und irgendwann landeten wir bei Machiavelli, weil, wie sich herausstellte, der kultivierte afrikanische Intellektuelle von der italienischen Renaissance verzaubert war und ihn die Kunst des guten Regierens interessierte. Machiavellis Persönlichkeit faszinierte ihn mindestens so sehr wie dessen Regierungskunst – und ich konnte Kofi Annan mit dem, was ich zu sagen wusste, wohl einem spontanen Dialog freie Bahn geben. Ich würde nicht zu sagen wagen, dass wir bei dieser Gelegenheit Freundschaft geschlossen hätten, aber dieses Treffen veränderte die Art unserer Beziehung und hatte Einfluss auf meinen zukünftigen beruflichen Werdegang. Ich hatte in Kofi Annan einen Meister des Lebens und einen Führer gefunden.

Meine Amtszeit bei der UNO neigte sich nun bald dem Ende zu. Die Ängste, Unsicherheiten und das Misstrauen des Anfangs hatten sich allmählich verflüchtigt, und es war mir gelungen, »den Stier bei den Hörnern zu packen« mit den beiden Themen, die erfolgreich umgesetzt worden waren. Auch hierbei waren die Hilfe und das Verständnis von Kofi Annan entscheidend für das, was nach meiner Demission getan werden konnte.

Es blieb die Frage, die sich mir fast regelmäßig stellte: Quo vadis? Und was erwartet mich nun? Bin ich bereit für einen weiteren Neustart? Wie kann ich das gewonnene Erfahrungskapital am besten nutzen? Habe ich noch Lust, neue Wege zu entdecken und zu beschreiten?

Würde ich in meinen 50ern wieder den Weg der Kriegschirurgie einschlagen? Nein, diese Phase des direkten Handelns gehörte der Vergangenheit an. Ich war einen guten Weg gegangen, ich kannte seine Vorzüge wie seine Grenzen, hatte ihn ausgekostet und auch seine Bitterkeit erfahren und Illusionen hinter mir gelassen.

Ich hatte erkannt, dass auf die dringliche humanitäre Aktion die Phase der Zusammenarbeit folgen konnte, ja sollte. Und dass das menschliche Leid, insbesondere das Leid, das Menschen anderen Menschen zufügen, nicht etwas ist, das man auslöschen kann, aber auch nichts, das man, ohne mit der Wimper zu zucken, ertragen muss.

In den letzten Monaten in New York kam es noch zu drei weiteren Missionen in Afrika, und wiederum handelte es sich um regionale Peace-keeping-Trainingstreffen. Und schließlich nutzte ich die Zeit im Hauptquartier, um die Ziele zu konsolidieren, die konkret auf der Tagesordnung standen, aber noch nicht erreicht worden waren.

Nach dem Aufenthalt in Neu-Delhi wurden die Kontakte mit Kofi Annan häufiger und enger, denn der Dialog mit ihm war spontaner und freier geworden und das gegenseitige Vertrauen war selbstverständlich und solide. Seine Tür stand mir immer offen, es sei denn, es klebte die orangefarbene Karte an ihr, das klare Signal, dass er aus keinem Grund gestört werden durfte. Von einer seiner Sekretärinnen wusste ich, dass er sich immer wieder Zeit nahm, um nachzudenken, zu meditieren und zu beten.

Die Fragen, die ich mir zu meiner unmittelbaren beruflichen Zukunft stellte, wurden unerwartet schnell beantwortet. Von meiner Freundin Claire-Lise erfuhr ich, dass in Bern – im Departement für auswärtige Angelegenheiten, in der Abteilung, die damals noch Schweizerisches Katastrophenhilfekorps (SKH) hieß – eine Ärztin oder ein Arzt gesucht wurde, die oder der für die Humanitäre Hilfe der Eidgenossenschaft zuständig war. Die Beschreibung der ausgeschriebenen Stelle entsprach meinem Lebenslauf und auch meinen Erwartungen. Das Zwischenspiel in New York hatte mir nach den vielfältigen Erfahrungen vor Ort einen starken Auftrieb gegeben und mich auch etwas gelehrt. Ich fühlte mich also bereit.

Ich erwähnte dies gegenüber Bundesrat Flavio Cotti, dem damaligen Außenminister, und reichte meine Kandidatur ein. Ich wusste allerdings, dass ein anderer Mitbewerber aus politischen Gründen bevorzugt wurde. Und doch erreichte mich die Zusage, als ich noch in New York war, und ich hatte guten Grund zu glauben, dass ich sie Flavio Cotti verdankte, meinem Namensvetter, der auch ein Sohn meines Tals war.

Ende April 1996 verabschiedete ich mich im UN-Hauptquartier von meiner Ausbildungseinheit und dem DPKO. Ich erhielt exorbitante Zeugnisse, die mich, wenn ich sie heute lese, annehmen lassen, dass sie nicht für mich bestimmt waren. Für mich war meine Mission erfüllt, aber es lag noch ein langer Weg vor mir.

Im Sommer 1996 war ich noch einmal in New York und Kofi Annan empfing mich erneut in seinem Büro. Ich musste einige Unterlagen im Zusammenhang laufender Projekte abgeben und besprechen. Ich sah, dass er immer noch seinen goldenen Talisman am Handgelenk trug, ein auffälliges ägyptisches »Ansata-Kreuz«, ein zu einem Armband gefaltetes Symbol des Lebens. Am Ende unseres fruchtbaren Gesprächs nahm ich meinen Mut zusammen und sagte: »Wenn ich wieder einmal nach New York komme und Sie sich in die achtunddreißigste Etage begeben haben, wird es erheblich schwieriger sein, uns zu treffen.« Diese Etage ist das Stockwerk des Generalsekretärs. Und das Rennen um die Nachfolge des scheidenden Boutros Boutros-Ghali war in vollem Gange.

Die Gerüchte sowie meine Sicht der Situation, aber wohl vor allem der Wunsch, ihn als UN-Generalsekretär zu sehen, hatten mir den Mut zu meinem Satz gegeben. Zu meiner Überraschung zeigte er eine unerwartete Reaktion. Er drehte sich um zu einer Wand aus Holzpaneelen – ich habe immer noch seinen Rücken im grauen Nadelstreifen, italienischer Schnitt, vor Augen – und öffnete ein Geheimfach. Ich hörte ihn stöbern, während er mir noch immer den Rücken zuwandte. Er ließ sich Zeit, dann drehte er sich wieder um, mit einer prächtigen Zigarre in der Hand und einem strahlenden Lächeln, wie ich es noch nie bei ihm gesehen hatte. Was ich an diesem Tag nicht wusste, aber erhoffte: Drei Monate später wurde Kofi Annan zum Generalsekretär der UNO gewählt.

Zwei Amtszeiten war er an der Spitze der UN, bis er wieder ein freier Bürger wurde, aber seine Mission als »Champion des Weltfriedens« – 2001 wurde ihm der Nobelpreis verliehen – ging unvermindert und mit neuen Verpflichtungen weiter. Leider konnte er seiner ehemaligen rechten Hand, Shashi Tharoor, nicht zu seiner Nachfolge verhelfen. Die USA hatten erklärt: »Wir wollen keinen starken Generalsekretär« und noch unverhohlener äußerte sich die damalige Außenministerin von Präsident Bush, Condoleezza Rice: »No more Kofi.« Die stolze Unabhängigkeit von Kofi Annans mildem und unbeugsamem Geist hatte den Amerikanern nie gefallen. Und so fiel die Wahl auf den Südkoreaner Ban Ki-moon.

Meine guten Manieren hielten mir den Mund zu, wenn ich versucht wäre, den neun aufeinanderfolgenden Generalsekretären in der Geschichte der Vereinten Nationen ein Zeugnis auszustellen. Man muss freilich berücksichtigen, dass die Macht dieses Amtes davon abhängt, welche Stärke die Mitgliedsstaaten ihm geben. Tatsächlich beruht diese Macht einzig auf dem unbeirrbaren Ethos und der persönlichen Ausstrahlung des Generalsekretärs, mit der er die Prinzipien der 1945 in San Francisco unterzeichneten UN-Charta, der letzten Bastion, welche die Menschheit noch retten kann, mit Leben zu erfüllen und zu verteidigen versucht. Aber die wirkliche – politische – Macht liegt in den Händen des Sicherheitsrates und seiner fünf ständigen Mitglieder, die dieses »verfluchte« oder »gesegnete« Vetorecht besitzen, mit dem die Umsetzung von Resolutionen verhindert werden kann. Ich möchte daran erinnern, dass seit 1945 bei 2721 Resolutionen das Vetorecht 279-mal in Anspruch genommen worden ist.

Ich fühle mich nicht in der Lage, über das Rätsel nachzudenken, welche Struktur der Sicherheitsrat zwischen ständigen und rotierenden Mitgliedern haben könnte oder sollte. Die Lösung dieses Rätsels wäre so etwas wie die Quadratur des Kreises.

Es ist bekannt, wie der unerlässliche erste Schritt aussehen müsste, um hier eine Reform einzuleiten. Es würde genügen, der Generalversammlung einen Vorschlag zur Abstimmung vorzulegen, der dann von zwei Dritteln der Abstimmungsberechtigten angenommen werden müsste. Allerdings ist die Einreichung eines solchen Vorschlags zur Aufnahme in die Tagesordnung der Generalversammlung ein mühsamer Hindernislauf, der auch schon oft ohne Erfolg versucht wurde.

Die Macht des Generalsekretärs, der die treibende Kraft der UNO sein sollte, ist, wie gesagt, gebunden an seine moralische Stärke und Autorität. Denn der Sicherheitsrat hat die Macht und nicht der Generalsekretär. Ich befinde mich in gewiss guter Gesellschaft, wenn ich denke, dass heute die Bedingungen des Mandats des Generalsekretärs selbst dringend überarbeitet werden müssten. Nachdem ich monatelang in dieser seltsamen Luft des Glaspalastes in New York gelebt und geatmet habe, erlaube ich mir, die bisherigen Generalsekretäre in zwei Kategorien einzuteilen: diejenigen, die in erster Linie den Großmächten gedient haben, und diejenigen, die im Dienste der UN-Charta standen, mit dem Weltfrieden »in primis« wie »in finis«. Sie alle konnten nur als Pendler zwischen diesen beiden Ufern jonglieren.

Zu denjenigen, die am treuesten zu dem Ideal der Charta der Vereinten Nationen von 1945, aber auch der Allgemeinen Erklärung der Menschenrechte von 1948 standen, gehören Dag Hammarskjöld (1953–61) und Kofi Annan (1997–2006), Letzterer ein eleganter, sanftmütiger, stets aufmerksamer Herr, der sich umsah, um den Menschen zu finden, den er kennenlernen wollte. Er blickte nie auf Titel, Geld oder die Macht derer, die vor ihm standen. Sein direkter Blick schien immer zu fragen: Aber wer sind Sie?

Nach dem Ende seiner zweiten Amtszeit als Generalsekretär im Jahr 2006 kämpfte Kofi Annan unverdrossen und außerordentlich aktiv weiter. Er engagierte sich in unzähligen Initiativen für Frieden, Abrüstung, Sicherheit, Menschenrechte, nachhaltige Entwicklung und stellte sich immer wieder als Vermittler in Konflikten und im Kampf gegen Armut und Krankheit zur Verfügung. Kofi Annan wäre auch ein guter afrikanischer Papst gewesen ...

Ich traf ihn wieder bei einigen Anlässen in Genf. Er wollte eines Tages mein Tal sehen und meine Schwester Carla wiedertreffen, die er 1999 zur Chefanklägerin des Internationalen Strafgerichtshofs für das ehemalige Jugoslawien und Ruanda ernannt hatte.

Von Zeit zu Zeit kam ein unerwarteter und stets willkommener Gruß von ihm. Am 18. August 2018 schloss er die Augen für immer. In weniger als 24 Stunden habe ich zwei Lehrer verloren: den Benediktinerpater Dominique Catta, seit 40 Jahren mein geistlicher Vater, ein Meister der Seelenarbeit, und Kofi Annan, Lehrer und Vorbild des Lebens. Sie haben mich geliebt und mich davon überzeugt, dass sich kein Mensch je verlassen fühlen sollte.

Aber was ist ein Meister? Kürzlich stieß ich auf eine inspirierte Definition von Alessandro D'Avenia, die ich mir spontan zu eigen mache: »Es ist das Göttliche außerhalb von uns. Es weckt das Göttliche in uns und setzt unsere Handlung in Gang.«

Kofi Annan (1938-2018) nach einer Konferenz in Genf im Jahre 2006. Die Gelegenheiten, sich nach meiner Pensionierung wiederzusehen, waren kostbare Momente und oft von einer angenehmen Überraschung begleitet.

P. Dominique Catta (1926-2018) Benediktiner, Mitbegründer des Klosters Keur Moussa im Senegal, Hüter des gregorianischen Erbes und Komponist, war 40 Jahre lang mein geistlicher Begleiter.

Kapitel 9

Beamter der Humanitären Hilfe der Schweiz und freies Elektron

Aus New York nahm ich die Gewissheit mit, dass es jetzt an der Zeit war, mein Engagement oder, sagen wir, mein moralisches Gelübde einzulösen. Im Laufe der Jahre war ich als Arzt und Chirurg den Opfern von Kriegen begegnet, wobei ich in erster Linie stets die Kinder vor Augen hatte, die unschuldig, aber mit gebrochenem Herzen, die Krankenhäuser verlassen mussten. Nun hatte ich die Gelegenheit, die Hilfe der Schweizer Regierung in Anspruch zu nehmen, die mir eine Aufgabe in dem Bereich anvertraute, der mir am Herzen lag, der Medizin und deren Verbindung mit der öffentlichen Gesundheit.

Bei der UNO in New York hatte ich gesehen, dass man bei dem Wort Medizin sehr häufig an die Schweiz dachte und dabei sofort auch an die humanitäre Berufung, die zu der Rotkreuzbewegung in unserem Land geführt hatte. Jetzt hielt ich ein Werkzeug in der Hand, eine Art Goldader, die es sorgfältig und mit gebotener Vorsicht zu erschließen und auszunutzen galt. Ich konnte meinem Ziel näherkommen und auf die guten Taten setzen, für die mein Land seit Jahrzehnten bekannt war – im Einklang mit den Nationen, die über die Mittel verfügen und sich moralisch verpflichtet fühlen, die humanitäre Hilfe voranzutreiben.

Mein neues Mandat als »Fachgruppenchef Medizin« im »Schweizerischen Katastrophenhilfskorps« (SKH) war neu installiert worden und hatte zwei mögliche Aktionsfelder. Das eine betraf Einsätze, die man später als humanitär bezeichnen würde und die vor allem bei Erdbeben im Ausland durchgeführt wurden. Das andere – das noch näher zu definieren war – betraf Aktionen im Rahmen »multilateraler« Angelegenheiten, bei denen die Schweiz eine Rolle übernehmen sollte, die deutlicher und stärker akzentuiert war als bisher.

Eine Besonderheit unseres SKH war, dass es strukturell zwar in die schweizerische Entwicklungszusammenarbeit eingegliedert war, aber dennoch über eine eigene Autonomie und sogar über beneidenswerte Privilegien verfügte. Ihr Leiter, der sogenannte Delegierte, unterstand direkt dem Bundesrat (unserer Exekutive) und erhielt von ihm auch Anweisungen. Die Freiheit, Vorschläge zu unterbreiten, war bemerkenswert, ebenso wie die Fähigkeit, im Falle einer Katastrophe von internationalem Ausmaß in kürzester Zeit wichtige Mittel zu mobilisieren. Dabei konnte sich das SKH mit einem Vorschlag auch direkt an die Regierung und das Parlament wenden und erhielt innerhalb weniger Stunden eine Antwort, nach der man schnell handlungsfähig war.

Dieses Privileg blieb im Laufe der Jahre zwar auf der Strecke, aber indirekt profitierte ich davon, indem ich im multilateralen Bereich der öffentlichen Gesundheit und der Medizin tätig werden konnte. Schon bald wurde mir klar, dass es der Humanitären Hilfe gerade in diesen beiden Bereichen an einer klaren Vision und einer Strategie fehlte, um ihren Auftrag bestmöglich umzusetzen.

Der Zug zwischen Bern und Genf

Und so bekam ich die Möglichkeit, gewissermaßen jungfräuliches Terrain zu erkunden. Ich bekam zwei Büros, eines in Bern im Hauptquartier des Schweizer Korps und ein weiteres in der Schweizer Mission bei den internationalen Organisationen (IO) in Genf. Ich bin heute ganz sicher, dass meine Vorgesetzten, Charles Raedersdorf vom SKH und Walter Fust von der Direktion für Entwicklung und Zusammenarbeit (DEZA), mir diese große Freiheit schenkten, da sie erkannten, dass man einem freien »Elektron« wie mir ein hohes Maß an Autonomie zugestehen musste. Gleichwohl behielten sie mich sehr genau im Auge.

Ein »Generalabonnement« für die Schweizer Bahnen war zu diesem Zeitpunkt für das ständige und oft tägliche Pendeln zwischen Bern und Genf unerlässlich. Aber die Fahrten waren auch eine Gelegenheit, lauernde Spannungen zu entschärfen und gelassen die Entwicklung offener Fragen zu betrachten. Ja, sie waren wie die orangefarbene Karte an Kofi Annans Bürotür, wenn er nicht gestört werden wollte. Die abwechslungsreiche Landschaft, von den Ufern des Genfer Sees hinauf oder hinab zu den Weiden des Freiburger und dann des Berner Plateaus, war mir bald vertraut und regte mich zum Nachdenken über einfache Lösungen für komplexe und manchmal sogar komplizierte Probleme an. So erinnerten mich die Zugfahrten immer wieder daran, welche Entscheidungen und Lösungen anstanden und dann getroffen werden sollten.

Eine dieser Reisen lag freilich völlig außerhalb des üblichen Szenarios: Am Mittag des 11. September 2001 saß ich in einem Zug von Bern nach Genf, als ich von dem Anschlag auf die Zwillingstürme in Manhattan erfuhr. Erst zwei Tage zuvor war ich aus New York zurückgekehrt.

Erstaunen, Unglauben und ein nicht beschreibbares Gefühl lösten in mir eine Reaktion aus, die mir völlig unbekannt war. Ich konnte mich nicht zurückhalten, die anderen Passagiere anzusprechen und sie wie eine Nervensäge zu befragen. Ich musste diesen »Überfluss« an Emotionen in mir und ein unerwartetes Gefühl der Verwirrung loswerden: Mir war, als würde die Welt in einer tellurischen Bewegung, die sich bis nach Genf fortsetzte, in sich zusammenfallen. Ich stand unter Schock und verspürte einen überwältigenden Drang, mit jedem Mitreisenden zu sprechen, um hoffentlich eine Bestätigung dafür zu erhalten, dass ich tatsächlich nur schlecht geträumt hatte.

Die Zweiteilung meines neuen Mandats führte dazu, dass ich zwei unterschiedliche Arbeitsstile pflegte. Den des fleißigen Beamten in der zentralisierten Schweizer Struktur in Bern, hier verwurzelt und unveränderlich, und den des freien Elektrons in Genf, das unauffällig sein musste, wenn es die Innovationen, an die es glaubte, im internationalen Kontext und bei verschiedenen Institutionen vorantreiben wollte. Diese beispiellose und völlig abnormale Situation hielt die zwölf Jahre meiner Amtszeit an, mit einigen unvermeidlichen Schocks dazwischen, aber nur dank des Vertrauens und der Freiheit, die mir meine Vorgesetzten zu gewähren bereit waren. Eine besondere Rolle spielte dabei die Komplizenschaft mit Marco Ferrari, meinem Klassenkameraden aus Einsiedeln, den ich nach 30 Jahren – man beachte den einzigartigen Zufall – als meinen direkten Vorgesetzten in Bern bei der SKA wiedertraf. Er war es gewesen, der mich 1962, als ich vom Internat in Ascona nach Einsiedeln »verfrachtet« worden war und praktisch keine Deutschkenntnisse hatte, mehrfach im Unterricht gerettet hatte. Er war einer derjenigen, die mir Deutsch beibrachten und damit die Sprache, in der ich schließlich nach drei Jahren meine Maturaprüfung ablegte.

WHO, mein Jagdgebiet

Die Wiederaufnahme meiner beruflichen Tätigkeit in meinem Heimatland, und zwar an drei Standorten – meinem Büro in Bern, dem Büro im internationalen Genf und einem weiteren in der diplomatischen Vertretung der Schweiz –, bedeutete für mich, nun am richtigen Platz zu sein, um möglichst viele nützliche Kontakte in den Bereichen der Medizin, der öffentlichen Gesundheit und des humanitären Sektors herzustellen.

Nach 2007 war die Weltgesundheitsorganisation der Ort, den ich am eifrigsten aufsuchte. Da ich die WHO bereits aus den Vorjahren kannte und nun ein spezifisches Mandat hatte, wusste ich, dass ich zwei Aktions- und Kooperationslinien entwickeln musste, um das bestmögliche Netzwerk innerhalb der Institution selbst zu knüpfen.

Der erste Handlungsstrang betraf die Programme, welche die Schweiz mit ihren bereits laufenden humanitären Projekten in der ganzen Welt entwickeln wollte und für die sie über solide Finanzmittel verfügte. Im Vordergrund standen hier Infektionskrankheiten wie Malaria, Cholera und AIDS, dann Epidemien, vor allem in fragilen Ländern, in denen medizinische Präventions- und Behandlungssysteme kaum vorhanden waren, wenn nicht gar völlig fehlten.

Der andere Handlungsstrang betraf die internationale Gesundheitspolitik der WHO in ihrer Eigenschaft als UN-Agentur, die »zuständig« für die gesamte Weltgesundheit und so die Anlaufstelle für alle Länder war. Hier hatte man es mit einer zunächst sehr komplexen Struktur mit einer eigenen autonomen Gesetzgebungskompetenz zu tun. Im Laufe der Jahre wurde meine Beziehung zur jährlichen Generalversammlung, zum Exekutivrat und den zahllosen Sitzungen immer stärker und wichtiger.

Zehn Jahre lang war ich entweder ein gelangweilter oder wütender Zuschauer dieser Vorgänge, wobei ich immer mit Zwischenschritten agieren musste, die unabdingbar waren, um die Mechanik des Systems in den Griff zu bekommen und zu verstehen, ob es funktionierte oder nicht. Ich wollte alles erhalten, was ich für den Wechsel zur Schweizer Mission in Genf brauchte. Mein roter Ausweis verschaffte mir Zugang zu allen Bereichen des UN-Systems, und das Wissen, das ich in den Jahren zuvor bei denen erworben hatte, die nun in der Branche eine Führungsposition innehatten, ermöglichte es mir, Zeit zu sparen, von der es ohnehin immer zu wenig gab.

Landminen

Im Dezember 1997 hatten im kanadischen Ottawa 122 Länder die Konvention gegen Antipersonenminen unterzeichnet: Das Verbot von Antipersonenminen betraf ab sofort den Einsatz, den Besitz, die Herstellung und die Weitergabe von Antipersonenminen, verlangte die Zerstörung vorhandener Bestände sowie die Unterstützung ihrer Opfer. Bei seiner Rückkehr aus Ottawa brachte unser Botschafter

Armin Ritz, der Unterzeichner der Konvention dem Schweizerischen Korps (SKH) eine wichtige Frage mit: War es denn möglich, dass unser Land kurzfristig hier eine aktive Rolle übernehmen könnte? Die Debatte war hiermit eröffnet und der Ball wurde direkt in unser Feld geworfen, sodass ich rasch konsultiert wurde. Sofort war klar, in welchem der fünf Unterausschüsse des Ottawa-Übereinkommens wir mitarbeiten konnten, nämlich in dem für die Hilfe für Minenopfer.

Das Thema brannte mir unter den Fingernägeln: Mit den Hunderten von Opfern, die ich behandelt, operiert und sogar amputiert hatte, wusste ich, worum es ging. Ich wusste, was von dem Opfer einer Landmine übrigbleibt, und oft schon hatte ich in mir die Pflicht, ja den Auftrag gespürt, mich für diese Opfer einzusetzen.

Die Gelegenheit, hier etwas zu unternehmen, erschien mir außergewöhnlich, und die Welle der Begeisterung, die das Übereinkommen von Ottawa auf internationaler Ebene auslöste, war unglaublich, ein warmer Strom, der jetzt für eine gute Sache floss. Unser Land sicherte seine Unterstützung zu und war als Wiege der Bewegung des Roten Kreuzes und der humanitären Hilfe moralisch mehr oder weniger verpflichtet, dies zu tun.

Danach legten wir los: Gründung einer Fokusgruppe, Kontakte mit internationalen Agenturen (wie IKRK, WHO, UNICEF) und NGOs. Sofortige Kontaktaufnahme mit Ländern, die sich im Sinne des Ottawa-Übereinkommens genauso engagieren wollten wie mein Land. Bewusstseinsbildung und Klärung der möglichen politischen Auswirkungen mussten jetzt Hand in Hand gehen und die Suche nach den notwendigen Mitteln intensiviert werden.

Nach der Ottawa-Konvention eröffnete die Schweiz in Genf ein internationales Weltzentrum für Landminenangelegenheiten, das dank der mutigen Initiative des damaligen Bundesrats Adolf Ogi noch heute vor allem in Sachen Minenräumung tätig ist. Dieser Ort wurde bald zum Zentrum für alle Landminenangelegenheiten.

Auch wir vom SKH fanden dort ein »Zuhause« – wir bekamen Platz und konnten zahlreiche Sitzungen und Konferenzen organisieren, die der Agenda der Ottawa-Konvention und der der UNO folgten. Das Büro befand sich in dem damals schönsten und modernsten Gebäude in Genf. Wir waren in einem vollkommen gläsernen Penthouse untergebracht, dessen geschwungene Formen an den Kiel eines Ozeandampfers erinnerten. Schließlich genossen wir noch einen fantastischen Balkon voller Licht und Sonne. Und genau hier hatte auch das Weltinstitut für Meteorologie seinen Sitz.

Ein Enthusiasmus wie der, den die Bekämpfung des Landminenproblems geweckt hatte, zu dem die Bereitschaft vieler Länder hinzugekommen war, sich aktiv am Kreuzzug gegen Landminen zu beteiligen, war mir noch nie begegnet. An das langsame Tempo und die Rituale der UNO gewöhnt, spürte ich, dass hier eine andere Atmosphäre herrschte. Es gab rundum eine rasche Bereitschaft zum Dialog, an dem sich Spezialisten, aber auch Politiker und Diplomaten auf allen Ebenen beteiligten. So konnten wir sehr schnell und mit ausgewählten Teilnehmerlisten Treffen organisieren und einberufen.

In der Zwischenzeit hatte ich eine Arbeitsgruppe gebildet, um das Konzept der »Opferhilfe« zu vertiefen und auszuarbeiten. Dafür hatte ich Mitarbeiter auswählen können, die eine unverzichtbare Verstärkung darstellten, wie Urs Zanitti und Patrizia Palmiero. Die Gruppe wurde schnell um Experten von IKRK, WHO, UNICEF, Handicap International und anderen wichtigen NGOs erweitert, die in Zukunft eine Rolle bei der Umsetzung unserer Ziele in konkreten Aktionen spielen sollten.

Aus dieser ersten Phase entwickelte sich nach mehrmonatiger Arbeit eine Strategie, die sich an dem klar definierten Konzept der »Opferhilfe« mit einem allumfassenden und integrierten Ansatz orientierte, was zu dieser Zeit ein Novum war. Sie basierte auf sieben Grundsätzen, die wir »Maputo-Strategie« nannten und die auf der zweiten internationalen Überprüfungskonferenz des Ottawa-Übereinkommens in Maputo im Jahr 2001 vorgestellt werden sollten.

Die Schweiz wurde zunächst mit Mexiko und später mit Afghanistan aufgefordert, den Vorsitz des Komitees zur Unterstützung von Minenopfern zu übernehmen, was bedeutete, dass ich wieder häufig reisen musste. In rasantem Tempo nahm ich teil an Sitzungen in Mexiko, Thailand, Afghanistan, Bosnien-Herzegowina, Nicaragua, Mosambik, Kambodscha und Jordanien. In einigen Ländern war mein Besuch für mich eine Rückkehr nach Jahren, wobei es immer zu neuen Überlegungen und Vorschlägen kam.

Mit den wichtigsten Akteuren im Bereich der Opferhilfe waren die wenigen Unterschiede in der Auslegung der vorgeschlagenen Strategie schnell ausgeräumt, aber die schwierigste Aufgabe bestand natürlich darin, die Länder davon zu überzeugen, sie auch rasch umzusetzen. Unseren Worten mussten, damit sie glaubwürdig waren, Taten folgen, das heißt, es mussten vor allem finanzielle Mittel eingeworben werden. Es war tatsächlich die gleiche alte Geschichte: Ohne Geld läuft nichts. Doch der »Schwung« des Ottawa-Abkommens hatte auch auf der Ebene der Staaten und Politiker große Begeisterung für eine gute Sache geweckt – und die ausgelöste Welle schien alle mitzureißen. Oder war es nur ein Tsunami, dem irgendwann die Kraft ausging und der nur Ernüchterung und Trümmer hinterließ?

Bei dem Kreuzzug gegen Landminen nutzte ich neben den persönlichen Erfahrungen, welche die nie erloschene Glut immer wieder anfachten, schamlos die vielen Fotos, die ich im Laufe der Jahre gesammelt hatte, um meine öffentlichen Präsentationen lebendiger zu gestalten und das Gewissen der Menschen zu »berühren«. Die Wirkung der Fotos änderte sich je nach Publikum und es mangelte nicht an Überraschungen, einschließlich Übelkeit und plötzlichem Verlassen des Saals beim Anblick von Kindern, die von Landminen zerrissen worden waren und die ich auf dem Operationstisch vor mir hatte.

Heutzutage haben wir uns durch die Medien fast daran gewöhnt, krude Bilder zu sehen, die kaum noch unsere Empfindsamkeit berühren und flüchtig an uns vorbeiziehen. Damals jedoch entdeckte ich eine Wahrheit, die mir bis dahin unbekannt war: dass die Kraft des Wortes in Verbindung mit dem Bild die menschliche Seele in ihrer Tiefe erreichen kann und erschüttert – wenn ein Publikum aufmerksam zuhört und bereit ist, die ihm angebotene Botschaft zu empfangen.

Hin und wieder kam es dazu, dass es am Ende einer solchen Präsentation oder am Schluss einer Konferenz tosenden Applaus gab. Eine Zustimmung wie ein überwältigender, mächtiger Luftzug, der über die Kehle bis in die Lungen reicht, sie öffnet und dehnt und ein unfassbares Gefühl des Wohlbefindens erzeugt: ein berauschendes Vergnügen. Die moderne Medizin würde gewiss von einem gewaltigen Serotonin- und Dopaminschub sprechen ... aber ein solches Gefühl muss man erst einmal erleben.

Hatte mich der Applaus für Musiker nach einem Konzert (manchmal sogar, bevor der letzte Ton verklungen war) oder für Schauspieler nach einem Theaterstück oder einer Lesung von Natur aus immer eher genervt, so konnte ich an diesen Tagen am eigenen Leib erfahren, was Künstler, Musiker, aber auch Redner empfinden, wenn das Publikum seine Wertschätzung durch Applaus ausdrückt und so an der Freude eines gemeinsamen Erlebnisses teilhat. Ja, Beifall als Belohnung war mir bis dahin unbekannt gewesen. Dann aber hatte ich erleben dürfen, was Applaus vermag: diese Geste der Hände, die einen trockenen, wiederholten Klang erzeugen, der sich zu anderen gesellt, an Intensität zunimmt und bis in die Tiefen der Seele vorzudringen vermag. Seit diesen Tagen glaube ich an die Kraft des Applauses: Er ist eine Hymne geteilter, unmittelbarer, ehrlicher und doch vergänglicher menschlicher Freude. Die Kraft des Applauses kann man allerdings – hin und wieder – auch durch einen Blick, eine Träne, ein Lächeln, ein Wort oder eine einfache menschliche Geste spüren.

Über die Verdienste unsere Strategie zur Unterstützung von Landminenopfern kann man heute wohl sagen, dass sie konzeptionell Hilfe auf alle Opfer von Gewalt und nicht nur auf die von Landminen ausweitete. Die Bereitschaft, Minenopfern und insbesondere Kindern zu helfen, musste auch Opfer von öffentlicher und privater Gewalt im Blick haben, und dies nicht nur in Bezug auf die kurativen, sondern auch auf die präventiven Aspekte. Unsere »Maputo-

Strategie« wurde 2001 auf zwölf kleinen Seiten veröffentlicht und basierte auf sieben Prinzipien, die ich hier kurz aufzählen möchte:

1. der Nicht-Diskriminierung von Opfern,
2. einem integrierten und umfassenden Ansatz,
3. dem Prinzip der Mitbeteiligung,
4. nationaler Eigenverantwortung und institutioneller Unterstützung,
5. dem Grundsatz der Transparenz und Effizienz,
6. einem Ansatz für nachhaltige Entwicklung,
7. der Definition der Rechte der Opfer.

Diese Punkte dürften heute wenig überraschen, aber sie weisen klar darauf hin, dass sich exakt in jenen Jahren neue Entwicklungen und konzeptionelle Wege abzeichneten, die inzwischen Allgemeingut geworden sind. Es sind die Leitprinzipien für jedes gültige Entwicklungs- und Kooperationsprojekt in der Welt. Die Erinnerung daran, wie wir uns damals gegen Angriffe und Kritik wehren mussten, lässt mich heute lächeln. Mit unserem Think Tank waren wir unserer Zeit etwas voraus.

Die Maßnahmen, die von der Schweiz im Rahmen des Ottawa-Übereinkommens und insbesondere im Bereich der Hilfe für Minenopfer durchgeführt werden konnten, dienten dazu, das Konzept der Opferhilfe »tout court« zu erweitern, und wurden und werden immer noch als wertvoller Katalysator für Friedensbemühungen genutzt.

Von Anfang an hing allerdings eine schwere Hypothek über der Ottawa-Konvention: die Nicht-Ratifizierung durch die Supermächte USA und Russland, China und Indien. Sie alle hatten unannehmbare Vorwände und lächerliche Ausreden vorgebracht, um das Übereinkommen nicht ratifizieren zu müssen – obwohl sie, wie sie sagten, es »könnten«. Bis heute ist die Konvention von 156 Staaten unterzeichnet worden, dagegen stehen 39 Nichtunterzeichner. Es bedarf hier keines Kommentars, aber einer deprimierenden Feststellung: Antipersonenminen gibt es auch heute noch und sie sind in mehreren laufenden Konflikten und bei einigen tragischen aktuellen Ereignissen wie in der Ukraine und im Gazastreifen wieder aufgetaucht, wo sich die »longa manus« der Großmächte nicht mehr verstecken kann.

Im Lichte der aktuellen Kriegssituationen erscheint es bedeutsam, dass zu den 39 Nicht-Unterzeichnern neben den oben genannten Mächten auch Saudi-Arabien, Armenien und Aserbaidschan, Burma, Nord- und Südkorea, Indien und Pakistan, Iran und die Vereinigten Arabischen Emirate, Israel und Libanon, Ägypten, Libyen und Marokko gehören.

Es gibt noch einen Punkt zum Thema »Minenräumung«, der ebenfalls von Anfang an, also von 1997, auf einen wesentlichen finanziellen Aspekt verweist. Ich zitiere hier, weil ich ihn sehr bezeichnend finde, den damaligen Slogan: »Die Kosten für die Vorbereitung einer Mine liegen bei einem Dollar, die Kosten für das Auffinden und die Zerstörung bei tausend Dollar.« Das ist auch heute noch von großer und trauriger Bedeutung. In den verschiedenen Ländern auf allen Kontinenten, die durch lange Kriege in die Knie gezwungen waren, konnte die Minenräumung zur Erholung beitragen, denn große Gebiete sind, von Minen befreit, wieder zum Leben erwacht. Um es noch einmal zu betonen: Das Übereinkommen von Ottawa war eine Initiative der internationalen Gemeinschaft, die eine überwältigende Bewegung auslöste, die die Welt, aber leider nicht die Supermächte, dazu brachte zu sagen: »Genug mit den Minen!«

Dieser »Störeffekt« war jedoch auch eine Gelegenheit, das Ziel der Minenbekämpfung zu erweitern. Wir wollten sie auf alle Opfer von Gewalt ausdehnen und dabei von der neu entdeckten Sensibilität für humanitäre Angelegenheiten profitieren. Die Verwüstungen durch viele regionale Kriege, die teilweise immer noch im Gange sind – die UNO listet bis heute global mehr als 100 Ausbrüche von laufenden oder nur scheinbar beendeten Kriegen –, schien das Interesse an neuen Maßnahmen zur Opferhilfe geweckt zu haben.

Nach dem Ende des Zweiten Weltkriegs 1945 lautete ein kraftvoller Slogan »Nie wieder Krieg«, der in die Erklärung der Menschenrechte von San Francisco und die Geburt der Vereinten Nationen Eingang fand. Damals wie heute gab ein Ruck des verwundeten menschlichen Gewissens Hoffnung auf einen neuen Kurs der Menschheit, hin zu Frieden und Fortschritt.

Der Vietnamkrieg (1960–1975) mit seinen fast fünf Millionen vietnamesischen Opfern und 60 000 getöteten amerikanischen Militärangehörigen hatte zunächst alle pazifistischen Bewegungen nach 1945 torpediert, doch in den 1970er Jahren gab es neue Hoffnung auf Frieden und eine Rückkehr der pazifistischen Bewegungen. Letztere erkannten die Gefahr, die Massenvernichtungswaffen für die gesamte Menschheit darstellen konnten. Es folgten zahlreiche diesbezügliche Verträge und unzählige internationale Abkommen, die zunächst ratifiziert, dann jedoch meist wieder aufgehoben oder einfach ignoriert wurden.

Die Bewegung, die zur Ottawa-Konvention gegen Antipersonenminen geführt hatte, hatte nichts mit den Verträgen über Massenvernichtungswaffen zu tun. Die Bewegung war Frucht einer Sensibilisierung (und Bewusstseinsbildung), ein Alarmruf von Nichtregierungsorganisationen und einigen internationalen Institutionen, eine Bewegung, die von unten kam bzw. von der Peripherie, von den Opfern, die nach Konflikten zurückgelassen worden waren, und von denjenigen, die nach einem Krieg durch zurückgelassene Minen verletzt wurden oder starben.

Es waren die vor Ort tätigen Nichtregierungsorganisationen – allen voran Handicap International –, die Mitte der 1990er Jahre den Alarm über die damals unbekannten Landminen auslösten. Die Botschaft einer verwundeten Menschheit wurde gehört, die mit dem stummen Schmerzensschrei der unschuldigen Opfer das Gewissen der Welt wachrüttelte. Von Amerika aus begann die Kampagne zum Verbot von Landminen, die 1997 auch zu einer Spaltung zwischen der Nichtregierungsorganisation Handicap International und der US-Aktivistin Jody Williams, der Protagonistin der Internationalen Kampagne zum Verbot von Landminen (ICBL), führte.

Das Treffen in Mexiko-Stadt

In der Schweiz waren wir endlich so weit, Hilfe für die Opfer gewährleisten zu können, und es war an der Zeit, die Ergebnisse zu veröffentlichen. Ich bekam grünes Licht, sie 1998 auf der Jahrestagung der Ottawa-Konvention vorzutragen, die zu diesem Zeitpunkt in Mexiko stattfand – in Anwesenheit zweier Nobelpreisträger. Ich buchte in aller Eile eine Rundreise nach Mexiko-Stadt, die ich in drei Tagen absolvieren wollte. Ich hatte nicht mit dem Empfang gerechnet, den ich bei meiner Ankunft im Kongresszentrum trotz meiner Verspätung – dazu später – erlebte. Umgehend wurde ich von Delegierten umringt, die wissen wollten, welche Neuigkeiten die Schweiz zu verkünden hatte. Und Jody Williams fragte mich als Erste ganz genau aus. Mir war klar, dass sie sich vergewissern wollte, dass mein Land nicht die Absicht hatte, sich in ihre politische Aktion einzumischen, die gerade mit dem Nobelpreis ausgezeichnet worden war. Ich konnte sie beruhigen: Für die Humanitäre Hilfe der Schweiz ging es nicht um »große Politik«, sondern um konkrete Maßnahmen zur Unterstützung von Minenopfern, die wir bereits in enger Zusammenarbeit mit Handicap International in dessen Genfer Büro aktiviert hatten, wofür Handicap International die andere Hälfte des Nobelpreises erhalten hatte.

Mein Debüt auf dieser internationalen Bühne hatte eine ungewöhnliche Vorgeschichte. Ich war bei diesem ersten offiziellen Treffen mit dem Kongresskomitee in Ottawa außer Atem und nach einer weiteren »Dissonanz« von mir angekommen, das heißt einer Situation entronnen, die mich wer weiß wohin hätte bringen können. Das Taxi, das ich in aller Eile und ohne die nötige Vorsicht genommen hatte, um vom Hotel zum Kongresszentrum zu gelangen, war ein Wrack und der Fahrer sah in keiner Weise vertrauenerweckend aus. Ständig war er am Telefon und mir schienen seine Gespräche einen seltsamen Ton und Inhalt zu haben. Wir hätten jedenfalls schon längst an meinem Ziel sein sollen. Als ich ihn zu fragen wagte, ob er in die richtige Richtung fahren würde, antwortete er mit einem bösen Grinsen und trat entschlossen aufs Gaspedal. Ich beschloss, so schnell wie möglich aus diesem Taxi auszusteigen, und stürzte an der nächsten roten Ampel aus dem Auto. Ich tat so etwas zum ersten Mal und hoffte in diesem Moment, dass es auch das letzte Mal sein würde.

Die »Minenstrategie« ging nun auf Reisen und ich war einer ihrer Postboten, der in den Jahren 1998 bis 2007 nach Afghanistan, Kambodscha, Mexiko, Nicaragua, in den Nahen Osten, nach Jordanien, Israel und in den Libanon reiste.

In jedem dieser Länder fühlte ich mich – in Begleitung von Mitarbeitern, die ich mir aussuchen konnte – wie ein Missionar des 16. Jahrhunderts, der freilich nicht vom Papst, sondern von der Ottawa-Konvention ausgesandt wurde. Ich genoss die mir fast unvorstellbaren Privilegien des 21. Jahrhunderts, konnte die Reisezeit und -geschwindigkeit wählen, die nötigen Kommunikationsmittel und alle möglichen Technologien. Jede dieser Missionen stellte eine andere Herausforderung dar, aber auch einen Anreiz, die Besonderheiten des Ortes und der Region zu erfassen und verschiedene Lösungen für das immer gleiche Problem zu finden. Was im Bereich der Opferhilfe getan werden konnte, hatte den Segen der Ottawa-Konvention und lief auf eine Mischung aus humanitärer Hilfe und der Bereitstellung von Mitteln für künftige Projekte hinaus.

Ich möchte hier an eine dieser Missionen erinnern: die Mission nach Israel und Palästina im Jahr 2004. Ich wage dies, indem ich das heute genau drei Monate nach dem Ausbruch des Krieges schreibe, der am 7. Oktober 2023 in Gaza begann.

Was ich heute sehe, höre und lese, bringt mir mit Entsetzen die Erfahrung meiner damaligen Mission zurück. Und heute wie gestern kann ich nur davor warnen, wohin der Hass führen kann und welcher Abgrund sich mit ihm auftut. Ein Abgrund für die Menschheit – direkt vor unseren Augen. Gewalt, Leid, Zerstörung und Tod. Angefangen bei den Unschuldigen, der Zivilbevölkerung. Humanitäre Aktionen sind angesichts des andauernden Krieges in der Ukraine sowie des Krieges in Gaza dringlich und unausweichlich.

Im Gebiet des Heiligen Landes, das heute politisch größtenteils zwischen Israel und Palästina aufgeteilt ist, was immer auch zu

Konflikten mit Jordanien und dem Libanon geführt hat, war ich zwischen 1997 und 2008 mehrmals als Arzt für humanitäre Hilfe unterwegs. Diese Einsätze waren immer anspruchsvoll und immer mit einer sich ständig verändernden Situation konfrontiert. Die allmähliche Verschlechterung der Lebensqualität der Bewohner war aufgrund der Geopolitik, für die keine Lösung in Sicht war (und bis heute nicht ist), evident.

Stets musste ich mir in Erinnerung rufen, dass meine Mission eine humanitäre war und blieb, dass es in erster Linie darum ging, Leiden zu lindern. Unsere Ziele hießen Heilung und Genesung. Ich wollte und konnte die politischen Implikationen, die meine Tätigkeit durchaus behinderten, nicht außer Acht lassen, aber mein Aktionsfeld war beschränkt und basierte ausschließlich auf den Menschenrechten und dem humanitären Völkerrecht. Und damit musste ich zumindest einmal die »Feuerprobe« bestehen.

Nach einer Woche Verhandlungen im Jahre 2004 über die Fortführung von Gesundheitsprojekten auf israelischem Territorium, die von offenen, konstruktiven und sogar proaktiven Gesprächen mit unserem Gegenüber bestimmt waren, folgte eine weitere Woche mit identischen Zielen – jetzt mit der palästinensischen Gesundheitsbehörde in den Westjordanland-Territorien und im Gazastreifen. In der zweiten Woche kam ich jedoch mit Realitäten in Berührung, die in offenem Widerspruch zu humanitären Grundsätzen standen, und in den Beschwerden der Palästinenser fand ich eindeutige Beweise für die Missachtung besagter Grundsätze. Meine persönliche Schlussfolgerung war, dass die Palästinenser seit Jahren unter einem Apartheidregime lebten und dass keine Aussicht auf eine Verbesserung der Lebensbedingungen der Bevölkerung bestand.

Die Abfassung meines Abschlussberichts nach der Anhörung der Israelis und Palästinenser bereitete mir echtes Kopfzerbrechen. Ich musste über jedes einzelne Wort nachdenken, um neutral zu bleiben. Ich hatte ja nicht eine politische Bewertung abzugeben, sondern eine Liste von Fakten zu erstellen, die präzise und objektiv beschrieben werden mussten. Ich fühlte mich an Berichte erinnert, die Gerichtsmediziner nach einer Autopsie erstellen. Es müssen nur die Fakten des Zustands einer Leiche festgehalten werden, eine klinische Diagnose verbietet sich – wie in meinem Fall die politische Bewertung. Ein Weg auf Messers Schneide ...

Einige Tage nach meiner Rückkehr nach Genf rief mich unser Botschafter Blaise Godet an und fragte mich, ob ich ihn am nächsten Tag bei einer regulären WHO-Sitzung zum Thema Palästina vertreten könne, da er anderer Verpflichtungen wegen verhindert sei. Und fügte zischend zu seiner Frage hinzu: »Jetzt, wo Sie gerade von einer Mission dort drüben zurückgekehrt sind.« Diese Bemerkung setzte mir allerdings auch einen Floh ins Ohr, offensichtlich befand ich mich auf einem Minenfeld.

Und das war es auch. Am Tisch der Schweizer Präsidentschaft hatte ich das Wort zu ergreifen und auf Fragen zu antworten, die nicht immer sehr klar waren. Aber mir fiel auf, dass aus den Reihen der Vertreter der arabischen Länder die Fragen immer präziser und gezielter wurden. Meine Antworten wurden bald weniger stringent und nahmen einen eher neutralen Ton an. Am Ende der Sitzung traten einige arabische Diplomaten an meinen Tisch, um mir zu dem neuen Kurs zu gratulieren, den die Schweiz scheinbar einschlagen wollte. Ich stutzte: War ich das Instrument eines politischen Manövers gewesen? Ich konnte das nicht feststellen, aber zumindest hatte ich mich nicht auf ein Terrain ziehen lassen, das nicht das meine war.

Die Schweiz für den Frieden in Afghanistan

Die vorliegende Strategie zur Unterstützung von Landminenopfern sollte nun in Länder »exportiert« werden, in denen Minen endemisch sind und die öffentliche Gesundheit gefährden. Da die Schweiz den Vorsitz des zuständigen Ausschusses mit Afghanistan teilte, beschlossen wir, den Versuch zu machen, sie auch in diesem Land anzuwenden. Die Taliban kontrollierten einen großen Teil des

Landes, darunter die Hauptstadt. Das Panshir-Tal hingegen stand unter der Kontrolle der regimekritischen und pro-westlichen Truppen von Massoud, dem »Löwen von Panshir«.

Geplant war eine einwöchige »Propagandatour« zu den Taliban, gefolgt von einer weiteren in Panshir. Nachdem wir mit unseren Schweizer Kollegen Patrizia Palmiero und Urs Zanitti und dem Diplomaten Kalil Nasri von der afghanischen Botschaft in Genf die notwendigen Kontakte geknüpft und Zusicherungen für die Zusammenarbeit beider Seiten (Taliban und Widerstand leistende Anti-Taliban in Panshir) erhalten hatten, machten wir uns auf den Weg nach Kabul. Hier wollten wir eine Woche lang Gespräche mit den Taliban führen.

Abgesehen von den Schwierigkeiten am Flughafen von Kabul – Probleme mit meinem Visum – wurden die Kontakte zur Taliban-Behörde schnell hergestellt. Das Gesundheitsministerium war mobilisiert worden, um den ersten offiziellen Gesundheitsbesuch bei der neuen Taliban-Regierung zu ermöglichen, der wir die vorgeschlagene Strategie mit dem »Durchführungsplan« des Projekts zur Unterstützung der Opfer erläutern konnten. Im Laufe der Woche kam auch je ein Vertreter der WHO, der UNICEF und des IKRK aus Genf zu uns.

Außerhalb der Hauptstadt besuchten wir medizinische und soziale Einrichtungen, wobei wir sehr aufschlussreich über die tatsächlichen Bedürfnisse und die gesundheitliche Situation vor Ort informiert wurden. Die Woche verging schnell und am letzten Tag wollte mich der Gesundheitsminister persönlich und ohne Zeugen treffen. Das gefiel mir nicht: Der Mann hatte den Ruf, cholerisch und blutrünstig zu sein. Man sagte sogar, dass er persönlich »Feinde« durch Erwürgen beseitigt hätte.

Ich akzeptierte die »Einladung« und fand mich vor einem energischen Mann wieder, der in Shalwar-Kamis und einen weißen Turban gehüllt war. Sein dichter Bart war ebenfalls weiß, aber das Wenige, was ich von seinem Gesicht sehen konnte, war karminrot. Die Anwesenheit eines Übersetzers, der hinter dem Riesen hervorlugte, beruhigte mich ein wenig, und schon wechselten wir ein paar vorsichtige Worte. Er dankte uns für unseren Besuch und unsere Anwesenheit, die für ihn gleichbedeutend mit der Anerkennung seiner Autorität im Land war, und versicherte, dass er unser Projekt zur Unterstützung der Minenopfer unterstützen würde. Er lud die Delegation zu einem offiziellen Abschiedsessen ein, dem eine Arbeitssitzung vorausging, in der er mit seinen Mitarbeitern einige Aspekte besprechen wollte, die noch geklärt werden mussten.

Tatsächlich pries der Minister einige Stunden später, umgeben von seinen Mitarbeitern, ausufernd die Fortschritte des Landes seit der Machtübernahme und dem Ende der Einmischung der kapitalistischen Länder.

Schließlich erhielt ich das Wort und wollte nach den üblichen Danksagungen den Diskurs über das Thema AIDS in Afghanistan eröffnen, vor allem auch, weil ich im Laufe der Woche einiges Inakzeptable entdeckt hatte, um hier nur die allgemeine Unzuverlässigkeit der Bluttests zu erwähnen, die wir kontrolliert hatten. Als ich auf einer Diskussion darüber bestand, antwortete er auf meine Frage nach den Verfahren, die im Falle eines positiven HIV-Tests vorgesehen seien, dass es in seinem Land AIDS, eine Geißel der westlichen Welt, »nicht gibt«. Und dass, wenn ein afghanischer Bürger, der aus dem Westen zurückgekehrt sei, positiv getestet würde ... und hier griff er mit einer eindeutigen Geste an seinen Hals.

Ein dumpfes, aber heftiges Klopfen des Stocks des Zeremonienmeisters signalisierte das Ende der Sitzung und den Gang zum Bankettisch, an dem meine Kollegen mich baten, meine Schlafzimmertür für die Nacht doppelt zu verschließen.

Der Zugang zur Panshir-Region in der nächsten Woche, um Massoud zu treffen, war eher mühsam. Wir planten, vom Flughafen der Hauptstadt des benachbarten Tadschikistan zu starten, wo uns ein von Massoud geschickter Hubschrauber zu einer bestimmten Zeit abholen sollte, um uns in das umkämpfte Panshir-Tal zu bringen.

Unsere fünfköpfige Delegation wartete geduldig in einem militärischen Bereich des Flughafens von Duschanbe auf den Hubschrauber. Nach drei Stunden und vergeblichen Versuchen, Kontakt aufzunehmen, landete schließlich ein heruntergekommener, böse zusammengeflickter Hubschrauber einige Meter von uns entfernt. Zwei Gestalten stiegen aus, von denen eine, der Pilot, eine Halbuniform trug, deren unterer Teil ein traditioneller Pyjama war, während der Co-Pilot Jeans und eine Weste anhatte, aber mit einer Kopfbedeckung aus Wolle, dem afghanischen Pakol. Angst und Misstrauen stellten sich ein – und drei Mitglieder der Delegation weigerten sich, in diesem Knallkörper zu fliegen. So machte ich mich, nur von Urs Zanitti begleitet, auf. Wir flogen eine lange Stunde immer höher in die Berge und landeten auf einem Stück Land, das von Trockensteinmauern eingezäunt war, als wäre es eine geschützte Weide. Keine Spur menschlicher Anwesenheit. Jetzt aber wurden wir ausgeladen und erhielten die Auskunft, dass man uns um 16.30 Uhr abholen würde.

Urs und ich sahen uns verwundert an. Wir hatten kein Mobiltelefon oder Satellitentelefon dabei, nur unsere Uhren. Nach ein paar Minuten, die sich lange dehnten, tauchten einige Einheimische aus der Erde auf, und ein Holztisch und Stühle kamen zum Vorschein. Wir wurden informiert, dass nicht General Massoud uns empfangen konnte, weil er an der Front »beschäftigt« war, sondern sein Außenminister Abdullah Abdullah, ein Augenarzt, der später – von 2014 bis 2020 – an der Spitze der afghanischen Exekutive stand. Das Treffen dauerte ein paar Stunden und war sehr herzlich. Unsere Strategie wurde ohne Bedingungen akzeptiert – wir hatten ihm gesagt, dass wir bereits die Zustimmung der Taliban hatten – und er sicherte uns jede Unterstützung zu. Dann verabschiedete er sich so schnell, wie er gekommen war, mit der Bemerkung, er könne wegen des Ramadans nicht mit uns essen, wir sollten aber die afghanischen Gerichte genießen. Und schon kamen ein paar gehäufte Schüsseln auf den Tisch, gekrönt von einem Kamel-Eintopf, den Urs und ich langsam und nachdenklich zu uns nahmen.

Es war bereits nach 16.30 Uhr, als wir erleichtert ein herannahendes Brummen hörten, das sich bald zu einem ohrenbetäubenden Klappern von drei Hubschraubern steigerte, die vor uns auf dem

Steppenrasen landeten. Nicht mehr das alte Wrack vom Morgen, sondern drei nagelneue Hubschrauber, und in weniger als dreißig Minuten flog uns ein Pilot zurück nach Duschanbe.

Nach meiner Rückkehr in die Schweiz setze ich mich mit der Politischen Abteilung des Departements für auswärtige Angelegenheiten in Verbindung, die für die bilateralen Beziehungen zu Afghanistan zuständig war. Ich berichtete über die Ergebnisse des soeben beendeten Besuchs und beschrieb die in meinen Augen vielversprechende Situation, in der unsere Bemühungen um eine Zusammenarbeit im gesundheitlich-humanitären Bereich mit den politischen Friedensbemühungen, wie mir schien, verzahnt werden konnten. Mein Gegenüber war Andrej Motyl, ein Berufsdiplomat, der Afghanistan gut und aus persönlichem Erleben kannte.

Wir verstanden uns fast sofort, da wir die Situation in Afghanistan auf ganz ähnliche Weise einschätzten und uns den gleichen Zielen verpflichtet fühlten. Dabei räumten wir dem Dialog zwischen den Afghanen vorerst Priorität ein. Diesen Dialog hatte er bereits eingeleitet, indem er eine kleine Gruppe von Vertretern beider, sich in der afghanischen Zivilgesellschaft bekriegender Seiten mit einem Besuchsprogramm in die Schweiz eingeladen hatte, das auf Bildung, Handel, Industrie und soziale Aktivitäten ausgerichtet war. So sollten die beiden gegnerischen Fraktionen einander nähergebracht und ein Dialog angestoßen werden, der damals in Afghanistan realiter unmöglich war.

Dieses erste Experiment dauerte etwa zehn Tage und seine Ergebnisse ermutigten zum Weitermachen. So wurde es wiederholt und ich fügte dem Programm noch den Bereich Gesundheit hinzu. Eine marginale, aber bezeichnende Tatsache sagte mir, dass wir auf einem guten Weg waren. Die Afghanen waren nämlich alle im selben Hotel in Bern untergebracht, wobei die beiden Delegationen anfangs mit dem Rücken zueinanderstanden und sich ignorierten. Im Laufe der Tage sprachen sie aber miteinander, lernten sich kennen und gegen Ende ihres Aufenthalts hatten einige sogar verwandtschaftliche Bande geknüpft und nannten sich alle »Brüder«.

Die Kooperationsvereinbarung für das Projekt Victim Assistance, die beim Besuch in Afghanistan mündlich beschlossen worden war, musste jedoch noch formalisiert und bezüglich der praktischen Umsetzung angepasst werden. Mit Hilfe des IKRK und der Politischen Abteilung IV in Bern gelang es uns, eine hochrangige Delegation zu einem zweitägigen geheimen Treffen nach Genf einzuladen, um das Dokument abschließend auch im Detail zu formulieren. Die afghanische Delegation war im Intercontinental untergebracht und die Verhandlungen wurden in einer kleinen Villa direkt gegenüber dem Hotel in rasantem Tempo geführt.

Probleme der Logistik, der Sicherheit und der Geheimhaltung des Treffens wurden mit der unverzichtbaren Hilfe der erfahrenen Mitarbeiterin des IKRK, Elisabeth Nyffenegger, elegant gelöst.

Die Taliban schickten einen stellvertretenden Minister und einen Direktor des Gesundheitsministeriums und Massoud seinen Cousin und einen weiteren Vertreter nach Genf. Ich habe den Cousin, Botschafter in London, um zwei Uhr morgens am Genfer Flughafen in Empfang genommen. Er war in Begleitung eines Arztes aus dem Panchir-Tal. Die zwei Verhandlungstage endeten mit einem gemeinsamen Dokument, das von Mullah Omar und General Massoud telefonisch bestätigt wurde, bevor es von den Anwesenden unterzeichnet wurde.

Dieses Dokument, auf das wir stolz waren, war das erste, das die Unterschrift der Vertreter beider rivalisierender Fraktionen in Afghanistan trug – doch nach zwei Wochen landete es im Altpapier. Erneut war der Bürgerkrieg aufgeflammt.

Wenige Stunden vor der Abreise der Delegation aus Genf war etwas geschehen – was niemand bemerkt hatte. Ein Taliban-Delegierter hatte mich zur Seite genommen und gefragt, ob er eine Gesichtscreme für seine Frau kaufen könnte. Ich begleitete ihn zu einer Parfümerie, und danach verabschiedete sich der Mann dankbar und glücklich von mir, was mir ein besonderes Zeichen zu sein schien.

NATO-Gesundheitswarnung

Im Jahr 1996 trat die Schweiz der Partnerschaft für den Frieden (PPT) bei, einem bilateralen Kooperationsprogramm zwischen der NATO und ihren Partnern. Staaten, wie auch die Schweiz, konnten danach »maßgeschneidert« mit ihren internationalen Aktionen für die Sicherheit und deren Verteidigung fortfahren. Für den Bereich Gesundheit und Medizin richtete die NATO einen Gemeinsamen Medizinischen Ausschuss (Joint Medical Committee – JMC, wobei »joint« für zivil und militärisch stand) ein, der ein umfangreiches Programm von Ausbildungsveranstaltungen, Think Tanks und Kongressen in den verschiedenen Mitgliedsländern und einem monatlichen Treffen in Brüssel verantwortete.

Als Vertreter des zivilen Sektors begleitete ich den Chefarzt unserer Armee zur ersten JMC-Sitzung, ohne wirklich zu wissen, was mich erwartete. Und fortan kam es zwei Jahre lang zu diesem monatlichen Abstecher zur NATO nach Brüssel. Die Vertrautheit, die wir in multilateralen Angelegenheiten und mit internationalen Organisationen im Bereich Medizin und Gesundheit erworben hatten, ermöglichte es uns, uns früh zu orientieren und zu sehen, welche Bedeutung diese neue Entwicklung für unser Land hatte.

Das »Networking« und die Anwesenheit von Vertretern aus allen europäischen Ländern, einschließlich Russland, machten das JMC zu einem interessanten Forum. Während meine Kollegen aus dem militärischen Bereich, zunächst General Peter Eichenberger und dann Gianpiero Lupi, überrascht und sogar ratlos waren über das, was sie vorfanden – die Struktur des Mandats im militärischen Bereich war statisch und starr –, so hatte ich meinerseits mehrere Projekte in der Schublade, die ich jetzt herausziehen und zu realisieren versuchen konnte.

Um es kurz zu machen: Die Probleme im Bereich Gesundheit und Medizin bei der NATO waren im Prinzip die gleichen, mit denen ich bei der UNO konfrontiert gewesen war, nämlich Kriegstraumata, Evakuierung von Verwundeten, Erste Hilfe und Infektionskrankheiten, einschließlich AIDS.

Nur ein neues Thema kam ins Spiel, das ich bereits in Genf bei der WHO angesprochen hatte: biologische Waffen und Bioterrorismus.

Just in dieser Zeit und in einem völlig anderen Zusammenhang – nämlich im geopolitischen und militärischen Bereich – trat ein neuer Akteur auf die Weltbühne: der Terrorismus, ein bis dahin wenig bekanntes Phänomen, das sich jedoch ständig weiterentwickelte. Auch das Konzept der Sicherheit musste dadurch entstaubt und neu auf die Bühne gebracht werden. Und die Frage war: Konnte es vielleicht einen Zusammenhang zwischen dem Ausbruch von Epidemien und terroristischen Aktivitäten geben?

Bei der WHO, wo ich zwölf Jahre lang zu Hause war und die ich aufgrund meiner Tätigkeit regelmäßig besuchte, wurde ich gefragt, ob die Schweiz nicht bei der Erforschung des »Drifts« in der Entwicklung der Infektionskrankheiten mithelfen wolle – wobei dabei nicht nur die bekannten Krankheiten gemeint waren.

Zufällig fand ich hier den Ansprechpartner, den ich suchte, Dr. Ottorino Cosivi, einen Spezialisten für Infektionskrankheiten und Epizootien mit einem besonderen Interesse an der Entwicklung von Epidemien. Er war überzeugt davon, dass das Thema auf internationaler und multilateraler Ebene angegangen werden musste. Dabei ging es in erster Linie darum, die Lage der Länder auf der ganzen Welt zu erfassen und zu bewerten, ob sie in der Lage waren, im Falle eines Ereignisses mit chemischen Stoffen (Chemiewaffen) und biologischen Stoffen (Biowaffen) reagieren zu können. Der letzte WHO-Bericht dazu stammte aus dem Jahr 1970. In der Zwischenzeit hatte sich die gesundheitliche und geopolitische Lage durch neue Epidemien und Krankheitserreger verändert.

Wir schrieben das Jahr 2001. Der unerlaubte Einsatz gefährlicher Keime wurde mehr und mehr (und nicht nur vertraulich) diskutiert, und der Einsatz biologischer Agenzien zu Kriegszwecken war mehr als eine Sorge oder ein Verdacht. Wohlgemerkt, die Covid-Epidemie stand noch bevor ...

Cosivi gelang es nun, eine Arbeitsgruppe aus renommierten Wissenschaftlern aus Ländern zusammenzustellen, die seinerzeit in der Forschung führend waren. Wir hatten zunächst etwa 50 interessierte Konsultationsteilnehmer, reduzierten die Gruppe dann aber auf ein Dutzend. Die Personen hatten wir sorgfältig ausgewählt, um ein breites geografisches und geopolitisches Bild zu erhalten, und konnten jetzt in die Phase der Forschung und Datensammlung eintreten. Dann einigten wir uns auf eine gemeinsame Linie, damit wir am Ende die Schlussfolgerungen und praktischen Empfehlungen zusammenfassen konnten, die schließlich im Namen der WHO gebilligt und veröffentlicht werden sollten. Uns gelang eine sehr anspruchsvolle und gründliche Arbeit mit plötzlichen Felsen und Eisbergen, die es zu »umschiffen«, wenn nicht gar zu beseitigen galt. Im Jahr 2004 wurde schließlich unser Ergebnis als Buch mit dem Titel: *Public Health response to biological and chemical weapons. WHO guidance* (»Reaktion der öffentlichen Gesundheit auf biologische und chemische Waffen. Ein Leitfaden der WHO«) veröffentlicht.

Es war kein Bestseller, aber es wurde gelesen und sehr genau unter die Lupe genommen. Nachdem ich an zahllosen Fokusgruppen- und Redaktionssitzungen teilgenommen hatte, die stets vertraulich waren, kann ich sagen, dass unser Buch ein technisches Referenzhandbuch ist, das die ganze Wahrheit enthält, aber nicht alle Geschichten dahinter erzählt, weil es das nicht kann. Was man nicht findet, sind Informationen, die spontan oder während der Sitzungen von Wissenschaftlern, die mit dem »Stand der Technik« in ihrem Land gut vertraut waren, »verraten« wurden. Um es klar zu sagen: Was passiert in allen Hochsicherheitslaboratorien ...

Für die WHO diente dieses Dokument in erster Linie dazu, die Aufmerksamkeit auf einen Bereich zu lenken, der in Vergessenheit geraten war: den der IHR (International Health Regulation). Es wurde aus der Schublade geholt und im Laufe von etwa einem Jahrzehnt nicht ohne Mühe überarbeitet. Da es sich auch mit den Richtlinien der WHO für den Fall einer Pandemie befasste, war eine Aktualisierung zwingend erforderlich.

Um zum Bioterrorismus – einem verkürzten Ausdruck für alle Themen, die mit biologischen Waffen zu tun haben – zurückzukommen: Er war inzwischen Gegenstand präziser, hochaktueller und so auch hektischer Forschung. Die zentrale Frage, die sich Staaten und Bürger stellten, lautete: Ist ein Angriff mit einer biologischen Waffe durch Terroristen oder einen Staat möglich, denkbar oder nur ein Schreckgespenst?

Im Titel des WHO-Dokuments tauchte der Begriff »Bioterrorismus« nicht auf und der Text ging auch nicht auf die Windungen einer hypothetischen biologischen Kriegsführung ein. Stattdessen enthielt er das gesamte wissenschaftlich verfügbare Material, das Keime definierte, die theoretisch für einen »vorsätzlichen Einsatz« infrage kamen. Dabei wurde jedoch darauf geachtet, keine detaillierten technischen Informationen zu liefern, die als Vademecum für Böswillige hätte dienen können.

Um auf die Kernfrage nach der Plausibilität eines bioterroristischen Angriffs zurückzukommen, blieb die Antwort der WHO vage. Sie warnte nur vor der potenziellen Gefahr eines Anschlags, erinnerte aber an die Hinweise auf Präventivmaßnahmen, das heißt an die Maßnahmen beim Ausbruch einer Epidemie oder Pandemie, ob »natürlich«... oder vorsätzlich. An dieser Stelle hörte der Diskurs auf, um zwanzig Jahre später mit dem Auftreten der Pandemie Covid 19 zwangsläufig erneut zu starten.

Es war die NATO, die sich an die WHO wandte und den entscheidenden Vorschlag machte: ein Seminar mit der Simulation eines bioterroristischen Ereignisses in ihrem Hauptquartier in Brüssel zu organisieren.

Wir nahmen das in die Hand, wohl wissend, dass harte Arbeit vor uns lag, und bereiteten im Namen der JMC und unter Beteiligung der Niederlande und der Schweiz ein Szenario für eine »Überraschungsübung« im NATO-Hauptquartier vor. Eines Morgens wurde dann der Alarm wegen eines mutmaßlichen terroristischen Angriffs mit einer biologischen Waffe ausgelöst und der Alarmzustand für alle ausgerufen. Als simulierter Erreger war das Pestbakterium gewählt worden, dessen Ursprung in Madagaskar vermutet wurde. Nach Auslösung des Alarms durch die virtuelle Ad-hoc-Einsatzzentrale in Brüssel wurden alle Reaktionsprotokolle aktiviert, darunter sogar eine gezielte Blockade des internationalen Flugverkehrs simuliert.

Die »Echos«, Bewertungen und Kritiken zu der Experiment-Simulation am nächsten Tag waren interessant. Die Antwort auf die Schlüsselfrage lautete – zumindest für unseren Versuch –, dass sich ein Einsatz der biologischen Waffe zu Kriegszwecken als unrealistisch herausstellte, weil sie unzuverlässig und strategisch weder handhabbar noch kontrollierbar war. Zu diesem Zeitpunkt gab es jedenfalls keinen bekannten biologischen Kampfstoff, der für einen Einsatz infrage gekommen wäre. Und von den Ländern, die das Rückgrat der NATO bilden, wurde die Souveränität der Staaten auf dem Gebiet der öffentlichen Gesundheit betont und als unantastbares Prinzip erklärt – wobei die führende Rolle der WHO wohlwollend (und herablassend) anerkannt wurde.

Das Sagbata-Katastrophenschutzprojekt

Zusammen mit meinem niederländischen Kollegen Martijn Boosman – den ich beim JMC kennengelernt hatte und der sich seit Jahren mit der Suche nach neuen Lösungen und besseren Antworten zur Verhütung von Naturkatastrophen befasste – beteiligte ich mich an sehr spannenden Diskussionen, in denen wir das Feld von Kriegskatastrophen auf von Menschen verursachte Katastrophen, zum Beispiel Industriekatastrophen, ausweiteten.

Dabei interessierten uns diese Aspekte: die Verhinderung ruinöser Folgen und die Maßnahmen, die konkret zu deren Bewältigung ergriffen wurden, sowie die hypothetischen Maßnahmen und die Dynamik, die aktiviert werden musste, und schließlich die Entscheidungen, die am Ende zu treffen waren.

Bei der Untersuchung der Reaktionen, insbesondere im Hinblick auf den vorhersehbaren Zeitplan – und bei Katastropheneinsätzen enormen Ausmaßes (Flugzeugabstürze, Eisenbahnkatastrophen, Großbrände in einer Stadt) –, wurden in erster Linie die negativen

Aspekte der Reaktion analysiert, und zwar bei allen Gliedern der Befehlskette. Sowohl bei der Vorbereitung und Prävention möglicher Katastrophen als auch bei der eigentlichen Reaktion nach der Katastrophe musste – am allerwichtigsten – ein klarer Zeitplan eingehalten werden.

Boosmans Plan tangierte seine berufliche Realität. Er hatte ein Forschungs- und Ausbildungsinstitut für öffentliche und private professionelle Einrichtungen gegründet, von denen man, wenn nötig, rasche Antworten erwarten durfte, zum Beispiel Polizeikorps, Feuerwehren, Rettungskräfte, Notärzte und Sanitäter. Sein Team junger Experten, denen insbesondere die neuen Technologien der künstlichen Intelligenz vertraut waren, war bereits erfolgreich tätig und ihr Rat in den Niederlanden, aber auch in den Nachbarländern Dänemark, Belgien und Deutschland gefragt.

Dieses Team arbeitete leidenschaftlich an dem kühnen Projekt »Folgenbewältigung bei Katastrophen«, bekannt als SAGBATA-Projekt. Der Name leitete sich von einer Göttin aus der afrikanischen Mythologie von Dahomey ab, der Göttin des Todes, der Krankheit und der Mysterien.

Es ging ihm um die Frage, wie man die Abfolge von Entscheidungen, die jede Katastrophe mit sich bringt, mathematisch und statistisch bewältigen kann, um bestmögliche Ergebnisse zu erzielen und gleichzeitig Fehler mit schlimmen Auswirkungen zu vermeiden.

Boosmans niederländische Gruppe machte sich die damals verfügbare moderne Datenverarbeitungstechnologie zunutze, ein Gebiet, das sich explosiv entwickelte und ein Vorläufer der KI war. Vereinfacht gesagt, ging es darum, ein Werkzeug oder eine Methode zu entwickeln, mit der die besten operativen Entscheidungen bei der Reaktion auf eine Katastrophe getroffen werden konnten.

Das Projekt sollte allen, die für den Umgang mit einer Tragödie verantwortlich sind, ob eine Behörde oder ein einfacher Beamter, wertvolle technische Hilfe bei der Entscheidungsfindung bieten. Es blieb das Problem des Arbeitsaufwands und der Suche nach einem bestmöglichen Modell für alle denkbaren Szenarien.

Die Diskussion über dieses Projekt, das ich in Bern vorstellte, fand ein positives Echo und so schlossen wir uns der niederländischen Gruppe an und präsentierten es zusammen mit dem JMC der NATO. Kurz darauf erhielten wir die Anfrage von der Europäischen Gemeinschaft, die uns, zusammen mit unserem Kollegen Boosman, aufforderte, das SAGBATA-Projekt in einem abgelegenen Schloss in einem Wald in Luxemburg vorzustellen.

Wir waren gut darauf vorbereitet, auf die Flut von Fragen einzugehen, die uns etwa dreißig hochrangige europäische Beamte, Politiker und Militärangehörige im Laufe eines langen Vormittags stellten. Die Diskussionen wurden immer lebhafter, beruhigten sich aber, als wir zu dem wunden Punkt kamen, dessen Details wir gut kannten und nicht verschweigen wollten.

Nachdem wir den Ansatz und das Ziel unseres Projekts vorgestellt und das große Interesse an diesem neuen Tool festgestellt hatten, fehlten uns noch die Checklisten mit den Details, die zu berücksichtigen waren, um tiefer in die Wahrscheinlichkeitsberechnungen einsteigen zu können. Unsere Checklisten damals deckten jedoch nur die ersten Schritte des Katastrophenmanagements ab. Heute würde diese Aufgabe in einem Wimpernschlag von der KI übernommen, auf die wir damals noch nicht zählen konnten.

Das »Urteil« kam in Form eines Schreibens der Europäischen Gemeinschaft, in dem sie sich höflich und dankbar für die Präsentation bedankte und dazu aufforderte, unser Angebot weiterzuentwickeln. Das haben dann unsere niederländischen Kollegen getan, sodass deren Methode zur Bewältigung plötzlicher Katastrophen noch heute von den militärischen und zivilen Korps in einigen nordeuropäischen Ländern verwendet wird.

Master-Abschluss in Katastrophenmedizin

Als ich mich langsam dem Ende dessen näherte, was man üblicherweise als »Karriere« bezeichnet, hatte ich das Bedürfnis, eine Bestandsaufnahme zu machen: nicht über eine Karriere im klassischen Sinne des Wortes, sondern über eine Abfolge von Ereignissen, die mich gepackt und vorwärtsgetrieben hatten. Wenn ich zurückblickte und all die vergeblichen Bemühungen betrachtete, die sich angesammelt hatten, fragte ich mich nicht so sehr, warum das so war, sondern ob es noch etwas gab, das unvollendet geblieben war oder es wert war, noch einmal versucht zu werden.

Die Antwort kam mir zu einer bestimmten Zeit und an einem bestimmten Ort. Ich war in Armenien, und zwar in Jerewan bei einem Brainstorming-Seminar zum Thema »Management nach dem Erdbeben«.

Mit meinem Busnachbarn, dem damals jungen Francesco Della Corte, einem Anästhesisten und Reanimationsexperten aus Novara, diskutierte ich über Medizin und Chirurgie nach Katastrophen und Kriegen, und beide kamen wir zu einem Schluss: Das Terrain war noch immer zu wenig bekannt und erforscht, aber es gab auch eine Lücke, die es zu füllen galt.

Mit dem Enthusiasmus des Pioniers und in Zusammenarbeit seiner Universität Ostpiemont in Oberitalien der Freien Universität Brüssel – mit den Professoren Michael Debacker und Herman Delooz – hatte er bereits ein europäisches Masterprogramm für die Ausbildung in Katastrophenmedizin mit dem Namen EMDM, European Master in Disaster Medicine, auf den Weg gebracht. Es war das erste seiner Art, das online im Internet angeboten wurde. Meine Erfahrungen in der Kriegschirurgie und danach in der multilateralen Gesundheitsarbeit mit der UNO, der WHO und anderen internationalen Organisationen interessierten ihn und er fragte mich, ob ich an seinem Projekt mitarbeiten wollte.

Gesagt, getan. Und schon fand ich mich auf einer neuen Expedition wieder, die alle Zutaten für ein spannendes und herausforderndes Abenteuer enthielt. Der genannte Masterstudiengang bestand aus sieben Modulen:

1. Einführung in die Katastrophenmedizin
2. Forschung
3. Management

4. Spezifisches Management (Lawinen, Wirbelstürme, Erdbeben, Brände usw.
5. Psychische Gesundheit bei Katastrophen (PTBS)
6. Bildung und Ausbildung
7. Komplexe humanitäre Notfälle

Das Studium dauerte zwei Jahre, mit einer Präsenzphase von zwei Wochen in Italien und dem Rest über das Internet. Das Zertifikat konnte nach einer Prüfung erworben werden.

Ich wurde nun mit dem Modul »Komplexe humanitäre Notfälle« betraut und dieses Engagement gab mir die Gelegenheit für Forschungsarbeit und auch die Möglichkeit des Tests, was meine Berufserfahrung im Hinblick auf meine Studenten wert war. In jedem Kurs waren es etwa vierzig und alle hatten bereits einen Abschluss. Sie kamen aus Ländern von nah und fern, von den USA über Europa, dem Nahen Osten bis nach Südkorea. Als die Zeit für die Abschlussarbeiten kam, konnte ich meinen Aufwand messen, aber auch das Vergnügen, etwas zu lehren, das sich lohnte.

Je tiefer ich in das Thema einstieg, desto unvermeidlicher wurde es, dass ich eine klare Definition für die Humanitäre Medizin benötigte und ihren Platz innerhalb der Humanitären Hilfe. Der EMDM-Masterstudiengang leistete dies, nachdem die Inhalte und Grenzen der Lehre festgelegt worden waren, und sein Erfolg bestätigte seinen pädagogischen Wert, aber es fehlte die Verankerung dieser neuen Subspezialisierung der Medizin im akademischen Bereich, in einem Universitätslehrplan.

Meine letzte Aufgabe als Arzt bei der Humanitären Hilfe des Bundes hatte mich nicht nur ermächtigt, mich weiter um die Konzeption des Faches zu bemühen, sondern mich sogar gedrängt, neue Wege zu definieren, um die immer deutlicher werdenden Ziele zu erreichen. Wenn eines dieser Ziele darin bestand, der zu lehrenden Humanitären Medizin Leben, Würde und Sichtbarkeit zu verleihen, dann war das Ziel die Universität.

Ein günstiger Zufall war die Begegnung oder, besser gesagt, der Vergleich der vom Schweizerischen Gesundheitsdienst ausgegebenen Ziele mit denen der Humanitären Hilfe. Und dann hatte ich das Glück, den obersten Arzt der Schweizer Armee, Generalleutnant Giampiero Lupi, kennenzulernen und mit ihm zusammenzuarbeiten. Was dazu führte, dass ich mit ihm Ideen und Projekte teilen konnte, die in absehbarer Zeit realisiert werden sollten. Am Anfang ging es uns darum herauszufinden, wo militärische und zivile Ziele zusammen Hand in Hand gehen könnten, und dabei die vielen Synergien zu nutzen, die hier möglich waren. Das erste Projekt war bald die SAMK, die Schweizerische Akademie für Militär- und Katastrophenmedizin. General Lupi und ich konnten gemeinsam international auch andere neue Projekte vorstellen, die den Trend in der Medizin beeinflussten.

Für mich ging es darum, die fortschreitende Entwicklung der Humanitären Medizin genau zu verfolgen und aufmerksam zu begleiten. Die Verbindung mit dem europäischen EMDM-Masterstudiengang ergab sich dabei fast von selbst, und so legten wir in Genf den Grundstein für die EMDM-Akademie. Damit entstand ein internationales Zentrum für Ausbildung und Forschung in der Katastrophenmedizin, wo EMDM-Fachwissen in den nationalen wie internationalen akademischen Bereich übertragen wurde.

Tatsächlich waren neben der Universität Ostpiemont und der Frije Universiteit in Brüssel auch die Universitäten von Genf mit Professor Louis Loutan und Lausanne mit Professor Bertrand Yersin an dieser Entwicklung beteiligt. Nicht zu vergessen die wohlwollende Schirmherrschaft der Schweizer Regierung und die Unterstützung seitens des Verteidigungsministeriums und des Departements für auswärtige Angelegenheiten.

Es war nun real geworden, was aus einem Traum entstanden war – aber leider schon nach wenigen Monaten wieder zum Traum wurde. Einer der wesentlichen Gründe für das Scheitern des Projekts, das vielversprechend begonnen hatte, war der Rücktritt fast aller Schweizer, die es initiiert hatten, mich eingeschlossen.

Dann wurde mein Freund Gianpiero Lupi, Oberfeldarzt, der uns seine Unterstützung zugesagt hatte, 2013 durch eine Krankheit für immer von uns genommen. Seine Unterstützung war für uns aufgrund seiner Autorität wichtig, aber auch deshalb, weil er imstande war, Schweizer Gelder zu erhalten und zu aktivieren. Sein Nachfolger hatte dann andere Sensibilitäten und Prioritäten.

Zum Schluss noch mein Appell

Widerwillig gebe ich zu, dass ich es als eine Niederlage betrachte, das gewünschte Ziel nicht erreicht zu haben.

Ein anderes Ziel blieb bestehen, eine, wenn man so will, Wette mit noch ungewissem Ausgang: Wie kann man die humanitäre Medizin mit der humanitären Hilfe vereinen und sie in der internationalen, multilateralen Arena verankern?

Die Herausforderung bleibt bestehen. Gerade heute, da die Stimme der humanitären Hilfe überall auf der Welt erklingt, aber wenig gehört wird und dem Echo in der Wüste gleicht, während der Schrei einer leidenden und sterbenden Menschheit keine Stimme hat. Die humanitäre Medizin ist stumm, aber dennoch lebendig und im Gefolge von Konflikten vor Ort präsent, mit ihren Unzulänglichkeiten, ihren begrenzten Mitteln, aber mit dem uneingeschränkten Einsatz der Operateure, Ärzte, Sanitäter und Freiwilligen. Ihnen allen schulden wir, die Privilegierten, die Kriege immer noch nur aus der Ferne sehen, Dankbarkeit. Wir wissen, wer sie sind. Und das, obwohl wir jeden Tag erfahren, wie das Reden und Handeln des Humanitären auch als Allheilmittel, als Alibi, als Linderungsmaßnahme, als Nebelkerze und sogar als Kriegswaffe eingesetzt wird. Entsetzend im Entsetzen – und oft will sich ein Gefühl der Verzagtheit einstellen.

Es wäre verlockend, hier einen Diskurs über Ethik zu eröffnen und darüber, welche Notwendigkeit sie heute im Vergleich mit der aristotelischen Ethik hätte, aber da würde ich mich auf ein Minenfeld begeben, das nicht mein eigenes ist, was leichtsinnig und unvorsichtig wäre.

Ich gehe alle meine Schritte zurück und lande immer wieder bei der Unaufschiebbarkeit der Humanitären Hilfe in Aktion, die Leiden lindert und Leben rettet.

Für mich bleibt die Frage, wohin wir uns mit der humanitären Hilfe und der humanitären Medizin bewegen, hochaktuell.

Die Fragen, die mir von Medizinstudenten oder jungen Ärzten oft gestellt worden waren und auf die ich gerne eine klare Antwort gegeben hätte, lauteten:

+ Was sollen wir tun, um Zugang zur humanitären Medizin zu bekommen?
+ Wer kann uns in Humanitärer Hilfe ausbilden? Und wo?
+ Ist es der Kontext des Krieges oder der Krise, der den Inhalt dieser Medizin bestimmt, oder haben wir es mit einer neuen und ganz anderen Medizin als der traditionellen zu tun?
+ Wie definiert man die Beziehung zwischen humanitärer Hilfe und humanitärer Medizin?

Meine Antworten waren immer noch bruchstückhaft und nie ganz zufriedenstellend, obwohl einige meiner Überlegungen und vor allem einige Ratschläge mit Interesse aufgenommen wurden. Auch die Diskussionen, die nach der Vorstellung der Thesen folgten, waren immer engagiert und manchmal sogar hitzig.

Der theoretische Diskurs über die bereits erzielten Fortschritte war reif, aber die Realität – die berühmte Umsetzung der Theorie – ließ noch auf sich warten.

Was uns stattdessen mit einer verrückten Beschleunigung überwältigt hat, ist das Tempo der Ereignisse unserer Zeit, und ich beziehe mich dabei mehr auf die Kriege und Konflikte am Ende des letzten Jahrhunderts als auf diejenigen, die uns derzeit bedrohen.

Selbst die Befürworter von Kriegen berufen sich, wenn menschliches Leid Grenzen in hohem Maß überschreitet, auf die humanitäre Hilfe. Ja, sie führen sie dann immer im Mund, benutzen und missbrauchen sie und denaturieren sie schamlos, um ihre nicht endenwollende und unmoralische Gier nach Herrschaft und Macht zu vertuschen.

Jedoch wächst der Bedarf an humanitärer Hilfe und humanitärer Medizin immer weiter. Wir sehen das jeden Tag. Und wir, die wir keine Eingeweihten sind, fragen uns, warum Hilfe nicht rechtzeitig ankommt und warum der Zugang zu ihr, auch wenn sie absolut überlebenswichtig ist, behindert wird.

Ich kann diese Fragen nicht wirklich beantworten. Aber den jungen Frauen und Männern, die einfache kluge Fragen stellen und in sich den Wunsch tragen, sich für die Leidenden nützlich zu machen und den Weg der Medizin einzuschlagen, möchte ich sagen:

+ Absolvieren Sie Ihre Ausbildung mit Engagement, sei es als Arzt, Krankenpfleger oder bei einer nützlichen Tätigkeit zur Verbesserung der öffentlichen Gesundheit, und seien Sie sich vor jedem neuen Abenteuer sicher, dass Sie den Beruf, wie auch immer er aussehen mag, fest im Griff haben.
+ Wenn Sie während Ihrer Berufsausbildung den Drang und das Bedürfnis in sich spüren, Erfahrungen als Freiwilliger zu machen, dann tun Sie es. Mein Leben, das ich hier nachgezeichnet habe, verlief nicht anders. Ich wage auch hinzuzufügen, dass das Schicksal uns alle in den verborgensten Ecken erwartet. Es liegt an uns, uns für das Unerwartete zu öffnen.
+ Dann kann es vielleicht an der Zeit sein, an die Tür der humanitären Hilfe zu klopfen. Sei es eine kleine oder eine große NGO oder ein Rotes Kreuz, es muss nicht unbedingt das IKRK oder Ärzte ohne Grenzen oder was auch immer sein. Die Türen, an die Sie klopfen, scheinen immer verschlossen zu sein, und es ist richtig, dass eine dauerhafte berufliche Zukunft in diesem kleinen Bereich an sich wenig attraktiv ist, nicht zuletzt, weil ein erster Job immer zeitlich begrenzt ist.
+ Es scheint mir jetzt an der Zeit zu sein, dass eine zusätzliche spezifische Ausbildung im Bereich der humanitären Medizin oder/und

der humanitären Hilfe in die Lehrpläne aufgenommen wird. Fortbildungsangebote gibt es viele, aber ihr Wert ist nicht immer leicht zu beurteilen. Ich habe bereits über meine Erfahrungen mit dem EMDM gesprochen, dem ersten Online-Kurs, der bis heute ein international sehr beliebter und interaktiver Kurs (www.dismedmaster.com) ist. Heute werden auch auf Universitätsebene spezifischere und gezieltere Ausbildungsmöglichkeiten angeboten.

+ An diesem Punkt ist es an der Zeit, an Bord zu gehen – an Bord nationaler und internationaler Strukturen oder Institutionen, Universitäten, Stiftungen, Instituten, Banken und so weiter. Ich glaube, dass alle in ihren Organigrammen zumindest Krümel von Präsenz und Aktivität im humanitären Sektor haben. Hier – lieber Freund, liebe Freundin, die das liest – musst du dich bewegen und aktiv werden, mit Initiativen und persönlichen Kontakten, zusätzlich zu dem üblichen wachsamen Auge auf das Netzwerk.

+ Die Auswahlverfahren für »begehrte Posten« würde ich meiden, sie sind oft nur Augenwischerei. Für einen einzigen Posten in einem UN-Hauptquartier oder einer UN-Agentur kommen Tausende von Bewerbungen an.

+ Ich schließe diesen »Beipackzettel« und kehre zum Anfang zurück. Sie sind Arzt oder Krankenschwester oder werden es. Sie müssen Ihren Beruf »lieben« und »hüten«, denn er ist kostbar. Es liegt an Ihnen, ihm treu zu sein und Schritt für Schritt die Entwicklungen zu verfolgen, die sich im Laufe der Jahre ergeben. Wenn Ihr Herz Sie zu humanitärem Handeln führt, dann müssen Sie darauf hören, auch wenn Sie nicht sofort wissen können, ob sich dieser Weg eines Tages wirklich für Sie öffnen wird. Ihre berufliche Laufbahn in Ihrem Land bleibt Ihre erste Wahl.

Lieber Freund, liebe Freundin, ich wünschte, ich könnte Ihnen sagen, dass Sie, wenn Sie wirklich den Weg der humanitären Medizin einschlagen wollen, sich nur für eine Subspezialisierung an der medizinischen Fakultät der Universität Ihrer Wahl einschreiben müssen, egal in welcher Stadt. Noch sind wir nicht ganz so weit. Aber ich bin überzeugt, dass wir eines Tages dort ankommen werden.

Kapitel 10
Zusammenfassend und abschweifend

Am Ende muss ich jetzt eine Erklärung abgeben, warum ich den Titel »Dissonanzen« für dieses Buch gewählt habe, der sich mir, um ehrlich zu sein, aufgedrängt hat. Mir ging es dabei nicht um den Bereich der kognitiven Dissonanzen, sondern um eine Übertragung aus der Musik auf meine Dissonanzen ...

Die Musik kam schon vor der Schule in mein Leben und sie war meine erste Reise, mein erstes Abenteuer, das mit dem Singen in der Kirche als Ministrant begann. Es setzte sich mit dem Klavierstudium fort, das mir meine Mutter schon in der Primarschule anbot, weshalb ich mit dem kleinen Zug nach Locarno fuhr, um bei dem strengen Professor Walter Rüsch Unterricht zu nehmen. Die musikalische »Arbeit« wurde dann am Gymnasium in Einsiedeln mit dem Studium der Orgel und des Cembalos fortgesetzt. Das Musizieren gab ich im Laufe der folgenden fünfzig Jahre auf und entdeckte es erneut – eine weitere Dissonanz – gegen Ende meines Berufslebens, als Gioconda wieder auftauchte, eine befreundete Pianistin aus meiner Jugend, die mich heute in die Welt von Chopin begleitet.

Jetzt erkenne ich so viele Dissonanzen in meinem vergangenen Leben wieder, und es waren, wie in der Musik, geheimnisvolle, aber kurzlebige Ereignisse, unvorhersehbar, sogar lästig und oft spannungsvoll, die sich aber auflösten und sich zum Guten und Besseren verwandelten. Die neue Situationen schufen, die mich direkt betrafen, aber auch meine Nachbarn und viele meiner Zeitgenossen.

Ereignisse zu erkennen und sie als Dissonanzen wahrzunehmen, hat mir meist ermöglicht, mich mit Ruhe und fast mit Zuversicht, manchmal auch mit Erstaunen, auf das einzustellen, was nach der Dissonanz passierte.

Ich denke an das Wort »Schicksal«, das schöner und präziser ist als das Wort »Bestimmung«. Wie in der Musik bleiben auch die Dissonanzen im Laufe eines Lebens so etwas wie eine Pflichtpassage, und alles deutet darauf hin, dass man dieser Passage folgen muss. Natürlich stellt sich diese »Erkenntnis« erst dann ein, wenn das Ereignis vorbei ist.

Im Laufe meiner humanitären Wanderschaft um die Welt bin ich auf mehrere Dissonanzen gestoßen. Nachdem ich den Moment des Überraschtseins und vielleicht sogar der Verwirrung hinter mir gelassen hatte, erlaubte ich mir immer einen Blick in den Rückspiegel, mit dem Wunsch zu verstehen, warum es so gekommen war.

Ich nehme das Beispiel einer festgefahrenen internationalen Konferenz, bei der die Verhandlungen ins Stocken geraten sind. Keine Einigung in Sicht, kein gemeinsamer Resolutionsentwurf. Die Zeit läuft ab, es wird diskutiert, gestritten und gearbeitet, sogar nachts. Dann plötzlich und ohne ersichtlichen Grund, wie durch einen Zauberstab, ändert sich die Luft und eine eben noch unerreichbare Einigung wird endlich offiziell erklärt. Was hat die Atmosphäre verändert, das Misstrauen besänftigt, die Ressentiments gedämpft und den guten Willen zurückgebracht?

Darüber könnte man lange nachdenken, aber ich ziehe es vor, Albert Einstein um Hilfe zu bitten: »Es gibt zwei Arten, sein Leben zu leben: entweder so, als gäbe es kein Wunder, oder so, als wäre alles ein Wunder. Ich glaube an Letzteres.«

Ich möchte noch an eine Überlegung von Cromatius von Aquileia, einem Mönch und Bischof aus dem 4. Jahrhundert, anknüpfen: »Lasst uns aus dem Schlaf des Todes erwachen«, entnommen seiner »Rede für die große Nacht«. Er stellt dabei fest, dass wir leben, als wären wir tot, und dass wir, wenn der Tod zu uns kommt, nicht dem Untergang der Sonne beiwohnen, sondern dem Anbruch eines neuen Tages.

Meine Geschichte endet hier mit den Ereignissen des Jahres 2009. Nachdem ich meine Verpflichtungen hinter mir gelassen hatte, fand ich eine Freiheit, die ich nie gekannt hatte. Es war dies ein flüchtiger, aber berauschender Moment der Benommenheit. Nachdem ich meine Funktionen, Uniformen und Rollen, einschließlich meiner Online-Identität, abgelegt hatte, war alles, was mich von nun an erwartete, wie ein Bad in unserem kalten, klaren Bergsee.

Ich dachte, ich könnte jetzt praktisch ohne Einschränkung oder familiäre Knechtschaft über meine Zeit verfügen und wiederentdecken, was ich im Laufe der vergangenen Jahrzehnte aufgegeben oder vergessen hatte. Ich freute mich über das Privileg, am Leben zu sein, über die Musik, die nun anstehenden Reisen des Geistes mit Lektüre auch von Philosophen und die Annehmlichkeiten, die das Internet uns zu wählen erlaubt.

Aber mein Schicksal hatte bereits eine andere Dissonanz reaktiviert, die sich als maßgeschneiderte Situation zur richtigen Zeit entpuppte. Eine Art neue Extrazeit wurde zu den vorherigen hinzugefügt.

Meine Schwester Carla hatte mit der Ernennung zur Schweizer Botschafterin in Argentinien und der üblichen dreijährigen Amtszeit eine letzte Aufgabe in ihrer öffentlichen Karriere als Staatsanwältin in einem ihr fremden Bereich angenommen, nämlich dem der Diplomatie. Sie fragte mich, ob ich ihr behilflich sein und ihr folgen wolle. Ich war in der Tat ein Mann im Ruhestand, aber ich hatte meine Pflichten noch nicht ganz zur Seite gelegt, und gemeinsam fanden wir einen Kompromiss, der mich drei Jahre lang, von 2009 bis 2011, zwischen der Schweiz und Argentinien pendeln ließ, ein paar Monate hier und ebenso viele dort.

Nachdem ich den Fluss dieser drei Jahre mit erneut ganz unterschiedlichen Abenteuern erlebt hatte, wusste ich, dass ich meinem Weg wie in den vergangenen vier Jahrzehnten gefolgt war. Es war darum gegangen, weiterhin den Diplomaten zu spielen ohne einer zu sein, und das Privileg zu haben, Initiativen ergreifen zu können und dann mit ihnen zu leben. Ich musste nur das, was ich zuvor gelernt hatte, in die Tat umsetzen.

Jetzt aber möchte ich noch einen Exkurs wagen – und zwar erneut zum Thema Dissonanz, nun im Bereich der Musik.

Aber woher kommen die musikalischen Dissonanzen?

Bei einer solchen Frage denken wir heute in der Regel an instrumentale Musik und lassen außer Acht, dass es vokale Dissonanzen seit Menschengedenken gibt. Es war ja die menschliche Stimme, die sie auf natürliche Weise hervorgebracht hat. Ich erinnere nur an gregorianische Gesänge mit ihrer einfachen Melodie und all ihren Melismen, bei denen ein Vokal mal leise von einer Note zur anderen übergeht, mal schleichend und dann wieder besonders schrill.

Woher kommen die Dissonanzen, die von Musikinstrumenten erzeugt werden?

Eine berechtigte Frage, oder? Selbst heute im 21. Jahrhundert, wo die Zwölftonmusik angesichts neuer Ausdrucksformen, die mit dem Gehör kaum noch wahrnehmbar sind, fast aus der Mode gekommen zu sein scheint.

Sind diese Dissonanzen der vokalen Musik des 16. Jahrhunderts zu verdanken, aus der Giovanni Pierluigi da Palestrina den raffinierten Kontrapunkt seiner Vokalpolyphonie »a cappella« gewinnen konnte?

Sicher aber kommen sie aus den Zerfleischungen der Stimmen bei Gesualdo da Venosa – mit ihrer beispiellosen und gewaltigen Intensität, die an die Grenze des Erträglichen reichen.

Wenn man sich schließlich der Instrumentalmusik nähert, haben echte Dissonanzen dort ein Zuhause und entwickeln sich weiter.
Ich erlebe sie, ich suche sie, ich warte auf sie und sie verzaubern mich und überraschen mich immer wieder.

Ich sage Ja zu den Dissonanzen Bachs, die mich ergreifen, ohne dass ich es merke, und die mir absoluten Schutz und Vertrauen in eine gerechte und glückliche Lösung geben.

Mozart amüsiert mich auf unvergleichliche Weise: ja? nein? Und mit einer Pirouette fegt er mich am Ende einer ausklingenden Coda von den Beinen.

Weniger ansprechend sind für mich Beethovens langwierige und bestürzende Dissonanzen.

Dagegen scheint Chopin ergreifend und melancholisch intensiv zu sagen: Lass dich gehen, es tut nicht weh, du wirst sehen.
Wie oft habe ich das schon zu meinen Patienten vor einer Operation gesagt?

Heute, hier, wird mir am Ende meiner Reise bewusst, dass ein ungemein abwechslungsreiches und aufregendes Leben an mir vorbeigezogen ist, ohne dass ich es bemerkt habe.
Dieses mein Leben besteht aus aufeinanderfolgenden »hic et nunc« und jeder Tag trägt einen Hauch von Ewigkeit mit sich (ein Gedanke, der mir bei der Lektüre – wessen? – begegnet ist).
Die Stunde der Auflösung meiner letzten Dissonanz, der meines Lebens, kommt und ich bin fast schon ungeduldig und neugierig, sie erleben zu dürfen.

Können Fotos die Welt verändern?

Nein, die Welt wohl nicht – aber außergewöhnliche Fotografien haben unstrittig ikonischen Charakter wie beispielsweise das Bild der ersten Mondlandung 1969, das ein Beleg dafür ist, wie sehr die Wissenschaft der letzten 60 Jahre die Welt verändert hat. Oder das Bild eines vietnamesischen Generals, der 1968 in Saigon einen »Vietcong« auf der Straße mit einem Schuss in die Schläfe hinrichtet, oder das Bild des jungen Mannes, der 1989 auf dem Tiananmen-Platz in Peking eine Panzerkolonne aufzuhalten versucht ...

Fotos, die von Terror, Gewalt und Leid erzählen, berühren die menschliche Seele tief und wecken starke Gefühle, lösen Träume aus von einer Welt friedlichen Miteinanders – und wirken auf ihre Weise auf jeden, der sich diesen Bildern aussetzt. Wer kennt nicht das Foto aus dem Jahre 1972, das ein kleines Mädchen in Vietnam zeigt, das nackt und verzweifelt mit anderen Kindern auf einer gepflasterten Straße rennt, um einem Napalm-Angriff einer fremden Armee zu entkommen? Und wer könnte das 1993 entstandene Foto des Pulitzer-Preisträgers Kevin Carter, eines Südafrikaners, vergessen, das ein halb verhungertes, am Boden kauerndes sudanesisches Kind zeigt, hinter dem ein Geier lauert?

Doch dieser Blick in die Vergangenheit kann nicht vergessen machen, dass uns auch heute – und Tag für Tag – Bilder erreichen, die unerträgliche Gewalttaten und Folgen von Gewalt festhalten, Bilder, die uns entsetzen, beschämen und für die uns meist die Worte fehlen.

Warum möchte ich hier noch weitere solcher Fotos zeigen?
Auf meinem Weg als Kriegschirurg hatte ich immer dann, wenn vor mir verwundete und oft durch die berüchtigten Minen verletzte

Kinder zur Operation auf dem OP-Tisch »ausgepackt« wurden, einen Knoten im Hals. Er war ein Zeichen meiner Weigerung, die Gewalt des Menschen am Kind zu akzeptieren, und der stark spürbaren Überwindung, ein verstümmeltes Kind zu operieren. Häufig habe ich mir damals gesagt: Ich kann das Grauen dieses zerrissenen lebenden Fleisches nicht einfach für mich behalten – ja, es darf nicht verborgen und vergessen werden. Die Welt soll es sehen können.

Endlich kann ich mir, Jahrzehnte danach, diesen Wunsch erfüllen und will mit – nur wenigen – Bildern mein eindringliches Nein zur Gewalt, zum Krieg und zum Tod bekunden. Ich bin mir sicher, dass kein Mensch angesichts dieser schrecklichen Fotos unempfindlich bleibt und dass selbst ein nur flüchtiger Blick einen Funken des Guten und einen weiteren der Ablehnung des Bösen entfacht.

Ich war versucht, zu jedem dieser Bilder etwas zu schreiben, eine passende Erläuterung hinzuzufügen. Aber was könnte man hier schon erklären? Die Bilder rufen vielmehr zum Schweigen auf: Sie sprechen für sich selbst, ja, sie schreien, auch wenn die wirklichen Stimmen längst verklungen sind.

P.S.: Diese Fotos meiner jungen Patienten wurden 1987 und 1988 im IKRK-Krankenhaus in Peshawar vor der Operation mit einer kleinen Canon IXUS 230 HS (einer Amateurkamera, die ich auf alle Missionen mitnahm) aufgenommen. Ich bewahrte sie besonders gut auf, um sie auf Anfrage der IKRK-Delegation als Dokumentation überlassen zu können. Ich war mir natürlich bewusst, dass sie eine Art Beweis meiner eigenen Arbeit waren und, weit darüber hinaus, ein Zeugnis für die humanitären Aktionen des Internationalen Roten Kreuzes.

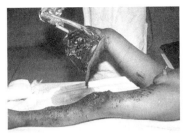

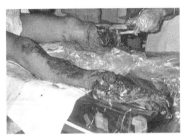
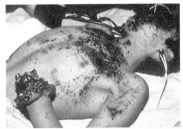
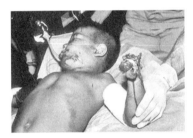
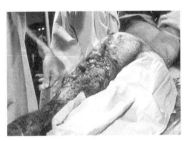

Das übliche Erscheinungsbild einer unbehandelten Wunde – Tage oder Wochen nach einem Trauma. Das »Débridement« (Entfernung aller zerstörten, verbrannten und devitalisierten Gewebe) ist ein wesentlicher erster Schritt, bevor man zur Rekonstruktionsphase übergeht.

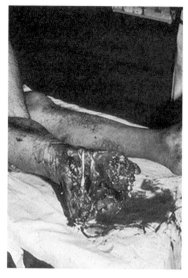
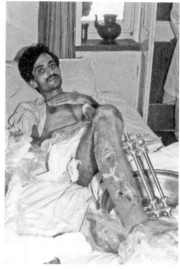

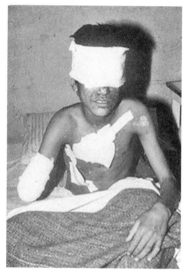

Oben: Beim Verbandwechsel des externen Fixateurs ist nicht nur der Patient interessiert. Der Schatten eines neugierigen Kopfes zeigt sich am Fenster.

Links: Dies ist das emblematische Bild des Jungen, der Opfer einer Mine wurde: Seine rechte Hand, die ihn berühren wollte, wurde weggesprengt, seine Augen wurden verletzt und oft für den Rest seines Lebens getrübt. Während des Heilungsprozesses der Stümpfe musste ich oft die Frage meiner kleinen Patienten beantworten: »Aber wann kommt meine Hand oder mein Arm zurück?«.

Ist noch Zeit für Hoffnung?

Gerade angesichts der aktuellen Ereignisse stellen wir uns diese Frage wohl alle. Auf der Suche nach einer Antwort stieß ich auf einen Text mit dem Titel »Sanftmut«, eine philosophische Betrachtung des Psychiaters Eugenio Borgna, die mich bewegt und erschüttert hat. Aus zwei außergewöhnlichen, mich inspirierenden Seiten mit dem Untertitel »Die Zeit der Hoffnung«, deren Worte in Marmor gemeißelt zu sein scheinen, möchte ich drei Passagen herausgreifen und zitieren.

»Was ist die Hoffnung, die so geheimnisvoll ist, und wie können wir sie in uns bewahren, wenn wir in Angst und Schrecken versunken sind, in einer Zeit verzweifelter Einsamkeit, wie wir sie jetzt erleben?«

»Die Hoffnung ist wie eine Brücke, die uns aus unserem Selbst herausführt und uns in Beziehung zu anderen setzt – bei unserer unendlichen Suche nach Sinn ... Wenn die Hoffnung nicht eine dialogische und soziale Dimension hat, offen ohne Ende für das Schicksal der Menschen, die das Leben zusammenführt, ist sie keine Hoffnung«.

»In den Extremsituationen des Lebens überlebt die Hoffnung nur dann, wenn unser Herz es versteht, das aufzunehmen, was das Leben uns von Tag zu Tag schenken kann. Ja, die Hoffnung nährt sich von den Dingen, die in der Erinnerung verborgen sind, aus der sie in die Zukunft zurückfließen, und die Hoffnung ist, so Augustinus, die Erinnerung an die Zukunft.«

Dank

Normalerweise schrecke ich nach einer interessanten Lektüre nicht vor dem Dankeschön zurück, der Münze des Autors, mit der er für die erhaltene Hilfe »bezahlt«. Heute bin nun ich an der Reihe und bemühe mich, niemanden zu vergessen – was wie ein schlechter Traum für mich wäre.

Da mein Buch ein Bericht über mein berufliches Leben und seine Abenteuer ist, sind in ihm auch die Spuren so vieler Menschen enthalten, die ganz unterschiedliche Rollen gespielt haben. Mein Leben war ein Mannschaftsspiel, das mich gefordert und sich immer wieder verändert hat. Und mein Beruf eine Teamarbeit, die für mich nicht nur im Operationssaal selbstverständlich war. Von Angesicht zu Angesicht fühlte ich mich wohl und in meinem ureigenen Element, während ich die öffentliche Dimension fast immer vermied und in gewisser Weise auch fürchtete.

Mehr als die Hälfte der Menschen, die mit mir meine Geschichte erlebt haben, sind bereits für immer verschwunden. Andere habe ich aus den Augen verloren. Daher möchte ich allen meinen Dank aussprechen, insbesondere denjenigen, die ich nicht erwähnt habe, und denen, die mir verloren gegangen sind.

Ich danke dem Tessiner Verleger und Freund Armando Dadò und seinem Sohn Luca. Und vor allem Markus J. Karsten und Rainer Weiss vom Westend Verlag, die mich zum Schreiben ermutigt haben. Dann den Kollegen und Freunden für ihre nicht nachlassende Unterstützung beim Schreiben. Und schließlich (und vor allem) meiner Freundin Liana Milella, der Journalistin mit der edlen Feder, dass ich dank ihrer meinem verkümmerten Italienisch mehr Nachdruck verleihen konnte. Und Marco de Carli, dem Freund, den ich am Ende meiner Reise wiedergetroffen habe und der akribisch nach dem Haar in der Suppe suchte. Für meine Ausführungen über das frühere Indochina bin ich meiner kambodschanischen Freundin Carol Vann dankbar: Sie hat mich in eine Welt begleitet, die sich so sehr von der unseren unterscheidet und die ich ohne sie nicht begriffen hätte.

Da ich meine Jahre auf dem Kreuzzug für das IKRK und das Schweizerische Rote Kreuz aufarbeiten musste und wollte, habe ich mir die Mühe gemacht, beiden Institutionen meinen Text vorzulegen. Danach erhielt ich äußerst nützliche Ratschläge von ihren Historikern, denen ich ebenfalls danke. Besonders bedanke ich mich beim Historiker des IKRK, Daniel Palmieri.

Mein Buch widme ich den Musikerinnen Gioconda und Graziella für ihren Zugang zur Welt der Musik. Unsere Freundschaft hielt und hält – gestern, heute und für immer. Sie beide waren bereit, mich aufzunehmen und meinen Geist von den Ängsten zu befreien, die mich, den rastlosen und unersättlichen Wanderer, stets begleitet haben.

Quellen

Ich möchte hier einige wenige Autoren und ihre Bücher nennen, die mich über viele Jahre begleitet haben und denen ich wesentliche Informationen und Anregungen verdanke. Zudem haben sie mir bei verschiedenen Stationen meines Lebens geholfen, Wege und Auswege aus kritischen Situationen zu finden.

Augustinus von Hippo: *Bekenntnisse / Confessiones* erschienen beim Reclam Verlag 2009.

Alessandro Barbero: *Dante*, erschienen bei Laterza 2020. Die englische Übersetzung erschien 2021 bei Profile Books.

Norberto Bobbio: *Elogio della mitezza e altri scritti morali*, erschienen bei Il saggiatore 2014. Den deutschen Lesern empfehle ich *Das Zeitalter der Menschrechte*, 1999 bei Wagenbach erschienen.

David Chalmers: *The Character of Consciousness*, erschienen bei Oxford University Press 2012.

Interessant für deutsche Leser ist *Realität+. Virtuelle Welten und die Probleme der Philosophie*, Suhrkamp 2023.

Noam Chomsky: *Who Rules The World?* Erschienen bei Hamish Hamilton 2016. Die deutsche Ausgabe – *Wer beherrscht die Welt* – erschien 2017 bei Ullstein.

Deutschen Lesern empfehle ich *Rebellion oder Untergang!*, erschienen 2021 bei Westend.

Andrea Emo: *La voce incomparabile del silenzio*, erschienen bei Gallucci 2013.

C. Giannou/M. Baldan: *War Surgery*, Vol I, 2009 herausgegeben vom International Committee of the Red Cross.

Johann Wolfgang von Goethe: *Die Leiden des jungen Werther*. Eine sehr schöne Edition verdanken wir Hanjo Kesting und dem Deutschen Klassiker Verlag 2023.

Michael Pollan: *How to Change Your Mind. What the New Science of Psychedelics Teaches Us About Consciousness, Dying, Addiction, Depression, and Transcendence*, erschienen 2018 bei Penguin Press. Die deutsche Übersetzung (*Verändere dein Bewusstsein ...*) erschien 2019 bei Kunstmann.

Massimo Recalcati: *Elogio dell'inconscio*, erschienen 2024 bei Castelvecchi. Den deutschen Lesern empfehle ich sein *Lob der Vergebung*, 2016 bei Klett-Cotta erschienen.

Gerardo Sicuranza: *Dante e la Politica*, Book on Demand 2024

Simone Weil: L'attesa della verità, erschienen 2014 bei Garzanti. Interessant für deutsche Leser sind u. a. *Krieg und Gewalt*, erschienen bei Diaphanes 2011, sowie *Von der Schwierigkeit, den Kopf zum Himmel zu heben*, erschienen 2023 bei Westend.

Willliams Abiodun: *Kofi Annan and Global Leadership at the United Nations*, 2024 erschienen bei Oxford University Press.